中国当代文学经典必读

中国学典读经必

吴义勤 ◎主编　崔庆蕾 ◎点评

1987中篇小说卷

ZHONGGUO
DANGDAI
WENXUE
JINGDIAN
BIDU

百花洲文艺出版社

我们该为"经典"做点什么?

／吴义勤

当今时代,对经典的追怀和崇拜正在演变为一种象征性的精神行为,人们幻想着通过对经典的回忆与抚摸来抵抗日益世俗和商业化的物质潮流。在这一过程中,一方面,经典作为人类文学史和文明史的基石与本源,其价值得到了充分的认同与阐扬;另一方面,经典的神圣化与神秘化又构成了对于当下文学不自觉的遮蔽和否定。可以说,如何面对和正确理解"经典",正是当代中国文学必须正视的一个问题。

什么是经典呢?就人类的文学史而言,"经典"似乎是一个约定俗成的概念,它是人类历史上那些杰出、伟大、震撼人心的文学作品的指称。但是,经典又是无法科学检验的主观性、相对性概念。经典并不是十全十美、所有人都认同的作品的代名词。人类文学史上其实根本就不存在十全十美、所有人都喜欢、没有缺点的所谓"经典"。那些把"经典"神圣化、神秘化、绝对化、乌托邦化的做法,其实只是拒绝当下文学的一种借口。通常意义上,经典常常是后代"追认"的,它意味着后人对前代文学作品的一种评价。经典的标准也不是僵化、固定的,政治、思想、文化、历史、艺术、美学等因素都可能在某种特殊的历史条件下成为命名"经典"的原因或标准。但是,"经典"的这种产生方式又极容易让人形成一种错觉,即"经典"仿佛总是过去时、历时态的,它好像与当代没有什么关系,当代人不能代替后人命名当代"经典",当代人所能做的就是对过去"经典"的缅怀和回忆。这种错觉的一个直接后果就是在"经典"问题上的厚古薄今,似乎没有人敢于理直气壮地对当代文学作品进行"经典"的命名,甚至还有人认为当代人连写当代史的权利都没有。

然而,后人的命名就比同代人更可信吗?我当然相信时间的力量,相信时间会把许多污垢和灰尘荡涤干净,相信时间会让我们更清楚地看清模糊的、被掩盖的真相，但我怀疑，时间同时也会使文学的现场感和鲜活性受到磨损与侵蚀，甚至时间本身也难逃意识形态的污染。我不相信后人对我们身处时代"考古"式的阐释会比我们亲历的"经验"更可靠，也不相信，后人对我们身处时代文学的理解会比我们亲历者更准确。我觉得，一部被后代命名为"经典"的作品，在它所处的时代也一定会是被认可为"经典"的作品，我不相信，在当代默默无闻的作品在后代会被"考古"挖掘为"经典"。也许有人会举张爱玲、钱钟书、沈从文的例子，但我要说的是，他们的文学价值在他们生活的时代就早已被认可了，只不过新中国成立后很长时间由于意识形态的原因我们的文学史不允许谈及他们罢了。

这里其实就涉及了我们编选这套书的目的。我认为，文学的经典化过程，既是一个历史化的过程，又更是一个当代化的过程。文学的经典化时时刻刻都在进行着，它需要当代人的积极参与和实践。文学的经典不是由某一个"权威"命名的，而是由一个时代所有的阅读者共同命名的，可以说，每一个阅读者都是一个命名者，他都有命名的"权力"。而作为一个文学研究者或一个文学出版者，参与当代文学的进程，参与当代文学经典的筛选、淘洗和确立过程，正是一种义不容辞的责任和使命。事实上，正是出于这种对"经典"的认识，我才决定策划和出版这套书的，我希望通过我们的努力，真实同步地再现21世纪中国文学"经典化"的进程，充分展现21世纪中国文学的业绩，并真正把"经典"由"过去时"还原为"现在进行时"，切实地为21世纪中国文学的"经典化"做出自己的贡献。与时下各种版本的"小说选"或"小说排行榜"不同，我们不羞羞答答地使用"最佳小说"之类的字眼，而是直截了当、理直气壮地使用了"经典"这个范畴。我觉得，我们每一个作家都首先应该有追求"经典"、成为"经典"的勇气。我承认，我们的选择标准难免个人化、主观化的局限，也不认为我们所选择的"经典"就是十全十美的，更不幻想我们的审美判断和"经典"命名会得到所有人的认同，而由于阅读视野和版面等方面的原因，"遗珠之憾"更是不可避免，但我们至少可以无愧地说，我们对美和艺术是虔诚的，我们是忠实于我们对艺术和美的感觉与判断的，我们对"经典"的择取是把审美和艺术放在第一位的。说到底，"经典"是主观的，"经典"的确立是一个持续不断的"过程"，"经典"的价值是逐步呈现的，对于一部经典作品来说，它的当代认可、当代评价是不可或缺的。尽管这种认可和评价也许有偏颇，但是没有这种认可和评价，它就无法从浩如烟海的文本世界中突围而出，它就会永久地被埋没。从这个意义上说，在当代任何一部能够被阅读、谈论的文本都是幸运的，这是它变成"经典"的必要洗礼和必然路径，本套书所提供的同样是这种路径，我们所选的作品就是我们所认可的"经典"，它们完全可以毫无愧色地进入"经典"的殿堂，接受当代人或者后来者的批评或朝拜。

感谢百花洲文艺出版社对我的经典观的认同以及对于这套书的大力支持，感谢让这个文学工程可以在百花洲文艺出版社这个平台美丽绽放。我们的编选仍将坚持个人的纯文学标准，而为了更好地阐析我们的"经典观"，我们每本书将由一个青年学者对每一篇入选小说进行精短点评，希望此举能有助于读者朋友对本丛书的阅读。

目 录

烦恼人生/

/池　莉

　　早晨是从半夜开始的。

　　昏蒙蒙的半夜里"咕咚"一声惊天动地，紧接着是一声恐怖的号叫。印家厚一个惊悸，醒了，全身绷得硬直，一时间竟以为是在噩梦里。待他反应过来，知道是儿子掉到了地上时，他老婆已经赤着脚蹿下了床，颤颤地唤着儿子。母子俩在窄狭拥塞的空间撞翻了几件家什，跌跌撞撞抱成一团。

　　他该做的第一件事是开灯，他知道。一个家庭里半夜发生意外，丈夫应该保持镇定。可是灯绳却怎么也摸不着了！印家厚唏唏喘着粗气，一双胳膊在墙壁上大幅度摸来摸去。老婆恨恨地咬了一个字："灯！"便哭出声来。急火攻心，印家厚跳起身，踩在床头柜上，一把捉住灯绳的根部用劲一扯：灯亮了，灯绳却也断了。印家厚将掌中的断绳一把甩了出去，负疚地对着儿子，叫道："雷雷！"

　　儿子打着干噎，小绿豆眼瞪得溜圆，十分陌生地望着他。他伸开臂膀，心虚地说："怎么啦？雷雷，我是爸爸哟！"老婆挡开了他，说："呸！"

　　儿子忽然说："我出血了。"

　　儿子的左腿有一处擦伤，血从伤口不断沁出。夫妻俩见了血都发怔了。总算印家厚先摆脱了怔忡状态，从抽屉里找来了碘酒、棉签和消炎粉。老婆却还在发怔，眼里蓄了一包泪。印家厚利索地给儿子包扎伤口，在包扎伤口的过程中，印家厚完全清醒了，内疚感也渐渐消失了。是他给儿子止的血，不是别人。印家厚用脚把地上摔倒的家什归拢到一处，床前便开辟出了一小块空地。他把儿子放在空地上，摸了摸儿子的头，说："好了。快睡觉。"

　　"不行，雷雷得洗一洗。"老婆口气犟直。

　　"洗醒了还能睡吗？"印家厚软声地说。

"孩子早给摔醒了！"老婆终于能流畅地说话了，"请你走出去访一访，看哪个工作了十七年还没有分到房子。这是人住的地方？猪狗窝！这猪狗窝还是我给你搞来的！是男子汉，要老婆儿子，就该有个地方养老婆儿子！窝囊巴叽的，八棍子打不出一个屁来，算什么男人！"

印家厚头一垂，怀着一腔辛酸，呆呆地坐在床沿上。

其实房子和儿子摔下床有什么联系呢？老婆不过是借机发泄罢了。谈恋爱时的印家厚就是厂里够资格分房的工人之一，当初他的确对老婆说过只要结了婚，就会分到房子的。他夸下的海口，现在只好让她任意鄙薄。其实当初是厂长答应了他，他才敢夸那海口的。如今她可以任意鄙薄他，他却不能同样去对付厂长。

印家厚等待着时机，要制止老婆的话匣必须是儿子。趁老婆换气的当口，印家厚立即插了话："雷雷，乖儿子，告诉爸爸，你怎么摔下来了？"

儿子说："我要屙尿。"

老婆说："雷雷，说拉尿，不要说屙尿。你拉尿不是要叫我的吗？"

"今天我想自己起来……"

"看看！"老婆目光炯炯，说，"他才四岁！四岁！谁家四岁的孩子会这么灵敏！"

"就是！"印家厚抬起头来，掩饰着自己的高兴。并不是每个丈夫都会巧妙地在老婆发脾气时，去平息风波的。他说："我家雷雷是真了不起！"

"嘿，我的儿子！"老婆说。

儿子得意地仰起红扑扑的小脸，说："爸爸，我今天轮到跟你跑月票了吧？"

"今天？"印家厚这才注意到已是凌晨四点缺十分了。"对。"他对儿子说，"还有一个多小时咱们就得起床。快睡个回笼觉吧。"

"什么是——回笼觉？爸爸。"

"就是醒了之后又睡它一觉。"

"早晨醒了中午又睡也是回笼觉吗？"

印家厚笑了。只有和儿子谈话他才不自觉地笑。儿子是他的避风港。他回答儿子说："大概也可以这么说。"

"那幼儿园阿姨说是午觉，她错了。"

"她也没错。雷雷，我看你洗了脸，清醒得过分了。"

老婆斩钉截铁地说："摔清醒的！"话里依然含着寻衅的意味。

印家厚不想一大早就和她发生什么利害冲突。一天还长着呢，有求于她的事还多着呢。他妥协地说："好吧，摔的。不管这个了，都抓紧时间睡吧。"

老婆半天坐着不动，等印家厚刚躺下，她又突然委屈地叫道："睡！电灯亮刺刺的怎么睡？"

印家厚忍无可忍了，正要恶声恶气地回敬她一下，却想起灯绳让自己扯断了。他大大咽了一口唾沫，爬起来……

在电灯黑灭的一刹那，印家厚看见手中的起子寒光一闪，一个念头稍纵即逝。他再也不敢去看老婆，他被自己的念头吓坏了。

当眼睛适应了黑暗之后，发现黑暗原来并不怎么黑。曙色已朦胧地透过窗帘，大街上已有轰隆隆开过的公共汽车。印家厚异常清楚地看到，所谓家，就是一架平衡木，他和老婆摇摇晃晃在平衡木上保持平衡。你首先下地抱住了儿子，可我为儿子包扎了伤口。我扯断了开关我修理，你借的房子你骄傲。印家厚异常地酸楚，又壮起胆子去瞅起子。后来天大亮了，印家厚觉得自己做过一个关于家庭的梦，但内容却实在记不得了。

还是起得晚了一点。

八点上班，印家厚必须赶上六点五十分的那班轮渡才不会迟到。而坐轮渡之前还要乘四站公共汽车，上车之前下车之后还要各走十分钟的路程。万一车不顺利呢？万一车顺利人却挤不上呢？不带儿子当然就不存在挤不上车的问题，可今天轮到他带儿子。印家厚打了一个短短的呵欠后，一边飞快地穿衣服一边用脚摇动儿子："雷雷！雷雷！快起床！"

老婆将毛巾被扯过头顶，闷在里头说："小点声不行吗？"

"实在来不及了。"印家厚说，"雷雷叫不醒。"

印家厚见老婆没有丝毫动静，只得一把拎起了儿子："嗨，你醒醒！快！"

"爸爸，你别搡我。"

"雷雷，不能睡了。爸爸要迟到了，爸爸还要给你煮牛奶。"印家厚急了。

公共的卫生间有两个水池，十户人家共用。早晨是最紧张的时刻，大家排着队按顺序洗漱。印家厚一眼就量出自己前面有五六个人，估计去一趟厕所回来正好轮到。他对前面的妇女说："小金，我的脸盆在你后边，我去一下就来。"小金表情淡漠地点了点头，然后用脚勾住地上的脸盆，准备随时往前移。

厕所又是满员。四个蹲位蹲了四个退休的老头。他们都点着烟，合着眼皮悠着。印家厚鼻孔里呼出的气一声比一声粗。一个老头嘎嘎笑了："小印，等不及了？"

印家厚勉强吭了一声，望着窗格子上的半面蛛网。老头又嘎嘎笑："人老了什么都慢，再慢也得蹲出来，要形成按时解大便的习惯。你也真老实到家了，有厂子的人不留到厂里去解呀。"

屁！印家厚极想说这个字，可他又不想得罪邻居，邻居是好得罪的么？印家厚憋得慌，提着双拳正要出去，后边响起了草纸的揉搓声，他的腿都软了。

返回卫生间，印家厚的脸盆刚好轮到，但后边一位已经跨过他的脸盆在刷牙。印家厚不顾一切地挤到水池前洗漱起来。他没工夫讲谦让了。被挤在一边的妇女含着满口牙膏泡沫瞅了印家厚一眼，然后在他离开卫生间时扬声说："这种人，好没教养！"

印家厚听见了，可他希望他老婆没听见。他老婆听见了可不饶人，她准会认为这是一句恶毒的骂人话。

糟糕的是儿子又睡着了。

印家厚一迭声叫"雷雷"。一面点着煤油炉煮牛奶，一面抽空给了儿子的屁股一巴掌。

"爸爸，别打我，我只睡一会儿。"

"不能了。爸爸要迟到了。"

"迟到怕什么。爸爸，我求求你。我刚刚出了好多的血。"

"好吧，你睡，爸爸抱着你走。"印家厚的嗓子沙哑了。

老婆掀开毛巾被坐起来，眼睛红红的："来，雷雷，妈妈给你穿新衣服。海军衫。背上冲锋枪，在船上和海军一模一样。"

儿子来兴趣了："大盖帽上有飘带才好。"

"那当然。"

印家厚向老婆投去感激的一瞥，老婆却没理会他。趁老婆哄儿子的机会，他将牛奶灌进了保温瓶，拿了月票、钱包、香烟、钥匙和梁羽生的《风雷震九州》。

老婆拿过一筒柠檬夹心饼干塞进他的挎包里，嘱咐和往常同样的话："雷雷得先吃几块饼干再喝牛奶，空肚子喝牛奶不行。"说罢又扯住挎包塞进一个苹果，"午饭后吃。"接着又来了一条手帕。

印家厚生怕还有什么名堂，赶紧抱起儿子："当兵的，咱们快走吧，战舰要启航了。"

儿子说："妈妈再见。"

老婆说："雷雷再见！"

儿子挥动小手，老婆也扬起了手。印家厚头也不回，大步流星汇入了滚滚的人流之中。他背后没有眼睛，但却知道，那排破旧老朽的平房窗户前，有个烫了鸡窝般发式的女人，她披了件衣服，没穿袜子，趿着鞋，憔悴的脸上雾一样灰暗。她在目送他们父子。这就是他的老婆。你遗憾老婆为什么不鲜亮一点吗？然而这世界上就只她一个人在送你和等你回来。

机会还算不错。印家厚父子刚赶到车站，公共汽车就来了。

这辆车笨拙得像头老牛，老远就开始哼哼叽叽。车停了，但人多得开不了门。顿时车里车外一起发作，要下车的捶门，要上车的踢门。印家厚把挎包挂在胸前，连儿子带包一齐抱紧。他像擂台上的拳击家不停地跳跃挪动，观察着哪个门好上车，哪一堆人群是容易冲破的薄弱环节。

售票员将头伸出车窗说："车门坏了。坏了坏了。"

车启动了，马路上的臭骂暴雨般打在售票员身上。骂声未绝，车在前面突然刹住了，"哗啦"一下车门全开，车上的人带着参加了某个密谋的诡笑冲下车来；等车的人们呐喊着愤怒地冲上前去。印家厚是跑月票的老手了，他早看破了公共汽车的把戏，他一直跟着车小跑。车上有张男人的胖脸在嘲弄印家厚。胖脸上嗫起嘴，做着唤牲口的表情。印家厚牢牢地盯着这张脸，所有的气恼和委屈一起膨胀在他胸里头，他看准了胖脸要在中门下，他候在中门。好极了！胖脸怕挤，最后一个下车，慢吞吞好像是他自己的车。印家厚从侧面抓住车门把手，一步蹿上车，用厚重的背把那胖脸抵在车门上一挤然后又一揉，胖脸啊呀呀叫唤起来，上车的人不耐烦地将他扒开，扒得他在马路上团团转。印家厚缓缓地长长地舒了一口气。

车下的一切甩开了，抬头便要迎接车上的一切。印家厚抱着孩子，虽没有人让座但有人让出了站的位置，这就够令人满意了。印家厚一手抓扶手，一手抱儿子，面对车窗，目光散淡。车窗外一刻比一刻灿烂，朝霞的颜色抹亮了一片片商店。朝朝夕夕，老是这些商店。印家厚说不出为什么，一种厌烦、一种焦灼却总是不近不远地伴随着他。此刻他只希望车别出毛病，快快到达江边。

儿子的愿望比父亲多得多。

"爸爸，让我下来。"

"下来闷人。"

"不闷。我拿着月票，等阿姨来查票，我就给她看。"

旁边有人称赞说这孩子好聪明，儿子更是得意非凡，印家厚只得放他下来。车拐弯时，几个姑娘一下子全倒过来。印家厚护着儿子，不得不弯腰拱肩，用力往后撑。一个姑娘尖叫起来："呀——流氓！"印家厚大惑不解，扭头问："我怎么你了？"不知哪里插话说："摸了。"

一车人都开了心。都笑。姑娘破口大骂，唾沫喷到了他的后颈脖上。一看姑娘俏丽的粉脸，印家厚握紧的拳头又松开了。父亲想干没干的事，儿子倒干了，儿子从印家厚两腿之间伸过手去朝姑娘一阵拳击，嘴里还念念有词："你骂！你骂！"

"雷雷！"印家厚赶快抱起儿子，但儿子还是挨了一脚。这一脚正踢在儿子的伤口上。只听雷雷半哀半怒叫了一声，头发竖起，耳朵一动一动，扑在印家厚的肩上，"啪"的给了那姑娘一记清脆的耳光。众目睽睽之下，姑娘怔了一会儿，突然嘤嘤地哭了。

父子俩获得全胜下车。儿子非常高兴，挺胸收腹，小屁股鼓鼓的，一蹦三跳。印家厚耷头耷脑，他不知为什么不能和儿子同样高兴。

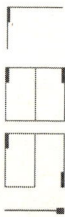

上了轮渡就像进了自家的厂，几乎全是厂里的同事。

"嘿，又轮到你带崽子了。"

"嗯。"

自然是有人让出了座位。儿子坐不住，四处都有人叫他逗他。厂里一个漂亮的女工刚刚结婚，对孩子有着特别的兴趣，雷雷对她也特别有好感，见了她就偎过去了。女工说："印师傅，把印雷交给我，我来喂他喝牛奶。"

印家厚把挎包递过去，拍拍巴掌，做了几下扩胸运动，轻松了。整个早晨的第一下轻松。

有人说："这崽子好眼力。"

"嗯。"印家厚说。

"来，凑一圈？"

"不来。我是看牌的。"印家厚说。

一支烟飞过来，印家厚伸手捞住，用唇一叼，点上了火。汽笛短促地"呜呜"两声，轮船离开趸船漾开去。

打牌的圈子很快便组合好了。大家各自拿出报纸杂志或者脱下一只鞋垫在屁股底下。甲板顿时布满一个接一个的圈子。印家厚蹲在三个圈子交界处看三面的牌，半支烟的工夫，还没有看出兴趣来，他走开了。有段时间印家厚对扑克瘾头十足，那是在二十五岁之前。他玩牌玩得可精，精到只赢不输，他自以为自己总也有一个方面战无不胜。不料，一天早晨，也就是在轮渡的甲板上，几个不起眼的人让他输了。他突然觉得扑克索然寡味。赢了怎样？输了又怎样？从此便不再玩牌。偶尔看看，只看出当事者完全是迷糊的，费尽心机，还是不免被运气捉弄。看那些人被捉弄得鬼迷心窍，嚷得脸红脖子粗，印家厚不由得直发虚。他想他自己从前一定也是这么一副蠢相。他妈的，世界上这事！——他暗暗叹息一阵。

雷雷的饼干牛奶顺利地进了肚子，乖乖地坐在一只巴掌大的小小折叠椅上听那位漂亮女工讲故事。他看见他父亲走过来就跟没看见一样。印家厚冷冷地望了儿子好一会，莫名的感伤情绪和喷出的轻烟一样弥漫开去。

印家厚朝周围撒了一圈烟，作为对自己刚上船就接到了烟的回报。只要他抽了人家的烟他就要往外撒烟，不然像欠了债一样，不然就不是男子汉的作为。撒烟的时候他知道自己神情满不在乎，动作大方潇洒，他心里一阵受用——这常常只是在轮渡上的感觉。下了船，在厂里，在家里，在公共汽车上，情况就比香烟的来往复杂得多，也古怪得多，他经常闹不清自己是否接受了或者是否付出了。这些时候，他就让自己干脆别想着什么接受付出，认为老那么想太小家子气，吞吐量太窄，是小肚鸡肠。

长江正在涨水，江面宽阔，波涛澎湃。轮渡走的是下水，确实有乘风破浪的味道。太阳从前方冉冉升起，一群洁白的江鸥追逐着船尾犁出的浪花，姿态灵巧可人。这是多少人向往的长江之晨，船上的人们却熟视无睹。印家厚伏在船舷上吸烟，心中和江水一样茫茫苍苍。自从他决绝了扑克，自从他做了丈夫和父亲，他就爱伏在船舷上，朝长江抽烟。他就逐渐逐渐感到了心中的苍茫。

小白挤过来，问印家厚要了一支烟。小白是厂办公室的秘书，是个愤世嫉俗的青年，面颊苍黄，有志于文学创作。

"他妈的！"小白说，"你他妈裤子开了一条缝。这，好地方，大腿里，还偏要迎着太阳站。"

印家厚低头一看，果然里头的短裤都露出了白边。早晨穿的时候是没缝的，有缝他老婆不会放过。是上车时挤开的。

"挤的。没办法。"印家厚说，"不要紧，这地方男人看了无所谓，女人又不敢看。"

"过瘾。你他妈这语言特生动。"小白说。

靠在一边看报的贾工程师颇有意味地笑了。他将报纸折得整整齐齐装进提包里，凑到这边来。

"小印，你的话有意思，含有一定的科学性。"

"贾工，抽一支。"

"我戒了。"

小白讥讽："又戒了？"

"这次真戒。"贾工掏出报纸，展得平平的，让大家看中缝的一则最新消息：香烟不仅含尼古丁、烟焦油等致癌物质，还含放射线。如果一个人一天吸一包烟，就相当于在一年之内接受二百五十次胸透。

贾工一边认真地折叠报纸一边严峻地说："人要有一股劲，一种精神，你看人家女排，四连冠！"

印家厚突然升起一股说不清的自卑感，他猛吸一口烟，让脸笼罩在蓝雾里边。

小白说："四连冠算什么？体力活，出憨劲就成。曹雪芹，住破草棚，稀饭就腌菜，十年写成《红楼梦》，流传百世。"

有人插进来说话了："去蛋！什么体力脑力，人哪，靠天生的聪明，玩都玩得出名堂来。柳大华，玩象棋，特级大师称号。有什么比特级大师更中听？"

争论范围迅速扩大。

"中听有屁用！人家周继红，小丫头片子，就凭一个筋斗往水里一栽，一块金牌，三室一厅房子，几千块钱奖金。"

印家厚吧吧吸烟，心中愈发苍茫了。他愤愤不平的心里真像有一江波涛在里面鼓动。同样都是人。都是人！

小白不服气，面红耳赤地争辩道："铜臭！文学才过瘾呢。诗人。诗。物质享受哪能比上精神享受。有些诗叫你想哭想笑，这才有意思。有个年轻诗人写了一首诗，只一个字，绝了！听着，题目是《生活》，诗是：网。绝不绝？你们谁不是在网中生活？"

顿时静了。大家互相淡淡地没有笑容地看了看。

印家厚手心一热，无故兴奋起来。他说："我倒可以和一首。题目嘛自然是一样，内容也是一个字——"

大家全盯着他，他稳稳地说："——梦。"

好！好！都为印家厚的"梦"叫好。以小白为首的几个文学爱好者团团围住他，要求与他切磋切磋现代诗。

轮渡兀然一声粗哑的"呜——"淹没了其他一切声音。船在江面上划出一个优美的弧线向趸船靠拢。印家厚哈哈笑了，甩出一个脆极的响指。这世界上没有什么人比别人高一等，他印家厚也不比任何人低一级。谁能料知往后的日子有怎样的机遇呢？

儿子向他冲过来，端来冲锋枪，发出呼呼声，腿上缠着绷带，模样非常勇猛。谁又敢断言这小子将来不是个将军？

生活中原本充满了希望和信心。

一个多么晴朗的五月的早晨！

随着人潮涌上岸去。该是吃点东西的时候了。只要赶上了这班船就成，就可以停下来过个早。

餐馆方便极了，就是马路边搭的一个棚子。棚子两边立了两只半人高的油桶改装的炉子，蓝色的火苗蹿出老高。一口油锅里炸着油条，油条放木排一般滚滚而来，香烟弥漫着，油焦味直冲喉咙；另一口大锅里装了大半锅沸沸的黄水，水面浮动一层更黄的泡沫，一柄长把竹篾笊篱塞了一窝油面，伸进沸水里摆了摆，提起来稍稍沥了水，然后扣进一只碗里，淋上酱油、麻油、芝麻酱、味精、胡椒粉，撒了一撮葱花——热干面。武汉特产：热干面。这是印家厚从小吃到大的早点。两角钱能吃饱。现在有哪个大城市花两角钱能吃饱早餐？他连想都没想过换个花样。

卖票的桌子在棚子旁边的大柳树下，售票员是个淡淡化了妆但油迹斑斑的姑娘。树干上挂了一块小黑板，白粉笔浪漫地写着：哗！凉面上市！哗！

热干面省去伸进锅里烫烫那道程序就叫凉面。

印家厚买了凉面和油条。凉面比热干面吃起来快得多。

父子俩动作迅速而果断，显出训练有素的姿态。这里父亲挤进去买票，那里儿子便跑去排热干面的队了。雷雷见拿油条的人不少，就把冲锋枪放在自己站的位置上，转身去排油条队。

拿油条连半秒钟都没等。印家厚嘉奖似的摸了把儿子的头，儿子异常得意。可印家厚买了凉面而不是热干面，儿子立刻霜打了一般，他快快地过去拾起了自己的枪——取热干面的队伍根本没理会这支枪，早跨越它前进了，他发现了这一点，横端起冲锋枪，冲人们"哒哒哒"就是一梭子。

"雷雷！"印家厚吃惊地喝住儿子。

不到三分钟，早点吃完了。人们都是在路边吃，吃完了就地放下碗筷。印家厚也一样，放下碗筷，拍了拍儿子，走路。儿子捏了根油条，边走边吃，香喷喷的。印家厚想：这小子好残酷，提枪就扫射，怎么得了！像谁？他可没这么狠的心。老婆似乎也只是嘴巴狠。怎么得了！他提醒自己儿子要抓紧教育了！不能再马虎了！立时他的背就弯了一些，仿佛肩上加压了。

上了厂里接船的公共汽车。印家厚试图和儿子聊聊。

"雷雷，晚上回家不要惹妈妈烦，不要说我们吃了凉面。"

"不是'我们'，是你自己。"

"好。我自己。好孩子要学会对别人体贴。"

"爸，妈妈为什么烦？"

"因为妈妈不让我们用餐馆的碗筷，那上面有细菌。"

"吃了肚子疼的细菌吗？"

"对。"

"那你为什么不听妈妈的话？"

他低估了四岁的孩子。哄孩子的说法该过时了。

"喏，是这样。本来是不应该吃的。但是在家里吃早点，爸爸得天不亮就起床开炉子，为吃一碗面条弄得睡眠不足又浪费煤。到厂里去吃吧，等爸爸到厂时，食堂已经卖完了。带上碗筷吧，更不好挤车。没办法，就只能在餐馆吃了。好在爸爸从小就吃凉面，习惯了，对上面的细菌有抵抗力了。你身体不好，就一定不能吃餐馆。"

"哦，知道了。"

儿子对他认真的回答十分满意。对，就这么循循善诱。印家厚刚想进一步涉及对人开枪的事，儿子又说话了："我今天晚上一回家就对妈妈说：爸爸今天没有吃凉面。对吧？"

印家厚啼笑皆非，摇摇头。也许他连自己都没教育好呢。如果告诉儿子凡事都不能撒谎，那将来儿子怎么对付许许多多不该讲真话的事？

送儿子去了厂幼儿园得跑步到车间。

在幼儿园磨蹭的时间太多了。阿姨们对雷雷这种"临时户口"牢骚满腹，她们说今天的床铺、午餐、水果糕点、喝水用具、洗脸毛巾全都安排好了，又得重新分配，重新安排，可是食品已经买好了，就那么多，一下子又来了这么些"临时户口"，僧多粥少，怎么弄？真烦人！

印家厚一个劲赔笑脸，做解释，生怕阿姨们怠慢了他的儿子。

上班铃声响起的时候，印家厚正好跨进车间大门。

记考勤的老头坐在车间门口，手指头按在花名册上印家厚的名字下，由远及近盯着印家厚，嘴里嘀咕着什么。

这老头因工伤失去了正常人健全的思维能力，但比正常人更铁面无私，并且厂里认为他对时间的准确把握有特异功能。

印家厚与老头对视着。他皮笑肉不笑地对老头做了个讨好的表情。老头声色不动，印家厚只得匆匆过去。老头从印家厚背影上收回目光，低下头，精心标了一个1.5。车间太大了，印家厚从车间大门口走到班组的确需要一分半钟，因此他今天迟到了。

印家厚在卷取车间当操作工。

他不是一般厂子的一般操作工，而是经过了一年理论学习又一年日本专家严格培训的现代化钢板厂的现代化操作工。他操作的是日本进口的机械手。

一块盖楼房用的预制板大小的钢锭到他们厂来，十分钟便被轧成纸片薄的钢片，并且卷得紧紧的，拦腰捆好，摞成一码一码。印家厚就干卷钢片包括打捆这活。

他的操作台在玻璃房间里面，漆成奶黄色，斜面的工作台上，布满各式开关，指示灯和按钮，这些机关下面的说明文字清一色是日文。一架彩色电视正向他播放着轧钢全过程中每道程序的工作状况。车间和大教堂一般高深幽远，一般洁净肃穆，整条轧制线上看不见一个忙碌的工人，钢板乃至钢片的质量由放射线监测并自动调节。全自动，不要你去流血流汗，这工作还有什么可挑剔的？

七十年代建厂时它便具有了七十年代世界先进水平，八十年代在中国，目前仍是绝无仅有的一家。参观的人从外宾到少数民族兄弟，从小学生到中央首长，潮水般一层层涌来。如果不是工作中掺杂了其他种种烦恼，印家厚对自己的工作会保持绝对的自豪感，热爱并十分满足。

印家厚有个中学同学，在离这儿不远的炼钢厂工作，他就从来不敢穿白衬衣：穿什么也逃不掉一天下来之后那领口袖口的黄红色污迹，并且用任何去污剂都洗不掉。这位老弟写了一份遗嘱，说：在我的葬礼上，请给我穿上雪白的衬衣。他把遗嘱寄给了冶金部部长，因此受到了行政处分。而印家厚所有的衬衣几乎都是白色的，配哪件外衣都帅。轮到情绪极度颓

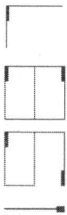

丧的时候，印家厚就强迫自己想想同学的事，忆苦思甜以解救自己。

眼下正是这样。

印家厚瞅着自己白衬衣的袖口，暗暗想着自己这份工作的优越性，尽量对大家的发言充耳不闻。

本来工作得好好的。站立在操作台前，看着火龙般飞舞而来的钢片在自己这儿变成乖乖的布匹，一任卷取……可是，厂办公室决定各车间开会，开会评奖金。

四月份的奖金到五月底还没有评出来，厂领导认为严重影响了全厂职工的生产积极性。

车间主任一开始就表情不自然，讲话讲到离奖金十万八千里的计划生育上去了。

有人暗里捅捅前一个人的腰，前面的人便噤声敛气注目车间主任。捅腰的暗号传递给了印家厚，印家厚立刻意识到气氛的异样。

会不会……出什么……意外？印家厚惴惴地想。

终于，车间主任一个回马枪，提起奖金问题，并亮出了实质性的东西：厂办明确规定，严禁在评奖中搞"轮流坐庄"，否则，除了扣奖之外还要处罚。这次决不含糊！

印家厚在一瞬间有些茫然失措，心中哽了团酸溜溜的什么。可是很快他便恢复了常态。

"轮流坐庄"这词是得避讳的。平日车间班组从来没人提及，自从奖金的分发按规定打破平均主义以来，在几年的时间里，大家自然而然地默契地采用了"轮流坐庄"的办法。一、二、三等奖逐月轮流，循环往复。同事之间和谐相处，绝无红脸之事；车间领导睁只眼闭只眼，顺其自然。车间便又被评为精神文明模范单位。

好端端今天突然怎么啦？

众人的眼光在印家厚身上游来游去。车间主任老注意印家厚。这个月该是轮到印家厚得一等奖了。

一等奖三十元。印家厚早就和老婆算计好了这笔钱的用途：给儿子买一件电动玩具，剩下的去"邦可"吃一顿西餐。也挥霍一次享受一次吧，他对老婆说。老婆展开了笑颜：早就想尝尝西餐是什么滋味，每月总是没有结余，不敢想。

老婆前几天还在问："奖金发了吗？"

他答道："快了。"

"是一等奖？"

"那还用说！名正言顺的。"

印家厚不愿意想起老婆那难得和颜悦色的脸。她说得有道理：哪儿有让人舒心的事？他看了好一会儿洁白的袖口，又吧嗒吧嗒挨个活动指关节。

二班的班长挪到印家厚身边，他俩的处境一样。二班长说："喂喂，小印，人善被人欺，马善被人骑。"

"得了！"印家厚低低吼了一句。

二班长说："肯定有人给厂长写信反映情况。现在有许多婊子养的可喜欢写信了。咱俩是他妈什么狗屁班长，干得再多也不中。太欺负人了！就是吃亏也得吃在明处。"

印家厚说："像个婆娘！"

二班长说："看他们评个什么结果，若是太过分，我他妈干脆给公司纪委寄份材料，把这一肚子烂渣全捅出去。"

印家厚干脆不吱声了。

如果说评奖结果未出来之前印家厚还存有一丝侥幸心理的话，有了结果之后他不得不彻底死心了。他总以为即便不按轮流坐庄，四月份的一等奖也该他。四月份大检修，他日夜在厂里，干得好苦！没有人比他干得更苦的了，这是大家有目共睹的。可是为了避嫌，来了个极端，把他推到了最底层：三等奖，五元钱。

居然还公布了考勤表。车间主任装成无可奈何的样子念迟到旷工病事假的符号，却一概省略了迟到的时间。有人指出这一点，车间主任手一摆，说："这无关紧要，那个人不太正常的嘛。"印家厚又吃了暗亏。如果念出某人迟到一分半钟，大家会哄堂一笑，一笑了之：可光念迟到，那就两样了。印家厚今天就迟到了，许多评他三等奖的人心里宽松了不少。

当车间主任指名道姓问印家厚要不要发表什么意见时，他张口结舌，拿不定该不该说点什么。

说点什么？

早晨在轮渡上，他冲口做出《生活》的一字诗，思维敏捷，灵气逼人。他对小白一伙侃侃而谈，谈古代作家的质朴和浪漫，当代作家的做作和卖弄，谈得小白痛苦不堪可又无法反驳。现在仅仅只过去了四个钟头，印家厚的自信就完全被自卑代替了。

他站起来说了一句什么话，含糊不清，他自己都没听清就又含糊着坐下了。

似乎有人在窃窃地笑。

印家厚的脖子根升起了红晕，猪血一般的颜色。其实他并不计较多少钱，但人们以为他——一个大男人被五块钱打垮了。五块钱，笑掉人的牙齿。印家厚让悲愤堵塞了胸口。他思谋着腾地站起来哈哈大笑或说出一句幽默的话，想是这么想，却怎么也做不出这个动作来，猪血的颜色迅速地上升。

他的徒弟解了他的围。

雅丽蓦地站起身，故意撞掉了桌子上的水杯，一字一板地说："讨厌！"

雅丽见同事们的目光都集中在她身上，她噗地吹了吹额前的头发，孩子气十足地说："几个钱的奖金有什么纠缠不清的，别说三十块，三百块又怎么样？你们只要睁大眼睛看看谁干得多，谁干得少，心里有个数，就算是有良心的人了。"

车间主任说："雅丽！"

雅丽说："我说错了？别把人老浸在铜臭里。"

不知好笑在哪儿，大家哄哄一笑。雅丽也稚气地笑了，说："主任大人，吃饭时间都过了。"

"散会吧。"车间主任也笑了笑。

雅丽和印家厚并肩走着，她伸手掸掉了他背上的脏东西。

印家厚说："吃饭了。"

雅丽说："咱们吃饭去。"

五月的蓝天里飘着许多白云。路边的夹竹桃开得娇艳。师徒俩一人拿了一个饭盒，迎着春风轻快地往前走。印家厚清晰地感觉到自己的侧面晃动着一张喷香而且年轻的脸，他不自觉地希望到食堂的这段路更远些更长些。

雅丽说："印师傅，有一次，我们班里——哦，那是在技校的时候，班里评三好生，我几乎是全票通过，可班委会研究时刷下了我。三好生每人奖一个铝饭锅，他们都用那锅吃饭，上食堂把锅敲得叮咚响，我气得不行，你猜我怎么啦？"

"哭了。"

"哭？哈，才不呢！我也买了只一模一样的，比哪个都敲得响。"

她试图宽慰他，印家厚咧唇一笑。虽然这例子举得不着边际，于事无补，但毕竟有一个人在用心良苦地宽慰他。

"对。三好生算什么。你挺有志气的。"

雅丽咯咯地笑，笑得很美，脸蛋和太阳一样。她说："人生得一知己足矣。"

印家厚心里咯噔了一下，面上纹丝不动。雅丽小跑了两步，跳起来扯了一朵粉红的夹竹桃，对花吹了一口气，尽力往空中甩去，姑娘天真活泼犹如一只小鹿，可那扭动的臀部，高耸的胸脯却又流露出无限风情。

"我不想出师，印师傅，我想永远跟随你。"

"哦，哪有徒弟不出师的道理？"

"有的。只要我愿意。"雅丽的声音忽然老了许多，脚步也沉重了。印家厚心里不再咯噔，一块石头踏踏实实地落下——他多日的预感，猜测，变成了现实。

雅丽用女人常用的痛苦而沙哑的声音低低地说："我没其他办法，我想好了，我什么也不要求，永远不，你愿意吗？"

印家厚说："不。雅丽，你这么年轻……"

"别说我！"

"你还不懂——"

"别说我！说你，你不喜欢我？"

"不！我，不是不喜欢你。"

"那为什么？"

"雅丽，你不懂吗？你去过我家的呀。"

"那有什么关系。我生活在另一个世界。我什么也不要求。你不能那样过日子，那太没意思太苦太埋没人了。"

印家厚的头嗡嗡直响，声音越变越大，平庸枯燥的家庭生活场面旋转着，把那平日忘却的烦恼琐事一一飘浮在眼前。有个情妇不是挺好的——这是男人们私下的话。他定眼注视雅丽，雅丽迎上了清澈的眼光。印家厚

突然意识到自己的浑浊和肮脏。他说："雅丽，你说了些什么哟，我怎么一句也没听清楚，我一心想着他妈的评奖的事。"

雅丽停住了。仰起脑袋平视着印家厚。亮亮的泪水从深深的眼窝中奔流出来。

后面来人了。一群工人，敲着碗，大步流星。

印家厚说："快走。来人了。"

雅丽不动，泪水流个不止。

印家厚说："那我先走了。"

等人群过去，印家厚回头看时，雅丽仍然那么站着，远远地，一个人，在路边太阳下。印家厚知道自己若是返回她身边，这一缕情丝必然又剪不断，理还乱；若独自走掉，雅丽的自尊心则会大大受伤害。他遥遥望着雅丽，进退不得。他承认自己的老婆不可与雅丽同日而语，雅丽是高出一个层次的女性；他也承认自己乐于在厂里加班加点与雅丽的存在不无关系。然而，他不能同意雅丽的说法。不能的理由太多太充足了。

印家厚转身跑向食堂。

他明明知道，事情并没有结束。

食堂有十个窗口，十个窗口全是同样长的队伍。印家厚随便站了一个队。

二班长买了饭，双手高举饭碗挤出人群，在印家厚面前停了停。印家厚以为他又要谈评奖的事。他也得了三等奖，不但没有吵闹争论，反而在车间主任的指名下发言说他是班长，应该多干，三等奖比起所干的活来说都是过奖的了。他若真是个乖巧人，就不该提评奖，印家厚已经准备了一句"屁里屁气"赠送给他。

"哦！行不得也哥哥。"二班长把雅丽的嗓音模仿得惟妙惟肖。

"屁里屁气！"印家厚说。对这件事这句话一样管用。

今天上午没一桩事幸运。榨菜瘦肉丝没有了，剩下的全是大肥肉烧什么、盖什么，一个菜六角钱，又贵又难吃，印家厚决不会买这么贵的菜。他买了一份炒小白菜加辣萝卜条，一共一角五分钱。

食堂里人头涌动，热气腾腾，没买上可意菜的人边吃边骂骂咧咧，此外便是一片咀嚼声。印家厚蹲在地上，捧着饭盒，和人们一样狼吞虎咽。他不想让一个三等奖弄得饭都不香了。吃了一半，白菜里出现了半条肥胖的、软而碧绿的青虫。他噎住了，看着青虫，恶心的清涎一阵阵往上涌。没有半桩好事——他妈的今天上午！

他再也不能忍耐了。

印家厚把青虫摊在饭碗里，端着，一直寻到食堂里面的小餐室里。

食堂管理员正在小餐室里招待客人，一半中国人一半日本人。印家厚把管理员请了出来，让他尝尝他手下的厨师们炒的小白菜。管理员不动声色地望望菜里的虫又不动声色地望了望印家厚，招呼过来一个炊事员，说："给他换碗饭菜得了。"他那神态好像打发一个要饭花子，吩咐后便又一溜烟进了小餐室。年轻的炊事员根本没听懂管理员那句浙江方言是什么意思，朝印家厚翻了翻白眼，耸了耸肩，说："哈岁？"

印家厚本来是看在有日本人在场的分上才客客气气，"请出"管理员的。家丑不可外扬嘛。这下他要给个厉害他们瞧瞧了。印家厚重返小餐室，捏住管理员的胳膊，把他拽到墙角落，将饭菜底朝天扣进了他白围裙胸前的大口袋里。

雷雷被关"禁闭"了。

幼儿园大大小小的孩子都在床上睡午觉，雷雷一个人被锁在"空中飞车"玩具的铁笼里。他无济于事地摇撼着铁丝网，一看见印家厚，叫了声"爸！"就哭了。

一个姑娘闻声从里面房间奔了出来，奶声奶气地讥讽："噢，原来你还会哭？"

印家厚说："他当然会哭。"

姑娘这才发现印家厚，脸上一阵尴尬。这是个十分年轻的姑娘，穿着一件时髦的薄呢连衣裙。她的神态和秀丽的眉眼使印家厚暗暗大吃一惊。这姑娘酷像一个人。印家厚顷刻之间便发现或者说认可了他多少年来内心深藏的忧郁，那是一种类似遗憾的痛苦，不可言传的下意识的忧郁。正是这股潜在的忧郁使他变得沉默，变得一切都不在乎，包括对自己的老婆。

姑娘说："对不起。你儿子不好好睡午觉，用冲锋枪在被子里扫射小朋友，我管不过来，所以……"

就连声音语气都像。印家厚只觉得心在喉咙口上往外跳，血液流得很快。他对姑娘异常温厚地笑笑，尽量不去看她，转过身面对儿子，决定恩威并举，做一次像电影银幕上的很出色很漂亮的父亲。他阴沉沉地问：

"雷雷，你扫射小朋友吗？"

"是……"

"你知道我要怎么教训你吗？"

儿子从未见过父亲这般地威严，怯怯地摇头。

"承认错误吗？"

"承认。"

"好。对阿姨承认错误，道歉。"

"阿姨，我扫射小朋友，错了。对不起。"

姑娘连忙说："行了行了，小孩子嘛。"她从笼子里抱出雷雷。

泪珠子停在儿子脸蛋中央，膝盖上的绷带拖在脚后跟上。印家厚换上充满父爱的表情，抚摸儿子的头发，给儿子擦泪包扎。

"雷雷，跑月票很累人，对吗？"

"对。"

"爸爸还得带上你跑就更累了。"

"嗯。"

"你如果听阿姨的话，好好睡午觉，爸爸就可以去休息一下。不然，爸爸就会累病的。"

"爸爸。"

"好了。乖乖去睡，自己脱衣服。"

"爸，早点来接我。"

"好的。"

雷雷径直走进里间，脱衣服，爬上床钻进了被窝。

姑娘说："你真是个好父亲！"

印家厚不禁产生几分惭愧，他其实是在表演，若是平时，一巴掌早烙在儿子屁股上了。他就是为她表演的吗？他不愿意承认这点。

玩具间里，印家厚和姑娘呆呆站着。他突然意识到自己没理由再站下去了，说："孩子调皮，添麻烦了。"

"哪里。这是我的工作。我——"

印家厚敏感地说："你什么？说吧。"

姑娘难为情地笑了一笑，说："算了算了。"

凭空产生的一道幻想，闪电般击中了印家厚，他按捺不住激动的心情。"你叫什么名字？"

"肖晓芬。"

印家厚一下子冷静了许多。这个名字和他刻骨铭心的那个名字完全不相干。但毕竟太相像了，他愿意与她多在一起待一会儿。"你刚才有什么话要说，就说吧。"

姑娘诧异地汪视了他一刻，偏过头，仲山粉红的舌尖舔了舔嘴唇，说："我是待业青年，喜欢幼儿园的工作。我来这里才两个月，那些老阿姨们就开始在行政科说我的坏话，想要厂里解雇我。我想求你别把刚才的事说出去，她们正挑我的毛病呢。"

"我当然不会说。是我儿子太调皮了。"

"谢谢！"

姑娘低下头，使劲眨着眼皮，睫毛上挂满了细碎的泪珠。印家厚的心生生地疼，为什么每一个动作都像绝了呢。

"晓芬，新上任的行政科长是我的老同学，我去对他说一声就行了。要解雇就解雇那些脏老婆子吧。"

姑娘一下子仰起头，惊喜万分，走近了一步，说："是吗？"

鲜润饱满的唇，花瓣一样开在印家厚的目光下，他似乎看那唇迎着他缓缓上举。印家厚不由自主地靠近了一步，头脑里嗡嗡乱响，一种渴念，像气球一般吹得胀胀的。姑娘眼一闭，泪珠洒落了一脸。他好像猛地被人拍了一下，突然醒了。没等姑娘睁开眼睛，印家厚掉头出了幼儿园。

马路上空空荡荡，厂房静悄悄，印家厚一口气奔出了好远好远。在一个无人的破仓库里，他大口大口喘气，一连几声唤着一个名字。他渐渐安静下来，用指头抹去了眼角的泪，自嘲地舒出一口气，恢复了平常的状态。

现在他该去副食品商店办事了。

天下居然有这么巧的事，印家厚和他老婆同年同月同日出生，他们俩的父亲也是同年同月同日出生。

下个月十号是老头子们——他老婆这么称呼——的生日。五十九周岁，预做六十大寿。这是按的老规矩。

印家厚不记得有谁给自己做过生日，从没有为自己的生日举过杯。做生日是近些年才蔓延到寻常人家的，老头子们赶上了好年月。五年前他满二十九岁，该做三十岁的生日。老婆三天两头念叨："三十岁也是大寿哩，得做做的。"正儿八经到了生日那天，老婆把这事给忘了。她妹妹那天要相对象，她应邀陪她妹妹去了。晚上回来，她兴奋地告诉印家厚："人家一直以为是我，什么都冲着我来，可笑不？"他倒觉得这是件可喜的事，居然有人把他老婆误认为未嫁姑娘。关于生日，没必要责怪老婆，她连自己的也忘了。

老婆和他商量给老头子们买什么生日礼物，轻了可不行，六十岁是大生日；重了又买不起。重礼不买，这就已经排除了穿的和玩的，那么买喝的吧，酒。

他们开始物色酒。真正的中国十大名酒市面上是极少见到的，他们托人找了些门路也没结果，只好降格求其次了。光是价钱昂贵包装不中看的，老婆说不买，买了是吃哑巴亏的，老头子们会误以为是什么破烂酒呢；装潢华丽价钱一般的，他们也不愿意买，这又有点哄老头子们了，良心上过不去；价钱和装潢都还相当，但出产地是个未见经传的乡下酒厂，又怕是假酒。夫妻俩物色了半个多月，酒还没有买到手。

厂里这家副食商店曾一度名气不小。武汉三镇的人都跑到这里来买烟酒。因为当时是建厂时期，有大批的日本专家在这里干活，商店是为他们设的，自然不缺好烟酒。日本专家回国后，这里也日趋冷清。虽是冷清了，但偶尔还可以从库里翻出些好东西来。

印家厚近来天天中午逛逛这个店子。

"嗨。"印家厚冲着他熟识的售货员打了个招呼。递烟。

"嗨。"

"有没有？"

"我把库里翻了个底朝天，没希望了。"

"能搞到黑市不？"

"你想要什么？"

"自然是好的。"

"'茅台'怎么样？"

"好哇！"

"要多少？先交钱后给货，四块八角钱一两。"

印家厚不出声了。干瞅着售货员默默盘算：一斤就是四十八块钱。得买两斤。九十六块整。一个月的工资包括奖金全没有了，牛奶和水果又涨价了，儿子却是没有一日能缺这两样的；还有鸡蛋和瘦肉，万一又来了其他的应酬，比如朋友同事的婚丧嫁娶，那又是脸面上的事，赖不过去的。

印家厚把眼皮一眨说："伙计，你这酒吓人。"

"吓谁啦？一直这个价，还在看涨。这买卖是'周瑜打黄盖'，两相情愿的事。你这儿子女婿，没孝心的。"

"孝心倒有，只是心有余力不足。"印家厚打了几个干哈哈退出了商店。

要是两位老人知道他这般盘算，保证喝了"茅台"也不香。印家厚想，将来自己做六十岁生日必定视儿子的经济水平让他意思意思就行了。

雅丽在斜穿公路的轨道上等着他。

印家厚装出突然想起了什么似的摸了摸上上下下的口袋，扭头往副食商店走。

雅丽说："你的信。"

印家厚只好停止装模作样。平时他的信很少，只有发生了什么事，亲戚们才会写信来。

信是本市火车站寄来的，印家厚想不起有哪位亲戚在火车站工作。他拆开信，落款是：你的知青伙伴，江南下。印家厚松了一口气。

"没事吧？"雅丽说。

"没。"印家厚想起了肖晓芬。想起了那份心底的忧伤。他明白了自己的心是永远属于那失去了的姑娘，只有她才能真正激动他。除她之外，所有女人他都能镇静地理智地对待。他说："雅丽，我说了我的真实想法后你会理解的。你聪明，有教养，年轻活泼又漂亮，我是十分愿意和你一道工作的。甚至加班——"

"我不要你告诉我这些！"雅丽打断了他，倔强地说，"这是你的想法，也许是，可不是我的！"

雅丽走了。昂着头，神情悲凉。

印家厚不敢随后进车间，他怕遭人猜测。

江南下，这是一个矮小的，目光闪闪的，腼腆寡言的男孩。他招工到哪儿了？不记得了。江南下的信写道：

"我路过武汉，逗留了一天，偶尔听人说起你，很激动。想去看看，又来不及了。

"家厚，你还记得那块土地吗？我们第一夜睡在禾场上的队屋里，屋里堆满了地里摘回的棉花，花上爬着许多肉乎乎的粉红的棉铃虫，贫下中农给我们一只夜壶，要我们夜里用这个，千万别往棉花上尿。我们都争着试用，你说夜壶口割破了你的皮，大家都发疯似的笑，吵着闹着摔破了那玩意儿。

"你还记得下雨天吗？那个狂风暴雨的中午，我们在屋里吹拉弹唱。六队的女知青来了，我们把菜全拿出来款待她们，结果后来许多天我们没菜吃，吃盐水泡饭。

"聂玲多漂亮，那眉眼美绝了，你和她好，我们都气得要命。可后来你们为什么分手了？这个我至今也不明白。

"那只小黄猫总跟着我们在自留地里，每天收工时就在巷子口接我们，它怀孕了，我们想看它生小猫，它就跑了。唉，真是！

"我老婆没当过知青，她说她运气好，可我认为她运气不好。女知青有种特别的味儿，那味儿可以使一个女人更美好一些。你老婆是知青吗？我想我们都会喜欢那味儿，那是我们时代的秘密。

"家厚，如今我们都是三十好几的人了。我已经开始谢顶，有一个七岁的女孩，经济条件还可以。但是，生活中烦恼重重，老婆也就那么回事，我觉得我给毁了。

"现在我已是正科级干部，入了党，有了大学文凭，按说我该知足，该高兴，可我怎么也不能像在农村时那样开怀地笑。我老婆挑出了我几百个毛病，正在和我办离婚。

"你一切都好吧？你当年英俊年少，能歌善舞，性情宽厚，你一定比我过得好。

"另外，去年我在北京遇上聂玲了。她仍然不肯说出你们分手的原因。她的孩子也有几岁了，却还显得十分年轻……"

印家厚把信读了两遍，一遍匆匆浏览，一遍仔细阅读，读后将信纸捏入了掌心。他靠着一棵杨树坐下，面朝太阳，合上眼睛；透过眼皮，他看见了五彩斑斓的光和树叶。后面是庞然大物的灰色厂房，前面是柏油马路，远处是田野，这里是一片树林。印家厚歪在草丛中，让万千思绪飘来飘去。聂玲聂玲，这个他从不敢随便提及的名字，江南下毫不在乎地叫来叫去。于是，一切都从最底层浮起来了……五月的风里饱含着酸甜苦辣，从印家厚耳边呼呼吹过，他脸上的肌肉细微地抽动，有时像哭有时像笑。

空中一絮白云停住了，日影正好投在印家厚额前。他感觉了阴暗，又以为是人站在了面前，便忙睁开眼睛。在明丽的蓝天白云绿叶之间，他把他最深的遗憾和痛苦又埋入了心底。接着，记忆就变得明朗有节奏起来。

他进了钢铁公司。去北京学习，和日本人一块干活，为了不被筛选掉拼命啃日语。找对象，谈恋爱，结婚。父母生病住院，天天去医院护理。兄妹吵架扯皮，开家庭会议搞平衡。物价上涨，工资调级，黑白电视换彩色的，洗衣机淘汰单缸时兴双缸——所有这一切，他一一碰上了，他必须去解决。解决了，也没有什么乐趣；没解决就更烦人。例如至今他没法解决电视的更新换代问题，儿子就有些瞧不起他了，一开口就说谁谁谁的爸爸给谁谁谁买了一台彩电，带遥控的。为了让儿子第一个想到自己的爸爸，印家厚正在加紧筹款。

少年的梦总是有着浓厚的理想色彩，一进入成年便无形中被瓦解了。印家厚随着整个社会流动，追求，关心。关心中国足球队是否能进军墨西哥；关心中越边境战况；关心生物导弹治疗癌症的效果；关心火柴几分钱一盒了？他几乎从来没有想是否该为少年的梦感叹。他只是十分明智地知道自己是个普通的男人，靠劳动拿工资而生活。哪有工夫去想入非非呢？日子总是那么快，一星期一星期地闪过去。老婆怀孕后，他连尿布都没有准备充分，婴儿就出世了。

老婆就是老婆。人不可能十全十美。记忆归记忆。痛苦该咬着牙吞下去。印家厚真想回一封信，谈谈自己的观点，宽宽那个正承受着离婚危机的知青伙伴的心，可他不知道写了信该往哪儿寄？

江南下，向你致敬！冲着你不忘故人，冲着你把朋友从三等奖的恶劣情绪中解脱出来。

印家厚一弹腿跳了起来，做了一个深呼吸动作，朝车间走去。

相比之下，他感到自己生活正常，家庭稳定，精力充沛，情绪良好，能够面对现实。他的自信心又陡然增加了好多倍。

下午不错。

主要是下午的开端不错。

来了一拨参观的人。谁也不知道这些人是哪个地方哪个部门来的，谁也不想知道，谁都若无其事地干活。这些见得太多了。

倒是参观的人不时从冷处瞟操作的工人们，恐怕是纳闷这些人怎么不好奇。

车间主任骑一辆铮蓝的轻便小跑车从车间深处溜过来，默默扫视了一圈，将本来就撂在踏板上的脚用力一踩，掉头去了。他事先通知印家厚要亲自操作，让雅丽给参观团当讲解员。印家厚正是这么做的。车间主任准认为三等奖委屈了印家厚，否则他不会来检查。以为印家厚会因为五元钱赌气不上操作台，错了！

印家厚的目光抓住了车间主任的目光，无声却又明确地告诉他：你错了。

有一个人明白了他的心，尤其是车间的最关键人物，印家厚就满足了。受了委屈不要紧，要紧的是在于有没有人知道你受了委屈。

参观团转悠了一个多小时，印家厚硬是直着腿挺挺地站了过来。一个多小时没人打扰他，挺美的。班组的同事今天全欠他的情，全看他的眼色行事以期补偿。

雅丽上来接替印家厚。两人都没说话，配合得非常默契。只有印家厚识别得出雅丽心上的暗淡，但他决定不闻不问。

"好！堵住你了，小印。"工会组长哈大妈往门口一靠，封死了整扇门。她手里挥动着几张揉皱的材料纸，说，"臭小子，就缺你一个人了。来，出一份钱：两块。签个名。"

印家厚交了两块钱，在材料纸上划拉上自己的名字。

哈大妈急煎煎走了。转身的工夫，又急煎煎回来了。依旧靠在门框上。"人老了。"她说，"可不是该改革了。小印，忘了告诉你这钱的用途，我们车间的老大难苏新结婚了！大伙儿向他表示一份心意。"

"知道了。"印家厚说。其实他根本没听过这个名字。他问旁的人："苏新是谁？"

"听说刚刚调来。"

"刚来就老大难？"

"哈哈。"旁的人干笑。

哈大妈的大嗓门又来了："小印，好像我还有事要告诉你。"

"您说吧。"印家厚渴得要命同时又要上厕所了。

"我忘记了。"哈大妈迷迷怔怔地望着印家厚。

"那就算了。"

"不行。好像还是件挺重要的事。"哈大妈用劲绞了半天手指，泄了气，摊开两手说，"想不起来了。这怪不得我，人老了。臭小子们，这就怪不得我了，到时候大伙给我做个证。"

哈大妈带着一丝狡黠的微笑走了。接着二班长进门拉住了印家厚。二班长告诉印家厚他们报考电视大学的事是厂里作梗。公司根本没下文件不准他们报考。完完全全是厂里不愿意让他们这批人（日本专家培训出的人）流走。

"我们去找找厂里吧，你和小白好，先问问他。"二班长使劲怂恿印家厚。

印家厚说："我不去。"

"那我们给公司纪委写信告厂里一状。"

"我不会写。"

"我写，你签名。"

"不签。"

"难道你想当一辈子工人？"

"对！"

现在有许多婊子养的太爱写信了——这是二班长上午说的，应不应该提醒他一句？算了。

二班长极不甘心地离开了。印家厚的脚还没迈出门槛，电话铃响了。有人说："等等，你的电话。"

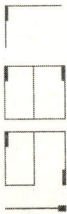

印家厚抓起话筒就说："喂，快讲！"他实在该上厕所了。

是厂长。从厂办公室打来的。印家厚倒抽一口凉气，刚才也太不恭敬了。这是改革声中新上任的知识分子厂长，知识分子是特别敏感的，应该给他一个好印象。

印家厚立即借了一辆自行车，朝办公室飞驰而去。

印家厚在进厂办公室时，正碰上小白从里面出来，小白神色严峻，给他一句耳语："坚强些！"

他被这地下工作式的神秘弄得晕乎乎的，心里七上八下。

厂长要印家厚谈谈对日本人的看法。

对……日本人……看法？他一时间脑子里一片空白。日本专家撤回去七年了，七年里他的脑袋里没留下日本人的印象。"坚强些！"又是指什么？他竭力搜索七年前对小一郎的看法。小一郎是他的师傅。

"日本人……有苦干精神，能吃苦耐劳……一不怕苦，二不怕——"他差点失口说出毛主席语录。他小心谨慎，字斟句酌，"他们能严格按科学规律工作，干活一丝不苟，有不到黄河不死心的——"他意识到日本与黄河没关系，但他还是坚持说完了自己的话，"……的钻研精神。"

厂长说："这么说你对日本人印象不错？"

"不是全体日本人，也不是全面……是干活方面。"

"日本侵华战争该知道吧？"

"当然。日本鬼子——"印家厚打住了。厂长到底要干什么？即便是厂长，他也不愿意被人耍弄。他干吗要急匆匆离开车间跑到这儿踩薄冰？七年前厂里有个工人对日本专家搞恐怖活动受到了制裁；前些时候某个部级干部去了日本靖国神社给撤了职，这是国际问题，民族问题，他岂能涉嫌！

他一把推开椅子，说："厂长，有事就请开门见山，没事我得回去干活了。"

厂长说："小印，别着急嘛。事情十分明确。你认为现在我们引进日本先进设备，和他们友好交往是接受第二次侵略吗？"

"当然不是。"

"既然不是，那为什么迟迟不组织参加联欢的人员？下星期三日本青年友好访华团准时到我们厂。接待任务由工会布置下去已经两周了，你不仅不动，反而还在年轻人中说什么'不做联欢模特儿''进行第二次抗日战争''旗袍比西服美一千倍',这是为什么？"

印家厚终于从坑里钻出来了。有人栽了他的赃，栽得这么成功，竟使精明的厂长深信不疑。

"胡扯！他妈的一派谎言！"他今天的忍让到此为止！顾不上留什么好印象了，他要他的清白和正直。这些狗娘养的！——他骂开了。他根本就没得到工会的任何通知。两周前他姥姥去世了，他去办了两天丧事。回厂没上几天班，他妈因伤心过度，高血压发了，他又用了两个休息日送她老人家去住院。看小白那鬼鬼祟祟的模样，不定就是他捣的鬼，他和几所大学的学生勾勾搭搭，早就在宣扬"抵制日货"的观点。要么是哈大妈，对了！她方才还假作忘了什么事是因为她老了。她丈夫是在抗日战争中牺牲的，她从来对日本人是横眉冷对的。要么他们串通一气坑了他。但他并不是一味敌视日本人，他至今还和小一郎通信来往，逢年过节寄张明信片什么的。

厂长倒笑了，他相信了印家厚并宽宏大量地向他道了歉。

"既然是这么回事那就赶快动手把工作抓起来！"厂长不容印家厚分辩，当即叫来了厂工会主席，面对面把印家厚交给了工会。

"不要搞什么各车间分头行动了。让小印暂调到厂工会来，全面下手抓。到时候出了差错我就找你们俩。"

工会主席是个转业军人，领命之后把印家厚拽到工会办公室，如此如此，这般这般布置开了。印家厚连连咕噜了几声"不行不行"，工会主席绝不理睬，布置中还夹叙了一通意义深远之类的话，大有军令如山倒的气势。

这就是说，印家厚从今天起，在一个星期内要组织起一个四十位男女青年的联欢团体，男青年身高要一米七至一米八；女青年身高要一米六五左右；一律不胖不瘦，五官端正，漂亮一点的更好；要为他们每人定做一套毛料西装；教会他们日常应用的日语，能问候和简单会话；还要让他们熟悉一般的日本礼节；跳舞则必须人人都会。

印家厚头发都麻了，说："主席，你听清楚，我干不了！"

"干得了。你是日本专家。"工会主席三把两把给他腾出了一张办公

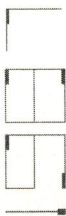

桌，将一叠贴有相片的职工表格放在他面前，说，"小印，要理解组织的信任。现在，我们只有背水一战了。对任何人一律用行政命令。来，我们开始吧！"

下班时印家厚遇上了小白。小白说："我听说了。真他妈替你抱屈。好像考他妈驻日本的外交官，奴颜婢膝。"

印家厚狠狠白了他一眼，嘿嘿一个冷笑。小白马上跳起来："老兄，你怎么以为是我……我！观点不同是另一回事。我若是那种背后插刀的小人，还搞他什么文学创作！"

这真是委屈。到目前为止，在小白的认识上，作品和人品是完全一致的。印家厚虽不搞创作却已超越了这种认识上的局限。他谅解地给了小白一巴掌，说："对不起了！"

几个身材苗条挺拔的姑娘挎着各式背包走过来，朝小白亲切地招呼，可是对印家厚却脸一变冲着他叫道："汉奸！"

"我们绝不做联欢模特儿！"

"我们要抗日！"

印家厚绷紧脸，一声不哼。姑娘们过去之后，印家厚回头数了数，差不多十五六个，几乎全是合乎标准的。他这才真正感到这事太难了。

这一下午真累。在岗位上站了一个多小时；和厂长动了肝火；让工会拉了差。召集各车间工会组长紧急会议；找集训办公室；去商店选购衣料；和服装厂联系；向财务要活动资金；楼上楼下找厂长——当你需要他签字的时候，他不知上哪去了。

报考电大的要求根本没机会提出来；忍气吞声领了三等奖的五元钱。

刚调来的老大难结婚"表示"了两块钱；拯救非洲饥民捐款一元；"救救熊猫"募捐小组募到他的面前，他略一思忖，便往贴着熊猫流泪图案的小纸箱里塞了两元。募捐的共青团员们欢声雀跃，赞扬印家厚是全厂第一！第一个心疼国宝！就是厂长也只捐了五毛钱。

五块钱像一股回旋的流水，经过印家厚的手又流走了。全派了大用场，抵消了三等奖的耻辱。雅丽的确知他的心，说："印师傅，你做得真俏皮！"印家厚不能不遗憾地想，如此理解他的人如果是他老婆就好了。不能否认，哪怕是最细微的一点相通也是有意义的。然而，他不敢想象他老婆的看法，他不由朝雅丽看了一眼，然而随即便又后悔了，因为雅丽读懂了他的眼神。

印家厚接儿子的时候，生怕儿子怪他来晚了；生怕又单独碰上肖晓芬。结果，儿子没有质问，肖晓芬也正混在一群阿姨里。什么事也没有。他为自己中午在肖晓芬面前的失控深感不安，便低着眼睛带走了儿子。

马路上车如流水，人如潮，雷雷蹿上去猛跑。印家厚在后边厉声叫着，提心吊胆，笨拙地追上儿子。他的儿子，和他长得如同一个模子里铸出来的，这就是他生命的延续。他不能让他乱跑，小心撞上车了；他又不能让他走太久的路，可别把小腿累坏了。印家厚丝毫没有下了班的感觉，他依然紧张着，只不过是换了个专业罢了。

父子俩又汇入了下班的人流中。父亲背着包，儿子挎着冲锋枪。早晨满满一包出征，晚归时一副空囊。父亲灰尘满面，胡楂又深了许多。儿子的海军衫上滴了醒目的菜汁，绷带丝丝缕缕披挂，从头到脚肮脏之极。

公共汽车永远是拥挤的。当印家厚抱着儿子挤上车之后，肚子里一通咕咕乱叫，他感到了深深的饿。

车上有个小女孩和她妈妈坐着，她把雷雷指给她妈妈看："妈，他是我们班新来的小朋友，叫印雷。"小女孩可着嗓子喊："印雷！印雷！"

雷雷喜出望外，骄傲地对父亲说："那是欣欣！"

两个孩子在挤满大人们的公共汽车里相遇，分外高兴，呱呱地叫唤着，充分表达他们的喜悦。印家厚和小女孩的妈妈点了点头，笑了。

小女孩的妈站了起来，让雷雷和自己的女儿坐在一个座位上，自己挤在印家厚旁边。

"我们欣欣可顽皮，简直和男孩子一样。"

"我儿子更不得了。"

"养个孩子可真不容易啊！"

"就是。太难了！"

有了孩子这个话题，大人们一见如故地攀谈起来了，可在前一刻他们还素不相识呢。谈孩子的可爱和为孩子的操劳，叹世世代代如水流；谈幼儿园的不健全，跑月票的辛酸苦辣，气时事事都艰难。当小女孩的妈听印家厚说他家住在汉口，还必须过江，过了江还得坐车时，她"哇"了一下，说：“简直到另一个国家去，可怕！”

印家厚说：“好在跑惯了。”

“我家就在这趟车的终点站旁边。往后有什么不方便的时候，就把印雷接到我家吧。”

“那太谢谢了！”

“千万别客气！只要不让孩子受罪就行！”

“好的。”

印家厚发现自己变得婆婆妈妈了，变得容易感恩戴德，变得喜欢别人的同情了。本来是又累又饿，被挤得满腹牢骚的，有人一同情，聊一聊，心里就熨帖多了，不知不觉就到了终点。从前的他哪是这个样子？从前的他是个从里到外，血气方刚，衣着整齐，自我感觉良好的小伙子，从不轻易与女人搭话，不轻易同情别人或接受别人同情。印家厚清清楚楚地看出了自己的变化，他却弄不清这变化好还是不好。

在爬江堤时，他望见紫褐色的暮云仿佛就压在头顶上。心里闷闷的，不由长长叹了一口气。

轮渡逆水而上。

逆水比顺水慢一倍多，这是漫长而难熬的时间。

夕阳西下，一分钟比一分钟暗淡。长江的风一阵比一阵凉。不知是什么缘故，上班时熟识的人不约而同在一条船上相遇，下班的船上却绝大多数是陌生面孔。而且面容都是怏怏的，呆呆的，疲惫不堪的。上船照例也抢，椅子上闪电般地坐满了人，然后甲板上也成片成片地坐上了人。

印家厚照例不抢船，因为船比车更可怕，那铁栅栏门“哗啦”一开，人们排山倒海压上船来，万一有人被裹挟在里面摔倒了，那他就再也不可能站起来。

印家厚和儿子坐在船头一侧的甲板上，还不错，是避风的一侧。印家厚屁股底下垫着挎包。儿子坐在他叉开的两腿之间，小屁股下垫了牛皮纸，手绢和帆布工作服，垫得厚厚的。冲锋枪挂在头顶上方的一个小铁钩上，随着轮船的震动有节奏地晃荡。印家厚摸出了梁羽生的《风雷震九州》，他想总该可以看看书了。他刚翻开书，儿子说：“爸，我呢？”

他给了儿子一本《狐狸的故事》，说：“自己看，这本书都给你讲过几百遍了。"

他看了不到一页，儿子忽然跟着船上叫卖的姑娘叫起来："瓜子——瓜子，五香瓜子——"声音响亮引起周围打瞌睡人的不满。

"你干什么呢？"

儿子说："我口渴。"

"口渴到家再说。"

"吃冰淇淋也可以的。"

印家厚明白了，给儿子买了支巧克力三色冰淇淋，然后又低头看书。结果儿子只吃了奶油的一截，巧克力的那截被他抠下来涂在了一个小男孩的鼻子上，这小男孩正站在他跟前出神地盯着冰淇淋。于是小男孩哭着找妈妈去了。唉，孩子好烦人，一刻也不让他安宁。孩子并不总是可爱，并不啊！印家厚愣愣地，瞅着儿子。

一个嗓门粗哑的妇女扯着小男孩从人堆里挤过来，劈头冲印家厚吼着："小孩撒野，他老子不管，他老子死了！"

印家厚本来是要道歉的，顿时歉意全消。他一把搂过儿子，闭上眼睛前后摇晃。

"呸！胚子货！"

静了一刻，妇女又说："胚子货！"又静了一刻，妇女骂骂咧咧走了。雷雷从父亲怀里伸出头来，问："胚子货是骂人话吗？爸。"

"是的。往后不许对人说这种话。"

"胚子货是什么意思？"

"骂人的意思。"

"骂人的什么？"

这是个爱探本求源的孩子，应该尽量满足他。可印家厚想来想去都觉得这个词不好解释。他说："等你长大就懂了。"

"我长大了你讲给我听吗？"

"不，你自然就懂了。"他想，孩子，你将面对生活中的一切，包括丑恶。

"哦——"

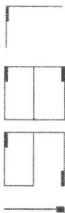

儿子这声长长的哦令人感动，印家厚心里油然升起了数不清的温柔。

儿子老成而礼貌地对挡在他前面的人说："叔叔，请让一让。"

印家厚说："雷雷，你干什么去？"

"我拉尿。"儿子叮嘱他，"你好好坐着，别跟着过来。"

儿子站在船舷边往长江里拉尿。拉完尿，整好裤子才转身，颇有风度地回到父亲身边。他的儿子是多么富有教养！可他母亲说他四岁的时候是个小脏猴，一天到晚在巷子口的垃圾堆里打滚，整日一丝不挂。儿子这一辈远远胜过了父亲那一辈，长江总是后浪推前浪，前景应是一片诱人的色彩。

他收起了小说。累些，再累些吧。为了孩子。

天色愈益暗淡了。船上的叫卖声也低了。底舱的轰隆声显得格外强烈。儿子伏在他腿上睡着了。他四处找不着为儿子遮盖的东西，只好用两扇巴掌捂住儿子的肚皮。

长江上，一艘幽暗的轮船载满了昏昏欲睡的乘客，慢慢悠悠逆水而行。看不完那黑乎乎连绵的岸，看不完一张张疲倦的脸。印家厚竭力撑着眼皮，竭力撑着，眼睛里头渐渐红了。他开始挣扎，连连打哈欠，挤泪水，死鱼般瞪起眼珠。他想白天的事，想雅丽，想肖晓芬，想江南下的信，用各种方法来和睡意斗争。最后不知怎么一来，头一耷拉，双手落了下来，鼾声随即响了，父子俩一轻一重，此起彼伏地打着呼噜。

彩灯在远处凌空勾勒出长江大桥的雄姿，两岸的灯火闪闪烁烁，晴川饭店矗立在江边，上半部是半截黑影，下半部才有稀疏的灯光。船上早睡的人们此刻醒了，伸了伸懒腰，说："晴川饭店的利用率太低了！"

舱面上一片密集的人头中间突然冒出了一个乱蓬蓬的大脑袋，这是一个披头散发的女疯子，她每天在这个时候便出现在轮渡上。女疯子大喝一声，说："都醒了！都醒了！世界末日就要到来了。"

印家厚醒了，他赶快用手护住儿子的肚皮，恼恨自己怎么搞的！一个短短的觉他居然做了许多梦，可一醒来那些具体情节却全飞了，只剩下满口的苦涩味。在猛醒的一瞬间，他好不辛酸。好在他很快就完全清醒了，他听见女疯子在嚷嚷，便知道船该靠码头了。

"雷雷，到了。嘿，到了。"

"爸爸。"

"嘿，到了！"

"疯子在唱歌。"

"来，站起来，背上枪。"

"疯子坐船买票吗？"

"醒醒吧，还迷糊什么！"

汽笛突然响了，父子俩都哆嗦了一下，接着都笑起来，天天坐船的人倒让船给吓了一跳。

人们纷纷起立，哦啊啊打哈欠，骂街骂娘。有人在背后扯了扯印家厚，他回头一看，是讨钱的老头。老头扑通一下跪在他们父子跟前，不停地作揖。印家厚迟疑了一下，掏出一枚硬币给儿子。雷雷惊喜而又自豪地把硬币扔进了老头的破碗，他大概觉得把钱给人家比玩游戏有趣得多。

印家厚却不知该对老头持什么样的看法才对。昨天的晚报上还登了一则新闻，说北方某地，一个年轻姑娘靠行乞成了万元户。他一直担心有朝一日儿子问他这个问题。

"爸，这个爷爷找别人要钱对吗？"

问题已经来了。说对吧，孩子会效法的；不对吧，爸爸你为什么把钱给他？就连四岁的孩子他都无法应付，几乎没有一刻他不在为难之中。他思索了一会，一本正经地告诉儿子："这是个复杂的社会问题，你太小怎么理解得了呢？"

幸好儿子没追问下去，却说："爸，我饿极了！"

浮桥又加长了，乘客差不多是从江心一直步行到岸上。傍晚下班的人真怕踏上这浮桥，一步一拖，摇摇晃晃，总像走不到尽头，况且江上的风在春天也是冷的。

为什么不把江疏浚一下？为什么不想办法让轮渡快一些？为什么江这边的人非得赶到江那边去上班？为什么没有一个全托幼儿园？为什么厂里的麻烦事都摊到了他的头上？为什么他不能果断处理好与雅丽的关系？为什么婚姻和爱情是两码事？印家厚真希望自己也是一个孩子，能有一个负责的父亲回答他的所有问题。

到家了！

炉火正红，油在锅里刺啦啦响，乱七八糟的小房间里葱香肉香扑面，暖暖的蒸汽从高压锅中悦耳地喷出。"妈妈！"儿子高喊一声，扑进母亲怀里。印家厚摔掉挎包，踢掉鞋子，倒在床上。老婆递过一杯温开水，往他脸上扔了一条湿毛巾。他深深吸吮着毛巾上太阳的气息和香皂的气息，久久不动。这难道不是最幸福的时刻？他的家！他的老婆！尽管是憔悴、爱和他扯横皮的老婆！此刻，花前月下的爱情，精神上微妙的沟通等等远远离开了这个饥饿困顿的人。

儿子在老婆手里打了个转，换上了一身红底白条运动衫，伤口重新扎了绷带，又恢复成一个明眸皓齿，双颊喷红的小男孩。印家厚感到家里的空气都是甜的。

饭桌上是红烧豆腐和氽元汤，还有一盘绿油油的白菜和一碟橙红透明的五香萝卜条。儿子单独吃一碗鸡蛋蒸瘦肉。这一切就足够足够了啊！

老婆说："吃啊，吃菜哪！"

她在婚后一直这么说，印家厚则百听不厌。这句贤惠的话补偿了其他方面的许多不足。

她说："菜真贵，白菜三角一斤。"

"三角？"他应道。

"全精肉两块八哩，不兴还价的，为了雷雷，我咬牙买了半斤。"

"好家伙！"

"我们这一顿除去煤和佐料钱，净花三块三角多。"

"真不便宜。"

"喝人的血汗呢！"

"就是。"

议论菜市价格是每天晚饭时候的一个必然内容，也是他们夫妻一天不见之后交流的开端。

看印家厚和儿子吃得差不多了，老婆就将剩汤剩菜扣进了自己的碗里，移开凳子，拿过一本封面花哨的妇女杂志，摊在膝盖上边吃边看。

美好的时光已经过去，轮到印家厚收拾锅碗了。起先他认为吃饭看书是一个恶习，对一个为妻为母的人尤其不合适。老婆抗争说："我做姑娘时就养成了这习惯，请你不要剥夺我这一点点可怜的嗜好！"这样印家厚不得不承担起洗碗的义务。好在公共卫生间洗碗的全是男的，他也就顺应自然了。

男人们利用洗碗这短暂的时间交流体育动向、时事新闻，种种重要消息，这几分钟成了这排房子的男人们的友谊桥梁。今天印家厚在洗碗时听的消息太不幸了。一个男人说：伙计们，这房要拆了。另有人立刻问：我们住哪儿？答：管你住哪儿！是这个单位的安排，不是的一律滚蛋。问：真的吗？答：我们单位职工大会宣布的，马上就来人通知。好几个人说：这太不公平了！说这话的都是借房子住的人。印家厚也不由自主说了句："是不公平得很。"

印家厚顿时沉重起来，脸上没有了笑意，心里像吊着一块石头坠坠地发慌。他想，这如何是好呢？

他洗碗回来又抄起了拖把，准备拖了地再洗儿子换下的衣服。他不停地干活，进进出出，以免和老婆说话泄漏了拆房的事。她半夜还要去上夜班，得早点睡一觉。暂且让自己独自难受吧。

"喂，你该睡觉了。"

"嗯。"

老婆还埋头于膝上的杂志。儿子自己打开了电视，入迷地看《花仙子》。

"喂喂，你该睡觉了。"

老婆徐徐站起。"好，看完了。有篇文章讲夫妻之间的感情的，你也看看吧。"

"好。你睡吧。"

老婆过去亲了儿子一下，说："主要是说夫妻间要以诚相见，不要互相隐瞒，哪怕一点小事。一件小事常常会造成大的裂痕。"

"对。"印家厚说。

老婆总算准备上床睡觉了，她脱去外衣，又亲了亲儿子，说："雷雷，今天就没有什么新鲜事告诉妈妈吗？"

印家厚立刻意识到应该冲掉这母子间的危险谈话，但他迟了。

儿子说："噢，妈妈，爸爸今天没在餐馆吃凉面。"

老婆马上脸形怒色。"你这人怎么回事！告诉你现在乙肝多得不得

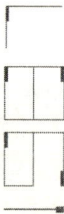

了，不能用外边的碗筷！"

"好好，以后注意吧。"

"别糊弄人！别以后，以后的……我问你：你今天找了人没有？"

印家厚懵了："找……谁？"

"瞧！找谁——？"老婆气急败坏，一屁股顿在床沿上，跷起腿，道，"你们厂分房小组组长啊！我好不容易打听到了这人的一些嗜好，不是说了花钱送点什么的吗？不是让你先去和他联络感情的吗？"

真的，这件事是家中的头等大事。只要有可能分到房子，彩电宁可不买。他怎么把这事忘得一干二净了呢？

"妈的！我明天一定去！"他愧疚地捶了捶脑袋。尤其从今天起，房子的事是燃眉之急的了，再不愿干的事也得干。

印家厚的态度这么好，老婆也就说不出话来了，坐在那儿干瞪着丈夫。

"酒呢？"

"黑市茅台四块八一两。"

"那算了，我再托托人去。奖金还没发？"

"没有。"他撒了谎。如果夫妻间果然是任何事都以诚相见，那么裂痕会更迅速地扩大。他说："看动静厂里对轮流坐庄要变，可能要抓一抓的。"先铺垫一笔，让打击来得缓和些。西餐是肯定吃不成的了，老婆，你有所准备吧，不要对你的同事们炫耀，说你丈夫要带你和儿子去吃西餐。

老婆抹下眼皮，说："唉，倒霉事一来就是一串。有件事本来我打算明天告诉你，今天让你睡个安稳觉的。可是……唉，姑妈给我来了长途电话。"

"河北的？"

"她说老三要来武汉玩玩，已经动身了，明天下午到。"

"是腿上长了瘤的那个？"

"大概是那瘤不太好吧。姑妈总尽情满足他……"

"住我们家。"

"当然。我们在闹市区。交通也方便。"

印家厚觉得无言以对。难怪他一进门就感到房间里有些异样，他还没来得及仔细辨别呢。现在他明白了：床头的墙壁上垂挂着长长的玻璃纱花布，明天晚上它将如帷幕一般徐徐展开，挡在双人床与折叠床之间；折叠床上将睡一个二十岁的小伙子。印家厚讪讪地说："好哇。"他弹了弹花布，想笑一笑冲淡一下沉闷的空气，结果鼻子发痒，打了个喷嚏。老婆一抬腿上了床，他扭小了电视的音量，去卫生间洗衣服。

洗衣服。晾衣服。关掉电视。把在椅子上睡着了的儿子弄到折叠床上，替他脱衣服而又不把他搬醒，鉴于今天凌晨的教训给折叠床边靠上一排椅子。轻轻地，悄悄地，慢慢地，不要惊醒了老婆。憋得他吭哧吭哧，一头细汗。

印家厚上床时，时针指向十一点三十六分。

他往床架上一靠，深吸了一口香烟，全身的筋骨都咯吧咯吧松开了。一股说不出的麻麻的滋味从骨头缝里弥漫出来，他坠入了昏昏沉沉的空冥之中。

只亮着一盏朦胧的台灯。

他在灯晕里吐着烟，杂乱地回想着所有难办的事，想得坐卧不宁，头昏眼花，而他的躯体又这么沉，他拖不动它，翻不动它，它累散了骨架。真苦，他开始怜悯自己。真苦！

老婆摊平身子，发出细碎的鼾声。印家厚拿眼睛斜睽着老婆的脸。这脸竟然有了变化，变得洁白，光滑，娇美，变成了雅丽的，又变成了晓芬的。他的脸膛呼地一热，他想，一个男人就不能有点儿野心么？这么一点破，心中顿时涌出一团邪火，血液像野马一样奔腾起来。他暗暗想着雅丽和晓芬，粗鲁地拍了拍老婆的脸。老婆勉强睁开眼皮觑了他一下，讷讷地说："困死了。"

他火气旺盛地低声吼道："明天你他妈的表弟就睡在这房里了！"他"嚓"地又点了一支烟，把火柴盒啪地扔到地上。

老婆抹走了他唇上的香烟，异常顺从地说："好吧，我不睡了，反正也睡不了多久了。"她连连打呵欠，扭动四肢，神情漠然地去解衣扣。

印家厚突然按住了老婆的手，凝视着她皮肤粗糙的脸说："算了。睡吧。"

"不，只有半小时了，我怕睡过头。"

"不要紧，到时候我叫醒你。"

"家厚！家厚，你真好……"

他含讥带讽地笑了笑。平静得像退了潮的沙滩。

老婆忽然眼睛湿润，接着抽泣起来，说："我实在不忍心告诉你，这房子马上就要拆了……通知书已经送来了……"

"哦。我也早知道了。"他说，"明天我拼命也得想办法！"

"你也别太着急，退路也不是完全没有。我打听了，有私房出租，十五平方每月五十块钱，水电费另加。……西餐是吃不成的了，可笑的是……我们还像小孩子一样，嘴馋……"

印家厚关了台灯，趁黑暗的瞬间抹去了涌出的泪水。他捏了捏老婆的手，说："睡吧。车到山前必有路，船到桥头自会直。"

老婆，我一定要让你吃一次西餐，就在这个星期天，无论如何！——他没有把这话说出口，他还是怕万一做不到，他不可能主宰生活中的一切，但他将竭尽全力去做！

雅丽怎么能够懂得他和他老婆是分不开的呢？普通人的老婆就得粗粗糙糙，泼泼辣辣，没有半点身份架子，尽管做丈夫的不无遗憾，可那又怎么样呢？

印家厚拧灭了烟头，溜进被子里。在睡着的一刻前他脑子里闪出早晨在渡船上说出的一个字："梦"，接着他看见自己在空中对躺着的自己说："你现在所经历的这一切都是梦，你在做一个很长的梦，醒来之后其实一切都不是这样的。"他非常相信自己的话，于是就安心入睡了。

原载《上海文学》1987年第8期

点评

　　池莉小说中强烈的现实感一以贯之，这篇早期小说也具有这种鲜明的特点。小说以普通工人印家厚的一天生活为线索，展现了一个普通人在生活中的种种烦恼，这种烦恼主要集中在两个方面：生存压力和情感纠结。作为一名技术员和老工人，印家厚虽然赢得了人们的尊重，但在物质上却没有赢得对等的待遇，一家三口蜗居在汉口的一个狭小空间里，每天要花大量的时间在上下班的路上，要坐轮渡、挤公共汽车，苦不堪言。印家厚老实本分地工作，得来的报酬应对生活却捉襟见肘，每天都在精打细算，连一家人吃一顿西餐都得仰仗于几个月一次的奖金，给父母过寿买瓶酒都得左挑右选。生存的压力像一张网牢牢地罩在他的身上，他小心扛着，不敢妄动。

印家厚的情感世界也是复杂的，家庭虽多有争吵，但并没有将他推入绝境，尤其是年幼的儿子，让他深知自己不可能离开这个家庭，尽管婚姻中早已没有了爱情，但印家厚的心并没有"死"，聂玲还一直"活"在他心底，雅丽、肖晓芬也能让他的内心横生波澜，印家厚就被罩在这样一张情感之网里，时而清醒时而迷失。可以想象，这样的一天在印家厚已是十分平常的一天，这样的日子会日复一日，印家厚的烦恼并不只是个人的烦恼，而是一种集体性的烦恼。生活就是这样琐碎、庸常，让人饱受煎熬，让人烦恼不堪。

(崔庆蕾)

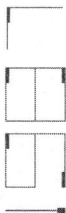

一九三四年的逃亡／

／苏　童

　　我的父亲也许是个哑巴胎。他的沉默寡言使我家笼罩着一层灰蒙蒙的雾障足有半个世纪。这半个世纪里我出世成长蓬勃衰老。父亲的枫杨树人的精血之气在我身上延续，我也许是个哑巴胎。我也沉默寡言。我属虎，十九岁那年我离家来到都市，回想昔日少年时光，我多么像一只虎崽伏在父亲的屋檐下，通体幽亮发蓝，窥视家中随日月飘浮越飘越浓的雾障，雾障下生活的是我们家族残存的八位亲人。

　　去年冬天我站在城市的某盏路灯下研究自己的影子。我意识到这将成为一种习惯在我身上滋生蔓延。城市的灯光往往是雪白宁静的。我发现我的影子很蛮横很古怪地在水泥人行道上洇开来，像一片风中芦苇，我当时被影子追踪着，双臂前扑，扶住了那盏高压氖灯的金属灯柱。回头又研究地上的影子，我看见自己在深夜的城市里画下了一个逃亡者的像。一种与生俱来的惶乱使我抱头逃窜。我像父亲。我一路奔跑经过夜色迷离的城市，父亲的影子在后面呼啸着追踪我，那是一种超于物态的静力的追踪。我懂得，我的那次奔跑是一种逃亡。

　　我特别注重这类奇特的体验总与回忆有关。我回忆起从前有许多个黄昏，父亲站在我的铁床前，一只手抚摸着我的脸，一只手按在他苍老的脑门上，回过头去凝视地上那个变幻的人影，就这样许多年过去，我长到二十六岁。

　　你们是我的好朋友。我告诉你们了，我是我父亲的儿子，我不叫苏童。我有许多父亲遗传的习惯在城市里展开，就像一面白色丧旗插在你们前面。我喜欢研究自己的影子。去年冬天我和你们一起喝了白酒后打翻一瓶红墨水，在墙上画下了我的八位亲人。我还写了一首诗，想夹在少年时代留下的历史书里。那是一首胡言乱语口齿不清的自白诗。诗中幻想了我的家族从前的辉煌岁月，幻想了横亘于这条血脉的黑红灾难线。有许多种开始和结尾交替出现。最后我痛哭失声，我把红墨水拼命地往纸上抹，抹得那首诗无法再辨别字迹。我记得最先的几句写得异常艰难：

> 我的枫杨树老家沉没多年
>
> 我们逃亡到此
>
> 便是流浪的黑鱼
>
> 回归的路途永远迷失

你现在去推开我父亲的家门，只会看见父亲还有我的母亲，我的另外六位亲人不在家。他们还在外面像黑鱼一般涉泥流浪。他们还没有抵达那幢木楼房子。

我父亲喜欢干草。他的身上一年四季散发着醇厚坚实的干草清香。他的皮肤褶皱深处生长那种干草清香。街上人在春秋两季总看见他担着两筐干草从郊外回来，晃晃悠悠遁入我家大门。那些黄褐色松软可爱的干草被码成堆存放在堂屋和我住过的小房间里，父亲经常躺在草堆上面，高声咒骂我的瘦小的母亲。

我无法解释一个人对干草的依恋，正如同无法解释天理人伦。追溯我的血缘，我们家族的故居也许就有过这种干草，我的八位亲人也许都在故居的干草堆上投胎问世，带来这种特殊的记忆。父亲面对干草堆可以把自己变作巫师。他抓起一把干草在夕阳的余晖下凝视着，便闻见已故的亲人的气息。祖母蒋氏、祖父陈宝年、老大狗崽、小女人环子从干草的形象中脱颖而出。

但是我无缘见到那些亲人。我说过父亲也许是个哑巴胎。当我想知道我们全是人类生育繁衍大链环上的某个环节时，我内心充满甜蜜的忧伤，我想探究我的血流之源，我曾经纠缠着母亲打听先人的故事。但是我母亲不知道，她不是枫杨树乡村的人。她说："你去问他吧，等他喝酒的时候。"我父亲醉酒后异常安静，他往往在醉酒后跟母亲同床。在那样的夜晚父亲的微红的目光悠远而神秘，他伸出胳膊箍住我的母亲，充满酒气的嘴唇贴着我的耳朵，慢慢吐出那些亲人的名字：祖母蒋氏、祖父陈宝年、老大狗崽、小女人环子。他还反反复复地说："一九三四年。你知道吗？"后来他又大声告诉我，一九三四年是个灾年。

一九三四年。

你知道吗?

一九三四年是个灾年。

有一段时间我的历史书上标满了一九三四这个年份。一九三四年迸发出强壮的紫色光芒圈住我的思绪。那是不复存在的遥远的年代,对于我也是一棵古树的年轮,我可以端坐其上,重温一九三四年的人间沧桑。我端坐其上,首先会看见我的祖母蒋氏浮出历史。

蒋氏干瘦细长的双脚钉在一片清冷浑浊的水稻田里一动不动。那是关于初春和农妇的画面。蒋氏满面泥垢,双颧突出,垂下头去听腹中婴儿的声音。她觉得自己像一座荒山,被男人砍伐后种上一棵又一棵儿女树。她听见婴儿的声音仿佛是风吹动她,吹动一座荒山。

在我的枫杨树老家,春日来得很早,原白色的阳光随丘陵地带曲折流淌,一点点地温暖了水田里的一群长工。祖母蒋氏是财东陈文治家独特的女长工。女长工终日泡在陈文治家绵延十几里的水田中,插下了起码一万株稻秧。她时刻感觉到东北面坡地黑砖楼的存在,她的后背有一小片被染黑的阳光起伏跌宕。站立在远处黑砖楼上的人影就是陈文治。他从一架日本望远镜里望见了蒋氏。蒋氏在那年初春就穿着红布圆肚兜,后面露出男人般瘦精精的背脊。背脊上有一种持久的温暖的雾霭散起来,远景模糊,陈文治不停地用衣袖擦拭望远镜镜片。女长工动作奇丽,凭借她的长胳膊长腿把秧子天马行空般插,插得赏心悦目。陈文治惊叹于蒋氏的作田功夫,整整一个上午,他都在黑砖楼上窥视蒋氏的一举一动,苍白的刀条脸上漾满了痴迷的神色。正午过后蒋氏蹚出水田,她将布褂胡乱披上肩背,手持两把滴水的秧子,在长工群中甩搭甩搭地走,她的红布兜有力地鼓起,即使是在望远镜里,财东陈文治也看出来蒋氏怀孕了。

我祖上的女人都极善生养。一九三四年祖母蒋氏又一次怀孕了。我父亲正渴望出世,而我伏在历史的另一侧洞口朝他们张望。这就是人类的锁链披挂在我身上的形式。

我对于枫杨树乡村早年生活的想象中,总是矗立着那座黑砖楼。黑砖楼是否存在并无意义,重要的是它已经成为一种沉默的象征,伴随着祖母蒋氏出现,或者说黑砖楼只是祖母蒋氏给我的一块布景,诱发我瑰丽的想象力。

所有见过蒋氏的陈姓遗老都告诉我，她是一个丑女人。她没有那种红布圆肚兜，她没有农妇顶起红布圆肚兜的乳房。

祖父陈宝年十八岁娶了蒋家圩这个长脚女人。他们拜天地结亲是在正月初三。枫杨树人聚集在陈家祠堂喝了三大锅猪油赤豆菜粥。陈宝年也围着铁锅喝，在他焦灼难耐的等待中，一顶红竹轿徐徐而来。陈宝年满脸猩红，摔掉粥碗欢呼："陈宝年的鸡巴有地方住啰！"所以祖母蒋氏是在枫杨树人的一阵大笑声中走出红竹轿的。蒋氏也听见了陈宝年的欢呼。陈宝年牵着蒋氏僵硬汗湿的手朝祠堂里走，他发现那个被红布帕蒙住脸的蒋家圩女人高过自己一头，目光下滑最后落在蒋氏的脚上，那双穿绣鞋的脚硕大结实，呈八字形茫然踩踏陈家宗祠。陈宝年心中长出一棵灰暗的狗尾巴草，他在祖宗像前跪拜天地的时候，不时蜷起尖锐的五指，狠掐女人伸给他的手。陈宝年做这事的时候神色平淡，侧耳细听女人的声音。女人只是在喉咙深处发出含糊的呻吟，同时陈宝年从她身上嗅见了一种牲灵的腥味。

这是六十年前我的家族史中的一幕，至今尤应回味。传说祖父陈宝年是婚后七日离家去城里谋生的。陈宝年的肩上圈着两匹上好的青竹篾，摇摇晃晃走过黎明时分的枫杨树乡村。一路上他大肆吞咽口袋里那堆煮鸡蛋，直吃到马桥镇上。镇上一群开早市的各色手工匠人看见陈宝年急匆匆赶路，青布长裤大门洞开，露出里面印迹斑斑的花布裤头，一副不要脸的样子。有人喊："陈宝年把你的大门关上。"陈宝年说狗捉老鼠多管闲事，大门敞开进出方便。他把鸡蛋壳扔到人家头上，风风火火走过马桥镇。自此马桥镇人提起陈宝年就会重温他留下的民间创作。

闩起门过的七天是昏天黑地的。第七天门打开，婚后的蒋家圩女人站在门口朝枫杨树村子泼了一木盆水。枫杨树女人们随后胡蜂般拥进我家祖屋，围绕蒋氏嗡嗡乱叫。他们看见朝南的窗子被狗日的陈宝年用木板钉死了。我家祖屋阴暗潮湿。蒋氏坐到床沿上，眼睛很亮地睇视众人。她身上的牲灵味道充溢了整座房子。她惧怕谈话，很莽撞地把一件竹器夹在双膝间酝酿干活。女人们看清楚那竹器是陈宝年编的竹老婆，大乳房的竹老婆原来是睡在床角的。蒋氏突然对众人笑了笑，咬住厚嘴唇，从竹老婆头上抽了一根篾条来，越抽越长，竹老婆的脑袋慢慢地颓落掉在地上。蒋氏的十指瘦筋有力，干活麻利，从一开始就给枫杨树人留下了深刻印象。

"你男人是好竹匠。好竹匠肥裤腰，腰里铜板到处掉。"枫杨树的女人都是这样对蒋氏说的。

蒋氏坐在床上回忆陈宝年这个好竹匠。他的手被竹刀磨成竹刀，触摸时她忍着那种割裂的疼痛，她心里想她就是一捆竹篾被陈宝年搬来砍砍弄弄的。枫杨树的狗女人们，你们知不知道陈宝年还是个小仙人会给女人算命？他说枫杨树女人十年后要死光杀绝，他从蒋家圩娶来的女人将是颗灾星照耀枫杨树的历史。

陈宝年没有读过《麻衣神相》。他对女人的相貌有着惊人的尖利的敏感，来源于某种神秘的启示和生活经验。从前他每路遇圆脸肥臀的女人就眼泛红潮穷追不舍，兴尽方归。陈宝年娶亲后的第一夜月光如水泻进我家祖屋，他骑在蒋氏身上俯视她的脸，不停地唉声叹气。他的竹刀手砍伐着蒋氏沉睡的面容。她的高耸的双颧被陈宝年的竹刀手磨出了血丝。

蒋氏总是疼醒，陈宝年的手压在脸上像个沉重的符咒沁入她身心深处。她拼命想把他翻下去，但陈宝年端坐不动，有如巫师渐入魔境。她看见这男人的瞳仁很深，深处一片乱云翻卷成海。男人低沉地对她说：

"你是灾星。"

那七个深夜陈宝年重复着他的预言。

我曾经到过长江下游的旧日竹器城，沿着颓败的老城城墙寻访陈记竹器店的遗址。这个城市如今早已没有竹篾满天满地的清香和丝丝缕缕的乡村气息。我背驮红色帆布包站在城墙的阴影里，目光犹如垂曳而下的野葛藤缠绕着麻石路面和行人。你们白发苍苍的老人，有谁见过我的祖父陈宝年吗？

祖父陈宝年就是在竹器城里听说了蒋氏八次怀孕的消息。去乡下收竹篾的小伙计告诉陈宝年，你老婆又有了，肚子这么大了。陈宝年牙疼似的吸了一口气问，到底多大了？小伙计指着隔壁麻油铺子说，有榨油锅那么大。陈宝年说，八个月吧？小伙计说到底几个月要问你自己，你回去扫荡一下就弹无虚发，一把百发百中的驳壳枪。陈宝年终于怪笑一声，感叹着咕噜着那狗女人血气真旺呐。

我设想陈宝年在刹那间为女人和生育惶惑过。他的竹器作坊被蒋氏的女性血光照亮了，挂在墙上吊在梁上堆在地上的竹椅竹席竹篮竹匾一齐耸动，传导女人和婴儿浑厚的呼唤撞击他的神经。陈宝年唯一目睹过的老大狗崽的分娩情景是否会重现眼前？我的祖母蒋氏曾经是位原始的毫无经验的母亲。她仰卧在祖屋金黄的干草堆上，苍黄的脸上一片肃穆，双手紧紧抓握一把干草。陈宝年倚在门边，他看着蒋氏手里的干草被捏出了黄色水滴，觉得浑身虚颤不止，精气空空荡荡，而蒋氏的眼睛里跳动着一团火苗，那火苗在整个分娩过程中自始至终地燃烧，直到老大狗崽哇哇坠入干草堆。这景象仿佛江边落日一样庄严生动。陈宝年亲眼见到陈家几代人赡养的家鼠从各个屋角跳出来，围着一堆血腥的干草欢歌起舞，他的女人面带微笑，崇敬地向神秘的家鼠致意。

一九三四年我的祖父陈宝年一直在这座城市里吃喝嫖赌，潜心发迹，没有回过我的枫杨树老家。我在一条破陋的百年小巷里找到陈记竹器店的遗址时夜幕降临了，旧日的昏黄街灯重新照亮一个枫杨树人，我茫然四顾，那座木楼肯定已经沉入历史深处，我是不是还能找到祖父陈宝年在半个世纪前浪荡竹器城的足迹？

在我的已故亲人中，陈家老大狗崽以一个拾粪少年的形象站立在我们家史里引人注目。狗崽的光辉在一九三四年突放异彩。这年他十五岁，身板短小，四肢却像蒋氏般修长，他的长相类似聪明伶俐的猿猴。

枫杨树老家人性好养狗。狗群寂寞的时候成群结队野游，在七歪八斜的村道上排泄乌黑发亮的狗粪。老大狗崽终日挎着竹簸箕追逐狗群，忙于回收狗粪。狗粪即使躲在数里以外的草丛中，也逃脱不了狗崽锐利的眼睛和灵敏的嗅觉。

这是从一九三四年开始的。祖母蒋氏对狗崽说，你拾满一竹箕狗粪去找有田人家，一竹箕狗粪可以换两个铜板，他们才喜欢用狗粪肥田呢。攒够了铜板娘给你买双胶鞋穿，到了冬天你的小脚板就可以暖暖和和了。狗崽怜惜地凝视了会儿自己的小光脚，抬头对推磨碾糠的娘笑着。娘的视线穿在深深的磨孔里，随碾下的麸糠痛苦地翻滚着。狗崽闻见那些黄黄黑黑的麸糠散发出一种冷淡的香味。那双温暖的胶鞋在他的幻觉中突然放大，他一阵欣喜把身子吊在娘的石磨上，大喊一声："让我爹买一双胶鞋回家！"蒋氏看着儿子像一只陀螺在磨盘上旋转，推磨的手却着魔似的停不下来。在眩惑中蒋氏拍打儿子的屁股，喃喃地说："你去拾狗粪，拾了狗粪才有胶鞋穿。""等开冬下了雪还去拾吗？"狗崽问。"去。下了雪地上白，狗粪一眼就能看见。"

对一双胶鞋的幻想使狗崽的一九三四年过得忙碌而又充实。他对祖母蒋氏进行了一次反叛。卖狗粪得到的铜板没有交给蒋氏而放进一只木匣子里。狗崽将木匣子掩人耳目地藏进墙洞里，赶走了一群神秘的家鼠。有时候睡到半夜狗崽从草铺上站起来，踮足越过左右横陈的家人身子去观察那只木匣子。在黑暗中狗崽的小脸迷离动人，他忍不住地搅动那堆铜板，铜板沉静地琅琅作响。情深时狗崽会像老人一样长叹一声，浮想联翩。一匣子的铜板以橙黄色的光芒照亮这个乡村少年。

回顾我家历史，一九三四年的灾难也降临到老大狗崽的头上。那只木匣子在某个早晨突然失踪了。狗崽的指甲在墙洞里抠烂抠破后变成了一条小疯狗。他把几个年幼的弟妹捆成一团麻花，挥起竹鞭拷打他们追逼木匣的下落。我家祖屋里一片小儿女的哭喊，惊动了整个村子。祖母蒋氏闻讯从地里赶回来，看到了狗崽拷打弟妹的残酷壮举。狗崽暴戾野性的眼神使蒋氏浑身颤抖。那就是陈宝年塞在她怀里的一个咒符吗？蒋氏顿时联想到人的种气掺满了恶行，有如日月运转衔接自然。她斜倚在门上环视她的儿女，又一次怀疑自己是树，身怀空巢，在八面风雨中飘摇。

木匣子丢失后我家笼罩着一片伤心阴郁的气氛。狗崽终日坐在屋角的干草堆里监察着他的这个家。他似乎听到那匣铜板在祖屋某个隐秘之处琅琅作响。他怀疑家人藏起了木匣子。有几次蒋氏感觉到儿子的目光扫过来，执拗地停留在她困倦的脸上，仿佛有一把芒刺刺痛了蒋氏。

"你不去拾狗粪了吗？"

"不。"

"你是非要那胶鞋对吗？"蒋氏突然扑过去揪住了狗崽的头发说，"你过来你摸摸娘肚里七个月的弟弟，娘不要他了，省下钱给你买胶鞋。你把拳头攥紧来朝娘肚子上狠狠地打，狠狠地打呀。"

狗崽的手触到了蒋氏悬崖般常年隆起的腹部。他看见娘的脸激动得红润发紫朝他俯冲下来，她露出难得的笑容拉住他的手说："狗崽打呀，打掉弟弟，娘给你买胶鞋穿。"这种近乎原始的诱惑使狗崽跳起来，他呜呜哭着朝娘坚硬丰盈的腹部连打三拳，蒋氏闭起眼睛，从她的女性腹腔深处发出三声凄怆的共鸣。

被狗崽击打的胎儿就是我的父亲。

我后来听说了狗崽的木匣子的下落，禁不住为这辉煌的奇闻黯然伤神。我听说一九三五年南方的洪水泛滥成灾。我的枫杨树故乡被淹为一片荒墟。祖母蒋氏划着竹筏逃亡时，看见家屋地基里突然浮出那只木匣子，七八只半死不活的老鼠护送那只匣子游向水天深处。蒋氏认得那只匣子那些老鼠。她奇怪陈家的古老家鼠竟然力大无比，曾把狗崽的铜板运送到地基深处。她想那些铜板在水下一定是绿锈斑斑了，即使潜入水底捞起来也闻不到狗崽和狗粪的味道了。那些水中的家鼠要把残存的木匣子送到哪里去呢。

我对父亲说过，我敬仰我家祖屋的神奇的家鼠。我也喜欢十五岁的拾狗粪的伯父狗崽。

父亲这辈子对他在娘腹中遭受的三拳念念不忘。他也许一直仇恨已故的兄长狗崽。从一九三四年一月到十月，我父亲和土地下的竹笋一样负重成长，跃跃欲试跳出母腹。时值四季的轮回和飞跃，枫杨树四百亩早稻田由绿转黄。到秋天枫杨树乡村的背景一片金黄，旋卷着一九三四年的植物熏风，气味复杂，耐人咀嚼。

枫杨树老家这个秋季充满倒错的伦理至今是个谜。那是乡村的收获季节。鸡在凌晨啼叫，猪在深夜拱圈。从前的枫杨树人十月里全村无房事，但这个秋季却是个谜。可能就是那种风吹动了枫杨树网状的情欲。割稻的男女为什么频弃镰而去都飘进稻浪里无影无踪啊，你说到底是从哪里吹来的这种风？

祖母蒋氏拖着沉重的身子在这阵风中发呆。她听见稻浪深处传来的男女之声充满了快乐的生命力在她和胎儿周围大肆喧嚣。她的一只手轻柔地抚摸着腹中胎儿，另一只手攥成拳头顶住了嘴唇，干涩的哭声倏地从她指缝间蹿出去像芝麻开花节节高，令听者毛骨悚然。他们说我祖母蒋氏哭起来胜过坟地上的女鬼，饱含着神秘悲伤的寓意。

背景还是枫杨树东北部黄褐色的土坡和土坡上的黑砖楼。祖母蒋氏和父亲就这样站在五十多年前的历史画面上。

收割季节里陈文治精神亢奋，每天吞食大量白面，胜似一只仙鹤神

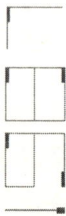

游他的六百亩水稻田。陈文治在他的黑砖楼上远眺秋景，那只日本望远镜始终追逐着祖母蒋氏，在十月的熏风丽日下，他窥见了蒋氏分娩父亲的整个过程。映在玻璃镜片里的蒋氏像一头老母鹿行踪诡秘。她被大片大片的稻浪前推后涌，浑身金黄耀眼，朝田埂上的陈年干草垛寻去。后来她就悄无声息地仰卧在那垛干草上，将披挂下来的蓬乱头发噙在嘴里，眸子痛楚得烧成两盏小太阳。那是熏风丽日的十月。陈文治第一次目睹了女人的分娩。蒋氏干瘦发黑的胴体在诞生生命的前后变得丰硕美丽，像一株被日光放大的野菊花尽情燃烧。

父亲坠入干草的刹那间血光冲天，弥漫了枫杨树乡村的秋天。他强劲奔放的啼哭声震落了陈文治手中的望远镜，黑砖楼上随之出现一阵骚动。望远镜的玻璃镜片碎裂后，陈文治渐渐软瘫在楼顶，他的神情衰弱而绝望，下人赶来扶拥他时发现那白锦缎裤子亮晶晶的湿了一片。

我意识到陈文治这人物是一个古怪的人精不断地攀在我的家族史的茎茎叶叶上。枫杨树半村姓陈，陈家族谱记载了我家和陈文治的微薄的血缘关系。陈文治和陈宝年的父亲是五代上的叔伯兄弟还是六代上的叔侄关系并非重要，重要的是陈文治家十九世纪便以富庶闻名方圆多里，而我家世代居于茅屋下面饥寒交迫。祖父陈宝年曾经把他妹妹凤子跟陈文治换了十亩水田。我想枫杨树本土的人伦就是这样经世代沧桑侵蚀几经沉浮的。那个凤子仿佛一片美丽绝伦的叶子掉下我们家枝繁叶茂的老树，化成淤泥。据说那是我祖上最漂亮的女人，她给陈文治家当了两年小妾，生下三名男婴，先后被陈文治家埋在竹园里。有人见过那三名被活埋的男婴，他们长相又可爱又畸形，头颅异常柔软，毛发金黄浓密却都不会哭。消息走漏后整个枫杨树乡村震惊了多日。他们听见凤子在陈家竹园里时断时续地哀哭，后来她便开始发疯地摇撼每一棵竹子，借深夜的月光破坏苍茫一片的陈家竹园。那时候陈宝年十七岁还没娶亲，他站在竹园外的石磨上冻得瑟瑟发抖，他一直拼命跺着脚朝他妹妹叫喊：凤子你别毁竹子你千万别毁陈家的竹子。他不敢跑到凤子跟前去拦，只是站在石磨上忍着春寒喊：凤子亲妹妹别毁竹子啦，哥哥是猪是狗，良心掉到尿泡里了，你不要再毁竹子呀。他们兄妹俩的奇怪对峙以凤子暴死结束。凤子摇着竹子慢慢地就倒在竹园里了，死得蹊跷。记得她遗容是酱紫色的，像一瓣落叶夹在我家史册中令人惦念。五十多年前枫杨树乡亲曾经想跟着陈宝年把凤子棺木抬入陈文治家，陈宝年只是把脸埋在白幔里无休止地呜咽，他说："用不着了，我知道她活不过今年，怎么死也是死。我给她卜卦了。不怨陈文治，也不怪我，凤子就是死里无生的命。"五十多年后我把姑祖母凤子作为家史中一点紫色光斑来捕捉，凤子就是一只美丽的萤火虫匆匆飞过我面前，我又怎能捕捉到她的紫色光亮呢？凤子的特殊生育区别于祖母蒋氏，我想起那三个葬身在竹园下面的畸形男婴，想起我学过的遗传和生育理论，有一种设想和猜疑使我目光呆滞，无法深入探究我的家史。

我需要陈文治的再次浮出。

枫杨树老家的陈氏大家族中唯有陈文治家是财主，也只有陈文治家祖孙数代性格怪异，各有奇癖，他们的寿数几乎雷同，只活得到四十坎上。枫杨树人认为陈文治和他的先辈早夭是耽于酒色的报应。他们几乎垄断了近两百年枫杨树乡村的美女。那些女人进入陈家黑幽幽的五层深院仿佛美丽的野虻子悲伤而绝情地叮在陈文治们的身上。她们吸吮了其阴郁而霉烂的精血后也失却了往日的芳颜，后来她们挤在后院的柴房里劈拌子或者烧饭，脸上永久地贴上陈文治家小妾的标志：一颗黑红色的梅花痣。

间或有一个刺梅花痣的女人被赶出陈家，在马桥镇一带流浪，她会发出那种苍凉的笑容勾引镇上的手工艺人。而镇上人见到刺梅花痣的女人便会朝她围过来，问及陈家人近来的生死，问及一只神秘的白玉瓷罐。

我需要给你们描述陈文治家的白玉瓷罐。

我没有也不可能见到那只白玉瓷罐。但我现在看见一九三四年的陈文治家了，看见客厅长案上放着那只白玉瓷罐。瓷罐里装着枫杨树人所关心的绝药。老家的地方野史《沧海志史》对绝药作了如下记载：

家宝不示。疑山东巫师炼少子少女精血而制。壮阳健肾抑或延年益寿不详。

即使是脸上刺梅花痣的女人也无法解释陈家绝药，她们只是猜想瓷罐里的绝药快要见底了。这一年夏末初秋陈文治像热锅上的蚂蚁在村里仓皇乱窜，他甩开了下人独自在人家房前屋后张望，还从晾衣架上偷走了好多花花绿绿的裤衩塞进怀里，回家关起门专心致志地研究。那堆裤衩中有一条是我家老大狗崽的，狗崽找不见裤衩以为是风吹走的。他就把家里的一块蓝印花包袱布围在腰际，离家去拾狗粪。

狗崽挎着竹箕一路寻找狗粪，来到了陈文治的黑砖楼下。他不知道黑砖楼上有人在注意他。猛然听见陈文治的管家在楼上喊："狗崽狗崽，到这儿来干点活，你要什么给什么。"狗崽抬起头看着那黑漆漆的楼想了想："是去推磨吗？""就是推磨。来吧。"管家笑着说。"真的要什么给什么吗？"狗崽说完就把狗粪筐扔了跑进陈文治家。

这事情是在陈家后院谷仓里发生的。那座谷仓硕大无比，在午后的阳光下蒸发着香味。狗崽被管家拽进去，一下子就晕眩起来，他从来没见过这么多的生谷粒。他隐约见到村里还有几个男孩女孩焦渴地坐在谷堆上，咯嘣咯嘣嚼咽着大把生谷粒。

"磨呢？磨在哪里？"

管家拍拍狗崽的头顶，怪模怪样地歪了歪嘴，说："在那儿呢，你不推磨磨推你。"

狗崽被推进谷仓深处。哪儿有石磨？只有陈文治正襟危坐在红木太师椅上，他的浑身上下斑斑点点洒着金黄的谷屑，双膝间夹着一只白玉瓷罐。陈文治极其慈爱地朝狗崽微笑，他看见狗崽的小脸巧夺天工地融合了陈宝年和蒋氏的性格棱角显得愚朴而可爱。陈文治问狗崽："你娘这几天怎么不下地呢？"

"我娘又要生孩子了。"

"你娘……"陈文治弓着身子突然挨过来解狗崽遮羞的包裹布。狗崽尖叫着跳起来，这时他看清了那只滚在地上的白玉瓷罐，瓷罐里有什么浑浊的气味古怪的液体流了出来。狗崽闻到那气味禁不住想吐，他蹲下身子两只手护住蓝花包袱布，感觉到陈文治的瘦骨嶙峋的手正在抽动他的腰际。狗崽面对枫杨树最大人物的怪诞举动六神无主，欲哭无泪。

"你要干什么，你要干什么？"

狗崽身上凝结的狗粪味这一刻像雾一般弥漫。他闻到了自己身上浓烈的狗粪味。狗崽双目圆睁，在陈文治的手下野草般颤动。当他萌芽时期的精液以泉涌速度冲到陈文治手心里又被滴进白玉瓷罐后，狗崽哇哇大哭起来，一边哭一边语无伦次地叫喊：

"我不是狗，我要胶鞋，给我胶鞋。"

我家老大狗崽后来果真抱着双新胶鞋出了陈文治家门。他回到土坡上，看见傍晚时分的紫色阳光照耀着他的狗粪筐，村子一片炊烟，出没于西北坡地的野狗群撕咬成一堆，吠叫不止。狗崽抱着那双新胶鞋在坡上跌跌撞撞地跑，他闻见自己身上的狗粪味越来越浓，他开始惧怕狗粪味了。

这天夜里祖母蒋氏一路呼唤狗崽来到荒凉的坟地上，她看见儿子仰卧在一块辣蓼草丛中，怀抱一双枫杨树鲜见的黑色胶鞋。狗崽睡着了，眼皮受惊似的颤动不已，小脸上的表情在梦中瞬息万变。狗崽的身上除了狗粪味又增添了新鲜精液的气味。蒋氏惶惑地抱起狗崽，俯视儿子发现他已经很苍老。那双黑胶鞋被儿子紧紧抱在胸前，仿佛一颗灾星陨落在祖母蒋氏的家庭里。

一九三四年枫杨树乡村向四面八方的城市输送二万株毛竹的消息曾登在上海的《申报》上。也就是这一年，竹匠营生在我老家像三月笋尖般地疯长一气。起码有一半男人舍了田里的活计，抓起大头竹刀赚大钱。刺啦刺啦劈篾条的声音在枫杨树各家各户回荡，而陈文治的三百亩水田长上了稗草。我的枫杨树老家湮没在一片焦躁异常的气氛中。

这场骚动的起因始于我祖父陈宝年在城里的发迹。去城里运竹子的人回来说，陈宝年发横财了，陈宝年做的竹榻竹席竹筐甚至小竹篮小竹凳现在都卖好价钱，城里人都认陈记竹器铺的牌子。陈宝年盖了栋木楼。陈宝年左手右手都戴上金戒指到堂子里去吸白面睡女人，临走就他妈的摘下金戒指朝床上扔呐。

祖母蒋氏听说这消息倒比别人晚。她曾经嘴唇白白地到处找人打听，她说，你们知道陈宝年到底赚了多少钱，够买三百亩地吗？人们都怀着阴暗心理忖斜这个又脏又瘦的女人，一言不发。蒋氏发了会儿呆，又问，够买二百亩地吗？有人突然对着蒋氏窃笑，猛不丁回答，陈宝年说啦，他有多少钱花多少钱，一个铜板也不给你。

"那一百亩地总是能买的。"祖母蒋氏自言自语地说。她嘘了口气，双手沿着干瘪的胸部向下滑，停留在高高凸起的腹部。她的手指触摸到我父亲的脑袋后便绞合在一起，极其温柔地托着那腹中婴儿。"陈宝年那狗日的。"蒋氏的嘴唇哆嗦着，她低首回想，陶醉在云一样流动变幻的思绪中。人们发现蒋氏枯槁的神情这时候又美丽又愚蠢。

其实我设想到了蒋氏这时候是一个半疯半痴的女人。蒋氏到处追踪进城见过陈宝年的男人，目光炽烈地扫射他们的口袋裤腰。"陈宝年的钱呢？"她嘴角嚅动着，双手摊开，幽灵般在那些男人四周晃来荡去，男人们挥手驱赶蒋氏时胸中也燃烧起某种忧伤的火焰。

直到父亲落生，蒋氏也没有收到城里捎来的钱。竹匠们渐渐踩着陈宝年的脚后跟拥到城里去了。一九三四年是枫杨树竹匠们逃亡的年代，据说到这年年底，枫杨树人创始的竹器作坊已经遍及长江下游的各个城市了。

我想枫杨树的那条黄泥大路可能由此诞生。祖母蒋氏亲眼目睹了这条路由细变宽从荒凉到繁忙的过程。她在这年秋天手持圆镰守望在路边，漫无目的地研究那些离家远行者。这一年有一百三十九个新老竹匠挑着行李从黄泥大道上经过，离开了他们的枫杨树老家。这一年蒋氏记忆力超群出众，她几乎记住了他们每一个人的音容笑貌。从此黄泥大路像一条巨蟒盘缠在祖母蒋氏对老家的回忆中。

黄泥大路也从此伸入我的家史中。我的家族中人和枫杨树乡亲密集蚁行，无数双赤脚踩踏着先祖之地，向陌生的城市方向匆匆流离。几十年后我隐约听到那阵叛逆性的脚步声穿透了历史，我茫然失神。老家的女人们，你们为什么无法留住男人同生同死呢？女人不该像我祖母蒋氏一样沉浮在苦海深处，枫杨树不该成为女性的村庄啊。

第一百三十九个竹匠是陈玉金。祖母蒋氏记得陈玉金是最后一个。她当时正在路边。陈玉金和他女人一前一后沿着黄泥大路疯跑。陈玉金的脖子上套了一圈竹篾。腰间插着竹刀逃，玉金的女人披头散发光着脚追。玉金的女人发出了一阵古怪的秋风般的呼啸声极善奔跑。她擒住了男人。然后蒋氏看见了陈玉金夫妻在路上争夺那把竹刀的大搏斗。蒋氏听到陈玉金女人沙哑的雷雨般的倾诉声。她说你这糊涂虫到城里谁给你做饭给你洗衣谁给你操，你不要我还要呢！你放手，我砍了你手指让你到城里做竹器。那对夫妻争夺一把竹刀的早晨漫长得令人窒息。男的满脸晦气，女的忧愤满腔。祖母蒋氏崇敬地观望着黄泥大道上的这幕情景，心中潮湿得难耐，她挎起草篮准备回家时听见陈玉金一声困兽咆哮，蒋氏回过头目击了陈玉金挥起竹刀砍杀女人的细节。寒光四溅中，有猩红的血火焰般蹿起来，斑驳迷离。陈玉金女人年轻壮美的身体迸发出巨响扑倒在黄泥大路上。

那天早晨黄泥大路上的血是如何洇成一朵莲花形状的呢？陈玉金女人崩裂的血

气弥漫在初秋的雾霭中，微微发甜。我祖母蒋氏跳上大路，举起圆镰跨过一片血泊，追逐杀妻逃去的陈玉金。一条黄泥大道在蒋氏脚下倾覆着下陷着，她怒目圆睁，踉踉跄跄跑着，她追杀陈玉金的喊声其实是属于我们家的，田里人听到的是陈宝年的名字：

"陈宝年……杀人精……抓住陈宝年……"

我知道一百三十九个枫杨树竹匠都顺流越过大江，进入南方那些繁荣的城镇。就是这一百三十九个竹匠点燃了竹器业的火捻子，在南方城市里开辟了崭新的手工业。枫杨树人的竹器作坊水漫沙滩渐渐掀起了浪头。一九三四年我祖父陈宝年的陈记竹器店在城里蜚声一时。

我听说陈记竹器店荟萃了三教九流地痞流氓无赖中的佼佼者，具有同任何天灾人祸抗争的实力。那帮黑色竹匠聚集到陈宝年麾下，个个思维敏捷身手矫健一如海蛟龙。陈宝年爱他们爱得要命，他依稀觉得自己拾起一堆肮脏的杂木劈柴，点点火，那火焰就蹿起来，使他无畏寒冷和寂寞。陈宝年在城里混到一九三四年，已经成为一名手艺精巧处世圆通的业主。他的铺子做了许多又热烈又邪门的生意，他的竹器经十八名徒子之手，全都沾上了辉煌的邪气，在竹器市场上锐不可当。

我研究陈记竹器铺的发迹史时被那十八名徒子的黑影深深诱惑了。我曾经在陈记竹器铺的遗址附近遍访一名绰号小瞎子的老人，他早在三年前死于火中。街坊们说小瞎子死时老态龙钟，他的小屋里堆满了多年的竹器。有天深夜，那一屋子竹器突然就烧起来了，小瞎子被半米高的竹骸竹灰埋住像一具古老的木乃伊。他是陈记竹器铺最后的光荣。

关于我祖父和小瞎子的交往留下了许多逸闻供我参考。

据说小瞎子出身奇苦，是城南妓院的弃婴。他怎么长大的连自己也搞不清。他用独眼盯着人时你会发现他左眼球里刻着一朵黯淡的血花。小瞎子常常带着光荣和梦想回忆那朵血花的由来。五岁那年他和一条狗争抢人家楼檐上掉下来的腊肉，他先把腊肉咬在了嘴里，但狗仇恨的爪刺伸入了他的眼睛深处。后来他坐在自己的破黄包车上结识了陈宝年。他又谈起了狗和血花的往事，陈宝年听得怅然若失。对狗的相通的回忆把他们拧在一起，陈宝年每每从城南堂子出来就上了小瞎子的黄包车，他们在小红灯的闪烁灼灼中回忆了许多狗和人生的故事。后来小瞎子卖掉他的破黄包车,扛着一箱烧酒投奔陈记竹器铺拜师学艺。他很快就成为陈宝年第一心腹徒子,他在我们家族史的边缘像一颗野酸梅孤独地开放。

一九三四年八月陈记竹器店抢劫三条运粮船的壮举就是小瞎子和陈宝年策划的。这年逢粮荒,饥馑遍蔽城市乡村。但是谁也不知道生意兴隆财源丰盛的陈记竹器为什么要抢三船糙米。我考察陈宝年和小瞎子的生平,估计这源于他们食不果腹的童年时代的粮食梦。对粮食有与生俱来的哄抢欲望你就可能在一九三四年跟随陈记竹器铺跳到粮船上去。你们会像一百多名来自农村的竹匠一样夹着粮袋潜伏在码头上等待三更月落时分。你们看见抢粮的领导者小瞎子第一个跳上粮船,口衔一把锥形竹刀,独眼血花鲜亮夺目,他将一只巨大的粮袋疯狂挥舞,你们也会呜啦跳起来拥上粮船。在一刻钟内掏光所有的糙米,把船民推进河中让他号啕大哭。这事情发生在半个世纪前的茫茫世事中,显得真实可信。我相信那不过是某种社会变故的信号,散发出或亮或暗的光晕。据说在抢粮事件后城里自然形成了竹匠帮。他们众星捧月环绕陈宝年的竹器铺,其标志就是小巧而尖利的锥形竹刀。

值得纪念的就是这种锥形竹刀,在抢劫粮船的前夜,小瞎子借月光创造了它。状如匕首,可穿孔悬系于腰上,可随手塞进裤褂口袋。小瞎子挑选了我们老家的干竹削制了这种暗器,他把刀亮给陈宝年看:"这玩意儿好不好,我给伙计们每人削一把。在这世上混到头就是一把刀吧。"我祖父陈宝年一下子就爱上了锥形竹刀。从此他的后半辈子就一直拥抱着尖利精巧的锥形竹刀。陈宝年,陈宝年,你腰佩锥形竹刀混迹在城市里都想到了世界的尽头吗?

乡下的狗崽有一天被一个外乡人喊到村口竹林里。那人是到枫杨树收竹子的。他对狗崽说陈宝年给他捎来了东西。在竹林里外乡人庄严地把一把锥形竹刀交给狗崽。

"你爹捎给你的。"那人说。

"给我?我娘呢?"狗崽问。

"捎给你的,你爹让你挂着它。"那人说。

狗崽接过刀的时候触摸了刀上古怪而富有刺激的城市气息。他似乎从竹刀纤薄的锋刃上看见了陈宝年的面容,模模糊糊但力度感很强。竹刀很轻,通体发着淡绿的光泽。狗崽在太阳地里端详着这神秘之物,把刀子往自己手心里刺了两下,他听见了血液被压迫的噼啪轻响,一种刺伤感使狗崽呜哇地喊了一声,随后他便对着竹林笑了。他怕别人看见,把刀藏在狗粪筐里掩人耳目地带回家。

这个夜晚狗崽在月光下凝望着他父亲的锥形竹刀,久久不眠。农村少年狗崽愚拙的想象被竹刀充分唤起沿着老屋的泥地汹涌澎湃。他想象着那竹匠集居的城市,想象那里的房子大姑娘洋车杂货和父亲的店铺,嘴里不时吐出兴奋的呻吟。祖母蒋氏终于惊醒。她爬上狗崽的草铺,将充满柴烟味的手摸索着狗崽的额头。她感觉到儿子像一只发烧的小狗软绵绵地往她的双乳下拱。儿子的眼睛亮晶晶地睁人着,有两点古怪的锥形光亮闪烁。

"娘,我要去城里跟爹当竹匠。"

"好狗崽你额头真烫。"

"娘,我要去城里当竹匠。"

"好狗崽你别说胡话吓着亲娘。你才十五岁,手拿不起大头篾刀,你还没娶老婆生孩子怎么能往城里去。城里那鬼地方好人去了黑心窝,坏人去了脚底流脓头顶生疮。你让陈宝年在城里烂了那狗不吃猫不舔的臭骨头,狗崽可不想往城里去。"蒋氏克制着浓郁的睡意絮絮叨叨,她抬手从墙上摘下一把晒干的薄荷叶蘸上唾液贴在狗崽额上,重新将狗崽塞入棉絮里,又熟睡过去。

其实这是我家历史的一个灾变之夜。我家祖屋的无数家鼠在这夜警惕地睁大了红色眼睛,吱吱乱叫几乎应和了狗崽的每一声呻吟。黑暗中的茅草屋被一种深沉的节奏所摇撼。狗崽光裸的身子不断冒出灼热的雾气探出被窝,他听见了鼠叫,他专注地寻觅着家鼠们却不见其影,但悸动不息的心已经和家鼠们进行了交流。在家鼠突然间平静的一瞬,狗崽像梦游者一样从草铺上站起来,熟稔地拎起屋角的狗粪筐打开柴门。

一条夜奔之路洒满秋天醇厚的月光。

一条夜奔之路向一九三四年的纵深处化入。

狗崽光着脚耸起肩膀在枫杨树的黄泥大道上匆匆奔走,四处萤火流曳,枯草与树叶在夜风里低空飞行,黑黝黝无限伸展的稻田回旋着神秘潜流,浮起狗崽轻盈的身子像浮起一条逃亡的小鱼。月光和水一齐漂流。

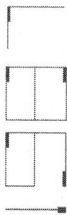

狗崽回首遥望他的枫杨树村子正白惨惨地浸泡在九月之夜里。没有狗叫，狗也许听惯了狗崽的脚步。村庄寂静一片，凝固忧郁，唯有许多茅草在各家房顶上迎风飘拂，像娘的头发一样飘拂着，他依稀想见娘和一群弟妹正挤在家中大铺上，无梦地酣睡，充满灰菜味的鼻息在家里流通交融，狗崽突然放慢脚步像狼一样哭嚎几声，又戛然而止。这一夜他在黄泥大道上发现了多得神奇的狗粪堆。狗粪堆星罗棋布地掠过他的泪眼。狗崽就一边赶路一边拾狗粪，包在他脱下的小布褂里，走到马桥镇时，小布褂已经快被撑破了。狗崽的手一松，布包掉落在马桥桥头上，他没有再回头朝狗粪张望。

第二天早晨我祖母蒋氏一推门就看见了石阶上狗崽留下的黑胶鞋。秋霜初降，黑胶鞋蒙上了盐末似的晶体，鞋下一摊水渍。从我家门前到黄泥大路留下了狗崽的脚印，逶迤起伏，心事重重，十根脚趾印很像十颗悲伤的蚕豆。蒋氏披头散发地沿脚印呼唤狗崽，一直到马桥镇。有人指给她看桥头上的那包狗粪，蒋氏抓起冰冷的狗粪号啕大哭。她把狗粪扔到了围观者的身上，独自往回走。一路上她看见无数堆狗粪向她投来美丽的黑光。她越哭狗粪的黑光越美丽，后来她开始躲闪，闻到那气味就呕吐不止。

我会背诵一名陌生的南方诗人的诗。那首诗如歌如泣地感动我。去年父亲病重之际我曾经背对着他的病床给他讲了父亲和儿子的故事，在病房的药水味里诗歌最有魅力。

> 父亲和我
>
> 我们并肩走着
>
> 秋雨稍歇
>
> 和前一阵雨
>
> 像隔了多年时光
>
> 我们走在雨和雨的间歇里
>
> 肩头清晰地靠在一起
>
> 却没有一句要说的话
>
> 我们刚从屋子里出来
>
> 所以没有一句要说的话
>
> 这是长久生活在一起造成的

滴水的声音像折下一支细枝条

父亲和我都怀着难言的恩情安详地走着

我父亲听明白了。他耳朵一直很灵敏。看着我的背影他突然朗朗一笑，我回过头从父亲苍老的脸上发现了陈姓子孙生命初期的特有表情：透明度很高的欢乐和雨积云一样的忧患。在医院雪白的病房里我见到了婴儿时的父亲，我清晰地听见诗中所写的历史雨滴折下细枝条的声音。这一天父亲大声对我说话逃离了哑巴状态。我凝视他就像凝视婴儿一样，就是这样的我祈祷父亲的复活。

父亲的降生是否生不逢时呢？抑或伯父狗崽的拳头把父亲早早赶出了母腹。父亲带着六块紫青色胎记出世，一头钻入一九三四年的灾难之中。

一九三四年枫杨树周围方圆七百里的乡村霍乱流行，乡景黯淡。父亲在祖传的颜色发黑的竹编摇篮里感觉到了空气中的灾菌。他的双臂总是朝半空抓捏不止，啼哭声惊心动魄。祖传的摇篮盛载了父亲后便像古老的二胡凄惶地叫唤，一家人在那种声音中都变得焦躁易怒，儿女围绕那只摇篮爆发了无数战争。祖母蒋氏的产后生活昏天黑地。她在水塘里洗干净所有染上脏血的衣服，端着大木盆俯视她的小儿子，她发现了婴儿的脸上跳动着不规则的神秘阴影。

出世第八天父亲开始拒绝蒋氏的哺乳。祖母蒋氏惶惶不可终日，她的沉重的乳房被抓划得伤痕累累，她怀疑自己的奶汁染上横行乡里的瘟疫变成哑奶了。蒋氏灵机一动将奶汁挤在一只大海碗里喂给草狗吃。然后她捧着碗跟着那条草狗一直来到村外。渐渐地她发现狗的脑袋耷拉下来了狗倒在河塘边。那是财东陈文治家的护羊狗，毛色金黄茸软。陈家的狗竭力地用嘴接触河塘水却怎么也够不着。蒋氏听见狗绝望而狂乱的低吠声深受刺激。她砸碎大海碗，慌慌张张扣上一直敞开的衣襟，一路飞奔逃离那条垂死的狗。她隐约觉到自己哺育过八个儿女的双乳已经修炼成精，结满仇恨和破坏因子如今重如金石势不可挡了。她忽而又怀疑是自己的双乳向枫杨树乡村播撒了这场瘟疫。

祖母蒋氏夜里梦见自己裂变成传说中的灾女浑身喷射毒瘴，一路哀歌，飘飘欲仙，浪游整个枫杨树乡村。那个梦持续了很长时间，蒋氏在梦中又哭又笑死去活来。孩子们都被惊醒，在黑暗中端坐在草铺上分析他们的母亲。蒋氏喜欢做梦。蒋氏不愿醒来。孩子们知道不知道？

父亲的摇篮有一夜变得安静了，其时婴儿小脸赤红，脉息细若游丝，他的最后一声啼哭唤来了祖母蒋氏。蒋氏的双眼恍惚而又清亮，仍然在梦中。她托起婴儿灼热的身体像一阵轻风卷出我们家屋。梦中母子在晚稻田里轻盈疾奔。这一夜枫杨树老家的上空星月皎洁，空气中挤满胶状下滴的夜露。

夜露清凉甜润，滴进焦渴饥饿的婴儿口中。我父亲贪婪地吸吮不停。他的岌岌可危的生命也被那几千滴夜露洗涤一新，重新爆出青枝绿叶。

我父亲一直认为，半个多世纪前祖母蒋氏发明了用夜露哺育婴儿的奇迹。这永远是奇迹，即使是在我家族的苍茫神奇的历史长卷中也称得上奇迹，这奇迹使父亲得以啜饮乡村的自然精髓度过灾年。

后代们沿着父亲的生命线可以看见一九三四年的乌黑的年晕。我的众多枫杨树乡亲未能逃脱瘟疫一如稗草伏地。暴死的幽灵潜入枫杨树的土地深处呦呦狂鸣。天地间阴惨惨黑沉沉，生灵鬼魅浑然一体，仿佛巨大的浮萍群在死水里挣扎漂流，随风而去。祖母蒋氏的五个小儿女在三天时间里加入了亡灵的队伍。

那是我祖上亲人的第一批死亡。

他们一字排在大草铺上，五张小脸经霍乱病菌烧灼后变得漆黑如炭。他们的眼睛都如同昨日一样淡漠地睁着凝视母亲。蒋氏在我家祖屋里焚香一夜，袅袅升腾的香烟把五个死孩子熏出了古朴的清香。蒋氏抱膝坐在地上，为她的儿女守灵。她听见有一口大钟在冥冥中敲了整整一夜召唤她的儿女。等到第二天太阳出来，香烟从屋里散去后蒋氏开始了殡葬。她把五个死孩子一个一个抱到一辆牛车上，男孩前仆女孩仰卧，脸上覆盖着碧绿的香粽叶。蒋氏把父亲缠绑在背上就拉着牛车出发了。

我家的送葬牛车迟滞地在黄泥大道上前行。黄泥大道上从头至尾散开了几十支送葬队伍。丧号昏天黑地响起来，震动一九三四年。女人们高亢的丧歌四起，其中有我祖母蒋氏独特的一支。她的丧歌里多处出现了送郎调的节拍，显得古怪而富有底蕴。蒋氏拉着牛车找了很长很长时间，一直找不到合适的坟地。她惊奇地发现黄泥大道两侧几乎成了坟茔的山脉，没有空地了，无数新坟就像狗粪堆一样在枫杨树乡村诞生。

后来牛车停在某个大水塘边。蒋氏倚靠在牛背上茫然四顾。她不知道是怎么走出浩荡的送葬人流的，大水塘墨绿地沉默，塘边野草蓁蓁没有人迹。她听见远远传来的丧号声若有若无地在各个方向萦绕，乡村沉浸在这种声音里显得无边无际。晨风吹乱我祖母蒋氏的思绪，她的眼睛里渐渐浮满虚无的暗火。她抓住牛缰慢慢地拽拉朝水塘走去，赤脚踩在水塘的淤泥里，有一种冰凉的刺激使蒋氏嗷嗷叫了一声。她开始把她的死孩子一个一个地往水里抱，五个孩子沉入水底后水面上出现了连绵不绝的彩色水泡。蒋氏凝视着那水泡双脚渐渐滑向水塘深处。这时缠在蒋氏背上的父亲突然哭了，那哭声仿佛来自天堂打动了祖母蒋氏。半身入水的蒋氏回过头问父亲："你怎么啦，怎么啦？"婴儿父亲眼望苍天粗犷豪放地啼哭不止。蒋氏忽地瘫坐在水里，她猛烈地揪着自己的头发朝南方呼号：陈宝年陈宝年你快回来吧。

陈宝年在远离枫杨树八百里的城市中，怀抱猫一样的小女人环子凝望竹器铺外面的街道。外面是一九三四年的城市。

我的祖父陈宝年回味着他的梦。他梦见五只竹篮从房梁上掉下来，蹦蹦跳跳扑向他，在他怀里燃烧。他被烧醒了。

他不想回家。他远离瘟疫远离一九三四年的灾难。

我听说瘟疫流行期间老家出现了一名黑衣巫师。他在马桥镇上摆下摊子祛邪镇魔。从四面八方前来请仙的人群络绎不绝。祖母蒋氏背着父亲去镇上亲眼目睹了黑衣巫师的风采。

她看见一个身穿黑袍的北方汉子站在鬼头大刀和黄表纸间，觉得眼前一亮，浑身振奋。她在人群里拼命往前挤，挤掉了脚上的一只草鞋。她放开嗓子朝黑衣巫师喊：

"灾星，灾星在哪里？"

蒋氏的沙哑的声音淹没在嘈杂的人声中。那天数千枫杨树人向黑衣巫师磕拜求神，希望他指点流行乡里的瘟疫之源。巫师边唱边跳，舞动古铜色的鬼头大刀，刀起刀落。最后飞落在地上。蒋氏看见那刀尖渗出了血，指着黄泥大道的西南方向。"你们看啊。"人群一起踮足而立，遥望西南方向，只见远处的一片土坡蒸腾着乳白的氤氲，景物模糊绰约，唯有一栋黑砖楼如同巨兽蹲伏着，窥伺着马桥镇上的这一群人。

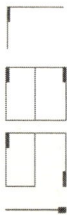

黑衣巫师的话倾倒了马桥镇：

　　西南有邪泉

　　藏在玉罐里

　　玉罐若不空

　　灾病不见底

我的枫杨树乡亲骚动了。他们忧伤而悲愤地凝视西南方的黑砖楼，这一刻神奇的巫术使他们恍然觉悟，男女老少的眼睛都看见了从黑砖楼上腾起的瘟疫细菌，紫色的细菌虫正向枫杨树四周强劲地扑袭。他们知道邪泉四溢是瘟疫之源。

陈文治陈文治陈文治

陈文治陈文治

祖母蒋氏在虚空中见到了被巫术放大的白玉瓷罐。她似乎听见了邪泉在玉罐里沸腾的响声。所有枫杨树人对陈文治的玉罐都只闻其声未见其物，是神秘的黑衣巫师让他们领略了玉罐的奇光异彩。这天祖母蒋氏和大彻大悟的乡亲们一起嚼烂了财东陈文治的名字。

枫杨树两千灾民火烧陈文治家谷场的序幕就是这样拉开的。事发后黑衣巫师悄然失踪，没人知道他去往何处了。在他摆摊的地方，一件汗迹斑斑的黑袍挂在老槐树上随风飘荡。

此后多年，祖母蒋氏喜欢对人回味那场百年难遇的大火。

她记得谷场上堆着九垛谷穗子。火烧起来的时候谷场上金光灿烂，喷发出浓郁的香味。那谷香熏得人眼流泪不止。死光了妻儿老小的陈立春在火光中发疯，他在九垛火山里穿梭蛇行。一边抹着满颊泪水一边模仿仙姑跳大神。众人一齐为陈立春欢呼跺脚。陈文治的黑砖楼惶恐万分，陈家人挤在楼上呼天抢地痛不欲生。陈文治干瘦如柴的身子在两名丫鬟的扶持下如同暴风雨中的苍鹭，纹丝不动。那只日本望远镜已经碎裂了，他觑起眼睛仍然看不清谷场上的人脸。"我怎么看不清那是谁那是谁？"纵火者在陈文治眼里江水般地波动，他们把谷场搅成一片刺目的红色。后来陈文治在纵火者中看到了一个背驮孩子的女人。那女人浑身赤亮形似火神，她挤过男人们的缝隙爬到谷子垛上，用一根松油绳点燃了最后一垛谷子。

"我也点了一垛谷子。我也放火的。"祖母蒋氏日后对人说。她怀念那个匆匆离去的黑衣巫师。她认定是一场大火烧掉了一九三四年的瘟疫。

当我十八岁那年在家中阁楼苦读毛泽东经典著作时，我把《湖南农民运动考察报告》与枫杨树乡亲火烧陈家谷场联系起来了。我遥望一九三四年化为火神的祖母蒋氏，我认为祖母蒋氏革了财东陈文治的命，以后将成为我家历史上的光辉一页。我也同祖母蒋氏一样，怀念那个神秘的伟大的黑衣巫师。他是谁？他现在在哪里呢？

枫杨树老家闻名一时的死人塘在瘟疫流行后诞生了。

死人塘在离我家祖屋三里远的地方。那儿原先是个芦蒿塘，狗崽八岁时养的一群白鹅曾经在塘中生活嬉戏。考证死人塘的由来时我很心酸。枫杨树老人都说最先投入塘中的是祖母蒋氏的五个死孩子。他们还记得蒋氏和牛车留在塘边的辙印是那么深那么持久不消。后来的送葬人就是踩着那辙印去的。

埋进塘中的有十八个流浪在枫杨树一带的手工匠人。那是死不瞑目的亡灵，他们裸身合仆于水面上下，一片青色斑斓触目惊心使酸甜的死亡之气冲天而起。据说死人塘边的马齿苋因而长得异常茂盛，成为枫杨树乡亲挖野菜的好地方。

每天早晨马齿苋摇动露珠，枫杨树的女人们手挎竹篮朝塘边飞奔而来。她们沿着塘岸开始了争夺野菜的战斗。瘟疫和粮荒使女人们变得凶恶暴虐。她们几乎每天在死人塘边争吵殴斗。我的祖母蒋氏曾经挥舞一把圆镰砍伤了好几个乡亲，她的额角也留下了一条锯齿般的伤疤。这条伤疤以后在她的生命长河里一直放射独特的感受之光，创造祖母蒋氏的世界观。我设想一九三四年枫杨树女人们都蜕变成母兽，但多年以后她们会不会集结在村头晒太阳，温和而苍老，遥想一九三四年？她们脸上的伤疤将像纪念章一样感人肺腑，使枫杨树的后代们对老祖母肃然起敬。

我似乎看见祖母蒋氏背驮年幼的父亲奔走在一九三四年的苦风瘴雨中，额角上的锯齿形伤疤熠熠发亮。我的眼前经常闪现关于祖母和死人塘和马齿苋的画面，但我无法想见死人塘边祖母经历的奇谲痛苦。

我的祖母你怎么来到死人塘边凝望死尸沉思默想的呢？

乌黑的死水掩埋了你的小儿女和十八个流浪匠人。塘边的野菜已被人与狗吞食一空。你闻到塘里甜腥的死亡气息打着幸福的寒噤。那天是深秋

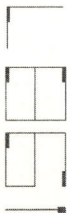

的日子，你听见天边滚动着隐隐的闷雷。你的破竹篮放在地上惊悸地颤动着预见灾难降临。祖母蒋氏其实是在等雨，等雨下来死人塘边的马齿苋棵棵重新蹿出来。那顶奇怪的红轿子就是这时候出现在田埂上的。红轿子飞鸟般地朝死人塘俯冲过来。四个抬轿人脸相陌生面带笑意。他们放下轿子走到祖母蒋氏身边，轻捷熟练地托起她。

"上轿吧你这个丑女人。"蒋氏惊叫着在四个男人的手掌上挣扎，她喊："你们是人还是鬼？"四个男人笑起来把蒋氏拎着像拎起一捆干柴塞入红轿子。

轿子里黑红黑红的。她觉得自己撞到了一个僵硬潮湿的身体上。轿子里飞舞着霉烂的灰尘和男人衰弱的鼻息声，蒋氏仰起脸看见了陈文治。陈文治蜡黄的脸上有一丝红晕疯狂舞蹈。陈文治小心翼翼地扶住蒋氏木板似的双肩说："陈宝年不会回来了，你给我吧。"蒋氏尖叫着用手托住陈文治双颊，不让那颗沉重的头颅向她乳房上垂落。她听见陈文治的心在绵软干瘪的胸膛中摇摆着，有气无力一如风中树叶。她的沾满泥浆的十指指尖深深扎进陈文治的皮肉里激起一阵野猫似的鸣叫。陈文治的黑血汩汩流到蒋氏手上，他喃喃地说："你跟我去吧，我在你脸上也刺朵梅花痣。"一顶红轿子拼命地摇呀晃呀，虚弱的祖母蒋氏渐渐沉入黑雾红浪中昏厥过去。轿外的四个汉子听见一种苍凉的声音：

"我要等下雨，我要挖野菜啦。"

她恍惚知道自己被投入了水中，但睁不开眼睛。被踩躏过的身子像一根鹅毛飘浮起来。她又听见了天边的闷雷声，雨怎么还不下呢？临近黄昏时她睁开眼睛。她发现自己睡在死人塘里。四周散发的死者腐臭浓烈地粘在她半裸的身体上。那些熟悉或陌生的死者以古怪多变的姿态纠集在脚边，他们酱紫色的胴体迎着深秋夕阳熠熠闪光。有一群老鼠在死人塘里穿梭来往，仓皇地跳过她的胸前。蒋氏木然地爬起来越过一具又一具将糜烂的死尸。她想雨怎么还不下呢？雨大概不会下了因为太阳在黄昏时出现了。稀薄而锐利的夕光泻入野地刺痛了她的眼睛。蒋氏举起泥手捂住了脸。她一点也不怕死人塘里的死者，她想她自己已变成一个女鬼了。

爬上塘岸蒋氏看见她的破竹篮里装了一袋什么东西。打开一看她便向天呜呜哭喊了一声，那是一袋雪白雪白的粳米。

她手伸进米袋抓起一把塞进嘴里，性急地嚼咽起来。她对自己说这是老天给我的，一路走一路笑抱着破竹篮飞奔回家。

我发现了死人塘与祖母蒋氏结下的不解之缘，也就相信了横亘于我们家族命运的死亡阴影。死亡是一大片墨蓝的弧形屋顶，从枫杨树老家到南方小城覆盖祖母蒋氏的亲人。

有一颗巨大的灾星追逐我的家族，使我扼腕伤神。

陈家老大狗崽于一九三四年农历十月初九抵达城里。他光着脚走了九百里路，满面污垢长发垂肩站在祖父陈宝年的竹器铺前。

竹匠们看见一个乞丐模样的少年把头伸进大门颤颤巍巍的，汗臭和狗粪味涌进竹器铺。他把一只手伸向竹匠们，他们以为是讨钱，但少年紧握的拳头摊开了，那手心里躺着一把锥形竹刀。

"我找我爹。"狗崽说。说完他扶住门框降了下去。他的嘴角疲惫地开裂，无法猜度是要笑还是要哭。他扶住门框撒出一泡尿，尿水呈红色冲进陈记竹器店，在竹匠们脚下汩汩流淌。

日后狗崽记得这天是小瞎子先冲上来抱起了他。小瞎子闻着他身上的气味不停地怪叫着。狗崽松弛地偎在小瞎子的怀抱里，透过泪眼凝视小瞎子，小瞎子的独眼神采飞扬以一朵神秘悠远的血花诱惑了狗崽。狗崽张开双臂勾住小瞎子的脖子长嘘一声，然后就沉沉睡去。

他们说狗崽初到竹器店睡了整整两天两夜。第三天陈宝年抱起他在棉被上摔了三回才醒来。狗崽醒过来第一句话问得古怪："我的狗粪筐呢？"他在小阁楼上摸索一番，又问陈宝年："我娘呢，我娘在哪里？"陈宝年愣了愣，然后捆了狗崽一记耳光，说："怎么还没醒？"狗崽捂住脸打量他的父亲。他来到了城市。他的城市生活这样开始了。

陈宝年没让狗崽学竹匠。他拉着狗崽让他见识了城里的米缸又从米缸里拿出一只竹箕交给狗崽：狗崽你每天淘十箕米做大锅饭，煮得要干，城里吃饭随便吃的。你不准再偷我的竹刀，等你混到十八岁，爹把十一件竹器绝活全传你。你要是偷这偷那的爹会天天揍你揍到十八岁。

狗崽坐在竹器店后门守着一口熬饭的大铁锅。他的手里总是抓着一根发黄的竹篾，胡思乱想，目光呆滞，身上挂着陈宝年的油布围腰。一九三四年秋天的城市蒙着白茫茫的雾气，人和房屋和烟囱离狗崽咫尺之遥却又缥缈。狗崽手中的竹篾被折成一段一段的掉在竹器店后门。他看见

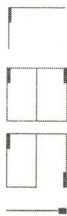

一个女的站在对面麻油店的台阶上朝这儿张望。她穿着亮闪闪的蓝旗袍，两条手臂光裸着叉腰站着。你分不清她是女人还是女孩，她很小又很丰满，她的表情很风骚但又很稚气。这是小女人环子在我家史中的初次出现。她必然出现在狗崽面前，两人之间隔着城市湿漉漉的街道和一口巨大的生铁锅。我想这就是一种具体的历史含义，小女人环子注定将成为我们家族的特殊来客，与我们发生永恒的联系。

"你是陈宝年的狗崽子吗？"

"你娘又怀上了吗？"

小女人环子突然穿越了街道绕过大铁锅，蓝旗袍下旋起熏风花香在我的画面里开始活动。她的白鞋子正踩踏在地上那片竹篾上，吱吱吱轻柔地响着。狗崽凝神望着地上的白鞋子和碎竹篾，他的血液以枫杨树乡村的形式在腹部以下左冲右突，他捂住粗布裤头，另一只手去搬动环子的白鞋。

"你别把竹篾踩碎了别把竹篾踩碎了。"

"你娘，她又怀上了吗？"环子挪动了她的白鞋，把手放在狗崽刺猬般的头顶上。狗崽的十五岁的身体在环子的手掌下草一样地颤动。狗崽在那只手掌下分辨了世界上的女人。他闭起眼睛在环子的秀发下想起乡下的母亲。狗崽说："我娘又怀上了快生了。"他的眼前隆起了我祖母蒋氏的腹部，那个被他拳头打过的腹部将要诞生又一个毛茸茸的婴儿。狗崽颤索着目光探究环子蓝布覆盖的腹部，他觉得那里柔软可亲深藏了一朵美丽的花。环子有没有怀孕呢？

狗崽进入城市生活正当我祖父陈宝年的竹器业飞黄腾达之时。每天有无数竹器堆积如山，被大板车运往河码头和火车站。狗崽从后门的大锅前溜过作坊，双手紧抓窗棂观赏那些竹器车。他看见陈宝年像鱼一样在门前竹器山周围游动，脸上掠过竹子淡绿的颜色。透过窗棂陈宝年呈现了被切割状态。狗崽发现他的粗短的腿脚和发达的上肢是熟悉的枫杨树人，而陈宝年的黑脸膛已经被城市变了形，显得英气勃发略带一点男人的倦怠。狗崽发现他爹是一只烟囱在城里升起来了，娘一点也看不见烟囱啊。

我所见到的老竹匠们至今还为狗崽偷竹刀的事情所感动。他们说那小狗崽一见竹刀眼睛就发光，他对陈宝年祖传的大头竹刀喜欢得疯迷了。他偷了无数次竹刀都让陈宝年夺回去了。老竹匠们老是想起陈家父子为那把竹刀四处追逐的场面。那时候陈宝年变得出乎寻常地暴怒凶残，他把夺回的大头竹刀背过来，用木柄敲着狗崽的脸部。敲击的时候陈宝年眼里闪出我们家族男性特有的暴虐火光，侧耳倾听狗崽皮肉骨骼的碎裂声。他们说奇怪的是狗崽，他怎么会不怕竹刀柄，他靠着墙壁僵硬地站着迎接陈宝年，脸打青了连捂都不捂一下。没见过这样的父子……

你说狗崽为什么老要偷那把？你再说说陈宝年为什么怕大头竹刀丢失呢？

我从来没见过那把祖传的大头竹刀。我不知道。我只是想到了枫杨树人血液中竹的因子。我的祖父陈宝年和伯父狗崽假如都是一杆竹子，他们的情感假如都是一杆竹子，一切都超越了我们的思想。我无须进入前辈留下的空白地带也可以谱写我的家史。我也将化为一杆竹子。

我只是喜欢那个竹子一样的伯父狗崽。我幻想在旧日竹器城里看到陈记竹器铺的小阁楼，那里曾经住着狗崽和他的朋友小瞎子。阁楼的窗子在黑夜中会发出微弱的红光，红光来自他们的眼睛。你仰望阁楼时心有所动，你看见在人的头顶上还有人，他们在不复存在的阁楼上窥伺我们，他们悬在一九三四年的虚空中。

这座阁楼，透过小窗狗崽对陈宝年的作坊一目了然。他的脸终日肿胀溃烂着，在阁楼的幽暗里像一朵不安的红罂粟。他凭窗守望入夜的竹器作坊。他等待着麻油店的小女人环子的到来。环子到来，她总是把白鞋子拎在手里，赤脚走过阁楼下面的竹器堆，她像一只怀春的母猫轻捷地跳过满地的竹器，推开我祖父陈宝年的房门。环子一推门我家历史就涌入一道斑驳的光。我的伯父狗崽被那道光灼伤，他把受伤的脸贴在冰冷的竹片墙上摩擦。疼痛。"娘呢，娘在哪里？"狗崽凝望着陈宝年的房门，他听见了环子的猫叫声湿润地流出房门浮起竹器作坊。这声音不是祖母蒋氏的，她和陈宝年裸身盘缠在老屋草铺上时狗崽知道她像枯树一样沉默。这声音渐渐上涨浮起了狗崽的阁楼。狗崽飘浮起来，他的双手滚水一样在粗布裤裆里沸腾。"娘啊，娘在哪里？"狗崽的身子蛇一样躁动缩成一团，他的结满伤疤的脸扭曲着最后吐出童贞之气。

我现在知道了这座阁楼。阁楼上还住着狗崽的朋友小瞎子。我另外构想过狗崽狂暴手淫的成因。也许我的构想才是真实的。我的面前浮现出小瞎子独眼里的暗红色血花。我家祖辈世代难逃奇怪的性的诱惑。我想狗崽是在那朵血花的照耀下模仿了他的朋友小瞎子，反正老竹匠们回忆一九三四年的竹器店阁楼上到处留下了黄的白的精液痕迹。

我必须一再地把小瞎子推入我的构想中。他是一个模糊的黑点缀在我们家族伸入城市的枝干上，使我好奇而又迷惘。我的祖父陈宝年和伯父狗崽一度都被他吸引甚至延续到我，我在旧日竹器城寻访小瞎子时几乎走遍了每一个老竹匠的家门。我听说他焚火而死的消息时失魂落魄。我对那些老竹匠们说我真想看看那只独眼啊。

继续构想。狗崽那年偷看陈宝年和小女人环子交媾的罪恶是否是小瞎子怂恿的悲剧呢。狗崽爬到他爹的房门上朝里窥望，他看见了竹片床上的父亲和小女人环子的两条白皙的小腿，他们的头顶上挂着那把祖传的大头竹刀。小瞎子说你就看个稀奇千万别喊，但是狗崽趴在门板上突然尖厉地喊起来：

"环子，环子，环子啊！"

狗崽喊着从门上跌下来。他被陈宝年揪进了房里。他面对赤身裸体脸色苍白的陈宝年一点不怕，但看见站在竹床上穿蓝旗袍的环子时眼睛里滴下灼热的泪来。环子扣上蓝旗袍时说："狗崽你这个狗崽呀！"后来狗崽被陈宝年吊在房梁上吊了一夜，他面无痛苦之色，他只是看了看阁楼的窗子。小瞎子就在阁楼上关怀着被缚的狗崽。

小瞎子训练了狗崽十五岁的情欲，他对狗崽的影响已经到了出神入化的地步。我尝试着概括那种独特的影响和教育，发现那就是一条黑色的人生曲线。

$$\text{出生} \diagup \overset{\overset{\textstyle 赚钱}{}}{\underset{\text{女人} \qquad \text{女人}}{}} \diagdown \text{死亡}$$

这条黑曲线缠在狗崽身上尤其强劲，他过早地悬在"女人"这个轨迹点上腾空了。传说狗崽就是这样得了伤寒。一九三四年的冬天狗崽病卧在小阁楼上数着从头上脱落的一根根黑发。头发上仍然残存着枫杨树狗粪的味道。他把那些头发理成一绺穿进小瞎子发明的锥形竹刀的孔眼里，于是那把带头发缨子的锥形竹刀在小阁楼上喷发了伤寒的气息。我祖父陈宝年登上小阁楼总闻得见这种古怪的气息。他把手伸进狗崽肮脏而温暖的被窝测量儿子的生命力，不由得思绪茫茫浮想联翩。在狗崽身上重现了从前的陈宝年。陈宝年抚摸着狗崽日渐光秃的前额说："狗崽你病得不轻，你还想要爹的大头竹刀吗？"狗崽在被窝里沉默不语。陈宝年又说："你想要什么？"狗崽突然哽咽起来，他的身子在棉被下痛苦地耸动："我快死了……我要女人……我要环子！"

陈宝年扬起巴掌又放下了，他看见儿子的脸上已经开始跳动死亡火焰。他垂着头逃离小阁楼时还听见狗崽沙哑的喊声"我要环子环子环子"。

这年冬天竹匠们经常看见小瞎子背驮重病的狗崽去屋外晒太阳。他俩穿过一座竹器坊撞井后门，坐在一起晒太阳。正午时分麻油店的小女人环子经常在街上晾晒衣裳，一根竹竿上飘动着美丽可爱的环子的各种衣裳。城市也化作蓝旗袍淅淅沥沥洒下环子的水滴。小女人环子圆月般的脸露出蓝旗袍之外顾盼生风，她咯咯笑着朝他们抖动湿漉漉的蓝旗袍。环子知道竹器店后门坐着两个有病的男人。（我听说小瞎子从十八岁到四十岁一直患有淋病。）她就把她的雨滴风骚地甩给他们。

我对于一九三四年冬天是多么陌生，我对这年冬天活动在家史中的那些先辈毫无描绘的把握。听说祖父陈宝年也背着狗崽去晒过太阳，那么他就和狗崽一起凝望小女人环子晒衣裳了。这三个人隔着蓝旗袍互相凝望该是什么样的情景，一九三四年冬天的太阳照耀这三个人该是什么样的情景，我知道吗？

而结局却是我知道的。我知道陈宝年最后对儿子说："狗崽我给你环子，你别死。我要把环子送到乡下去了。你只要活下去环子就是你的媳妇了。"陈宝年就是在竹器店后门对狗崽说的。这天下午狗崽已经奄奄一息。陈宝年坐在门口，烧了一锅温水，然后把狗崽抱住用锅里的温水洗他的头。陈宝年一遍遍地给狗崽擦美丽牌香皂，使狗崽头上的狗粪味消失殆尽，发出城市的香味。我还知道这天下午小女人环子站在她的晾衣竿后面绞扭湿漉漉的蓝旗袍，街上留下一摊淡蓝色的积水。

这么多年来我父亲白天黑夜敞开着我家的木板门，他总是认为我们的亲人正在流浪途中，他敞开着门似乎就是为了迎接亲人的抵达。家中的干草后来分成了六垛，他说那最小的一垛是给早夭的哥哥狗崽的，因为他从来没见过哥哥狗崽，但狗崽的幽魂躺到我家来会不会长得硕大无比呢？父

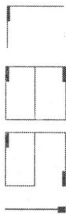

亲说人死后比活着要大得多。父亲去年进医院之前就在家里分草垛，他对我们说最大的草垛是属于祖母蒋氏和祖父陈宝年的。

我在边上看着父亲给已故的亲人分草垛，分到第六垛时他很犹豫，他捧着那垛干草不知道往哪里放。

"这是给谁的？"我说。

"换换。"父亲说，"环子的干草放在哪儿呢？"

"放在祖父的旁边吧。"我说。

"不。"父亲望着环子的干草。后来他走进他的房间去了。

我看见父亲把环子的干草塞到了他的床底下。

环子这个小女人如今在哪里？我家的干草一样在等待她的到达。她是一个城里女人，她为什么进入了我的枫杨树人的家史？我和父亲都无法诠释。我忘不了的是这垛复杂的干草的意义。你能说得清这垛干草为什么会藏到我父亲的床底下吗？

枫杨树的老人们告诉我环子是在一个下雪的傍晚出现在马桥镇的。她的娇小的身子被城里流行的蓝衣裳包得厚厚实实，快乐地跺踏着泥地上的积雪。有一个男人和环子在一起，那男人戴着狗皮帽和女人的围巾深藏起脸部，只露出一双散淡的眼睛。有人从男人走路的步态上认出他是陈宝年。

这是枫杨树竹匠中最为隐秘的回乡。明明有好多人看见陈宝年和环子坐在一辆独轮车上往家赶，后来却发现回乡的陈宝年在黄昏中消失了。

我祖母蒋氏站在门口看着小女人环子踩着雪走向陈家祖屋。环子的蓝旗袍在雪地上泛出强烈的蓝光，刺疼了蒋氏的眼睛。两个女人在五十年前初次谈话的声音现在清晰地传入我耳中。

"你是谁？"

"我是陈宝年的女人。"

"我是陈宝年的女人，你到底是谁？"

"你这么说我不知道自己是谁了。我怀孕了，是陈宝年的孩子。他把我赶到这里来生。我不想来他就把我骗来了。"

"你有三个月了我一眼就看出来了。"

"你今年生过了吗？我带来好多小孩衣裳给你一点吧。"

"我不要你的小孩衣裳，你把陈宝年的钱带来了吗？"

"带来了好多钱，这些钱上都盖着陈宝年的红印呢！你看看。"

"我知道他的钱都盖红印的，他今年没给过我钱，秋天死了五个孩子了。"

"你让我进屋吧，我都快冻死了，陈宝年他不想回来。"

"进屋不进屋其实都一样冷，是他让你来乡下生孩子的吗？"

（我同时听到了陈宝年在祖屋后面踏雪的脚步声，陈宝年也在听吗？）

环子踏进我家首先看见六股野艾草绳从墙上垂下来缓缓燃烧着，家里缭绕着清苦的草灰味。环子指着草绳说："那是什么？"

"招魂绳。人死了活着的要给死人招魂你不懂吗？"

"死了六个儿女吗？"

"陈宝年也死了。"蒋氏凝视着草绳半晌走到屋角的摇篮边抱起她的婴儿，她微笑着对环子说，"只活了一个，其他人都死了。"

活着的婴儿就是我父亲。当小女人环子朝他俯下脸来时城市的气味随之抚摸了他的小脸蛋。婴儿翕动着嘴唇欲哭未哭，一刹那间又绽开了最初的笑容。父亲就是在环子带来的城市气味中学会笑的。他的小手渐渐举起来触摸环子的脸，环子的母性被充分唤醒，她尖叫着颤抖着张开嘴咬住了婴儿的小手，含糊不清地说："我多爱孩子，我做梦梦见生了个男孩就像你，小宝宝啊。"

追忆祖母蒋氏和小女人环子在同一屋顶下的生活是我谱写家史的一个难题。我的五代先祖之后从没有一夫多妻的现象，但是枫杨树乡亲告诉我那两个女人确实在一起度过了一九三四年的冬天。环子的蓝衣裳常洗常晒，在我家祖屋上空飘扬。

他们说怀孕的环子抱着婴儿时期的父亲在枫杨树乡村小路上走，她的蓝棉袍下的腹部已经很重了。环子是一个很爱小孩的城里女人，她还爱村里东一只西一条的家狗野狗，经常把嘴里嚼着的口香糖扔给狗吃。你不知道环子抱着孩子怀着孩子想到哪里去，她总是在出太阳的时间里徜徉在村子里，走过男人身边时丢下妖媚的笑。你们看见她渐渐走进幽深的竹园，一边轻拍着婴儿唱歌，一边惶惑地环视冬天的枫杨树乡村。环子出现在竹

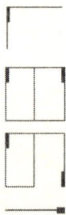

园里时，路遇她的乡亲都发现环子酷似我死去的姑祖母凤子，她们两个被竹叶掩映的表情神态有惊人的相似之处。

环子和凤子是我家族中最美丽的两个女人。可惜她们没有留下一张照片，我无法判断她们是否那么相似。她们都是我祖父陈宝年羽翼下的丹凤鸟。一个是陈宝年的亲妹妹，另一个本不是我的族中亲人，她是我祖父陈宝年的女邻居，是城里麻油店的老板娘，她到底是不是姑祖母凤子的姐妹鸟？我的祖父陈宝年你要的到底是哪只鸟？这一切后代们已无从知晓。

我很想潜入祖母蒋氏乱石密布的心田去研究她给环子做的酸菜汤。环子在我家等待分娩的冬天里，从我祖母蒋氏手里接过了一碗又一碗酸菜汤，一饮而尽。环子咂着嘴唇对蒋氏说："我太爱喝这汤了，我现在只能喝这汤了。"蒋氏端着碗凝视环子渐渐隆起的腹部，目光有点呆滞，她不断地重复着说："冬天了，地里野菜也没了，只有做酸菜汤给你吃。"

酸菜腌在一口大缸里。环子想吃时就把手伸进乌黑的盐水里捞酸菜，抓在手里吃。有一天环子抓了一把酸菜突然再也咽不下去了，她的眼睛里沁出泪来，猛地把酸菜摔在地上跺脚哭喊起来："这家里为什么只有酸菜酸菜啊。"

祖母蒋氏走过来捡起那把酸菜放回大缸里，她威严地对环子说："冬天了，只有酸菜给你吃。你要是不爱吃也不能往地上扔。"

"钱呢，陈宝年的钱呢？"环子说，"给我吃点别的吧。"

"陈宝年的钱没了。我给陈宝年买了两亩地。陈家死的人太多连坟地也没有。人不吃菜能活下去，没有坟地就没有活头了。"

环子在祖母蒋氏古铜般的目光中抱住自己的哭泣的脸。

她感觉到脸上的肌肤已经变黄变粗糙了，这是陈宝年的老家给予她的惩罚。哭泣的环子第一次想到她这一生的悲剧走向。

她轻轻喊着陈宝年陈宝年你这个坏蛋，重又走向腌酸菜的大缸。她绝望地抓起一把酸菜往嘴里塞，杏眼圆睁嚼咽那把酸菜直到腹中一阵强烈的反胃。哇哇巨响。环子从她的生命深处开始呕吐，吐出一条酸苦的黑色小溪，溅上她的美丽的蓝棉袍。

我知道环子到马桥镇上卖戒指换猪肉的事就发生在那回呕吐之后。据说那是祖父送给她的一只金方戒，她毫无怜惜之意地把它扔在肉铺柜台上，抓起猪肉离开马桥镇。那是镇上人第二次看见城里的小女人环子。都说她瘦得像只猫，走起路来仿佛撑不住怀孕三个月的身子。她提着那块猪肉走在横贯枫杨树的黄泥大道上，路遇年轻男人时仍然不忘她城里女人的媚眼。我已经多次描摹过的黄泥大道上紧接着长出一块石头，那块石头几乎是怀有杀机地绊了环子一下，环子惊叫着怀孕的身体像倒木一样飞了出去。那块猪肉也飞出去了。环子的这声惊叫响彻暮日下的黄泥大道，悲凉而悠远。在这一瞬间她似乎意识到从天而降的灾难指向她的腹中胎儿，她倒在荒凉的稻田里，双手捂紧了腹部，但还是迎来了腹部的巨大的疼痛感。她明确无误地感觉了腹中小生命的流失。她突如其来地变成一个空心女人。环子坐在地上虚弱而尖利地哭叫着，她看着自己的身子底下荡漾开一潭红波，她拼命掏起流散的血水，看见一个长着陈家方脸膛的孩子在她手掌上停留了短暂一瞬，然后轻捷地飞往枫杨树的天空，只是一股青烟。

流产后的小女人环子埋在我家的草铺上呜咽了三天三夜。环子不吃不喝，三天三夜里失却了往日的容颜。我祖母蒋氏照例把酸菜汤端给环子，站在边上观察痛苦的城里女人。

环子枯槁的目光投在酸菜汤里，一石激起千层浪，她似乎从乌黑的汤里发现了不寻常的气味，她觉得腹中的胎儿就是在酸菜汤的浇灌下渐渐流产的。猛然如梦初醒：

"大姐，你在酸菜汤里放了什么？"

"盐。怀孩子的要多吃盐。"

"大姐，你在酸菜汤里放了什么把我孩子打掉了？"

"你别说疯话。我知道你到镇上割肉摔掉了孩子。"

环子爬下草铺死死拽住了祖母蒋氏的手，仰望蒋氏不动声色的脸。环子摇晃着蒋氏喊："摔一跤摔不掉三个月的孩子，你到底给我吃什么了，你为什么要算计我的孩子啊？"

我祖母蒋氏终于勃然发怒，她把环子推到了草铺上然后又扑上去揪住环子的头发："你这条城里的母狗，你这个贱货，你凭什么到我家来给陈宝年狗日的生孩子。"蒋氏的灰暗的眼睛一半是流泪的另一半却燃起博大的仇恨火焰。她在同环子厮打的过程中断断续续地告诉环子："我不能

让你把孩子生下来……我有六个孩子生下来长大了都死了……死在娘胎里比生下来好……我在酸菜汤里放了脏东西，我不告诉你是什么脏东西……你不知道我多么恨你们……"

其实这些场面的描写我是应该回避的。我不安地把祖母蒋氏的形象涂抹到这一步，但面对一九三四年的家史我别无选择。我怀念环子的未出生的婴儿，如果他（她）能在我的枫杨树老家出生，我的家族中便多了一个亲人，我和父亲便多了一份思念和等待，千古风流的陈家血脉也将伸出一条支流，那样我的家史是否会更增添丰富的底蕴呢。

环子的消失如同她的出现给我家中留下了一道难愈的伤疤，这伤疤将一直溃烂发酵漫漫无期，我们将忍痛舔平这道伤疤。

环子离家时掳走了摇篮里的父亲。她带着陈家的婴儿从枫杨树乡村消失了，她明显地把父亲作为一种补偿带走了。女人也许都这样，失去什么补偿什么。没有人看见那个掳走陈家婴儿的城里女人，难道环子凭借她的母爱长出了一双翅膀吗？

我祖母蒋氏追踪环子和父亲追了一个冬天。她的足迹延伸到长江边才停止。那是她第一次见到长江。一九三四年冬天的江水浩浩荡荡恍若洪荒时期的创世之流。江水经千年沉淀的浊黄色像钢铁般的势大力沉，撞击着一位乡村妇女的心扉。蒋氏拎着她穿破的第八双草鞋沿江岸踯躅，乱发随风飘舞，情感旋入江水仿佛枯叶飘零。她向茫茫大江抛入她的第八双草鞋就回头了。祖母蒋氏心中的世界边缘就是这条大江。

她无法逾越这条大江。

我需要你们关注祖母蒋氏的回程以了解她的人生归宿。

她走过一九三四年漫漫的冬天，走过五百里的城镇乡村，路上已经脱胎换骨。枫杨树人记得蒋氏回来已经是年末了。马桥镇上人家都挂了纸红灯迎接一九三五年。蒋氏两手空空地走过那些红灯，疲惫的脸上有红影子闪闪烁烁的。她身上脚上穿的都是男人的棉衣和鞋子，腰间束了一根草绳。认识蒋氏的人问："追到孩子了吗？"蒋氏倚着墙竟然朝他们微笑起来："没有，他们过江了。""过了江就不追了吗？""他们到城里去了，我追不上了。"

祖母蒋氏在一九三五年的前夕走回去，面带微笑渐渐走出我的漫长家史。她后来站在枫杨树西北坡地上，朝财东陈文治的黑砖楼张望。这时有一群狗从各个角落跑来，围着蒋氏嗅闻她身上的陌生气息，冬天已过，枫杨树的狗已经不认识蒋氏了。蒋氏挥挥手赶走那群狗，然后她站在坡地上开始朝黑砖楼高喊陈文治的名字。

陈文治被蒋氏喊到楼上，他和蒋氏在夜色中遥遥相望，看见那个女人站在坡地上像一棵竹子摇落纷繁的枝叶。陈文治预感到这棵竹子会在一九三四年底逃亡，植入他的手心。

"我没有了——你还要我吗——你就用那顶红轿子来抬我吧——"

陈文治家的铁门在蒋氏的喊声中嘎嘎地打开，陈文治领着三个强壮的身份不明的女人抬着一顶红轿子出来，缓缓移向月光下的蒋氏。那支抬轿队伍是历史上鲜见的，但是我祖母蒋氏确实是坐着这顶红轿子进入陈文治家的。

就这样我得把祖母蒋氏从家史中渐渐抹去。我父亲对我说他直到现在还不知道她叫什么名字。他关于母亲的许多记忆也是不确切的，因为一九三四年他还是个婴儿。

但是我们家准备了一垛最大的干草，迎接陈文治家的女人蒋氏再度抵达这里。父亲说她总会到来的。

祖母蒋氏和小女人环子星月辉映养育了我的父亲，她们都是我的家史里浮现的最出色的母亲形象。她们或者就是两块不同的陨石，在一九三四年碰撞，撞出的幽蓝火花就是父亲就是我就是我们的儿子孙子。

我们一家现在居住的城市就是当年小女人环子逃亡的终点，这座城市距离我的枫杨树老家有九百里路。我从十七八岁起就喜欢对这座城市的朋友说："我是外乡人。"

我讲述的其实就是逃亡的故事。逃亡就是这样早早地发生了，逃亡就是这样早早地开始了。你等待这个故事的结束时还可以记住我祖父陈宝年的死因。

附：关于陈宝年之死的一条秘闻

一九三四年农历十二月十八夜，陈宝年从城南妓院出来，有人躲在一座木楼顶上向陈宝年倾倒了三盆凉水。陈宝年被袭击后朝他的店铺拼命奔跑，他想跑出一身汗来，但是回到竹器店时浑身结满了冰，

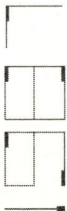

就此落下暗病。年底丧命，死前紧握祖传的大头竹刀。陈记竹器店主就此易人。现店主是小瞎子。城南的妓院中漏出消息说，倒那三盆凉水的人就是小瞎子。

我想以祖父陈宝年的死亡给我的家族史献上一只硕大的花篮。我马上将提起这只花篮走出去，从深夜的街道走过，走过你们的窗户。你们如果打开窗户，会看到我的影子投在这座城市里，飘飘荡荡。

谁能说出来那是个什么影子？

原载《收获》1987年第5期

点评

作者在小说中说这是一个有关逃亡的故事，其实也是一个有关回归的故事。在小说中，"我"的整个枫杨树故乡人都在逃亡，从"我"的祖父陈宝年开始，大量的竹器人逃亡异乡，并在祖父陈宝年的出色领导下在城市里站稳了脚跟，建立了"根据地"，还成为远近闻名的竹器帮，逃亡的不仅有成年人，还有年幼的狗崽，狗崽历尽艰辛追随自己的父亲而去，是枫杨树人最后的逃亡。逃亡意味着远离故土，意味着流浪，虽然枫杨树故乡被瘟疫笼罩，一片死气，但是逃亡并没有让这些人免于灾祸，在900里外的城市，这些异乡人无时无刻不怀念故土，陈宝年将怀孕的城市女人环子安排回乡下生产是一个耐人寻味的举动，这个行为寄托了他对枫杨树故土既逃离又想归来的矛盾心情，在他心中只有枫杨树故土才能让他的后代茁壮成长，才能延续自己的血脉。

"我"的整个家族在1934年的逃亡中分崩离析，四分五裂，死去的和活着的都已经走出"我"的家族史，祖父客死异乡，祖母走进了地主陈文治家的城楼，成为陈家的媳妇，我们整个家族唯一存活下来的血脉是"我"的父亲，父亲对于重新整合家族充满热情，几十年后，他用六个草垛为祖先们招魂，仿佛多年前祖母的六根草绳，他的六个草垛对应着六位在几十年前的逃亡中失去的先人，父亲的愿望其实也是先人们的愿望，他们无奈的逃离蕴含了饱满的归来情绪，在这样逃离又复归的动荡历程中，"我"的整个家族重又聚合起来，并鲜活如初。

（崔庆蕾）

一九八六年/

余　华

多年前，一个循规蹈矩的中学历史教师突然失踪。扔下了年轻的妻子和三岁的女儿。从此他销声匿迹了。经过了动荡不安的几年，他的妻子内心也就风平浪静，于是在一个枯燥的星期天里她改嫁他人，女儿也换了姓名，那是因为女儿原先的姓名与过去紧密相连。然后又过了十多年，如今她们离那段苦难越来越远了，她们平静地生活，往事已经烟消云散无法唤回。

当时突然失踪的人不只是她丈夫一个，但是"文革"结束以后，一些失踪者的家属陆续得到了亲人的确切消息，尽管得到的都是死讯。唯有她一直没有得到。她只是听说丈夫在被抓去的那个夜晚突然失踪了，仅此而已。告诉她这些的是一个商店的售货员，这人是当初那一群闯进来的红卫兵中的一个。他说："我们没有打他，只是把他带到学校办公室，让他写交代材料，也没有派人看守他，可第二天发现他不见了。"她记得丈夫被带走的翌日清晨，那一群红卫兵又闯了进来，是来搜查她的丈夫。那售货员还补充道："你丈夫平时对我们学生不错，所以我们没有折磨他。"

不久以前，她和女儿一起将一些旧时的报刊送到废品收购站去，在收购站乱七八糟的废纸中，突然发现了一张已经发黄、上面布满斑斑霉点的纸，那纸上的字迹却清晰可见。

五刑：墨、劓、剕、宫、大辟。

先秦：炮烙、剖腹、斩、焚……

战国：抽胁、车裂、腰斩……

辽初：活埋、炮掷、悬崖……

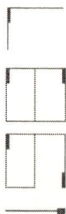

金：击脑、棒杀、剥皮……

车裂：将人头和四肢分别拴在五辆车上，以五马驾车，同时分驰，撕裂躯体。

凌迟：执刑时零刀碎割。

剖腹：剖腹观心。

……

废品收购站里杂乱无章，一个戴老花眼镜的小老头站在磅秤旁。女儿已经长大，她不愿让母亲动手，自己将报刊放到秤座上去，然后掏出手帕擦起汗来，这时她感到母亲从身后慢慢走开，走向一堆废纸。而小老头的眼睛此刻几乎和秤杆凑在了一起，她觉得滑稽，便不禁微微一笑。随后她蓦然听到一声失声惊叫，当她转过身去时，母亲已经摔倒在地，而且已经人事不省了。

他们把他带到自己的办公室后，让他坐下，又勒令他老老实实写交代材料。然后都走了，没留下看管他的人。

办公室十分宽敞，两只日光灯此刻都亮着，明晃晃地格外刺眼。西北风在屋顶上呼啸着。他就那么坐了很久。就像这幢房屋在惨白的月光下，在西北风的呼啸里默默而坐一样。

他看到自己正在洗脚，妻子正坐在床沿上看着他们的女儿。他们的女儿已经睡去，一条胳膊伸到被窝外面。妻子没有发现，妻子正在发呆。她还是梳着两根辫子，而且辫梢处还是用红绸结了两个蝴蝶结，一如第一次见到她走来一样，那一次他俩擦肩而过。

现在他仿佛看到两只漂亮的红蝴蝶驮着两根乌黑发亮的辫子在眼前飞来飞去。三个多月前，他就不让妻子外出了。妻子听了他的话，便再没出去过。他也很少外出。他外出时总在街上看到几个胸前挂着扫帚、马桶盖，剃着阴阳头的女人。他总害怕妻子美丽的辫子被毁掉，害怕那两只迷人的红蝴蝶被毁掉，所以他不让妻子外出。他看到街上整天下起了大雪，那大雪只下在街上。他看到在街上走着的人都弯腰捡起了雪片，然后读了起来。他看到一个人躺在街旁邮筒前，已经死了。流出来的血是新鲜的，血还没有凝固。一张传单正从上面飘了下来，盖住了这人半张脸。那些戴着各种高帽子挂着各种牌牌游街的人，从这里走了过去。他们朝那死人看了一眼，他们没有惊讶之色，他们的目光平静如水。仿佛他们是在早晨起床后从镜子中看到自己一样无动于衷。在他们中间，他开始看到一些同事的脸了。他想也许就要轮到他了。

他看到自己正在洗脚。水在凉下去，但他一点也不觉察。他在想也许就要轮到他了。他发现自己好些日子以来都会无端地发出一声惊叫，那时他的妻子总是转过脸来麻木地看着他。他看到他们进来了，他们进来以后屋内就响起了杂乱的声音。妻子依旧坐在床沿上，她正麻木地看着他。但女儿醒了，女儿的哭声让他觉得十分遥远，仿佛他正行走在街上，从一幢门窗紧闭的楼房里传出了女儿的哭声。这时他感到水已经完全凉了。然后那杂乱的声音走向单纯，一个人手里拿着一张纸走了过来。纸上写些什么他不知道。他们让他看，他看到了自己的笔迹，还看到了模糊的内容。随即他们把他提了起来，他就赤脚穿着拖鞋来到街上。街上的西北风贴着地面吹来，像是毛巾擦脚一样擦干了他的脚。

他打了个寒战，看到桌上铺着一叠白纸。他朝白纸看了一会，然后去摸口袋里的钢笔，于是发现没带笔来。他就站起来到别的桌上去寻找，可所有的桌上都没有笔。他只得重新坐回去，坐回去时看到桌上有了两条手臂的印迹，他才知道自己已有三个多月没有来这里了。桌面上积了厚厚的一层灰尘，他想别的教师大概也有三个多月没来这里了。

他看到自己和很多人一起走进了师院的大门，同时有很多人从里面走出来。他看到自己手里正在翻着一本厚厚的书。那时他对刑罚特别热衷，那时他准备今后离开学校后专门去研究刑罚。他在师院图书馆里翻阅了很多资料，还做了笔记。但那时他恋爱了。那次恋爱没有成功。他的刑罚研究也因此有始无终。后来毕业了，他在整理东西时看到了那张纸。当时他是打算扔掉的，而后来怎样也就从此忘了。现在才知道当初没扔掉。

他看到自己正在洗脚，又看到自己正在师院内走着。同时看到自己正坐在这里。他看到对面墙上有一个很大的身影，那颗头颅看上去像篮球一样大。他就这样看着他自己。看久了，觉得那身影像是一个黑黑的洞口。

他感到响亮的西北风跑进屋里来叫唤了，并且贴在他衣角上叫唤，钻进头发里叫唤。叫唤声还拼命地擦起了他的脸颊。他开始哆嗦，开始

冷了。他觉得那风越来越嘹亮。于是他转过脸去看门，门关得很严实。他再去看窗户，窗也关得很严实。他发现所有的玻璃都像刚刚擦过一样洁净无比，那些玻璃看上去像是没有一样。他觉得费解，桌上蒙了那么厚的灰尘，窗玻璃居然如此洁净。这时他看到了一块破了的玻璃，那破碎的模样十分凄惨。他不由站起来朝那块玻璃走去，那是一种凄惨向另一种凄惨走去。

走到窗前他大吃一惊，他才发现这破碎的竟是唯一幸存的玻璃，其他的窗格里都空空皆无。他不禁伸出手去抚摸，他感到那上面非常粗糙和锐利。摸了一会他觉得有一股热乎乎的东西正在手指尖上微微溢出来。摸着的时候，他看到玻璃正一小块一小块地掉落下去，一声一声清脆的破裂声在他听来如同心碎。不一会，玻璃只剩下一个小小的三角了。

他蓦然看到一双皮鞋对着他微微荡来又微微荡去。他伸出的手立刻缩回，他听到自己的心脏正在"咚咚"跳得十分激烈。他站住一动不动，看着这双皮鞋幽幽地荡来荡去。接着他发现了两只裤管，裤管罩在皮鞋上面，正在微微地左右飘动着。他猛地推开窗户，于是看到了一具吊着的僵尸。与此同时他听到了一声惊叫，声音来自左前方。他看到黑暗中一棵模糊的树和树底下一个模糊的人影。人影脱离地面，紧张的喘息声从那里飘来，传到他耳中时已经奄奄一息。过了好久他仿佛听到那人影低声嘟哝了一句——"是你"，然后看到那两条胳膊举起来抓住了一个圆圈，接着似乎是脑袋钻了进去。片刻后他听到了一声轻微的凳子被踢倒在地声，而一声窒息般的低语马上接踵而至。他扶着窗沿慢慢地倒了下去。

很久以后，他渐渐听到了一种野兽般的吼声。那声音逐步接近，同时又在慢慢扩散，不一会声音如巨浪般涌来了。

他猛地从地上跳起来，凝神细听。他听到屋外一片鬼哭狼嚎，仿佛有一群野兽正在将他包围。这声音使他异常兴奋。于是他在屋内手舞足蹈地跳来跳去，嘴里发出的吼声使他欣喜若狂。他想冲出去与那吼声汇合，却又不知从何处冲出去。而此刻屋外吼声正在越来越响亮，这使他心急火燎却又不知所措。他只能在屋内跳着吼着。后来累了，便一屁股坐在了刚才那个座位上，呼哧呼哧地喘气了。

这时他看到了墙上的身影，于是他看到了一个使他得以冲出去的黑洞。他立刻站了起来，朝那黑洞冲出，可冲到跟前他猛然收住了脚。他发现那黑洞一下子变小了。他满腹狐疑地重新退到原处，犹豫了片刻他才慢慢地重新走过去。他看到黑洞也在慢慢小起来。走到跟前时他发现黑洞和他人一样大小了。他疑惑地看了很久，肯定了黑洞没再变小，黑洞仍容得下他的身体后，便一头撞了过去。他又摔倒在地。

一阵狂风此刻将门打开，门重重地打在墙上，发出吱吱的骨折般声音。风从门口蜂拥而进，又立刻在屋内快速旋转了起来。

他从地上昏昏沉沉爬起来，对着门口昏昏沉沉地站了一会。然后他看到了一个长方形的黑洞。他小心翼翼地朝黑洞走去，走到跟前时他又满腹狐疑了。因为这次黑洞没有变小。这次他没再一头撞去，而是十分小心地伸过去一个手指。他感到手指已经进入黑洞了，然后手臂也进去了。于是他侧着身体更加小心地往黑洞里挤了进去。随即他感到自己已经逃脱了，因为他感到自己进入了漆黑而且广阔无比的空间。

那吼声此刻更为热烈更为响亮，于是他也就更为热烈更为响亮地吼了起来，跳了起来。同时他朝声音跑去。尽管有各种各样大小不一的黑影阻挡了他的去路，但他都巧妙地绕过了它们。片刻后他就跑到了大街上。他收住脚步，辨别起声音传来的方向。他感到那声音似乎是从四面八方奔腾而来的。一时间他不知所措，他不知该往何处去。随后他看到东南方火光冲天，那火光看上去像是一堆晚霞。他就朝着火光跑了过去。越跑声音越响，然后他来到了那吼声四起的地方。

一座巨大的楼房正在熊熊燃烧。他看到燃烧的火中有无数的人扭在一起，同时无数人正在以各种姿态掉落下来。他在桥上吼着跳着，同时还哈哈狂笑。在一阵像下雨般掉下了一批批人后，他看到楼房没有了，只有一堆巨大的熊熊燃烧的火。这情景叫他异常激动。他在桥上拼命地吼，拼命地跳。随即他听到了轰隆一声巨响。他看到这堆火突然变矮了，也变得宽阔了。他发现火离自己越来越近了，火像水一样漫涌过来。这时他感到累了，他便在桥栏上坐了下来，不再喊叫，不再跳跃。但他依然兴致勃勃地看着这堆火。慢慢地这堆火开始分裂，分裂成一小堆一小堆了。他一直看着火势渐渐熄灭。火势熄灭后，他才从栏杆上跳下来，开始往回走，走了几步重新走回来。站了一会他又往回走。他在桥上走来走去。

后来黎明来临了，早霞开始从漆黑的东方流出来。太阳还没有升起，

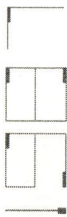

但是一片红光已经燃烧着升腾而起了。于是他看到了一堆火在遥远的地方燃烧起来，于是他又吼叫了，并且吼叫着朝那里跑去。

从废品收购站回来后，她就变得恍恍惚惚起来。这天夜晚，她听到了一个奇妙的脚步声。那时没有月光，屋外一片漆黑而且寂静无声。就在这个时候，她听到一个脚步声从远处嚓嚓走来，那声音既像是擦地而来，又让人感到是腾空走来。而且那声音始终没有来到近旁，始终停留在远处。但她已经听出来了，是谁的脚步声。

此后的几个夜晚，她都听到了那种脚步声。那声音让她心惊肉跳，让她撕心裂胆地喊叫起来。

当初丈夫就是在这样一个漆黑的晚上被带走的。那一群红卫兵突然闯进门来的情景和丈夫穿着拖鞋嚓嚓离去时的声音，已经和那个黑夜永存了。十多年了，十多年来每个夜晚都是一样地漆黑。黑夜让她不胜恐惧。就这样，十多年来她精心埋葬掉的那个黑夜又重现了。

这一天，当她和女儿一起走在街上时，她突然看到了自己躺在阳光下漆黑的影子。那影子使她失声惊叫。那个黑夜居然以这样的形式出现了。

那人一瘸一拐地走进了这座小镇。那是初春时节。一星期前一场春雪浩荡而来，顷刻之间将整座小镇埋葬。然而接下去阳光灿烂了一个星期，于是春雪又在几日之内全面崩溃。如今除了一些阴暗处尚残留一些白色外，其他各处都开始生机勃勃了。几日来，整个小镇被一片滴答滴答的声音所充塞，那声音像是弹在温暖的阳光上一样美妙无比。这雪水融化的声音让人们心里轻松又愉快。而每一个接踵而至的夜晚又总是群星璀璨，让人在入睡前对翌日的灿烂景象深信不疑。

于是关闭了一个冬天的窗户都纷纷打开来了。那些窗口开始出现了少女的嘴唇，出现了一盆盆已在抽芽的花。风也不再从西北方吹来，不再那么寒冷刺骨。风开始从东南方吹来了，温暖又潮湿，吹在他们脸上滋润着他们的脸。他们从房屋里走了出来，又从臃肿的大衣里走了出来。他们来到了街上，来到了春天里，他们尽管还披着围巾，可此刻围巾不再为了御寒，开始成了装饰。他们感到衣内紧缩的皮肤正在慢慢松懈，而插在口袋里的双手也在微微渗汗了。于是就有人将双手伸出来，于是他们就感到阳光正在手上移动，感到春风正从手指间有趣地滑过。也是在这个时候，他们看到了河两岸那些暗淡的柳树突然变得嫩绿无比，而这些变化仅仅只是在一个星期里完成的。此刻街上自行车的铃声像阳光一样灿烂，而那一阵阵脚步声和说话声则如潮水一样生动。

那人就是在这个时候走进小镇的。他的头发像瀑布一样披落下来，发梢在腰际飘荡。他的胡须则披落在胸前，胡须遮去了他三分之二的脸。他的眼睛浮肿又混浊。他就这样一瘸一拐走了进小镇。那条裤子破旧不堪，膝盖以下只是飘荡着几根布条而已。上身赤裸，披着一块麻袋。那双赤裸的脚看上去如一张苍老的脸，那一道道长长的裂痕像是一条条深深的皱纹，裂痕里又嵌满了黑黑的污垢。脚很大，每一脚踩在地上的声音，都像是一巴掌拍在脸上。他也走进了春天，和他们走在一起。他们都看到了他，但他们谁也没有注意他，他们在看到他的同时也在把他忘掉。他们尽情地在春天里走着，在欢乐里走着。女孩子往漂亮的提包里放进了化妆品，还放进了琼瑶小说。在宁静的夜晚来临后，她们坐到镜前打扮自己，打扮得漂漂亮亮后就捧起了琼瑶的小说。她们嗅着自己身上的芬芳去和书中的主人公相爱。男孩子口袋里装着万宝路、装着良友，天还没黑便已来到了街上，深更半夜时他们还在街上。他们也喜欢琼瑶，他们在街上寻找琼瑶书中的女主人公。

没待在家中的女孩子，没在街上闲逛的男孩子，他们则拥入影剧院，拥入工会俱乐部，还拥入夜校。他们坐在夜校课桌边多半不是为了听课，是为了恋爱。因为他们的眼睛多半都没看着黑板。多半都在搜寻异性。

老头那个时候还坐在茶馆里，他们坐了一天了，他坐了十多年，几十年了。他们还要坐下去。他们早已过了走的年龄。他们如今坐着就跟当初走着一样心满意足。

老太太们则坐在家中，坐在彩电旁。她们多半看不懂在演些什么，她们只是知道屏幕上的人在出来进去。就是看着人出来进去，她们也已经心满意足。

往那些敞着的窗口看看吧，沿着这条街走，可以走进两边的胡同。将会看到什么，将会听到什么，而心里又将会想起什么。十多年前那场浩劫如今已成了过眼烟云，那些留在墙上的标语被一次次粉刷给彻底掩盖了。

他们走在街上时再也看不到过去，他们只看到现在。现在有很多人都在兴致勃勃地走着，现在有很多自行车在响着铃声，现在有很多汽车在掀起着很多灰尘。现在有一辆装着大喇叭的面包车在慢慢地驰着，喇叭里在宣传着计划生育，宣传着如何避孕。现在还有另一辆类似的面包车在慢慢地驰着，在宣传着车祸给人们生活带来的不幸。街道两旁还挂着牌牌，牌牌上的图画和照片吸引了他们。他们现在知道已经人满为患了，他们中间很多人都掌握了好几套避孕方法。他们现在也懂得了车祸的危害。他们知道尽管人满为患，可活着的人还是应该活得高高兴兴，千万不能让车祸给葬送了。他们看到中学生都牺牲了自己的星期天，站到桥边，站到转弯处来维持交通秩序了。

那人就是在这个时候出现的，他一瘸一拐地走进了小镇。

他看到前面有一个人躺着，就躺在脚前，那人的脚就连着自己的脚。他提起自己的脚去踢躺着的脚。不料那脚猛地缩了回去。当他把脚放下时，那脚又伸了过来，又和他的脚连在了一起。他不禁兴奋起来，于是悄悄地将脚再次提起来，他发现地上的脚同时在慢慢退缩，他感到对方警觉了，便将脚提着不动，看到对方的脚也提着不动后，他猛地一脚朝对方的腰部踩去。他听到一声沉重的响声，定睛一瞧，那躺着的人依旧完好无损，躺着的脚也依旧连着他的脚。这使他怒气冲冲了，于是他眼睛一闭，拼命地朝前奔跑了起来，两脚拼命地往地上踩。跑了一阵再睁眼一看，那家伙还躺在他前面，还是刚才的模样。这让他沮丧万分，他无可奈何地朝四周张望。此刻阳光照在他的背脊上，那披着的麻袋反射出粗糙的光亮。他看到右前方有一汪深绿的颜色。于是他思索起来，思索的结果是脸上露出滞呆的笑意。他悄悄地往那一汪深绿走去。他发现那躺着的人斜过去了一点，他就走得更警觉了。那斜过去的人没有逃跑，而是擦着地面往池塘滑去，走近了，他看到那人的脑袋掉进了池塘，接着身体和四肢也掉了进去。他站在塘沿上，看到那家伙浮在水面上没往下沉，便弯腰捡起一块大石头打了下去。他看到那人被打得粉身碎骨后，才心满意足地转过身去。一大片金色的阳光猛然刺来，让他头晕眼花。但他没闭上眼睛，相反却是抬起了头。于是他看到了一颗辉煌的头颅，正在喷射着鲜血。

他仰着头朝那颗高悬在云端的头颅走去，他看到头颅退缩着隐藏到了一块白云的背后，于是白云也闪闪发亮了。那是一块慢慢要燃烧起来的棉花。

他是在那个时候放下了头，于是他的视线中出现了一个巨大的障碍。他不能像刚才那样远眺一望无际的田野，因为他走近了一座小镇。这巨大的障碍突然出现，让他感到是一座坟墓的突然出现。他依稀看到阳光洒在上面，又像水一样四溅开去。然而他定睛观瞧后，发现那是很多形状不一的小障碍聚集在一起。它们中间出现了无数有趣的裂隙，像是用锯子锯出来似的。阳光掉了进去，像是尘土撒了进去，无声无息。

此刻他放弃了对逃跑的太阳的追逐，而走上了一条苍白的路。因为两旁梧桐树枝紧密地交叉在一起，阳光被阻止在树叶上，所以水泥路显得苍白无力，像一根新鲜的白骨横躺在那里。猛然离开热烈的阳光而走在了这里，仿佛进入阴森的洞穴。他看到每隔不远就有两颗人头悬挂着，这些人头已经流尽了鲜血，也成了苍白。但他仔细瞧后，又觉得这些人头仿佛是路灯。他知道当四周黑暗起来后，它们会突然闪亮，那时候里面又充满流动的鲜血了。

有几个一样颜色的人在迎面走来，他们单调的姿态也完全一样。那时他听到了古怪的声音，然后看到有两个人走到了一起。他们就在他前面站住不动，于是他也站住不动。他听到刚才那种声音在四溅开来。随后他看到一个瘸子在前面走着，瘸子的走姿深深吸引了他。比起此刻所有走着的人来，瘸子走得十分生动。因此他扔开了前面这两个人，开始跟着瘸子走了。不一会他感到四周一下子热烈起来，他看到四周一片金黄，刚才看到的那些灰暗的人体，此刻竟然闪闪发亮了。他不禁仰起头来，于是又看到了那辉煌的头颅。现在他认出刚才看到的障碍其实是楼房，因为他认出了那些敞着的窗和敞着的门。很多人在门口进进出出。出来的那些人有的走远了，有的经过他的身旁。他嗅到一股暖烘烘的气息，这气息仿佛是从屠场的窗口散发出来。他行走在这股气息中，呼吸很贪婪。后来他走到了河边，因为阳光的照射，河水显得又青又黄。他看到的仿佛是一股脓液在流淌，有几条船在上面漂着，像尸体似的在上面漂着。同时他注意到了那些柳树，柳树恍若垂下来的头发。这些头发几经发酵，才这么粗这么长，他走上前去抓住一根柳枝与自己的头发比较起来。接着又扯下一根拉直了放在地上，再扯下一根自己的头发也拉直了放在地上。又十分认真地比较了

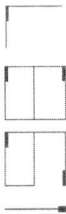

一阵。结果使他沮丧不已。于是他就离开了它们,走到了大街上。

他看到有两根辫子正朝他飘来,他看到是两只红蝴蝶驮着辫子朝他飞来。他心里涌上了一股奇怪的东西,他不由朝辫子迎了上去。那一家布店门庭若市,那是因为春天唤醒了人们对色彩的渴求。于是在散发着各种颜色的布店里,声音开始拥挤起来,那声音也五彩缤纷。她们多半是妙龄女子。她们渴望色彩就如渴望爱情。她们的母亲也置身于其中,母亲看着这缤纷的色彩,就如看着自己的女儿,也如看着自己已经远去还在远去的青春。在这里,两代人能共享欢乐,无须平分。

她带着无比欢乐从里面走出来,左边是她的伙伴。她的两根辫子轻轻摆动。原先她不是梳着辫子,原先她的头发是披着的。她昨天才梳出了这两根辫子。那是她看到了一张母亲年轻时的照片,她发现梳着辫子的母亲格外漂亮。于是她也梳起了两根辫子,结果她大吃一惊。她又往辫子上结了两个红蝴蝶结,这更使她惊讶。现在她正喜悦无比地走了出来,她的喜悦一半来自布店,一半来自脑后微微晃动的辫子。她知道辫子晃动时,那两只红蝴蝶便会翩翩飞舞了。

可是迎面走来一个疯子,疯子的模样叫她吃惊,叫她害怕。她看到他正朝自己古怪地笑着,嘴角淌着口水。她不由惊叫一声拔腿就跑,她的伙伴也惊叫一声拔腿就逃。她们跑出了很远,跑到转了个弯才收住脚。然后两人面面相觑,接着咯咯大笑起来,笑得前仰后合。

她的伙伴说:“春天来了,疯子也来了。”

她点点头。然后两人分手了,分手的时候十分亲密地拉了拉手,接着就各自回家。

她的家就在前面,只要在这条洒满阳光洒落各种声音的街上再走二十步。那里有一家钟表店,里面的钟表闪闪发亮,一个老头永远以一种坐姿坐了几十年。朝那戴着老花眼镜的老头望一眼,就可以转弯了,转进一条胡同。胡同里也洒满阳光,也走上二十步,她就可以看到那幢楼房了,她就可以看到自己家中那敞开的玻璃如何闪闪烁烁了。不知为何她开始心情沉重起来,越往家走越沉重。

母亲独自坐在家中,脸色苍白。她知道母亲又在疑神疑鬼了。母亲近来屡屡这样,母亲已有三天没去上班了。

她问母亲:“是不是昨天晚上又听到脚步声了?”

母亲无动于衷,很久后才抬起头来,那双眼睛十分惊恐。

"不，是现在。"母亲说。

她在母亲身后站了一会，她感到心烦意乱，于是她就走向窗口。在那里能望到大街，在大街上她能看到自己的欢乐。可是她却看到一个头发披在腰间，麻袋盖在背脊上，正一瘸一拐走着的背影。她不由哆嗦了一下，不由恶心起来。她立刻离开窗口。这时她听到楼梯在响了，那声音非常熟悉，十多年来纹丝未变。她知道是父亲回来了。她立刻变得兴奋起来，赶紧跑过去将门打开。那声音蓦然响了很多，那声音越来越近。她看到了父亲已经花白的头发。便欢快地叫了一声，然后迎了上去。父亲微笑着，用手轻轻在她头上拍了一下，和她一起走进家中。她感到父亲的手很温暖，她心想自己只有这么一个父亲。她记得自己七岁那年，有一个大人朝她走来，送给了她一个皮球。母亲告诉她："这是你的父亲。"从此他和她们生活在一起了。他每天都让她感到亲切，感到温暖。可是不久前，母亲突然脸色苍白地对她说："我夜间常常听到你父亲走来的脚步声。"她惊愕不已，当知道母亲指的是另一个父亲时，不禁惶恐起来。这另一个父亲让她觉得非常陌生，又非常讨厌。她心里拒绝他的来到，因为他会挤走现在的父亲。

她感到父亲轻快的脚一迈入，家中就立刻变得沉重起来，那时候母亲正抬起头来惊恐不安地望着他。她发现母亲的脸色越来越苍白了。

二

那时候黄昏已经来临，天色正在暗下来。一个戴着大口罩的清洁工人在扫拢着一堆垃圾。扫帚在水泥地上扫过去，发出了一种刷衣服似的声音，扬起的灰尘在昏暗中显得很沉重。此刻街上行人寥寥，而那些开始明亮起来的窗口则蒸腾出了热气，人声从那里缥缈而出。街旁商店里的灯光倾泻出来，像水一样流淌在街道上，站在柜里暂且无所事事的售货员那懒洋洋的影子，被拉长了扔在道旁。那个清洁工人此刻从口袋里掏出了火柴，划亮了那堆垃圾。

他看到一堆鲜血在熊熊燃烧，于是阴暗的四周一片明亮了。他走到燃烧的鲜血旁，感到噼噼啪啪四溅的鲜血有几滴溅到了他的脸上，跟火星一样灼烫。这时他感到自己手中正紧握着一根铁棒，他将手中的铁棒伸了过去，但又立刻缩回。他感到只一瞬间工夫铁棒就烧红了，握在手中手也在发烫。此刻那几个人正战战兢兢地走过来，于是他将铁棒在半空中拼命地挥舞了起来，他仿佛看到一阵阵闪烁的红光。那几个人仍在战战兢兢地走过来，他们没有逃跑是因为不敢逃跑。于是他停止了挥舞，而将铁棒刺向走来的他们。他仿佛听到一声漫长几乎是永无止境的"嗤——"的声音，同时他仿佛看到几股白烟正升腾而起。然后他将铁棒浸入黑黑的墨汁中，提出来后去涂那些已被刺过的疮口，通红通红的疮口立刻都变得黝黑无比。他们就这样战战兢兢地走了过去。这时疯子心满意足地大喊一声："墨！"

那几个人走过去的时候，显然看到了这个疯子。看到疯子将手伸入火堆之中，又因为灼烫猛地缩回了手。然后又看到疯子的手臂如何在挥舞，挥舞之后又如何朝他们指指点点。他们还看到疯子弯下腰把手指浸入道旁一小摊积水中，伸出来后再次朝他们指指点点。最后他们听到了疯子那一声古怪的叫喊。所有一切他们都看到都听到，但他们没有工夫没有闲心去注意疯子，他们就这样走了过去。

往往是这样，所有地方尚在寂静之中时，影剧院首先热烈起来了。它前面那块小小的空地已经被无数双脚分割，还有无数双脚正从远处走来，于是他们又去分割那条街道。那个时候电影还没有开映，口袋里装着电影票的人正抽着烟和没有电影票的人闲聊。而没有电影票的人都在手中举着一张钞票，朝那些新加入进来的人晃动。售票窗口已经挂出了"满"的招牌，可仍然有很多人挤在那里，他们假设那窗口会突然打开，几张残余的票会突然出现在里面。他们的脚下有一些纽扣散乱地躺着，纽扣反映出了刚才他们在这里拼抢的全部过程。这个时候一些人从口袋里拿出电影票进去了，他们进去时没有忘记向那些无票的打个招呼。于是那人堆开始出现空隙，而且越来越大。最后只剩下那些手里晃动着钞票的人，就是这时候他们仍然坚定地站在那里，尽管电影已经开演。他感到自己手中挥舞着一把砍刀，砍刀正把他四周的空气削成碎块。他挥舞了一阵子后就向那些人的鼻子削去，于是他看到一个个鼻子从刀刃里飞了出来，飞向空中。而那些没有了鼻子的鼻孔仰起后喷射出一股股鲜血，在半空中飞舞的鼻子纷纷被击落下来。于是满街的鼻子乱哄哄地翻滚起来。"劓！"他有力地喊了一声，然后一瘸一拐走开了。

那时候，有一个人手里举着几张电影票出现了，于是所有的人都一拥而上。那人求饶似的拼命叫喊声离疯子越来越远。

咖啡厅里响着流行歌曲，歌曲从敞着的门口流到街上，随着歌曲从里面流出了几个年轻人。他们嘴里叼着万宝路，鼻子里哼着歌曲来到了街上。他们是天天要到这里来的，在这里喝一杯"雀巢"咖啡，然后再走到街上去。在街上他们一直要逛到深更半夜。他们在街上不是大声说话，就是大声唱歌。他们希望街上所有的人都注意他们。

他们走出咖啡厅时刚好看到了疯子，疯子正挥舞着手一声声喊叫着"捆"走来。这情景使他们哈哈大笑。于是他们便跟在了后面，也装着一瘸一拐，也挥舞着手，也乱喊乱叫了。街上行走的人有些站下来看着他们，他们的叫唤便更起劲了。然而不一会他们就已经精疲力竭，他们就不再喊叫，也不再跟着疯子。他们摸出香烟在路旁抽起来。

砍刀向那些走来的人的膝盖砍去了，砍刀就像是削黄瓜一样将他们的下肢砍去了一半。他看到街上所有人仿佛都矮了许多，都用两个膝盖在行走了。他感到膝盖行走时十分有力，敲得地面咚咚响。他看到满地被砍下的脚正在被那些膝盖踩烂，像是碾过一样。

街道是在此刻开始繁荣起来的。这时候月光灿烂地飘洒在街道上，路灯的光线和商店里倾泻而出的光线交织在一起，组成了像梧桐树阴影一般的光块。很多双脚在上面摆动，于是那组合起来的光亮时时被打碎，又时时重新组合。街道上面飘着春夜潮湿的风和杂乱的人之声。这个时候那些房屋的窗口尽管仍然亮着灯光，可那里面已经冷清了，那里面只有一两个人独自或者相对而坐。更多的他们此刻已在这里漫步。他们从商店的门口进进出出，在街道上来来往往。

他看到所有走来的人仿佛都赤身裸体。于是刀向那些走来的男子的下身削去。那些走来的男子在前面都长着一根尾巴，刀砍向那些尾巴。那些尾巴像沙袋似的一个一个重重地掉在地上，发出沉闷的响声。破裂后从里面滚了奇妙的小球。不一会满街都是那些小球在滚来滚去，像是乒乓球一

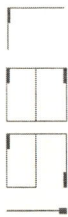

样。

　　她从商店里走出来时，看到街上的人像两股水一样在朝两个方向流去，那些脱离了人流而走进两旁商店的人，看去像是溅出来的水珠。这时候她看到了那个疯子，疯子正一瘸一拐地走在行人中间，双手挥舞着，嘴里沙哑地喊叫着"宫"。但是走在疯子身旁的人都仿佛没有看到他，他们都尽情地在街上走着。疯子沙哑的喊叫被他们杂乱的人声时而湮没。疯子从她身旁走了过去。

　　她开始慢慢往家走去。她故意走得很慢。这两天来她总是独自一人出来走走，家中的寂静使她难以忍受，即便是一根针掉在地上的声音，也会让她吓一跳。

　　尽管走得很慢，可她还是觉得很快来到了家门口。她在楼下站了一会，望了望天上的星光，那星光使此刻的天空璀璨无比。她又看起了别家明亮的窗户，轻微的说话声从那里隐约飘出。她在那里站了很久，然后才慢吞吞地沿着楼梯走了上去。她刚推开家门时，就听到了母亲的一声惊叫："把门关上。"她吓了一跳，赶紧关上门。母亲正头发蓬乱地坐在门旁。

　　她在母亲身旁站着，母亲惊恐地对她说："我听到了他的叫声。"

　　她不知该对母亲说些什么，只是无声地站着。站了一会她才朝里屋走去。她看到父亲正坐在窗前发呆。她走上去轻轻叫了一声，父亲只是心不在焉地"嗯"了一声，继续发呆。而当她准备往自己屋里走去时，父亲却转过头来对她说："你以后没事就不要出去了。"说完，父亲转回头去又发呆了。

　　她轻轻答应一声后便走进了自己的房间，在床上坐了下来。四周非常寂静，听不到一丝声响。她望着窗户，在明净的窗玻璃上有几丝光亮在闪烁，那光亮像是水珠一般。透过玻璃她又看到了遥远的月亮，此刻月亮是红色的。然后她听到了自己的眼泪掉在胸口上的声音。

三

　　铁匠铺里火星四溅，叮叮当当的声音也在四溅，那口炉子正在熊熊燃烧，两个赤膊的背脊上红光闪闪，汗水像蚯蚓似的爬动着，汗水也在闪闪发光。

　　疯子此时正站在门口，他的出现使他们吓了一跳，于是锤声戛然而止，夹着的铁块也失落在地。疯子抬腿走了进去，咧着嘴古怪地笑着，走到那块掉在地上的铁块旁蹲了下去。刚才还是通红的铁块已经迅速地黑了下来，几丝白烟在袅袅升起。

疯子伸出手去抓铁块，一接触到铁块立刻响出一声嗤的声音，他猛地缩回了手，将手放进嘴里吮吸起来。然后再伸过去。这次他猛地抓起来往脸上贴去，于是一股白烟从脸上升腾出来，焦臭无比。

两个铁匠吓得大惊失色，疯子却大喊一声："墨！"接着站起来心满意足地走了出去。他一瘸一拐地走出了胡同，然后在街旁站了一会，接着往右走了。这时候一辆卡车从他身旁驶过，扬起的灰尘几乎将他覆盖。他走到了街道中央，继续往前走。走了一阵他收住腿，席地而坐了。那时有几个人走到他身旁也站住，奇怪地望着他。另外还有几个人正十分好奇地走来。

母亲已经有一个来月没去上班了。这些日子以来，母亲整天都是呆呆地坐在外间，不言不语。因为她每次外出回来推开家门时，母亲都要惊恐地喊叫，父亲便要她没事别出去了。于是从那以后她就不再外出，就整日整日地待在自己房间里。父亲是要去上班的，父亲是早晨出去到晚上才回来，父亲中午不回家了。她独自而坐时，心里十分盼望伙伴的来到。可伙伴来了，来敲门了，她又不敢去开门。因为母亲坐在那里吓得直哆嗦，她不愿让伙伴看到母亲的模样。可当她听到伙伴下楼去的脚步声时，却不由流下了眼泪。

近来母亲连亮光都害怕了，于是父亲便将家中所有的窗帘都拉上。窗帘被拉上，家中一片昏暗。她置身于其间，再也感受不到阳光，感受不到春天，就连自己的青春气息也感受不到了。可是往年的现在她是在街上走着的，是和父母走在一起。她双手挽着他们在街上走着的时候，总会遇上一些父母的熟人走来。他们总是开玩笑地说："快把她嫁出去吧。"而父亲总是假装严肃地回答："我的女儿不嫁任何人。"母亲总是笑着补充一句："我们只有这么一个女儿。"

那年父亲拿着一个皮球朝她走来，从此欢乐便和她在一起了。多少年了，他们三人在一起时总是笑声不断。父亲总是那么会说笑话，母亲竟然也学会了，她则怎么也学不会。好几次三人一起出门时，邻居都用羡慕的口气说："你们每天都有那么多高兴事。"那时父亲总是得意扬扬地回

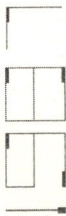

答："那还用说。"而母亲则装出慷慨的样子说："分一点给你们吧。"她也想紧跟着说句什么，可她要说的不有趣，因此她只得不说。

可是如今屋里一片昏暗，一片寂静。哪怕是三人在一起时，也仍是无声无息。好几次她太想去和父亲说几句话，但一看到父亲也和母亲一样在发呆，她便什么也不说了，她便走进自己的房间将门关上。然后走到窗前，掀开窗帘的一角偷偷看起了那条大街。看着街上来来往往的人，看着有几个人站在人行道上说话，他们说了很久，可仍没说完。当看到几个熟人的身影时，她偷偷流下了眼泪。

那么多天来，她就是这样在窗前度过的。当她掀开窗帘的一角时，她的心便在那春天的街道上行走了。

此刻她就站在窗前，通过那一角玻璃。她看到街上的行人像蚂蚁似的在走动，然后发现他们走到了一起，他们围了起来。她看到所有走到那里的人都在围上去。她发现那个圈子在厚起来了。他在街道上盘腿而坐，头发披落在地，看去像一棵柳树。一个多月来，阳光一直普照，那街道像是涂了一层金黄的颜色，这颜色让人心中充满暖意。他伸出两条细长的手臂，好似黑漆漆过又已经陈旧褪色了的两条桌腿。他双手举着一把只有三寸来长的锈迹斑斑的钢锯，在阳光里仔细瞅着。

她看到一些孩子在往树上爬，而另一些则站到自行车上去了。她想也许是一个人在打拳卖药吧，可竟会站到街道上去，为何不站到人行道上去。她看到圈子正在扩张，一会儿工夫大半条街道被阻塞了。然后有一个交通警走了过去，交通警开始驱赶人群了。在一处赶开了几个再去另一处时，被赶开的那些人又回到了原处。她看着交通警不断重复又徒然地驱赶着。后来那交通警就不再走动了，而是站在尚未被阻塞的小半条街上，于是新围上去的人都被他赶到两旁去了。她发现那黑黑的圈子已经成了椭圆。

他嘴里大喊一声："劋！"然后将钢锯放在了鼻子下面，锯齿对准鼻子。那如手臂一样黑乎乎的嘴唇抖动了起来，像是在笑。接着两条手臂有力地摆动了，每摆动一下他都要拼命地喊上一声："劋！"钢锯开始锯进去，鲜血开始渗出来。于是黑乎乎的嘴唇开始红润了。不一会钢锯锯在了鼻骨上，发出沙沙的轻微摩擦声。于是他不像刚才那样喊叫，而是微微地摇头晃脑，嘴里相应地发出沙沙的声音。那锯子锯着鼻骨时的样子，让人感到他此刻正怡然自乐地吹着口琴。然而不久后他又一声一声狂喊起来，刚才那短暂的麻木过去之后，更沉重的疼痛来到了。他的脸开始歪了过去。锯了一会，他实在疼痛难熬，便将锯子取下来搁在腿上。然后仰着头大口大口地喘气。鲜血此刻畅流而下了，不一会工夫整个嘴唇和下巴都染得通红，胸膛上出现了无数歪曲交叉的血流，有几道流到了头发上，顺着发丝爬行而下，然后滴在水泥地上，像溅开来的火星。他喘了一阵气，又将钢锯举了起来，举到眼前，对着阳光仔细打量起来。接着伸出长得出奇也已经染红的指甲，去抠嵌在锯齿里的骨屑，那骨屑已被鲜血浸透，在阳光里闪烁着红光。他的动作非常仔细，又非常迟钝。抠了一阵后，他又认认真真检查了一阵。随后用手将鼻子往外拉，另一只手把钢锯放了进去。但这次他的双手没再摆动，只是虚张声势地狂喊了一阵。接着就将钢锯取了出来，再用手去摇摇鼻子，于是那鼻子秋千般地在脸上荡了起来。

她看到那个椭圆形状正一点一点地散失开去，那些走开的人影和没走开的人影使她想起了什么，她想到那很像是一小摊不慎失落的墨汁，中间黑黑一团，四周溅出去了点点滴滴的墨汁。那些在树上的孩子此刻像猫一样迅速地滑了下去，自行车正在减少。显然街道正在被腾出来，因为那交通警不像刚才那么紧张地站在那里，他开始走动起来。

他将钢锯在阳光里看了很久，才放下。他双手搁在膝盖上，休息似的坐了好一会。然后用钢锯在抠脚背裂痕里的污垢，污垢被抠出来后他又用手重新将它们嵌进去。这样重复了好几次，十分悠闲。最后他将钢锯搁在膝盖上，仰起脑袋朝四周看看，随即大喊一声："揵！"皮肤在狂叫声里被锯开，被锯开的皮肤先是苍白地翻了开来，然后慢慢红润起来，接着血往外渗了。锯开皮肤后锯齿又搁在骨头上了。他停住手，得意地笑了笑。然后双手优美地摆动起来了，"沙沙"声又响了起来。可是不久后他的脸又歪了过去，嘴里又狂喊了起来。汗水从额上滴滴答答往下掉，并且大口呼哧呼哧地喘气。他双手的摆动越来越缓慢，嘴里的喊叫已经转化成一种"呜呜"声，而且声音越来越轻。随后两手一松耷拉了下去，钢锯掉在地上发出清脆的声响。他的脑袋也耷拉了下来，嘴里仍在轻轻地"呜呜"响着。他这样坐了很久，才重新抬起头，将地上的钢锯捡起来，重新搁在膝盖上，然而却迟迟没有动手。接着他像是突然发现了什么，血红的嘴唇又抖动了，又像是在笑。他将钢锯搁到另一个膝盖上，然后又是大喊一声：

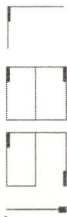

"咔！"他开始锯左腿了。也是没多久，膝盖处的皮肤被锯开了，锯齿又挨在了骨头上。于是那狂喊戛然而止，他抬头得意地笑了起来，笑了好一阵才低下头去，随即嘴里"沙沙"地轻声叫唤，随着叫唤，他的双手摆动起来，同时脑袋也晃动，身体也晃动了。那两种"沙沙"声奇妙地合在一起，听去像是一双布鞋在草丛里走动。疯子此刻脸上的神色出现了一种古怪的亲切。从背影望去，仿佛他此刻正在擦着一双漂亮的皮鞋。这时钢锯清脆地响了一声，钢锯折断了。折断的钢锯掉在了地上，他的身体像是失去了平衡似的摇晃起来。剧痛这时来了，他浑身像筛谷似的抖动。很久后他才稳住身体，将折断的钢锯捡起来，举到眼前仔细观瞧。他不停地将两截钢锯比较着，像是要从里面找出稍长的一截来。比较了好一阵，他才扔掉一截，拿着另一截去锯右腿了。但他只是轻轻地锯了一下，嘴里却拼命地喊了一声。随后他又捡起地上那一截，又举到阳光里比较起来。比较了一会重新将那截扔掉，拿着刚才那截去锯左腿了。可也只是轻轻地锯了一下，然后再将地上那截捡起来比较。她看到围着的人越来越少，像墨汁一样一滴一滴被弹走。现在只有那么一圈了，很薄的一圈。街道此刻不必再为阻塞去烦恼，那个交通警也走远了。

他将两段钢锯比较来比较去，最后同时扔掉。接着打量起两个膝盖来了，伸直的腿重又盘起。看了一会膝盖，他仰头眯着眼睛看起了太阳。于是那血红的嘴唇又抖动了起来。随即他将两腿伸直，两手在腰间摸索了一阵，然后慢吞吞地脱下裤子。裤子脱下后他看到了自己那根长在前面的尾巴，脸上露出了滞呆的笑。他像是看刚才那截钢锯似的看了很久，随后用手去拨弄，随着这根尾巴的晃动，他的脑袋也晃动起来。最后他才从屁股后面摸出一块大石头。他把双腿叉开，将石头高高举起。他在阳光里认真看了看石头，随后仿佛是很满意似的点了点头。接着他鼓足劲大喊一声："宫！"就猛烈地将石头向自己砸去，随即他疯狂地咆哮了一声。

这时候她看到那薄薄的一圈顷刻散失了，那些人四下走了开去，像是一群聚集的麻雀惊慌失措地飞散。然后她远远地看到了一团坐着的鲜血。

四

天快亮的时候，她被母亲一声毛发悚然的叫声惊醒。然后她听到母亲在穿衣服了，还听到父亲在轻声说些什么。她知道父亲是在阻止母亲。不一会母亲打开房门走到了外间，那把椅子微微摇晃出几声"吱呀"。她想母亲又坐在那里了。父亲沉重的叹息在她房门上无力地敲打了几下。她没法再睡了，透过窗帘她看到了微弱的月光，漆黑的屋内呈现着一道惨白。她躺在被窝里，倾听着父亲起床的声音。当父亲的双脚踩在地板上时，她感到自己的床微微晃了起来。父亲没有走到外间，而是在床上坐了下来，床摇动时发出了婴儿哭声般的声响。然后什么声音也没有了，只有她自己的呼吸声。

后来她看到窗帘不再惨白，开始慢慢红了起来。她知道太阳在升起，于是她坐起来，开始穿衣服。她听到父亲从床上站起，走到厨房去，接着传来了一丝轻微的声音。父亲已经习惯这样轻手轻脚了，她也已经习惯。穿衣服时她眼睛始终看着窗帘，她看到窗帘的色彩正在渐渐明快起来，不一会无数道火一样的光线穿过窗帘照射到了她的床上。

她来到外间时，看到父亲从厨房里走了出来。父亲已将早饭准备好了。母亲仍然坐在那里一动不动。她看到母亲那张被蓬乱头发围着的脸时，不觉心里一酸。这些日子来她还没有这么认真看过母亲。现在她才发现母亲一下子苍老了许多，苍老到了让她难以相认。她不由走过去将手轻轻放在母亲肩上，她感到母亲的身体紧张地一颤。母亲抬起头来，惊恐万分地对她说：“我昨夜又看到他了，他鲜血淋漓地站在我床前。”听了这话，她心里不禁哆嗦了一下，她无端地联想起昨天看到的那一团坐着的鲜血。

此刻父亲走过来，双手轻轻地扶住母亲的肩膀，母亲便慢慢站起来走到桌旁坐下。三人便坐在一起默默地吃了一些早点，每人都只吃了几口。

父亲要去上班了，他向门口走去。她则回自己的房间。父亲走到门旁时犹豫了一下，然后转身走到她的房间。那时她正刚刚掀开窗帘在眺望街道。父亲走上去轻轻对她说：“你今天出去走走吧。”她转回身来看了父亲一眼，然后和他一起走了出去。来到楼下时，父亲问她：“你上同学家吗？”她摇摇头。一旦走出了那昏暗的屋子，她却开始感到不知所措。她真想再回到那昏暗中去，她已经习惯那能望到大街的一角玻璃了。尽管这样想，但她还是陪着父亲一直走到胡同口。然后她站住，她想到了自己的伙伴，她担心伙伴万一来了，会上楼去敲门。那时母亲又会害怕得缩成一团。所以她就在这里站住。父亲往右走了。这时候是上班时间，街上自行车蜂拥而来又蜂拥而去，铃声像一阵阵浪潮似的涌来和涌去。她一直看

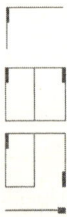

着父亲的背影，她看到父亲不知为何走进了一家小店，而不一会出来后竟朝她走来了。父亲走到她跟前时，在她手里塞了一把糖，随后转身又走了。她看着父亲的背影是怎样消失在人堆里。然后她才低头看着手中的糖。她拿出一颗，其余的放进口袋。她将糖放进嘴里咀嚼起来。她只听到咀嚼的声音，没感觉出味道来。这时她看到有个年轻人正飞快地骑着自行车在车群里钻来钻去。她一直看着他。

她的伙伴此刻走来了，来到她跟前。伙伴说："你们全家都到哪去了？"她迷惑地望着她，然后摇摇头。

"那怎么敲了半天门没人应声，而且窗帘都拉上了。"

她不知所措地搓起了手。

"你怎么了？"

"没什么。"她说，然后转过头去看刚才那辆自行车，但已经看不到了。

"你脸色太差了。"

"是吗？"她回过头来。

"你病了吗？"

"没有。"

"你好像不高兴？"

"没有。"她努力笑了笑，然后振作精神问，"今天去哪？"

"展销会，今天是第一天。"伙伴说着挽起了她的胳膊，"走吧。"

伙伴兴奋的脚步在身旁响着，她在心里对自己说："忘记那些吧。"

春季展销会在另一条街道上。展销会就是让人忘记别的，就是让人此刻兴奋。冬天已经过去。春天已经来了。他们需要更换一下生活方式了。于是他们的目光挤到一起，他们的脚踩到一起。在两旁搭起简易棚的街道里，他们挑选着服装，挑选着生活用品。他们是在挑选着接下去的生活。

每一个棚顶都挂着大喇叭，为了竞争每个喇叭都在声嘶力竭地叫唤着。跻身于其间的他们，正被巨大的又杂乱无章的音乐剧烈地敲打。尽管头晕眼花，尽管累得气喘吁吁，可他们仍兴致勃勃地互相挤压着，仍兴致勃勃地大喊大叫。他们的声音比那音乐更杂乱更声嘶力竭。而此刻一个喇叭突然响起了沉重的哀乐，于是它立刻战胜了同伴。因为几乎是所有的人都朝它挤去，挤过去的人都哈哈大笑。他们此刻听到这哀乐感到特别愉快，他们都不把它的出现理解成恶作剧，他们全把它当作一个幽默。他们在这个幽默里挤着行走。

她们已经身不由己了，后面那么多人推着她们，她们只能往前不能往后走。她怀里抱着伙伴买下的东西，伙伴买下的东西俩人都快抱不下了，可伙伴的眼睛还在贪婪地张望着。她什么也没买，她只是挤在人堆里张望，就是张望也使她心满意足。挤在拥挤的人堆里，挤在拥挤的声音里，她果然忘记了她决定忘记的那些。她此刻仿佛正在感受着家庭的气息，往日的家庭不止是这样的气息？

她们就这样被人推着走了出去，于是后面那股力量突然消失。她站在那里，恍若一条小船被潮水冲到沙滩上，潮水又迅速退去，她搁浅在那里。她回身朝那一片拥挤望去，内心一片空白。她听到伙伴在说："那裙子真漂亮，可惜挤不过去。"

伙伴所说的裙子她也看到的，但她没感到它的迷人。是的，所有的服装都没有迷住她。迷住她的是那拥挤的人群。

"再挤进去吧。"她说。她很想再挤进去，但不是为了再去看那裙子一眼。伙伴没有回答，而是用手推推她，随着伙伴的暗示，她又看到了那个疯子。疯子此刻就站在不远的地方。他满身都是斑斑血迹，他此刻双手正在不停地挥舞，嘴里也在声嘶力竭地喊着什么。仿佛他与挤在一起的他们一样兴高采烈。

无边无际的人群正蜂拥而来，一把砍刀将他们的脑袋纷纷削上天去，那些头颅在半空中撞击起来，发出的无比的声响，仿佛是巨雷在轰鸣。声响又在破裂，破裂成一小块一小块的声音，而这一小块一小块的声音又重新组合起来，于是一股撕心裂胆的声音巨浪般涌来了。破碎的头颅在半空中如瓦片一样纷纷掉落下来，鲜血如阳光般四射。与此同时，一把闪闪发亮的锯子出现了，飞快地锯进了他们的腰部。那些无头的上身便纷纷滚落在地，在地上沉重地翻动起来。溢出的鲜血如一把刷子似的，刷出了一道道鲜红的宽阔线条。这些线条弯弯曲曲，又交叉到了一起。那些没有了身体的双腿便在线条上盲目地行走，他们不时撞在一起，于是同时摔倒在

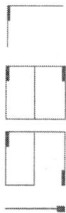

地，倒在地上就再也爬不起来。一只巨大的油锅此刻油气蒸腾。那些尚是完整的人被下雨般地扔了进去，油锅里响起了巨大的爆裂声，一些人体像鱼跃出水面一样被炸了起来，又纷纷掉落下去。他看到半空中的头颅已经全部掉落在地了，在地上铺了厚厚的一层。将那些身体和下肢掩埋了起来。而油锅里那些人体还在被炸上来。他伸出手开始在剥那些还在走来的人的皮了。就像撕下一张张贴在墙上的纸一样，发出了一声声撕裂绸布般美妙无比的声音。被剥去皮后，他们身上的脂肪立刻鼓了出来，又耷拉了下去。他把手伸进肉中，将肋骨一根一根拨了出来，他们的身体立即朝前弯曲了下去。他再将他们胸前的肌肉一把一把抓出来，他便看到了那还在鼓动的肺。他专心地拨开左肺，挨个看起了还在一张一缩的心脏。两根辫子晃晃悠悠地独自飘了过来，两只美丽的红蝴蝶驮着两根辫子晃晃悠悠飞了过来。

她看到疯子又在盯着自己看了，口水从嘴角不停地滴答而下。她听到伙伴惊叫了一声，然后她感到自己的手被伙伴拉住了，于是她的脚也摆动了起来。她知道伙伴拉着她在跑动。

五

那场春雪如今已被彻底遗忘，如今桃花正在挑逗着开放了，河边的柳树和街旁的梧桐已经一片浓绿，阳光不用说更加灿烂。尽管春天只是走到中途，尽管走到目的地还需要时间。但他们开始摆出迎接夏天的姿态了。女孩子们从展销会上挂着的裙子里最早开始布置起她们的夏天，在她们心中的街道上，想象的裙子已在优美地飘动了。男孩子则从箱底翻出了游泳裤，看着它便能看到夏天里荡漾的水波。他们将游泳裤在枕边放了几天，重又塞回箱底去。毕竟夏天还在远处。

这时候在那街道的一隅，疯子盘腿而坐。街道晒满阳光，风在上面行走，一粒粒小小的灰尘冉冉升起，如烟般飘扬过去。因为阳光的注视，街道洋溢着温暖。很多人在这温暖上走着，他们拖着自己倾斜的影子，影子在地上滑去时显得很愉快。那影子是凉爽的。有几个影子从疯子屁股下钻了过去。那时他正专心致志地在打量着一把菜刀。这是一把从垃圾中捡来的菜刀，锈迹斑斑，刀刃上的缺口非常不规则地起伏着。

他将菜刀翻来覆去举起放下地看了好一阵，然后滞呆的脸上露出了满意的笑容，口水便从嘴角滴了下来。此刻他脸上烫出的伤口已在化脓了，那脸因为肿胀而圆了起来，鼻子更是粗大无比，脓水如口水般往下滴。他的身体正在散发着一股无比的奇臭，奇臭肆无忌惮地扩张开去，在他的四周徘徊起来。从他身旁走过去的人都嗅到了这股奇臭，他们仿佛走入一个昏暗的空间，走近了他的身旁，随后又像逃离一样走远了。

他将菜刀往地上一放，然后又仔细看了起来，看着看着他将菜刀调了个方向，认真端详了一番后，接着又将菜刀摆成原来的样子。最后他慢慢地伸直盘起的双腿，龇牙咧嘴了一番。他伸出长长的指甲在阳光里消毒似的照了一会后，就伸到腿上十分认真十分小心地剥那沾在上面的血迹。一个多星期下来，腿上的血迹已像玻璃纸那么薄薄地贴在上面了，他很耐心地一点一点将它们剥离下来，剥下一块便小心翼翼地放在一旁，再去剥另一块。全部剥完后，他又仔细地将两腿检查了一番，看看确实没有了，就将玻璃纸一样的血迹片拿到眼前，抬头看起了太阳。他看到了一团暗红的血块。看一会后他就将血迹片放在另一端。这里拿完他又从另一端一张张拿起来继续看。他就这么兴致勃勃地看了好一阵，然后才收起垫到屁股下面。

他将地上的菜刀拿起来，也放在眼前看，可刀背遮住了他的眼睛，他只看到一团漆黑，四周倒有一道道光亮。接下去他把菜刀放下，用手指在刀刃上试。随后将菜刀高高举起，对准自己的大腿，嘴里大喊一声："凌迟！"菜刀便砍在了腿上。他疼得"嗷嗷"直叫。叫了一会低头看去，看到鲜血正在慢慢溢出来，他用指甲去拨弄伤口，发现伤口很浅。于是他很不满意地将菜刀举起来，在阳光里仔细打量了一阵，再用手去试试刀刃。然后将腿上的血沾到刀上去，在水泥地上狠狠地磨了起来，发出一种粗糙尖利的声响。他摇头晃脑地磨着，一直磨到火星四散，刀背烫得无法碰的时候，他才住手，将菜刀拿起来看了，又用手指去试试刀刃。他仍不满意，于是再拼命地磨了一阵，直磨得他大汗淋漓精疲力竭为止。他松开手，歪着脑袋喘了一会气，接着又将菜刀举在眼前看了，又去试试刀刃，这次他很满意。

他重新将菜刀举过头顶，嘴里大喊一声后朝另一侧大腿砍去。这次他嘴里发出一声尖细又非常响亮的呻吟，然后"呜呜"地叫唤了起来，全身如筛谷般地抖动，耷拉着的双手也不由自主地摇摆了。那菜刀还竖在

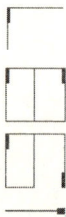

腿里，因为腿的抖动，菜刀此刻也在不停地摇摆。摇摆了好一阵菜刀才掉在地上，声响很迟钝。于是鲜血从伤口慢慢地涌出来，如屋檐滴水般滴在地上。过了很久，他才提起耷拉着的手，从地上捡起菜刀，菜刀便在他手里不停地抖动，他迟疑了片刻，双手将刀放进刚才砍出的伤口，然后嘴里又发出了那种毛骨悚然的"呜呜"声，慢慢地他从腿上割下了一块肉。此刻他全身剧烈地摇晃了起来，那"呜呜"声更为响亮。那已不是一声声短促的喊叫，而是漫长的几乎是无边无际的野兽般的呜咽声了。

这声音让所有在不远地方的人不胜恐惧。此刻这条街上已空无一人，而两端却站满了人。他们怀着惊恐的心情听这叫人胆战心惊的声音。有几个大胆一点的走过去看了一眼，可回来时个个脸色苍白。一些人开始纷纷退去，而新上来的人却再不敢上前去看了。那声音开始慢慢轻下去，虽说轻下去可不知为何更为恐惧。那声音现在鬼哭狼嚎般了，仿佛从一个遥远的地方传来，阴沉又刺耳。尽管他们此刻挤在一起，却又各自恍若是在昏暗的夜间行走时听到的骇人的声音，而且声音就在背后，就在背后十分从容地响着，既不远去也不走近。他们感到一股力量正在挤压心脏，呼吸就是这样困难起来。

"去拿根绳子把他捆起来。"一个窒息的声音在他们中间亮了出来。于是他们开始说话，他们的声音仿佛被一根绳子牵住似的，响亮不起来。他们都表示赞同。有人走开了，不一会工夫就拿来了一根麻绳。但是没人愿意过去，刚才说话的那人已经消失了。此时那声音越来越低，像是擦着地面呼啸而来。他们已经无法忍受，却又没有离去。他们感到若不把疯子捆起来，这毛骨悚然的声音就不会离开耳边，哪怕他们走得再远，仍会不绝地回响着。于是大家都推荐那个交通警走过去，因为这是他的职责。但交通警不愿一人走过去，交涉了好久才有四个年轻人站出来愿意陪他去。他们每人手里都拿着一根棍子，以防疯子手中的刀向他们砍过来。

他已不再呜咽，已不再感到疼痛，只是感到身上像火烧一样燥热。他嘴里吐着白沫，神情僵死又动作迟缓地在腿上割着。尽管那样子看上去已经奄奄一息，可他依旧十分认真十分入迷。最后他终于双手无力地一松，菜刀掉在了地上。然后他如死去一般坐了很久，才长长地吐了口气，又吃力地从地上捡起了菜刀。他们五个人拿着绳子走过去，有一个用木棍打掉他手中的菜刀，另四人便立刻用麻绳将他捆起来。他没有反抗，只是费劲地微微抬起头来望着他们。

他看到五个刽子手走了过来，他们的脚踩在满地的头颅和血肉模糊的躯体上，那些杂乱的肋骨微微翘起，他们的脚踩在上面居然如履平地。他看到他们身后跟着一大群人，那些人都鲜血淋漓，身上的皮肉都被割去了大半，而剩下的已经无法掩盖暴露的骨骼。他们跟在后面，无声地拥来。他看到五个刽子手手里牵着五辆马车走来，马蹄扬起却没有声音，车轮在满地的头颅和躯体上碾过，也没有声音。他们越来越近，他知道他们为何走来。他没有逃跑，只是默默地看着他们走来。他们已经走到了跟前，那后面一大群血淋淋的骨骼便分散开去，将他团团围住。五个刽子手走了上来，一人抓住他的脖子，另四人抓起他的四肢。他脱离了地面，身体被横了起来。他看到天空一片血色，一团团凝固了的暗红血块在空中飘来飘去。他感到自己的脖子里套上了一根很粗的绳子，随即四肢也被绑上了相同的绳子。五辆马车正朝五个方向站着。五个刽子手跳上了各自的马车。他的身体就这样荡了一会儿。然后他看到五个刽子手同时扬起了皮鞭，有五条黑蛇在半空中飞舞起来。皮鞭停留了片刻，然后打了下去。于是五辆马车朝五个方向奔跑了起来。他看到自己的四肢和头颅在顷刻之间离开了躯体。躯体则沉重地掉了下去，和许多别的躯体混在了一起。而头颅和四肢还在半空中飞翔。随即那五个刽子手勒住了马，他的头颅和四肢便也掉在了地上，也和别的头颅和四肢混在一起。然后五个刽子手牵着马朝远处走去，那一大群血淋淋的骨骼也跟着朝远处走去。不一会他们全都消失了。于是他开始去寻找自己的头颅，自己的四肢还有自己的躯体。可是找不到了，它们已经混在了满地的头颅、四肢和躯体之中了。

黄昏来临时，街上行人如同春天里掉落的树叶一样稀少。他们此刻大多围坐在餐桌旁，他们正在享受着热气腾腾的菜肴。那明亮的灯光从窗口流到户外，和户外的月光交织在一起，又和街上路灯的光线擦身而过。于是整个小镇沐浴在一片倾泻的光线里。他们围坐在餐桌旁，围坐在这一天的尾声里。在此刻他们没有半点挽留之感，黄昏的来临让他们喜悦无比，尽管这一天已进入了尾声，可最美妙的时刻便是此刻，便是接下去自由自

在的夜晚。他们愉快地吃着，又愉快地交谈着。所有在餐桌旁说出的话都是那么引人发笑，那么叫人欢快。于是他们也说起了白天见到的奇观和白天听到的奇闻。这些奇观和奇闻就是关于那个疯子。那个疯子用刀割自己的肉，让他们一次次重复着惊讶不已，然后是哈哈大笑。于是他们又说起了早些日子的疯子，疯子用钢锯锯自己的鼻子，锯自己的腿。他们又反复惊讶起来。还叹息起来。叹息里没有半点怜悯之意，叹息里包含着的还是惊讶。他们就这样谈着疯子，他们已经没有了当初的恐惧。他们觉得这种事是多么有趣，而有趣的事小镇里时常出现，他们便时常谈论。这一桩开始旧了，另一桩新的趣事就会接踵而至。他们就这样坐到餐桌旁，就这样离开了餐桌。

接着他们走到了窗前，走到了阳台上。看到月光这么明亮，感到空气这么温馨。于是他们互相说："去走走吧。"他们便走了出去，他们知道饭后散步有益于健康。不想出去的则坐在彩电旁，看起了与他们无关、却与他们相似的生活来。而此刻年轻人已经在街上走来走去了。

孩子是什么时候出去的，父母根本没觉察，只记得吃饭时他们还坐在桌旁。年轻人来到了街上，夜晚便热烈起来。灯光被他们搅乱了，于是刚才的宁静也被搅乱了。尽管他们分别走向影剧院，走向俱乐部，走向朋友，走向恋爱。可街道上依旧人来人往。人群依旧如浪潮般从商店的门口涌进去，又从另一个门口退出来。他们走在街上只是为了走，走进商店也是为了走。父母们稍微走走便回家了，他们还要走，因为他们需要走。他们只有在走着的时候才感到自己正年轻。

可是夜晚竟是那样地短暂，夜晚才刚刚来临，却已是深更半夜。尽管夜晚快要结束，尽管他们开始互道"明天见"了，开始独个回家了，可他们心中仍是充满喜悦。因为他们已经尽情享受了这个夜晚，而且他们明天还要继续享受。于是他们兴致勃勃地回家了，于是街道重又宁静了。

此刻商店的灯火已经熄灭，而那些家庭的灯火也已经或者正在熄灭。唯有路灯还亮着，唯有月光还在照耀着。他们开始沉沉睡去，小镇也开始沉沉睡去。但睡不了多久了，因为后半夜马上就会过去，那清晨的太阳也马上就会升起。

那疯子依旧坐着，身上绳子捆得十分结实，从那时到现在他一动不动。直到天快亮的时候，他才从深深的昏迷中醒过来。那时太阳快要升起了，一片灿烂的红光正从东方放射出来。他从昏迷中醒来时，第一眼就看到了那一片红光。于是这时候他仿佛听到了一种吼声，吼声由远至近，由轻到响，仿佛无数野兽正呜咽着跑来。这时候他精神振奋起来了，因为他还看到了一堆熊熊燃烧的大火。现在他可以断定吼声就是从那里飘来。他似乎看到了无数人体以各种姿态纷纷在掉落下来。于是他兴高采烈地跳跃着朝那里跑去。

恍若从沉沉昏睡中醒来，他的内心慢慢洋溢出一种全新的感觉。他的眼睛在无知无觉中费力地睁了开来。于是看到了一条街道躺在黎明里，对面的梧桐树如布景一样。

像是昏迷了很久，此刻他清醒过来了。在清醒过来的时候里，他脑中似乎一团烟雾在缭绕，然而现在开始慢慢散去。等到烟雾消散后，他脑中竟像一座空空的房屋一样，里面什么也没有。但透过那个小小的窗口，他开始看到了一些什么，而一些全新的情景也从那个窗口走了进来。

但是现在他感觉不到自己，他想活动一下四肢，可四肢没动静，于是他想晃动一下脑袋，脑袋没有反应。然而他内心却渐渐清晰起来。可是越是清晰便越麻木了，麻木是对身体而言。他明显地感到自己正在失去身体，或者说正在徒劳地寻找自己的身体。竟然会没有了身体，竟然会找不到身体。他于是惊讶起来。那个时候他开始想起了一些什么，那些东西很多，挤在一起乱糟糟的。他很费力地把它们整理起来。不久后他终于想起自己是在学校的办公室里，两只日光灯明晃晃地闪着，西北风正在屋顶上呼啸。桌上的灰尘很厚，而窗玻璃却格外明净。他想起了自己是在街上走着，是穿着拖鞋在街上走着，有很多人拥着他也在走着。他想起了一群人闯进了他的家，那时他正在洗脚，妻子正坐在床沿上，他们的女儿已经睡了。

现在他完全清醒了，他发现刚才自己所想到的一切都发生在昨夜。现在早霞已经升起来了，太阳尽管还没有升起，可也快了。他肯定那些是发生在昨天夜晚。他是昨天夜晚离开家的，是被人带走的，那时妻子仍然坐在床沿上，妻子麻木地看着他被人带走了。他的女儿哭了，女儿为什么要哭呢？

但是现在他感到自己不在学校办公室里，因为他看到的不是明净的窗玻璃和积满灰尘的办公桌，他看到的是街道和梧桐树。他不知道自己怎么会来到这里。他费劲将脑袋整理了一番，仍然不知道自己为何会在这里。于是他不再想下去。他感到自己应该回家了。妻子和女儿也许还在睡，女儿正枕在妻子的胳膊上睡着，而妻子应该将头枕在他的胳膊上，可他现在竟然在这里。他要回家了。他想站起来，可他的身体没有反应。他不知道自己的身体被丢到什么地方去了。没有身体他就不能回家，不能回家让他感到非常伤心。现在他似乎认出这条街道来了。他想只要沿着它往前走，走不远就可以拐弯，拐弯以后就可以看到自己家的窗户了。他发现自己此刻离家很近，可他没有了身体，他没法回家。

他仿佛看到自己正拿着厚厚的书在师院里走着。他看到妻子梳着两根辫子朝他走来，但那时他们不相识，他们擦身而过。擦身而过后他回头看到了两只漂亮的红蝴蝶。他仿佛看到街上下起了大雪，他看到在街上走着的人都弯腰捡起了雪片，然后读了起来。他看到一个人躺在街旁邮筒前死了。流出来的血是新鲜的，血还没有凝固，一张雪片飘了下来，盖住了这人半张脸。

太阳已经升起来了，光芒从远处的云端滑了过来，无声无息。他看到有人在那条街道上走动了。他看到他们时仿佛是坐在远处看着一个舞台，他们在舞台上出现，在舞台上说话并摆出了各种姿势。他不在他们中间，他和他们之间隔着什么。他们只是他们，而他只是他。然后他感到自己站起来走了，走向舞台的远处。然而他似乎仍在原处，是舞台在退去，退向远处。

天亮的时候，她醒了过来。她听到了厨房里碗碟碰撞的声音，她想父亲已经在准备早饭了。而母亲大概还是在原先的地方坐着，还是原先的神态。她不知道这样还要持续多久，不知道发展下去将会怎样。她实在不愿去想这些。她开始起床了，她看到窗帘又如往常一样在闪闪烁烁，她看到阳光在上面移动。她真想去扯开窗帘，让阳光透过明净的玻璃照到床上来，照到她身上来。她下了床，走到镜前慢慢地梳起了头发，她看到镜中自己的脸已经没有生气，已经在憔悴。她心想这一天又将如何度过？这样想着她来到了外间。她突然发现外间一片明亮，她大吃一惊。她看到是窗帘被扯开，阳光从那里蜂拥而进。那把椅子空空地站在那里，阳光照亮它的一角。

母亲呢？她想。这么一想使她万分紧张。她赶紧往厨房走去。然而在厨房里她看到的不是父亲，而是母亲。那时母亲刚好转过身来，朝她亲切地一笑。她发现母亲的头发已经梳理整齐了，那从前的神色又回到了母亲脸上，尽管这张脸已经憔悴不堪。看着惊讶的她，母亲轻轻说："天亮时我听到他的脚步，他走远了。"母亲的声音很疲倦。她如释重负地微笑了。母亲已经转回身去继续忙起来，她朝母亲的背影看了很久。然后她突然想起了什么，赶紧转过身去。她发现父亲正站在背后，父亲的脸色此刻像阳光一样明亮。她想父亲已经知道了。父亲的手伸过来轻轻在她脑后拍打了几下。她看到父亲的头发全白了。她知道他的头发为何全白了。

吃过早饭，母亲拿起菜篮，问他们："想吃点什么？"母亲的声音里充满内疚，"已经很久没让你们好好吃了。"

父亲看着她，她也看着父亲。父亲不知如何回答，她也不知说什么。母亲等了一会，然后微微一笑，又问："想吃什么？"她开始想了，可想了很久什么都没想起来。于是只得重新看起了父亲。这时父亲问她了："你想吃什么？"

"你呢？"她反问。

"我什么都想吃。"

"我也什么都想吃。"她说。她感到这话说对了。

母亲说："好吧，我什么都买。"

三人轻轻笑了起来。她说："我和你一起去吧。"母亲点点头，于是他们三人一起走了出去。

她的双手重新挽住父母了，因此从前的生活也重又回来了。他们现在一起走着，一些熟人又和他们开玩笑了，开的玩笑也是从前的。她走在中间，心里充满喜悦。

来到胡同口，父亲往右走了，他要去上班。她和母亲就站在那里，看着父亲潇洒的背影和有力的双腿。父亲走了不远又回过头来看她们，发现她们正看着自己，他就走得越发潇洒了。她和母亲都禁不住笑了起来。

这时她突然想起了什么，急忙喊了起来。父亲站住脚回头望来。她继续喊："给我买一个皮球。"

父亲显然一怔，但他随即点点头转身走去了。她不禁潸然泪下。母亲转过脸去，装作没有看到。然后她们两人就这样默默无语地走了起来。

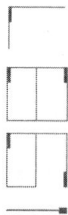

她们看到前面围着一群人，便走上去看。于是她们看到了那个疯子。疯子还被捆着，疯子已经死了，躺在一个邮筒旁，满身的血迹看去像是染过一样。有几个人正骂骂咧咧地把他抬起来，扔到一辆板车上。另一个骂骂咧咧地提着一桶水走来，往那一摊血迹上一冲，然后用扫帚胡乱地扫了几下便走了。板车被推走了，围着的人群也散开去。于是她们继续走路。她在看到疯子被扔进板车时，蓦然在心里感到一阵轻松。走着的时候，她告诉母亲说这个疯子曾两次看到她如何如何，母亲听着听着不由笑了起来。此刻阳光正洒在街上，她们在街上走着，也在阳光里走着。

六

就这样春天走了，夏天来了。夏天来时人们一点也没有觉察，尽管还是阳春时他们已在准备迎接夏天了，可他们还是没有听到夏天走来的脚步。他们只是感到身上的衣服正在轻起来。但他们谁也没有觉察到夏天来了，他们始终以为自己依旧生活在春天里，他们感到每一天都是一样的美好，所以他们以为春天还在继续着，他们以为春天将会无休止地继续下去。可当他们穿着西装短裤、穿着裙子来到街上时，他们才发现夏天早就来了。他们开始听到知了在叫唤，开始听到敲打冰棍箱的声音。他们开始感到阳光不再美好，而美好的应该是树荫。于是他们比春天里更喜爱现在的夜晚，那夜晚像井水一样清凉，那夜晚里有微风在吹来吹去。于是在夜晚里所有的人都跑出房屋来了，他们将椅子搬到阳台上搬到家门口，他们将竹床搬到胡同里，而更多的他们则走向田野。在无边无际的田野里，他们寻找到了一条条弯弯曲曲的田埂，他们便走上去，走在洒满月光的田埂上。青蛙在两旁稻田里声声叫唤，萤火虫在他们四周闪闪烁烁地飞舞。

总是太阳刚刚落山、晚霞刚刚升起的时候，她从家里走了出来，在胡同口和她的伙伴相遇。她看到伙伴穿着和她一样漂亮的裙子。于是她们并肩走上了大街，她感到伙伴的裙子正在拂打着自己的裙子，而自己的裙子也在拂打着伙伴的裙子。她看到街上飘满了裙子，还有不少裙子正从一个个敞着的门口，一个个敞着的胡同口飘出来。街上的裙子就这样汇聚起来，又那样分散开去。街上的裙子像是一个舞蹈。

这时她们看到一个疯子正一跃一跃地走来，像是跳蚤般地走来。那是个干净的疯子，他嘴里一声声叫唤着"妹妹"走来。她们想起来了，这人是谁？她们知道他是在"文革"中变疯的，他的妻子已和他离婚，他的女儿是她们的同学。他嘴里叫着"妹妹",那是在寻找他的妻子。

"好久没看到他了,我还以为他死了。"伙伴这么说,说毕伙伴轻轻拉了拉她的手,随即暗示她看前面走来的母女两人。"就是她们。"伙伴低声说。其实不说她也知道。

她看到这母女俩与疯子擦身而过,那神态仿佛他们之间从不相识。疯子依旧一跃一跃走着,依旧叫唤着"妹妹"。那母女俩也依旧走着。没有回过头。她俩走得很优雅。

原载《收获》1987年第6期

点评

小说叙述一个在"文革"中遭受冲击而幸存下来的人,这个人没有死,但其实活着比死了更难过。疯子形象的设置是作者对"文革"对人残酷迫害的抽象概括,一个好端端的人,经过这一事件,变成了疯魔,他痴迷于与自己的影子打架,他将各种残酷的刑罚施加到自己的肉体上,他完全丧失了理智,之前的那个人虽然没死,但他的精神实际上已经死去了。但还有比死亡更残酷的事情,那就是众人的冷漠围观,当他终于回到了这个熟悉的小镇,所有的人都不认得他了,并且把他视为妖怪,先是因为好奇而围观"欣赏",接着是被他的行为举动吓到而厌恶逃离,在周围人的眼中,他已经不再是人了。

小说从一个女孩的视角进行叙述,而这个女孩是他的女儿,他的女儿并没有认出他,反而同周围的人一样对他进行了围观,他曾经的妻子听出了他的脚步声,却在恐惧和厌恶的双重心理下拒绝他的回归,她把大门紧闭,窗帘遮挡,封锁了一切他可能回来的道路。在人们的围观和家人的严防死守中,他的生命终于耗尽了。他的死看似顺理成章其实意味深长,"文革"的残酷折磨都没能夺取他的生命(夺去了他的精神),当一切回归正常,他却在回归家乡之后彻底疯魔并死去了。他死在了周围人尤其是亲人的冷漠之中,"文革"十年的巨大动荡不仅冲击了人们的肉身,还麻木了人们的心灵。

(崔庆蕾)

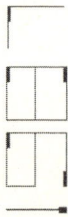

红蝗

莫言

第二天凌晨太阳出土前有十至十五分钟光景，我行走在一片尚未开垦的荒地上。初夏老春，残冬和初春的记忆淡漠。荒地上杂草丛生，草黑绿、结实、枯瘦。轻盈的薄雾迅速消逝着。尽管有雾，但空气还是异常干燥。当一只穿着牛皮凉鞋和另一只穿着羊皮凉鞋的脚无情地践踏着生命力极端顽强的野草时，我在心里思念着一个刚刚打过我两个耳光的女人。我百思难解她为什么要打我，因为我和她素不相识，她打我之前五十分钟我在"太平洋冷饮店"北边的树荫下逐一看着挂在低垂的树杈上的鸟笼子和笼子里的画眉，鸟笼子大同小异，画眉也大同小异，笼子的布罩都是深色的。画眉在恼怒的鸣叫过程中从不进食和排泄，当然更加无法交配。这是我自从开春以来一直坚持观察画眉得出的结论。在过去的这些日子里，我一得闲空就从"太平洋冷饮店"前面铺着八角形水泥板的两边栽满火红色公鸡花的小路上疾走过，直奔树荫里挂在树杈上的画眉们。我知道我的皮鞋后跟上的铁钉子敲叩着路面发出清脆的响声，我知道几十年前、几百年前，骒马的蹄铁敲打高密县城里那条青石条铺成的官道时，曾经发出过更加清脆的响声。我一直迷恋着蹄铁敲击石头发出的美妙的音乐。儿年前，深更半夜里，夜间进城的马车从我们高楼前的马路上匆匆跑过，我非常兴奋，在床上坐起，聆听着夜间响亮的马蹄——也许是骒蹄——声，声声入耳，几乎穿透我的心。马蹄声要消逝时，头上十五层的高楼里，每条走廊里都响起森林之兽的吼叫声。那个腿有残疾的姑娘，从动物园里录来各种动物的叫声，合成一盘录音带，翻来覆去地放。她的眼神渐渐如河马的眼神一样流露着追思热带河流与沼泽的神秘光芒。城市飞速膨胀，马蹄被挤得愈来愈远，蝗虫一样的人和汽车充塞满了城市的每个角落，"太平洋冷饮店"后边的水泥管道里每天夜里都填塞着奇形怪状的动物。我预感到，总有一天我会被挤进这条幽暗的水泥管道里去。我是今年的三月七号开始去树荫下看画眉的，那天，农科院蝗虫防治研究所灰色高墙外的迎春花在暖洋洋的小春风里怒放了几万朵，满枝条温柔娇嫩的黄花，淡淡的幽香，灰墙外生气蓬勃，城里众多的游男浪女，都站在高墙外看花。起初，我听说迎春花开了也是准备去看花的，但我刚一出门，就看到教授扶着一个大姑娘短促的腰在黑森森的冬青树丛中漫步，教授满头白发，大姑娘像一朵含苞待放的玫瑰花，谁也没注意他和她，因为他像父亲，她像女儿。我知道教授只有一个儿子。他和她也是去看迎春花的，我不愿尾随他们，也不愿超越他们。我走上了"太平洋冷饮店"外边那条铺了八角水泥板的小路。

三月七日是我的生日，这是一个伟大的日子。这个日子之所以伟大当然不是因为我的出生，我他妈的算什么，我清楚地知道我不过是一根在社会的直肠里蠕动的大便，尽管我是和名扬四海的刘猛将军同一天生日，也无法改变大便本质。

走在水泥小径上，突然想到，教授给我们讲授马克思主义伦理学时银发飘动，瘦长的头颅波动着，滑着半圆的弧。教授说他挚爱着与他患难与共的妻子，把漂亮的女人看得跟行尸走肉差不多。那时我们还年轻，我们对这位衣冠灿烂的教授肃然起敬。

我还是往那边瞟了一眼，教授和大姑娘不见了，看花的人站成一道黑墙壁，把迎春花遮没了。我的鞋钉与路面敲击发出橐橐的响声，往事忽然像潮水一样翻卷，我知道，即使现在不离开这座城市，将来也要离开这座城市，就像大便迟早要被肛门排挤出来一样，何况我已经基本上被排挤出来。我把人与大便摆到同等位置上之后，教授和大姑娘带给我的不愉快情绪便立刻淡化，化成一股屁一样的轻烟。

我用力踏着八角水泥坨子路，震耳的马蹄声、遥远的马蹄声仿佛从地下升起，潮湿的草原上植物繁多，不远处的马路上，各色汽车连接成一条多节的龙，我听不到它们的声音。我听着马蹄声奔向画眉声。

起初，遛画眉的老头子们对我很不放心，因为我是直盯着画眉去的，连自己的脚都忘记了。老头子们生怕我吃了他们的画眉鸟。

画眉鸟见了我的脸，在笼子里上蹿下跳，好像他乡遇故交一样。并不

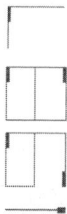

是所有的画眉都上蹿下跳,在最边角上挂着的那只画眉就不上蹿下跳。别的画眉上蹿下跳时,它却站在笼中横杠上,缩着颈,蓬松着火红色的羽毛,斜着眼看笼子的栅栏和栅栏外的被分隔成条条框框的世界。

我很快就对这只思想深邃的画眉产生了兴趣,我站在它面前,目不转睛地看着它。它鼻孔两侧那两撮细小的髭毛的根数我愈来愈清楚。它从三月八号下午开始鸣叫,一直鸣叫到三月九号下午。这是养它的那个老头儿告诉我的。老头儿说这只画眉有三个月不叫了,昨儿个一见了你,你走了后它就叫,叫得疯了一样,蒙上黑布幔子它在笼子里还是叫。

这是画眉与你有缘分,同志,看您这样也是个爱鸟的主儿,就送给你养吧!老头儿对我说。

我迷惑地看着这个老头儿疤痕累累的脸,心脏紧缩,肠胃痉挛,一阵巨大的恐怖感在脊椎里滚动。我的指尖哆嗦起来。老头儿对我温柔地一笑,笑容像明媚阳光一样,我却感到更加恐怖。在这个城市里,要么是刺猬,要么是乌龟。我不是刺猬不是乌龟就特别怕别人对我笑。我想,他为什么要把画眉送我,连同笼子,连同布幔,连同青瓷鸟食罐,连同白瓷鸟水罐,附带着两只锃亮的铁球。那两只球在老头子手心里克嘟克嘟地碰撞滚动,像两个有生命的动物。凭什么?无亲无故,无恩无德,凭什么要把这么多老人的珍宝白送你?凭什么笑给你看?我问着自己,知道等待我的不是阴谋就是陷阱。

我坚决而果断地说,不要,我什么都不要,我只是随便遛遛腿,下了班没有事随便遛遛腿。我光棍一条在城里,没工夫侍弄鸟儿。您,把它拿到鸟市上卖了去吧。我逛过一次鸟市,见过好多鸟儿,最多的当然是画眉,其次是鹦鹉,最少的是猫头鹰。

"夜猫子报喜,坏了名声。"老头子悲凉地说。

马路上奔驰着高级轿车造成的洪流,有一道汹涌的大河在奔涌。东西向前进的车流被闸住,在那条名声挺大的学院路上。

我似乎猜到了老头子内心汹涌着的思想的暗流,挂在他头上树枝的画眉痛苦地鸣叫使我变得异常软弱。我开口说话:"老大爷,您有什么事要我办吗?有什么事您只管说,只要我能办到的……"

老头子摇摇头,说:"该回老家啦!"

以后，老头子依然在树下遛他那只神经错乱的画眉鸟儿，锃亮的铁球依然在他的手里克啷克啷滚动，见到我时，他的眼神总是悲凄凄的，不知是为我悲哀还是为他自己悲哀，抑或是为笼中的画眉悲哀。

就在那个被那莫名其妙的摩登女人打了两个耳光的我的下午，漫长的春天的白昼我下了班太阳还有一竹竿子高，公鸡花像血一样镶着又窄又干净的小路，我飞快地往北跑，急着去注视那只非凡的画眉，有一只红色的蜻蜓落在公鸡花的落叶上，我以为那是片花瓣呢，仔细一看是只蜻蜓。我慢慢地蹲下，慢慢地伸出手，慢慢地张开伸直的拇指和勾起的食指，造成一个钳形。蜻蜓眼大无神，眼珠笨拙地转动，翅膀像轻纱，生着对称的斑点。我迅速地钳住了它的肚子，它弯下腰啃我的手指。我感觉到它的嘴很柔软，啃得我的手指痒酥酥的，不但不痛苦，反而很舒服。

画眉早就在那儿等着我了，我站在它面前，听着它响亮的叫声，知道了它全部的经历和它目前的痛苦和希望。我把蜻蜓从鸟笼的栅栏里送给它吃，它说不吃，我只好把蜻蜓拿出来，让蜻蜓继续啃我的手指。

我终于知道了老头儿是我的故乡人，新中国成立前进城做工，现在已退休，想念家乡，不愿意把骨灰埋在城西那个拥挤得要命的小山头上，想埋在高密东北乡坦荡荡与天边相接的原野上。老头儿说那场大蝗灾后遍地无绿，人吃人尸，他流浪进城，再也没回去。

我很兴奋，老乡见老乡，两眼泪汪汪，说了一会儿话，天已黄昏，公鸡花像火苗子一样燃烧着，画眉的眼珠像两颗明亮的火星，树丛里椅子上教授用蛔虫般的手指梳理着大姑娘金黄的披肩长发。他们幸福又宁静，既不妨碍交通，又不威胁别人的生命。我忽然觉得应该为他们祝福。落日在西天辉映出一大片绚丽的云霞，头上的天混混沌沌，呈现着一种类似炼钢炉前的渣滓的颜色，马路上的成千上万辆自行车和成千上万辆汽车都被霞光照亮，街上，垂在尚未完全放开的白杨树叶下的路灯尚未通电。施行夏令时间后，我总是感到有点神魂颠倒，从此之后，画眉鸟儿彻夜鸣叫就不是一件反常的事情了吧。在椅子上，教授的银发闪烁着璀璨的光泽，好像昆虫的翅膀。画眉鸟抖动着颈上的羽毛歌唱，也许是詈骂，在霞光中它通红、灼热，我没有任何理由否定它像一块烧熟了的钢铁。老头儿的鼻尖上

汪着一层明亮的红光，他把画眉笼子从树杈上摘下来，他对我说：小乡亲，明天见了！他把黑布幔子蒙在鸟笼子上，焦躁的画眉碰撞得鸟笼子嘭嘭响，在黑暗里，画眉拖着尖利的长腔啸叫着，声音穿透黑暗传出来，使我听到这声音就感到很深的绝望，我知道该回家了。附近树下遛鸟的老头儿们晃悠着鸟笼子大摇大摆、一瘸一颠地走着归家的路，鸟笼子大幅度地摇摆着。我曾经问过老乡，为何要晃动鸟笼，难道不怕笼中的鸟儿头晕恶心吗？老乡说不摇晃它它才会头晕恶心呢，鸟儿本来是蹲在树枝上的，风吹树枝晃动鸟儿也晃动。晃动鸟笼子，就是让鸟儿们在黑暗的笼子里闭上眼睛思念故乡。

我站在树下，目送着鸟笼子拐入一条小巷。暮色深沉，所有的树木都把黑魃魃的影子投在地上，小树林的长条凳上坐满了人，晦暗的时分十分暧昧，树下响着一片接吻的声音，极像一群鸭，在污水中寻找螺蛳和蚯蚓。我捡起一块碎砖头，举起来，想向着污水投去——

我曾经干过两次投石的事，每一次都落了个坏下场。第一次确实是有一群鸭在污水中寻觅食物，它们的嘴呱唧呱唧地响着，我讨厌那声音，捡了一块石片掷过去，石片准确地击中了鸭子的头颅，鸭子在水面上扑棱着翅膀，激打起一串串混浊的浪花。没受伤的鸭子死命地啄着受伤的同伴，用发达的扁嘴。白色的鸭羽纷纷脱落，鸭子死了，漂在水面上，活着的鸭子沿着肮脏的渠边继续觅食，萎靡的水草间翻滚着一团浑浊的泥汤，响着呱唧呱唧的秒声，散发着一股股腥臊的臭气。我掷石击中鸭头后，本该立即逃跑才是，我却傻乎乎地站着，看着悲壮的死鸭。渠水渐趋平静，渠底的淤泥和青蛙的脚印清晰可辨，一只死蛤蟆沉在水底，肚皮朝着天，一只杏黄色的泥鳅扭动着身躯往淤泥里钻。那只死鸭的两条腿一条长一条短像两只被冷落的船桨耷拉在水中。渠水中映出我的巴掌大的脸，土黄色，多年没洗依然是土黄色，当时我九岁。鸭的主人九老妈到渠边来找鸭子回家生蛋时发现了我和她的死鸭，当时的情景我记忆犹新——

九老妈又高又瘦的身躯探到渠水上方，好像要用嘴去叼那只死鸭，那时我看到她的脖子又细又长，好像一只仙鹤。她脑后的小髻像一片干巴巴的牛粪。九老妈是没有屁股的，两扇巨大髋骨在她弯腰时突出来，正直地上指。令人心悸的喊叫声从九老妈的胸膛里发出，平静的水面上皱起波纹，那是被九老妈的嘶叫声砸出来的波纹。紧接着，九老妈就跳到渠水中去了，她的步子迈得是那样地大，一步就迈过了半条渠，高腿移动时她的身躯还是折成一个直角，整个人都像用纸壳剪成的——念书以后我知道了九老妈更像木偶匹诺曹。九老妈拎起鸭来，口里大发悲声。她万不该在渠底滞留——水底的淤泥是那样松软那样深，她的双脚是那样尖锐那样小，她光顾着哭她的鸭子啦，感觉不到两只脚正往淤泥里飞快地陷，我看不到她的脚下陷，她跳下渠时把水搅浑了。我看到她在渠水中渐渐矮下去，水飞快地浸透了她的灯笼裤子，上升到相当于屁股的位置。她想转身跳上渠岸时淤泥已经把她固定在渠里了。她还没忘记死鸭子，还在骂着打死她的鸭子的坏种。她一定想干脆爬到渠对面去吧，一迈步时，我听到了她髋骨"咯崩、咯崩"响了两声。九老妈扔掉鸭子，大声号叫起来。

后来她想起了站在渠畔上的我，便用力扭转脖子，歪着那张毛驴一样的脸，呼叫着我的乳名，让我赶快回村里找人来搭救她。

我冷冷地看着她，盘算着究竟去不去找人拖她上来。一旦救她上来，她就会忘掉陷在泥淖里的痛苦而想起死掉鸭子的痛苦；我喊人救她的功绩将被她忘得干干净净，我打死她的鸭子的罪过她一点也不会宽恕。但我还是慢吞吞地往村子里走去了，我边走边想九老妈这个老妖精淹死在渠水里也不是件坏事。

我找到九老妈的丈夫九老爷，九老爷已经被高粱烧酒灌得舌头僵硬。我说九老妈掉到渠里去了，九老爷翻着通红的眼睛哑了一口酒说活该。我说九老妈快要淹死了，九老爷嗞地嘬一口酒说正好。我说九老妈真要淹死啦，你不去我可就不管了。九老爷把瓶子里的酒喝光了，起身跟我走。我看到九老爷从草垛上拔下一柄二齿钩子，拖着，跟我走。他摇摇晃晃，使人担心他随时都会歪倒，但他永远歪不倒，九老爷善于在运动中求平衡，在歪三扭四中前进。

隔老远就听到九老妈鬼一样的叫声了。我们走到渠边时，看到渠水已淹到九老妈的肚子，她的两只手焦急、绝望，像两扇鸭蹼拍打着水。渠道里的臭气被她搅动起来，熏得人不敢呼吸。

听到我们的脚步声，九老妈拧回头。一见九老爷到，九老妈的眼睛立刻闪烁出翠绿的光芒，像被恶狗逼到墙旮旯里的疯猫的眼睛。

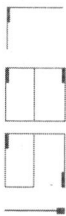

九老爷不晃动就要歪倒，他在渠边上前走走，后倒倒，嘴角上漾着孩童般纯真的笑容，两只红樱桃一样的眼睛眯缝着，射出的红色光线亲切而柔和。

死不了的醉鬼！九老妈在水里恶狠狠地骂着！

九老爷一听到九老妈的骂声，狡猾一笑说，你还能骂老子，拖上你来干什么？拖上你来还不如拖上那只死鸭子来，煮了下酒。那只死鸭子已漾到渠道边，九老爷用钩子把死鸭挠上来，提着鸭颈，拖着二齿钩子转身就走。

九老妈双手拍打着水，连声告饶。

九老爷转回身来说：叫亲爹！

九老妈爽快地叫着：亲爹亲爹亲爹！

九老爷挪到水边，双手高举起锋利的二齿钩子，对着九老妈的脑袋就要搠下去。九老妈惊叫一声，用力把身体歪在水里。九老爷晃荡着身体，嘻嘻哈哈地笑着，像老猫戏耍小耗子一样。二齿钩子明亮的钢齿在九老妈头上划着各种各样的曲线，九老妈的半截身子左倒右歪，前倾后斜，搅得满渠水响。最后，九老妈气喘吁吁，身体不再扭动，颈子因为一直扭着，头好像转不回去了。污水已经淹到她的乳下，她的脸涨得青紫，头发上淌着淅淅沥沥的脏水。九老妈忽然放声大哭，哭里掺着骂：老九，老九，你这个黑心的杂种！老娘活够啦，你把老娘用钩子打死吧……

九老妈一哭，九老爷赶快哄，别哭别哭，抓住钩子，拖你上来。

九老妈一只手抓住一根钩子齿，侧歪着身子，嗓子里还"嗝嗝"地哽咽着，净等着九老爷往上拖。

九老爷往手心里啐了两口唾沫，攥住二齿钩子的木柄，使劲往后一拽。九老妈的身体在渠水里鼓涌了一下，九老妈的嘴里发出"哎哟"一声叫，九老爷手一松，九老妈又陷下去，水和淤泥咕噜咕噜响着。

我帮着九老爷把九老妈从淤泥里拔出来。九老妈像一个分叉的大胡萝卜。渠水汩汩地响着，淤泥四合，填补着九老妈留下的空白，一股奇异的臭气从渠里扑上来，我坚信在中国除了我和九老妈、九老爷外，谁也没闻过这种臭气。

我们把九老妈拖到渠畔草地上，阳光十分灿烂，照耀着草地，那是盛夏的上午，沼泽地里汪着铁锈色的水，水面上漂浮着铜钱大的油花子，深埋在地表下的昆虫尸体在进一步腐烂，草叶多生着白茸茸的细毛，九老妈卧在绿草上，像一条昏睡的大泥鳅。她双手死死地攥着二齿钩子，手指灰白、勾曲，像鸡爪子一样。我和九老爷都无法看到九老妈的脸，我们只感到炎热的光线如滚烫的瀑布，辣眼的臭气像彩色的云团，九老妈脸蛋儿扎在绿草丛中，她绝不是想吃草也绝不是要啃土，她不是牛羊也不是蚯蚓，我恍惚记得九老妈说她是属猫的，她说九老爷是属鼠的。从头到尾九老妈被不同层次的彩色淤泥涂满，白色淤泥涂在她的小髻和她的脖子上，这种白色淤泥主要成分大概是鸭屎；黑色淤泥涂在她的肩膀到臀部这一段，黑色淤泥的主要成分是不是十年前的水草呢？绿色淤泥涂在她的臀部到膝盖，绿色淤泥的主要成分是不是三十年前的花瓣呢？从膝弯到足尖，这是卧在草地上的九老妈最辉煌的一段，像干痂的血一样的暗红色的淤泥，厚厚地沾在九老妈的腿上，那种世上罕闻的臭气就是从这一段上散发出的。九老妈臭气熏天的瘦腿上飞舞着苍蝇，鞋子留在淤泥里，九老妈极度发达的脚后跟像两个圆圆的驴蹄子，四根踩扁了的脚趾委屈地看着我。我透过令人窒息的臭气，仔细观察着九老妈脚上和腿上的红色淤泥，假定白色淤泥是近年来的鸭屎，黑色淤泥是十年前的水草，绿色淤泥是三十年前的花瓣，这暗红色的淤泥是五十年前的什么东西呢？我朦朦胧胧地感觉到了一种恐怖，似乎步入了一幅辉煌壮观的历史画面。

九老妈蠕动着，把两条腿往前曲，两只臂往后移，背弓起来，像一只造桥虫。九老爷搀着她的胳膊把她扶起来，她的脖子好像断了一样歪来歪去，头颅似乎很沉重。九老爷更亲密地搀扶着她，她逐渐好了起来，脖子愈来愈硬，双眼也有了光彩，但九老妈就像那条冻僵了的蛇一样不值得可怜，她刚刚恢复了咬人的能力就在九老爷的胳膊上狠狠地咬了一口。九老爷用力挣胳膊，一大块皮肉就留在九老妈嘴里了。九老妈嚼着九老爷的肉，追赶九老爷。她赤脚跑在潮湿的草地上，脚后跟像蒜锤子一样捣着地，在地上捣出一些溜圆溜圆的窝窝。

我左手拖着二齿钩子，右手提着死鸭，尾随着他们。

第一次投石引出了一大团文章，第二次投石我击中了一块窗玻璃，挨了老师三拳两脚。这是第三次，我握着沉甸甸湿漉漉的砖头，心里反复掂量着，是投，还是不投。呱唧呱唧的亲嘴声残酷地折磨着我，路灯昏黄而淫荡，如果砖头飞出去，恰好落在教授或者大姑娘秀美的头颅上，后果是

什么？你一定会挨一顿痛打，然后被扭送到公安局去，警察先用电棒子给你通电，然后让你回家取钱，为教授或者为大姑娘治疗头颅，如果治好了还好，如果留下后遗症你一辈子也难得清静。想到这严重后果，我的手指松动，砖头急欲坠地。但恋爱着的人们愈加肆无忌惮了，好像他们是演员，我是观众。天上乌云翻滚，雾气深沉，把路灯团团缠绕，黄光射不出，树影里愈加黯淡，画眉此时在老头子家噪叫，我蓦然低首，发现右手拎着一块半头砖，左手捏着一只蜻蜓。在椅子上扭动着大姑娘和教授，她发出绝望的哭叫声，教授气喘吁吁，短促而焦急地嘟哝着什么。我把那块砖头又捏紧了，我举起了手，手腕子又酸又麻——那个穿着一件黑色长裙的女人像一只巨大的蝙蝠从树后——也许是从树上飞出来，她身上浓烈的香水味刚扑进我的鼻子，我的左边脸颊上就被她批了一个巴掌。砖头落地，打在我自己的脚背上。我像一只猿猴跳起来，无声的跳跃，我不敢出声，我怕被教授发现。

我捂着火辣辣的半边脸，捏着蜻蜓去追赶那个女人。她轻盈地扭动着在黑色纱裙里隐约可见的两瓣表情丰富的屁股，沿着两侧盛开着公鸡花的八角形水泥垜子铺成的小路，飞快地向前进。这时乌云滚到天边，清风骤起，雾淡薄了，朗朗月光照亮了天，温暖黄光照明了地，我清楚地看到她的装在肉色高筒袜里的修长结实的小腿，乳白色高跟皮凉鞋飞快地移动，路面囊囊响，节奏轻快，恋爱者疯狂的事顿时被我忘得干干净净。我听到了更加遥远就更加亲切的美妙的马蹄声。是一匹黑色的小马驹在高密县衙门前的青石板道上奔跑着发出的声音。它使我是那么样地激动不安，小心翼翼，好像父亲从母亲手里接过一个新生的婴儿。

我跟随着黑衣女人，脑子里的眼睛看到那匹黑色的可爱马驹翻动四只紫色的小蹄子。四个小蹄子像四盏含苞欲放的玫瑰花。它的尾巴像孔雀开屏一样扎煞开。它欢快地奔跑着，在凹凸不平的青石板道上跑着，青石闪烁着迷人的青蓝色，石条缝里生着一朵两朵的极小但十分精神的白色、天蓝色、金黄色的小花儿。板石道上，马蹄声声，声声穿透我的心。板石道两侧是颓废的房屋，瓦楞里生着青草，新鲜的白泥燕巢在檐下垂着，油亮的燕子在房脊上的空中飞行。临街的墙壁斑驳陆离，杂草丛中，一条褐色蜥蜴警惕地昂着头。

绿色的马驹儿，跑在高密县衙前，青石铺成的板道，太阳初升，板道上马蹄声声……

金色的马驹儿，跑在高密县衙前，青石铺成的板道，暮色沉重，板道上马蹄声声……

蓝色的马驹儿，跑在高密县衙前，青石铺成的板道，冷月寒星，板道上马蹄声声……

你跟着我干什么？在"太平洋冷饮店"门前，黑纱裙女人停脚转身，像烈士陵园里一棵严肃的松树，低声、严厉地质问我。

冷饮店放着动人的音乐，灯火明亮，从窗户里扑出来。我贪婪地嗅着从女人的纱裙里飘漾出来的肉的香味，嗫嚅道：你，为什么打我一耳光？

女人温柔地一笑，两排异常整齐的雪白的牙齿闪烁着美丽的磁光，她问：刚才打的是哪边？

我指着左腮说：这边。

她把左手提着的鲨鱼皮包皮移到右手里，然后抬起左臂，在我右脸上批了一耳光。我感觉到她的中指或是无名指上戴着一枚金戒指。

好啦！她说，不偏不倚，一边一下，你走吧！

她转身走进冷饮店，店门口悬挂着的彩色塑料纸条被屋里的电扇风吹拂着，匆匆忙忙地飘动。

我抚摸着被金戒指打在腮上的凹槽或叫烙印，心中无比凄凉时而又怒火万丈，但我不恨这个神秘的女人。她坐在靠窗户的一张桌子上，桌上铺着雪白的塑料布，她把双肘支在桌子上，双手捧着腮，两根纤细的小指并拢按住鼻梁，一个黄金的圈套果然在她的中指第二关节上闪烁着醉人的光芒。一个风度翩翩的男服务员走到桌前问了她几句话，她的手没动，被双掌外侧挤得凸出的嘴唇懒洋洋地动了几下。服务员转身就走。她的双唇鲜红、丰满，她捂着脸压着鼻子，嘴唇被特别强调，我感到我很可能要犯错误，因为，我的干燥嘴唇自动地噘起来，它像一只饥饿的猪崽子寻找母猪的奶头一样想去咂吮玻璃里边那两片红唇。我惊讶地发现我身上也有堕落的因素，苦读十年孔丘著作锻炼成的"金钟罩"竟是如此脆弱，这个女人，用她柔软的手掌温柔地打了我两巴掌，就把我的"金钟罩"打得粉碎，我非常想堕落，我甚至想犯罪，我想咬死这个身着黑纱裙两巴掌打死了我的人性打活了我的兽性的女人，这个女人与其说是个女人不如说是个水饺。男服务员端着一个托盘走到她的桌前。一瓶"太平洋"汽水在她

面前沸沸地升腾着一串串的气泡，白色的塑料吸管在瓶中站着颤抖；一块奶油蛋糕冷冷地坐在她面前的一只景泰蓝碟子里，碟子沿上放着一柄寒冷的不锈四股钢叉。她把手从脸上摘下来时我发现她的脸像碟子里的蛋糕一样苍白，吸管插进她的嘴，汽水进入她的喉，有两滴明亮的像胶水一样的泪水从她的眼睑正中滚下来，她抖擞着睫毛，甩掉残余的泪水，像爬上岸的马驹抖擞鬃毛和尾巴甩掉沾在身上的河水一样。

我打了一个冷战，心里异常难过。几滴冰凉的小便像失控的冻雨滴在我的大腿上，夜气朦胧，凉露侵入肌肤，我的肩背紧张，颈项酸麻转动困难。公共汽车在我身后的杨树下嘎嘎吱吱停住，我不回头也知道一群男女从车上涌下来，他们从哪里来，他们要到哪里去，他们是去维护道德还是去破坏道德，这座城市里需不需要把通奸列为犯罪，我的脑袋沉重运转着，我的戴金丝眼镜的同学说，这座城市里只有两个女人没有情夫，一个是石女，另一个是石女的影子。我感到很可怕又感到很超脱，两行热泪濡湿了我的面颊。

从公共汽车上下来的旅客向四面八方消散，他们走进紫色的夜的隐秘的帷幕，犹如游鱼钻进茂密如云的水中森林。有三男两女进入了冷饮店，黑纱裙女人用不锈四股钢叉把蛋糕挑起来，咬了一小口，用舌尖品咂了一下，肯定觉得很好吃，我看到她狠狠咬了一大口蛋糕，几乎不咀嚼就吞了下去，蛋糕在她修长的脖颈上凸起一个圆圆的包，好像男人的喉结。她扔下叉子和蛋糕，拎起皮包，撩起彩色挡蝇塑料纸，走出冷饮店，连看都没看我，就横穿过马路。她走在斑马线上，她的白色高跟鞋敲着斑马的肚腹，发出沉闷的响声。所有的人都讨厌你！为什么讨厌我？你整天放那盘虎啸狼吟的磁带，我们家的孩子都得了眼珠震颤症。我没放虎啸狼吟的磁带。非马非驴的怪声从动物园姑娘的房间里传出来。你听！这是斑马与野驴的叫声。你是不是有神经病？是你还是我？当然是你啦。你知道我丈夫是谁吗？是谁？戴维·西西可夫！洋人？南非好望角山地来的。姓斑，名马，哺乳纲马科，体高一百三十厘米，毛色淡黄，有黑色条纹，可与马、驴杂交，生出麒麟，头上有角，嗜食玫瑰花。行啦！行啦！你听听，他们叫得多么好听！是你丈夫在叫？是斑马和野驴。这是麒麟的叫声。什么颜色呀，你好好看，往哪儿看！紫色的沼泽地里生长着带毒的罂粟花，花瓣过分滋润，不像植物的生殖器官，像美女腮上的皮。蚊蚤滋生，腐草和款冬的叶子陈陈相因，如同文化沉淀，紫色的马驹在沼泽地里一步步跋涉。斑马！修长的腿上和平坦的肚腹上沾满了紫色的泥泞。野驴！一辆出租汽车从一条幽暗的巷子里飞也似的冲出来，雪亮的灯光照清了粘在斑马线上的一根香蕉皮。黑纱裙女人在光柱里跳跃着，纱裙幡动，露出了紧绷在她屁股上的鲜红的裤衩，像一片灿烂的朝霞。狗杂种！她的一条大腿像雪一样白，它撩得那样高，不是舞蹈演员的女人无法把大腿撩到那样的高度。在短短的一瞬间里她的四肢和着纱裙凌乱飘动，一声斑马的吼叫从她嘴里冲出来，她的大张着的嘴巴、圆睁着的眼睛在雪亮的白光里闪烁了一下就不见了，紧接着我又看到了她的鲜红的裤衩在幡动的黑纱裙里闪烁着，好像飞行中的蝗虫的鲜红的内翅。蝗虫剪动着内翅飞行。沉闷的、咯唧咯唧的、碰肉碾肉轮胎摩擦地面发动机爆裂的声音与一连串的映象同时发生，她消逝了。

　　她像那匹紫色的马驹一样消逝了，她与那匹紫色的马驹一起消失了。那时候非洲高高的山地上奔驰着成群结队的斑马，非洲燠热的河流中蠢动着成群结队的河马。你要去看吗？我带你去，不用买门票。我丈夫每天要吃五十公斤青草。它们都挺胖。是我精心饲养的。你怎么能录下它们的叫声呢？我把话筒绑在它尾巴上。傍晚的太阳像带剧毒的红花一样艳丽，高密县衙前，青石的板道，板道上马蹄声声，紫红的马驹翻动着处女乳房一样的小筛子在板道上奔跑，晚霞如血，马驹像一个初生的婴孩。后来我看到那匹马驹跑下板道，它又跑上板道，青石板道在荒草丛中出没，一直通向高密东北乡南端那五千多亩与胶县的河流连通的沼泽地。板道爬到沼泽地边缘上，似乎戛然而止，暗红色的低矮灌木丛生在沼泽的边缘上，再往里去，是一蓬蓬、一片片葳蕤的野草，草丛间汪着暗红色的泥浆，多么像四老妈春天的酱缸里发酵的黄豆酱啊，啊！啊！啊！啊！啊！啊啾！你好像感冒了。我感冒不感冒与你有什么关系？你吃饱了没事干躲进屋里去砸核桃去，真是！你多像匹斑马呀，这条裙子，一道白、一道黑。斑马！一提起斑马，她的脸上就显出心驰神往的表情：非洲，多远呀！我丈夫总有一天会带我到那里去的。你是拿定主意去非洲了？拿定了。我今天掉了一颗门牙，你说是怎么回事？斑马有多少颗牙齿你知道吗？紫红的马驹庄严地鸣叫着，沼泽地里盛开着吞噬蚊蝇的花朵，它们散布着漂亮女人才具有的肉欲的香气；一片像树一样的草本植物大水荇在沼泽地里杏黄着肥硕的叶子，悬挂着一串串麦穗状的粉红色花序。秋天的印象，沼泽地里色情泛滥，对岸，高密东北乡的万亩高粱"红成汪洋的血海"，看去又似半天红云。五彩的马驹眯缝起万花筒般的眼睛，看看赤红的天，看看暗红的沼泽，看看对岸鲜红火热的高粱，它睁开了眼睛，湛蓝清澈。马驹试试探探地往沼泽地里走去，一个挽着裤腿子、穿着花褂子，乳房丰满、臀部浑圆的妙龄少女摸着石头过河。多么好啊，我多么想亲吻你丰满的臀上那一抹鲜红的阳光，你的尾根翘起，散开的尾巴像一束金丝，深陷在红色淤泥里你的少女乳房般的娇嫩马蹄，让我吻你吧！啊，啊，啊啾！烧点姜汤喝吧，我房里有姜。你见过斑马吃姜吗？笑死活人。马驹叫着，走进沼泽，成熟的沼气从泥潭里冒出，扑哧扑哧地响着，死亡的气息十分严重！

警察的警车上旋转着一盏鲜红的灯，生存在这座城市里的动物听到警车的声音都感到不寒而栗。警车上跳下警察，警察手持高压电棒往前走，围绕着出租车的人们松软地散开，我远远地嗅到了黑衣女郎的鲜血的甜味，倒退了三步，拐进小巷，跟跟跄跄地跌入高楼的最底层。

拉开灯我看到从门缝里塞进来的报纸，按照惯例我从最后一版看起：大蒜的新功能粘结玻璃；青工打了人理应受教育；胳膊肘朝里弯有啥好处；中外钓鱼好手争夺姜太公金像；一妇女小便时排出钻石；高密东北乡发生蝗灾！

　　本刊通讯员邹一鸣报道：久旱无雨的高密县东北乡蝗虫泛滥，据大概估计，每平方米有虫150～200只，笔者亲眼所见，像蚂蚁般大小的蝗虫在野草和庄稼上蠕蠕爬动，颜色土黄。有经验的老人说，这是红蝗幼蝻，生长极快，四十天后，就能飞行，到时遮天盖地，为祸就不仅仅是高密东北乡了。据说，五十年前，此地闹过一场大蝗灾，连树皮都被蝗虫啃光了，蝗灾过后，饥民争吃死尸。

前天晚上我挨过耳光、思念沼泽地里的马驹之后，读到了有关高密东北乡发生蝗灾的报道，昨天上午我沿着"太平洋冷饮店"前的八角形水泥坨子路飞跑到老头儿们遛鸟的小树林，路旁的血红公鸡花上挑着点点白露珠，黑纱裙女人鲜红的裤衩和鲜红的嘴唇，她的鲜红的血和警车上快速旋转的红灯。石板道上马蹄声声。那只疯狂的画眉老远就看到我跑来了，抖动着血一样的翎毛，张着鲜艳的嘴卷着锐利的舌尖为我鸣叫。我跟画眉匆匆打过招呼，便把一张慌慌张张的脸转向老头儿被朝霞映红的脸。我把登载着蝗虫消息的晚报送给他，他同时递给我的一张晚报上登载着蝗虫的消息。

红蝗虫！老头儿像提一个伟大人物的名字般诚惶诚恐地说，红蝗虫！

他的眼睛躲躲闪闪，一提到红蝗虫他就好像怀上了鬼胎。我马上记起他说他是五十年前闹蝗灾后背井离乡流浪到城里来的，一定是那场灾祸的情景历历如在他的眼前，他才如此惶恐和不安。他开始给我讲说那场大蝗灾的情景，我却荒唐地想到那只蜻蜓一直被我用右手的食指和拇指捏到十五层大楼的地下室里，看完了蝗虫的晚报，我才发现蜻蜓尚在我的手，我放下它，它的长肚子已经烂了，我用刀子切掉它的肚子，它抖抖翅子，像一粒子弹，射到天花板上，再也不动了。

关于五十年前那场大蝗灾我比当时亲身与蝗虫搏斗的人知道得还要多，我既相信科学，又迷信鬼神，既相信史志，又迷恋传说。因为下午三点我要乘车赶回高密东北乡，时间紧张，我说，老大爷，下午我就回去，您有事吗？老头说，要是我死了，你就把我的骨灰盒带回去，可惜还死不了。我说光知道您是高密东北乡，可不知道您是哪个村的？流沙口子！哎哟哟，流沙口子，就在河北边，离我们村一里路吆！可我从来也没听说流沙口子村有您这么个人啊！五十年啦，从没回去过，家里人都死光了，我流浪出来时十五岁，恍恍惚惚地记着你们村里有两座庙，村东一座叭蜡庙，村西一座刘猛将军庙。

再见，大爷！我着急着要去农业科学院蝗虫研究所，与老头儿告别。老头儿说：其实呢，你回去不回去都一样，这是神虫，人是无法治它的，再有四十天，它们就会飞到城里来，你用不着大老远地跑回去看它们。

蝗虫研究所的值班人员接待了我，我说明来意，他说，所里的研究人员已经连夜赶到高密东北乡去了，同志，你来晚了！

我非常高兴，非常感动。我在门口的科普书店买了一本《蝗虫》，一边翻看着书里的彩色插图，一边走进食品店，为我儿子买了四盒葱味饼干用胳肢窝夹着，翻着书我匆匆穿过斑马线，一阵嘎嘎吱吱的刹车声，我抬头看到几乎撞到我髋骨上的军用吉普车，一颗年轻的愤怒的头颅从车窗里伸出来，他骂我是只土蚂蚱，他说碾死你这只土蚂蚱，我对着他点头哈腰，想着蚂蚱就是蝗虫蝗虫就是蚂蚱，我想起昨天夜里与银发教授在绿躺椅上"打架"的那个姑娘，去年春天一个风光妩媚的日子里换上了短袖衬衣，她的胳膊肌肤细腻，牛痘的疤痕像两片鲜红的鲤鱼鳞嵌在她嫩藕般的胳膊上。她满头金发。那时候教授正在讲授"一夫一妻制家庭是最合理最道德的家庭结构"，那时候教授还十分年轻，五短身材上擎着一头稀薄的黑发，星目皓齿，神采飘逸，出语朗朗。大姑娘坐在最前排正中的位置上，她离着教授那么近，假如教授吃大蒜，大蒜的气味一定吐到她的脸上。她是个陌生人，出现在教室里，对教授飞眼，学生都打哈欠，流泪，有些呆扮鬼脸。她慵倦地伸懒腰，双臂高举，后抻，脸上紫红的肉疙瘩像山楂果一样滚动着，腋下的黑毛刚用剃刀刮过，毛茬子青青像教授的嘴巴。她伸懒腰时，两颗乳头像两只乌黑的枪口瞄着教授的眼睛。第二天教授把他的孙子带到学校来了，他的孙子头颅庞大，身体瘦小，一个男生说教授的孙子像个山蚂蚱！当时我想如此杰出的一个孩子怎么像个山蚂蚱呢？翻看了《蝗虫》里的彩色插图，我不能不佩服这个比喻的形象和贴切。他的孙子真像个蚂蚱，处在跳蝻阶段的蚂蚱，跳蚂蚱的大头跳蚂蚱的小身子，跳蚂蚱的直呆呆的目光，跳蚂蚱的绿水汹涌的嘴巴。希特勒不也像只跳来跳去的蚂蚱吗？红蚂蚱，绿蚂蚱，蚂蚱多了就叫蝗虫，红蝗、斑蝗、东亚飞蝗、非洲紫蝗……你总想跟我说你的斑马！你周身散发着一股马粪的酸味。不好闻吗？她惊惶地眨动着黑得怪异的大眼睛。

闪开！你他妈的是不是病啦？司机点着蚂蚱脑袋骂我，我努力排斥开充斥头脑的形形色色的蚂蚱，像一只缺腿的蚂蚱，后跳了一步。吉普车呼啸而过。我闻到了一股腥味，低头一看，斑马线上，一摊紫红的干血，正对着我狞笑。我蓦然想起昨晚的事情，那个神秘的、肉感的黑衣女郎，当她轻捷地走在斑马线上时，她的裙裾翻动，雪白的大腿外侧闪烁着死亡的诱人光泽。她像只蚂蚱，或者像只蝗虫，黑的蝗虫闪动着粉红色的内翅，被咯唧一声压死了。我真为她难过，她刚打过我两个耳光就被撞死了。不，我猜想她有可能是自杀！警察怒气冲冲地问我：她是你的老婆吗？

我绕开那摊黑血，走在斑马线上的我胆战心惊，我感到生活在这座城里，每秒钟都不安全，到处都是蚂蚱，我也成了一只蚂蚱，我赶快逃，去车站，买车票，没有卧铺买硬座，没有硬座买站票，我要回家，回家去看蚂蚱。久旱无雨的高密东北乡蝗虫泛滥！邹一鸣，我告诉你，报道失实你可要负责！谣报灾情，要掉脑袋的事情。我亲眼所见。那五十年前的虫灾你报什么？你是不是想借古讽今？王书记，我们搞死一条大狗，来不来吃狗肉？狗杂种们，怎么搞到的？王书记把报纸扔掉，急忙问。

五十年前，九老爷三十六岁，九老爷的哥哥四老爷四十岁。四老爷是个中医，现在九十岁还活得很旺相。他是村里亲眼看过蝗虫出土的唯一的人。那天是古历的四月初八，四老爷一大早给搬到两县村看一个绞肠痧病人。他骑着那匹著名的瓦灰色小毛驴，穿着一件薄棉袍，戴着一顶瓜皮小帽，帽上一疙瘩红缨，老棉布裤子，脚脖子上扎着两根二指宽的小带子，脚上一双千层底布鞋。四老爷用十二根银针扎好了绞肠痧病人，病人双眉之间有一颗生毛的大痦子。病家招待四老爷吃面条，喝高粱酒，酒肴是腌地梨、烧带鱼、酱油拌葱白。四老爷酒足饭饱，骑在毛驴上，太阳晒得他头晕眼花，浑身发痒。毛驴走着田间小道，久旱无雨，路上浮土很厚，陷没毛驴半截蹄子。四老爷是从那五千亩沼泽的西边往北走的，沼泽里明晃晃的，暗红色的淤泥表面平滑，高足的鹭鸶在淤泥上走，四老爷担心它们陷下去。去年秋天的芦苇和枯草在沼泽地里立着，一片片一丛丛的枯黄，新绿的颜色在枯黄下约有一拃高，雪白的小鸟在沼泽上空飞，像运动中的绒毛。

四老爷是拉屎时发现蝗虫出土的。那时毛驴停在路边，一动也不动，还不到正午，空气就燥热，干涸的黑土泛着白光，草和庄稼都半死不活。四老爷走进路边一块麦田，麦子细弱，像死人的毛发，黑土表面上结着一层盐嘎痂，一踩就碎，一股股烘旱烟的味道从地里冒起。远近无人，四老爷撩起袍子，解开裤腰，蹲在麦垄里。

四老爷拉屎过程漫长，这个特点村里人人知晓，四老爷认为蹲在干燥的野地里拉屎是人生的一大乐趣，四老爷只要不是万不得已，总是骑着毛驴跑到野地里拉屎。四老爷也是喜欢养鸟的，他不养画眉，他养窝来鸟，这种鸟叫得不比画眉差。四老爷把拉屎当作修身养性的过程。他蹲着，闭着眼，微微低垂着头，听着春风吹拂麦芒，听着地里的蒸汽咝咝上升——四老爷去野地里拉屎是选择季节的，这是必须说明的。他老人家精通阴阳五行，熟谙寒热温凉。春天，阳气上升，阴气下降，太阳强烈但不伤腠理，是最适合野外拉屎的季节。夏天燠热，地表潮湿，蚊蝇骚扰，空气凝滞，于身体无益。秋天天高气爽，金风浩荡，本来也是野外拉屎的好季节，但因为高密东北乡南临沼泽，北有大河，东有草甸子，西有洼地，形成了独特的小气候，每到秋天，往往大雨滂沱，旬日不绝，河里洪水滔天，沼泽里、草甸子里、洼池里水深盈尺，一片汪洋，四老爷的屎只有拉在家院的茅坑里。冬天寒风凛冽，滴水成冰，风像刀子一样割肉，只有傻瓜才去野地里拉屎。

窝来鸟在高空中盘旋着鸣啭，一串串漂亮俏皮的呼哨感人肺腑。如果是春阳景和风调雨顺，窝来鸟的鸣啭会使人想到残酷的爱情。四老爷聆听着高空中的鸟鸣，脑海里红潮白雨，密密麻麻地腾起，洋洋洒洒地落下，鲜红荷花开放，雪白荷花开放，口吐金莲花，雪浪滂头顶，无声无息，馨香扑鼻，如同见到我佛——每当四老爷跟我讲起野外拉屎时种种美妙感受时，我就联想到印度的瑜伽功和中国高僧们的静坐参禅，只要心有灵犀，俱是一点即通，什么都是神圣的，什么都是庄严的，什么活动都可以超出其外在形式，达到宗教的、哲学的、佛的高度。

四老爷蹲在春天的麦田里拉屎仅仅好像是拉屎，其实并不是拉屎了，他拉出的是一些高尚的思想。混元真气在四老爷体内循环贯通，四老爷双目迷茫，见物而不见物，他抛弃了一切物的形体，看到一种像淤泥般的、暗红色的精神在天地间融会贯通着。掠着低矮的、萎靡不振的麦穗上的黄芒，两只肥胖的鹧鸪追逐着飞行，它们短小的翅膀仿佛载不动沉重的肉体。它们笨拙地飞行。以褐色为基调，以白斑为点缀，它们的羽毛光华丰厚，两团暗红色的温暖光晕包裹着它们，形成了双飞鹧鸪的思想幻影，干燥、流通的空气里回响着鹧鸪扇动翅膀扑悠悠声音和鹧鸪——母鹧鸪春心荡漾的鸣叫声——行不得也哥哥——忘不了亲哥哥——四老爷发现蝗虫出土之前，听到恋爱中的鹧鸪求偶声后的一段红色淤泥凝滞不动的时间里究竟想到了一些什么？他想没想过流沙口子村（画眉老头的故乡）那个俏丽小媳妇正斜倚在门前，不，踏着门槛，靠在门框上，嘴里咬着一根草棍，水荇花盛开的颜色就是她的脸色，她两只眼睛像春季晴朗之夜的星星，闪烁着宝贵又多情、暧昧又狂荡的光芒，根据耄耋之年的四老爷的回忆，她总是穿一件暗红色阴丹士林布偏襟褂子的，也许她缝了好几件同样的褂子轮换着穿，四老爷后来形成了条件反射，一见到这种暗红色阴丹士林布偏襟褂子就动情——"文革"期间，我家墙上曾经贴着一张流行的画，画上那个小媳妇身着暗红色阴丹士林布偏襟褂子，高举着红灯，杏眼圆睁，桃腮绽怒，左侧——或者右侧的乳房十分凸出，四老爷拄着一根疙疙瘩瘩的花椒木拐棍到我家去喝晚茶，昏黄的煤油灯光照耀着我家黑油油的墙壁，满室辉煌，窗外秋声萧瑟，月光遍地，进入秋季发情期的猫儿在房脊的鞍状瓦上一声急似一声地鸣叫，它们追逐时肉爪子踩得鞍瓦扑通扑通响。高密东北乡原本不生竹，也是天生异禀的九老爷不知道从什么地方移来一蓬竹，栽在我家院子里，栽在我家院子里水井北侧、瓮台西侧、鸡窝东侧、窗户南侧。秋风在竹叶间索索抖动，我从黄豆地里擒来的大肚子草蝈蝈在竹叶间唧唧地鸣叫，依稀可见雪白窗纸上黯淡、瘦俏的竹影。四老爷吸一口茶，定睛墙上，手指微微颤抖，嘴唇翕动，鼻皱眼挤，好像打喷嚏前的痛苦表情。我们全都惊吓得要死，不知四老爷得了什么魔症。也来喝晚茶的九老爷站起来，歪着他那颗具有雄鸡风度的头颅，左右打量着怪模怪样的四老爷。九老爷转到四老爷脑后，把自己的视线与四老爷的视线平行射出，便恍然大悟。他拍拍四老爷的后脑勺子，呵呵一笑，说，我的四哥，多大年纪了，还是贼心不退！我们更加莫名其妙，九老爷为我们解释，四老爷看到墙上的画就想起他年轻时的老相好了，她也是穿着这红颜色褂子的，她比她只怕还要俊出一个等级！

四老爷擤擤鼻子，怨恨地说：老九，你这个没有良心的东西！我恨不得宰了你！

了解内情的人，立刻把话头岔开了。

我们这个庞大的家族里，气氛一直是宽松和谐的，即便是在某一个短暂的时期里，四老爷兄弟们之间吃饭时都用一只手拿筷子，一只手紧紧攥着上着顶门火的手枪，气氛也是宽松和谐的。我们没老没少，不分长幼，乱开着裤裆里的玩笑，谁也不觉得难为情。所以九老爷当着一群晚辈的面抖搂出四老爷年轻时的风流韵事，四老爷也不觉得难为情。他仇视着九老爷，目光汹汹，被劝过后，他叹了一口气，撩起缝在胸襟上的大手绢子，擦去悬挂在白色睫毛上的两滴晶莹的小泪珠儿，凄凉地、悠长地笑起来。他的笑声里包含着的内容异常丰富，我当时就联想到村南五千亩沼泽里深不可测底的红色淤泥。

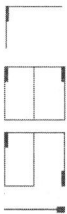

四老爷呷了一口茶，放下茶碗，拄起拐棍，要回家去，我十八叔家一个跟我同龄的妹妹建议把墙上的画儿揭下来送给四老爷，让他搂在被窝里睡觉。她言出必行，起身就去撕墙上的画，谁知那画是我母亲用放浆的熟地瓜粘在墙上的，粘得非常牢靠，妹妹撕了三下没撕下来，第四下竟把个红衣小媳妇一撕两半，从乳房那里撕开。众人哗然大笑，妹妹说，毁了，把奶子撕破了，四老爷无法吃奶了！众人更笑，七姑连屁都笑出来了。众人更加笑，四老爷抢起拐棍要打妹妹，六婶说：四老祖宗，快回去睡吧，好好做梦，提着匣子枪去跳娘们墙头，羞也不羞！

我有充分的必要说明、也有充分的理由证明，高密东北乡人食物粗糙，大便量多纤维丰富，味道与干燥的青草相仿佛，因此高密东北乡人大便时一般都能体验到磨砺黏膜的幸福感——这也是我久久难以忘却这块地方的一个重要原因。高密东北乡人大便过后脸上都带着轻松疲惫的幸福表情。当年，我们大便后都感到生活美好，宛若鲜花盛开。我的一个狡猾的妹妹要零花钱时，总是选择她的父亲——我的八叔大便过后那一瞬间，她每次都能如愿以偿。应该说这是一个独特的地方，一块具有鲜明特色的土地，这块土地上繁衍着一个排泄无臭大便的家族（？）种族（？），优秀的（？），劣等的（？），在臭气熏天的城市里生活着，我痛苦地体验着淅淅沥沥如刀刮竹般的大便痛苦，城市里男男女女都肛门淤塞，像年久失修的下水管道，我像思念板石道上的马蹄声声一样思念粗大滑畅的肛门，像思念无臭的大便一样思念我可爱的故乡，我于是也明白了为什么画眉老人死了也要把骨灰搬运回故乡了。

五十年前，高密东北乡人的食物比现在更加粗糙，大便成形，网络丰富，恰如成熟丝瓜的内瓢。那毕竟是一个令人向往和留恋的时代，麦垄间随时可见的大便如同一串串贴着商标的香蕉。四老爷排出几根"香蕉"之后往前挪动了几步，枯瘦麦苗的淡雅香气灌进他的鼻腔，远处，紧贴着白气袅袅的地平线，鹧鸪依然翩翩双飞，飞行中的鸣叫声响亮，发人深思。就是这时候，四老爷看到了蝗虫出土的奇异景观。

瓦灰色小毛驴肃然默立，间或睁眼，左看隐没在麦梢间的主人瓜皮帽上的红缨，右看暗红色沼泽里无声滑翔的白色大鸟。

四老爷就是这时看到了蝗虫出土。他曾经讲述过一千次蝗虫出土的情景。麦垄间的黑土蒙着一层白茫茫的盐嘎痂，忽然，在四老爷面前，有一片盐嘎痂缓缓地升起。四老爷眨眨眼睛，还是看到那片盐嘎痂在缓缓上升。平地上凸出了一团暗红色的东西，形态好像一团牛粪，那片从地表上顶起来的盐嘎痂像一顶白色草帽盖在牛粪上。四老爷好生纳闷，如见我佛，他是个读烂了《本草纲目》的人，有关花鸟草木鳞虫鱼介的知识十分丰富，也不知从地里冒出来的是何物种。四老爷蹲行上前，低头注目，发现那一团牛粪状物竟是千万只暗红色的、蚂蚁大小的小蚂蚱。三步之外看，是一团牛粪在白色阳光下闪烁怪异光芒；一步内低头看，只见万头攒动，分不清你我。四老爷眼见着那团蚂蚱慢慢膨胀，好像昙化开放。他目瞪口呆，有些不知所措，满腹的惊讶，发现人间奇观的兴奋促使他转动头颈寻找交流对象，但见田畴空旷，道路蜿蜒，地平线如一道清明的河水银蛇般飞舞，阳光白炽如火，高空有鸣鸟，沼中立白鹭，毛驴戳在路上，宛如死去多年的灰白僵尸。尽管如此，四老爷还是大吼一声：

蚂蚱！

一语未了，就听得眼下那团膨胀成菜花状的东西啪嗒一声响，千万只蚂蚱四散飞溅，它们好像在一分钟内具备了腾跳的能力，四老爷头上脸上袍上裤上都溅上了蚂蚱，它们有的跳，有的爬，有的在跳中爬，有的在爬中跳。四老爷满脸都痒，抬掌拍脸，初生的蚂蚱又软又嫩，触之即破，四老爷脸上黏腻腻的，举起手掌到眼前看，满手都是蚂蚱的尸体。四老爷闻到了一股酸溜溜的味道，一个大胆的想法像火星一样在他的头脑里闪烁了一下，这个想法不久之后再次闪烁，四老爷捕捉头脑中天才的火星，完成了一项伟大的创造。这当然都是以后的事情，四老爷扎好裤子，急急跑上道路，他在麦田里穿行时，看到麦垄间东一簇西一簇，到处都是如蘑菇、如牛粪的蚂蚱团体从结着盐嘎痂的黑土地里凸出来，时时都有嘭嘭的爆炸声，蚂蚱四溅，低矮的麦秸上、黑瘦的野草上，密密麻麻都是蚂蚱爬动。这些暗红色的小生灵其实生得十分俊俏，四老爷仔细观察着停在他的大拇指甲盖上的一只小蚂蚱，它那么小，那么匀称，那么复杂，做出这样的东西，只有天老爷。四老爷周身刺痒，蚂蚱在他的皮肤上爬动，他起初还摩肩擦背，后来干脆置之不理。毛驴听到脚步声，睁开眼睛，甩甩尾巴，四老爷对毛驴说：

毁了！神蚂蚱来了！

路边浅沟里，有一个碗口大的蚂蚱团体正在膨胀，转瞬就要爆炸，四老爷蹲下身，伸出一只大手，狠狠抓了一把。四老爷说好像抓着一个女人的奶子，肉乎乎的，痒酥酥的，沉甸甸的有些坠手。抓着一大把蝗虫，四老爷抬头看看冷酷的太阳，远远眺望正在发酵的红色沼泽地，收回眼看看泰然自若的毛驴，他的目光迷惘，一脸六神无主的表情上有几十只蚂蚱的尸体几只受伤的蚂蚱，有几十只蚂蚱在他脸上蠕蠕爬动。蚂蚱从四老爷的手指缝里冒出来，蚂蚱的蠢动合成一股力量胀着四老爷的手掌，四老爷感到手脖子又酸又麻，他想了想，松开手，一大团蚂蚱掉在路上，刚落地面时，蚂蚱团没破，一秒钟后，蚂蚱豁然开朗，向四面八方奔逃，毛驴闪电般一跳，尾巴急遽扭动，但小蚂蚱们已经糊满了它的腿，糊满它的两条前腿，它好像把两条前腿陷进红色泥沼里又拔出来一样，它的两条前腿上好像糊满了红色淤泥。

四老爷骑驴回村庄，走了约有十里路。在驴上，他坐得稳稳当当，那匹瓦灰色毛驴永远是无精打采地走着，麦田从路边缓慢地滑过，高粱田从驴旁擦过，高粱约有三拃高，叶子并拢，又黑又亮，垂头丧气的高粱拼命吸吮着黑地里残存的水分，久旱无雨，高粱都半死不活，四老爷骑驴路过的除了麦田就是高粱田，田间持续不断地响着嘭嘭的爆炸声，到处都是蝗虫出土。

四老爷在驴上反复思考着这些蝗虫的来历，蝗虫是从地下冒出来的，这是有关蝗虫的传说里从来没有听说过的。四老爷想起五十年前他的爷爷身强力壮时曾闹过一场蝗虫，但那是飞蝗，铺天盖地而来又铺天盖地而去。想起那场蝗灾，四老爷就明白了：地里冒出的蝗虫，是五十年前那些飞蝗的后代。

必须重复这样的语言：第二天凌晨太阳出土前有十至十五分钟光景，我是行走在一片尚未开垦的荒地上的。

在这段时间里，我继承着我们这个大便无臭的庞大凌乱家族的混乱的思维习惯，想到了四老爷和九老爷为那个穿红衣的女子争风吃醋的事情，想到了画眉和斑马。

太阳出来了。

太阳是慢慢出来的。

当太阳从荒地东北边缘上刚刚冒出一线红边时，我的双腿自动地弹跳了一下。杂念消除，肺里的噪音消失，站在家乡的荒地上，我感到像睡在母亲的子宫里一样安全，我们的家族有表达感情的独特方式，我们美丽的语言被人骂成：粗俗、污秽、不堪入目、不堪入耳，我们很委屈。我们歌颂大便、歌颂大便时的幸福时，肛门里积满锈垢的人骂我们肮脏、下流，我们更委屈。我们的大便像贴着商标的香蕉一样美丽为什么不能歌颂？我们大便时往往联想到爱情的最高形式、甚至升华成一种宗教仪式为什么不能歌颂？

太阳冒出了一半，金光与红光，草地上光彩辉煌，红太阳刚冒出一半就光芒万丈，光柱像强有力的巨臂拨扫着大气中的尘埃，晴空万里，没有半缕云丝，一如碧波荡漾的蔚蓝大海。

久旱无雨的高密东北乡在蓝天下颤抖。

我立在荒地上，踩着干燥的黑土，让阳光询问着我的眼睛。

荒草地曾是我当年放牧牛羊的地方，曾是我排泄过美丽大便的地方，今日野草枯萎，远处的排水渠道里散发着刺鼻的臭气，近处一堆人粪也散发腥臭，我很失望。当我看到这堆人粪时，突然，在我的头脑中，出乎意料地、未经思考地飞掠过一个漫长的句子：

红色的淤泥里埋藏着高密东北乡庞大凌乱、大便无臭美丽家族的过去、现在和未来，它是一种独特文化的积淀，是红色蝗虫、网络大便、动物尸体和人类性分泌液的混合物。

原谅人类——好人不长命；

尊敬生活——龟龄三千年。

五十年前，四老爷抓起一大把幼螨时，他的心里油然生出了对于蝗虫的敬畏。

五十年后，我蹲在故乡寂寥的荒草地里，太阳已经从地平线下脱颖而出，它又大又白，照耀得草木灿烂，我仔细地观察着伏在草茎上的暗红色的小蝗虫，发现它们的玻璃碎屑一样的眼睛里闪烁着一种疯狂又忧悒的光泽，它们额头上生着的对称的纤细触须微微摆动，好像撩拨着我的细丝般的神经。

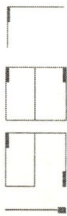

我终于看到了梦寐以求的蝗虫，我估计我看到的蝗虫与五十年前四老爷他们看到的蝗虫基本相似但又不完全相似，正像故乡人排出的大便与五十年前基本相似又不完全相似一样。

太阳逐渐变小之后，蝗虫们头上的触须摆动愈来愈频繁，几乎是同时，它们在草茎上爬动起来，也几乎是同时，它们跳跃起来，寂静的、被干旱折磨得死气沉沉的草地突然活了，所有的草茎上都有比蚂蚁稍大一点的蝗虫在跳跃，所有的野草也都生气蓬勃，一阵阵细微但却十分密集的窸窣声在地表上草丛间翻滚，只要是神经较为发达一点的动物，都会感觉到身体上的某些部位发痒。

我遗憾着没有看到四老爷当年看到过的蝗虫出土的奇观，农业科学院蝗虫研究所的研究人员和工作人员们如果听到过四老爷描绘他当年看到过的情景，我相信他们会生出比我更大的遗憾。他们过来了，他们是从太阳那边走过来的。我遥远地看到他们背着太阳向我走来，逐渐变小但依然比中天的太阳要大得多，初升的太阳从他们的腿缝里射过一束束耀眼的光线，他们穿着旅游鞋的脚踩着草地就像踩着我的胸脯一样。我意识到这种情绪很不健康但又无法管制自己。他们一行九人，有三个女人六个男人。三个女人都很年轻，六个男人中有四个比较年轻，有两个老态龙钟。三个女人都戴着巨大的变色眼镜。六个男人也全都戴着眼镜，但眼镜的形状和颜色不一样。他们头上一律戴着软沿的白色布帽，高密东北乡只有初生的婴儿才戴这种形状的帽子，乡亲们一定对他们嗤之以鼻，表面上也许敬畏他们，但内心绝对瞧不起他们。

蝗虫研究所的人胸前都挂着脖子细长的照相机。他们中不时有人跪在地上拍摄照片，小蝗虫像子弹般射到他们身上和相机上。三个女人都被大眼镜遮住脸，只能从身躯的不同上看出她们的不同。他们接近我时，我还看到那个戴着银边眼镜的老家伙用一面放大镜仔细地观察着一只可能因感冒伏在草茎上休息的小蝗虫。

在这块草地上我有一种居高临下的自豪感，我理直气壮地走到蝗虫研究人员中间，胳膊肘子似乎碰到了一个女蝗虫研究者的腰部，但我绝对没有回头。我弓下腰，屁股高高撅起来，老家伙蹲在我的脸下，好像一条眼镜蛇发起进攻前咝咝地喷着气。我看着他那白色枯干的手上青青的血管暴凸起来，像一条条扭曲的蚯蚓，那柄蓝汪汪的放大镜被他的拇指和食指紧紧捏住，就像我前天傍晚时分捏着那只红蜻蜓的尾巴一样。我还发现，老家伙手背上生着一块块黄豆大小的红斑，他的低垂着的脖颈上，全是一褶一褶的干枯的皱纹。那枚放大镜确实闪烁着宝石般的光彩。我把头更往前伸了一下，我突然发现了一只巨大的蝗虫。

是的，是的，是典型的东亚飞蝗，老家伙絮絮叨叨地说着，他不抬头，眼镜片时而几乎要贴到放大镜片上，时而又离开很远。白色软边遮阳帽下，他的花白的头发又稀又软，好像破烂的杂毛毡片，一股股肉虫子似的汗水从他的发根里缓缓爬出，滚动在他干燥起皮的脖颈上。

当他把手里的放大镜抬高时，一只家燕般大小的蝗虫出现在我眼前，放大了数百倍的蝗虫忽然增添了森森的威严，面对着这只小蝗虫的大影像我感到一种巨大的恐怖。它的麦秆般粗细的触须缓慢地摆动着，这触须结构极端复杂，像一条环节众多的鞭子，也像一条纹章斑斓的小蛇，触须的颜色是暗红色的——基本上是暗红色，因为从根部到顶梢，这暗红是逐渐浅淡的，发展到顶端，竟呈现出一种肉感的乳白色。我注视着蝗的触须——它感觉是那般敏锐，它是那般神经质——想到了蛇、蜥蜴、壁虎、蝾螈等爬行类冷血动物的尾巴。它的椰头状的脑袋上最凸出的那两只眼睛，像两只小小的蜂房，我记起前天晚上翻看《蝗虫》时，书上专门介绍过这种眼睛。现在，凸起的两个椭圆形眼睛闪烁着两道暗蓝色，不，是浅黄色的光芒，死死的、一动不动的蝗虫眼睛盯着我，我感到惶惶不安。它有两条强健的大腿，有四条显得过分长了些的小腿。它的肚子有一、二、三、四、五，五个环节，愈往后愈细，至尾巴处，突然分成了两叉。

这是只公，还是只母？我听到一句话分成两段从我的嘴里掉出来，那声音咕咕噜噜，似乎并不是我的声音。

你怎么搞的，连只雌性蝗虫也辨别不清吗？老家伙用嘲讽和轻蔑的口吻说，他依然没有抬头。

我想这个老家伙简直成了精啦，他竟然能分辨出蝗虫的公母。

教授！那个穿着粉红色裙子，小腿上布满被干茅草划出的白道道的女蝗虫研究人员在前边喊叫起来，教授，走吧，该进早餐喽！

这家伙竟然是个教授！

老家伙，不，还是称教授吧！蝗虫教授恋恋不舍地、困难地站起来，他一定蹲麻了腿，他一定是个坐着大便的人，缺乏锻炼，所以他麻腿。

他步伐凌乱、歪七斜八地走着。起立时，他放了一个只有老得要死的人才放得出来的悠长的大屁，这使我感到万分惊讶，想不到堂堂的教授也放屁！一堆小蝗虫在他的裤子上跳着，如此强大的气流竟然没把娇小的蝗虫从他的肛门附近的裤布上打下来，可见蝗虫的腿上的吸盘是多么有力量。教授的屁又长又臭，我早就知道他是不吃青草的高级动物，他们这一群人都不吃青草，他们对蝗虫既不尊敬又不惧怕，他们是居高临下地观察着青草和沼泽的人。

教授和他的同伙们——这些不吃青草的家伙踢踢踏踏地往西走了一段又往南走去。在沼泽地的北边，草地上，支起了三架乳白色的帐篷，他们就是朝着那三架帐篷走去的。假如某一天夜里，帐篷里冒起了熊熊的火焰，白色的厚帆布在火苗中又抖又颤，草地被大火照得染血般鲜红，蝗虫会成群结队地飞进烈火中去，而村庄里的人，齐齐地站在村前一条沟堰上，嘴里咀嚼着成束的干茅草根，吮吸着略有甜滋味的茅草汁液，磨砺着牙齿上的污垢，看着火光中翩翩起舞的巨大人影，看着一道道残云般的飞蝗冲进炽亮的火焰里去，直到高级动物被燃烧的臭气和蝗虫被燃烧的焦香味道混合着扑进鼻腔，他们谁都不会动一下。这个吃青草的庞大凌乱家族对明亮的火焰持一种类似高傲的冷漠态度——在任何一个源远流长的家族的历史上，都有一些类似神话的重大事件，由于这些事件对家族的命运影响巨大，传到后来，就必然蒙上神秘的色彩。就像高密西北乡的薛姓家族把燕子视为仇敌把苍蝇视为灵物一样，我们高密东北乡吃青草的庞大家族敬畏野地里的火光。

我在回村庄的路上，碰上了前文中屡屡提到的九老爷。现在，九老爷八十六岁，身体依然康健，十几年前他在村前沟渠里用二齿钩子威胁陷在淤泥里的九老妈时，因为醉酒双眼血红脚步踉跄。十几年没见九老爷，他似乎确凿长高了也长瘦了，嘴巴上光溜溜的，没有一根胡髭。九老爷比过去漂亮了，眼睛不通红了，肺部也清晰了，不咯血啦，青草一样碧绿的颜色浸透了他的眼球。在我的记忆里，九老爷是从不养鸟的，四老爷是年年必养一只窝来鸟的，事情正在起变化，迎着我走来的九老爷，手里提着一个青铜铸成的鸟笼子，鸟笼子上青锈斑斑，好像一件出土文物。见九老爷来，我让到路边，问讯一声：九老祖宗，去草地里拉屎吗？

九老爷用绿光晶莹的眼睛盯着我看，有点鹰钩的鼻子抽搐着，不说话，他，半袋烟的工夫才用浓重鼻音哼哼着说：

小杂种！流窜到什么地场去啦？

流窜到城里去啦。

城里有茅草给你吃吗？

没有，城里没有茅草给我吃。

你看看你的牙！九老爷龇着一口雪白的牙齿嘲笑着我的牙齿，由于多年没有嚼茅草，我的牙齿又脏又黄。

九老爷从方方正正的衣袋里摸出两束整整齐齐干干净净的茅草根，递给我，用慈祥老人怜悯后辈的口吻说：拿去，赶紧嚼掉！不要吐，要咽掉。九老爷用紫红的舌尖把咀嚼得黏黏糊糊的茅草根挑出唇外让我观看，吐舌时他的下眼睑裂开，眼里的绿光像水一样往外涌流。嚼烂，咽下去！九老爷缩回舌头，把那团茅草的纤维咕噜一声咽下去，然后严肃地对我再次重复：嚼烂，咽下去！

好，九老爷，我一定嚼烂，一定咽下去。我立即把一束茅草根塞进嘴里，一边咀嚼着，一边向现在八十六岁的九老爷发誓。为了表示对九老爷的尊敬，我又一次问讯——因为口里有茅草，我说话也带上了浓重的鼻音：九老祖宗，您去草地上拉屎吗？

九老爷说：才刚拉过啦！我要去遛鸟！

我这才注意到闪闪发光的青铜鸟笼中的鸟儿。

九老爷养了一只猫头鹰，它羽毛丰满，吃得十分肥胖，弯弯的嘴巴深深地扎进面颊上的细小羽毛中。笼内空间狭小，猫头鹰显得很大。猫头鹰睁开那两只杏黄色的眼睛时，我亢奋得几乎要号叫起来。在它的圆溜溜的眼睛正中，有两个针尖大的亮点，放射着金黄的光芒。它是用两只尖利的爪子握住笼中青铜的横杆站立在笼中的，横杆上、鸟食罐上，都糊着半干的碎肉和血迹。

九老祖宗，我疑惑地问，你怎么养了这么个鸟？你知道城里人都把它叫成丧门星的！

九老爷用空着的左手愤怒地拍了一下鸟笼，猫头鹰睁开眼睛，死死地盯着我，突然把弯勾嘴从面颊中拔出来，凄厉地鸣叫了一声。我慌忙把那摊尚未十分嚼烂的茅草咽下去，茅草刺刺痒痒地擦着我的喉咙往下滑动，我止不住地咳嗽起来。

我极力想回避猫头鹰洞察人类灵魂的目光，又极想和它通过对视交流思想。我终于克制住精神上的空虚，重新注视着猫头鹰的眼睛。它的眼睛圆得无法再圆，那两点金黄还在，威严而神秘。

我注意到猫头鹰握住横杆的双爪在微微地哆嗦，我相信只要九老爷把它放出笼子，它准会用闪电一般的动作抠出我的眼珠。

猫头鹰厌倦了，眯缝起了它的眼。我问九老爷有多少会叫的鸟儿不养，譬如画眉啦、蜡嘴啦、八哥啦、窝来啦，偏偏养一只又凶又恶叫声凄厉的怪鸟。

九老爷为自己也为猫头鹰辩护，他老人家罢黜百鸟，独尊猫头鹰。他说要用两年零九天的时间教会这只猫头鹰说话，他说他的第一个训练步骤是改变猫头鹰白天睡觉夜里工作的习惯，因此他必须使猫头鹰在所有的白天里都不得一分钟的安宁。说着说着，九老爷又用空着的左掌拍击了一下鸟笼，把刚刚眯缝上眼睛的猫头鹰震得翅羽翻动目眦尽裂。

宝贝，小宝贝，醒醒，醒醒，夜里再睡，九老爷亲昵地对笼中的猫头鹰说着话。猫头鹰转动着可以旋转三百六十度的脑袋，无可奈何地又睁开大眼。它的眼睛里也泛出绿光，跟它的主人一样。

干巴，九老爷叫着我连我自己都几乎忘记了的乳名，说，两年零九天以后，你来听九老爷的宝鸟开口说话。猫头鹰好像表决心一样叫了一声，这一声叫就恍恍惚惚地有些人类语言的味道了。

九老爷提着猫头鹰，晃晃荡荡地向荒草甸子深处走去。他旁若无人，裂着嗓子唱着一支歌曲，曲调无法记录，因为我不识乐谱，其实任何乐谱也记不出九老爷歌唱的味道。歌词可以大概地写出来，一个训练猫头鹰开口说话的人总是有一些仅仅属于他一个人的暗语。

哈里呜呜啊呀破了裤子——公公公哄哄小马驹——宝贝葫芦噗噜噗噜——嘴里吐出肉肉兔兔——

九老爷的歌唱确实像一条汹涌奔腾泥沙俱下的河流，我猜测到歌词本身恐怕毫无意义，九老爷好像是把他平生积蓄的所有词汇全部吐露出来，为他笼中的猫头鹰进行第一步的灌输性教育。

那时候，村庄里没有一户异姓人家，村庄也就是家族的村庄，近亲的交配终于导致了家族的衰败，手脚上粘连着的鸭蹼的孩子的不断出生向族里的有识之士发出了警告的信号。到了四老爷的爷爷那一代，族里制定了严禁同姓通婚的规定，正像任何一项正确的进步措施都有极不人道的一面一样，这条规定，对于吃青草、拉不臭大便的优异家族的繁衍昌盛、兴旺发达无疑具有革命性的意义，但具体到正在热恋着的一对手足上生蹼膜的青年男女身上，就显得惨无人道。这两个人论辈分应是我的姥姥的爷爷和姥姥的姑奶奶，称呼不便，姑妄用字母代表。A，是男青年；B，是大姑娘。他和她都健康漂亮，除了手足上多了一层将指头粘连在一起的蹼膜，一切都正常。那时候沼泽地里红水盈丈，他们在放牧牛羊之前、收割高粱之后，经常脱得一丝不挂到水里游泳。由于手足生蹼，他和她游泳技术非常高超。在游泳过程中，他们用带蹼的手脚互相爱抚着，爱抚到某种激烈的程度，就在水中交配了。交配过后，他和她公然住在一起，宣布结婚，这已经是那项规定颁布后的第二年初冬，有人说是深秋。反正是高粱秸子收割下来丛成大垛的时候。这一对蔑视法规的小老祖宗是被制定法规的老老祖宗烧死的。

在现在的沼泽地西边的高地上，数百年前的干燥高粱秸秆铺垫成一个蓬松的祭坛，A和B都被剥光了衣服，身上涂着一层黏稠的牛油。B的肚子已经明显凸起，一个或许是两个带蹼的婴儿大概已经感觉到了危险来临了吧，B用手捂着肚子好像保护他们又好像安慰他们。

家族的人都聚在祭坛前，无人敢言语。

傍晚时分，一轮丰满的月亮从现在的沼泽当时的水淖子后升起来时，高粱秸秆就被点燃了。月光皎洁，深秋（我更喜欢深秋）的清寒月光把水淖子照耀得好似一面巨大的铜镜，众人的脸上也都闪烁着青铜的光泽。高粱秸秆开始燃烧，哔哔剥剥，爆豆般的响声，与刚开始的浓烟一起上升。起初，火光不如月光明亮，十几簇暗红色的小火苗焦灼地舔舐着松软易燃的高粱叶子，火苗燃烧高粱叶子时随着高粱叶子的形状弯曲，好像鲜艳的小蛇在疾速地爬行。没被烧着的高粱叶子被火的气浪冲击着，发出索索抖颤的声音。但从祭坛的最上边发出的瑟瑟之声，却不是气浪冲击的结果。当时年仅八岁的四老爷的爷爷清楚地看到赤身裸体的A和B在月光下火光

上颤抖。他们是从火把点燃祭坛的那个瞬间开始颤抖的，月光和火光把他们的身体辉映成不同的颜色，那涂满身体的暗红色的牛油在月光下发着银色的冰冷的光泽，在火光上跳动着金色的灼热的光泽。他们哆嗦得越来越厉害，火光愈加明亮，月光愈加暗淡。当十几束火苗猝然间连成一片、月亮像幻影猝然隐没在银灰色的帷幕之后，A和B也猝然站起来。他们修长美丽的肉体金光闪闪，激动着每一个人的心。在短暂的一瞬间里，这对恋人你看看我，我看看你，然后便四臂交叉，猛然扑到一起。在熊熊的火光中，他们翻滚着，扭动着，带蹼的手脚你抚摸着我，我抚摸着你，你咬我一口，我咬你一口，他们在咬与吻的间隙里，嘴里发出青蛙求偶般的欢叫声……

这场轰轰烈烈的爱情悲剧、这件家族史上骇人的丑闻、感人的壮举、惨无人道的兽行、伟大的里程碑、肮脏的耻辱柱、伟大的进步、愚蠢的倒退……已经过去了数百年，但那把火一直没有熄灭，它暗藏在家族的每一个成员的心里，一有机会就熊熊燃烧起来。

关于这场火刑，每个家族成员都有自己的一套叙述方式。四老爷有四老爷的叙述方式，九老爷有九老爷的叙述方式，我深信在这个大事件背后，还应该有更多的戏剧性细节和更多的"猫儿腻"，对这件事情、对那个年代进行调查、研究、分析、批判、钩沉、索隐的重担毫无疑问地落在了我的肩上。

当然，那场实际的烈火当天夜里就熄灭了。重新显露雪白面容的月亮把光华洒遍大地，淖子里银光闪烁，遍野如被冰霜。A和B消失在那一堆暗红色的灰烬里。秋风掠过，那灰烬就稍微地鲜红一下，扑鼻的香气团团簇簇地耸立在深秋寂寥空旷的田野上。

火光曾经那样鲜明地照亮过祖先们的脸，关于烈火的印象，今天照耀着家族成员们的灵魂。

四老爷发现蝗虫出土的那天晚上，终于捉拿住了四老妈的情人——流沙口子村的锔锅匠李大人。这个重大的收获使四老爷兴奋又恼怒——尽管这是一个颇似阴谋诡计、四老爷有意制造或等待日久的收获，但四老爷点亮灯火，看到蹲在炕角上抱着肩膀瑟瑟发抖的、赤身裸体的四老妈和年轻力壮的李大人时，他的胸膛里还是燃烧起一股恼怒、嫉妒的烈火。四老爷是提着一根新鲜的槐树杈子冲进屋里的，树杈子带着尖利的黑刺、柔嫩的绿叶，顶端分出十几根枝丫，蓬松着像一把大扫帚——

这是一件真正的兵器，古名"狼筅"，是骑兵的克星。

一切都被四老爷盯在眼里，当春天刚开始时，铜锅匠悠扬的招徕生意的歌唱声在胡同里频繁响起，四老爷心里就有了数。以后，家中锅碗瓢盆的频繁破裂和四老妈一听到铜锅匠的歌唱声就脸色微红忸怩不安的样子，更使四老爷胸有成竹，他知道，剩下的事情就是抓奸抓双了。

四老爷自己说他从结婚的第一夜就不喜欢四老妈，因为四老妈的嘴里有一股铜锈般的味道。四老爷曾经劝告四老妈像所有嫁到这个家族里的女子一样学会咀嚼茅草，四老妈断然拒绝。我的母亲能惟妙惟肖地模仿四老妈说话的声音和说话时的神态。从母亲的表演里，我知道四老妈是个刚烈的、身材高大、嗓音洪亮的女人。她皮肤白皙，乳房很大，按照现代标准，应该算一流的女人，可是四老爷偏偏不喜欢她。母亲说每当四老爷劝她吃茅草治疗嘴里的铜锈味道时，她就臭骂四老爷：驴杂种，想让老娘当毛驴呀？

四老爷说他一闻到四老妈嘴里的铜臭味道就干不成男女的事儿，所以他从来没有喜欢过这个女人。族里五老爷的遗孀五老妈当场戳穿四老爷的谎言，五老妈说：四哥，别昧着良心说话，你和四嫂子刚成亲那年，连晌午头里的歇晌也是搂抱在一块的，啧啧，大热的天，满身的臭汗黏糊糊的，你们搂在一起也不嫌热，你也不嫌她嘴里有铜臭！你是勾搭上了流沙口子那个穿红袄的小媳妇才嫌弃四嫂子的，你们兄弟们都是一样的骚狐，我们没像四嫂一样偷个汉子，我们真是太老实了！

四老爷经常对揭发他隐私的五老妈说，弟妹，你别胡说八道。五老妈当场就反驳，怎么是胡说八道？你们这些臭汉子，抟着根狗鸡巴，今天去戳东村的闺女，明天去攘西村的媳妇，撇下自己的老婆干熬着，蚊蝱蛆虫还想着配对呢，四嫂子可是个活蹦乱跳的女人。四老爷子，你不是好东西。

秋冬喝晚茶的夜晚，春夏乘凉的夜晚，五老妈子对四老爷子淋漓尽致的批驳是精彩的保留节目，我们这些晚辈被逗得哈哈大笑，笑过之后，往往胡思乱想。那个闹蝗灾的年代，那个一边闹蝗灾一边闹乱兵的年代，色彩斑斓，令人神往。

被蝗虫出土撩拨起的兴奋心情使村子里的大街小巷都蒙上了一层神秘的色彩，四老爷骑着风尘仆仆的小毛驴走进自家的胡同时，听到了锔锅匠拖长腔调唱着：锔锅喽锔盆吧——这一声干净浑厚的歌唱像一根灼热的火棍捅在四老爷纷纷攘攘如蝗虫爬动的思绪里，使他从迷乱的鬼神的世界回到了人的世界，他感到灼热的痛苦。锔锅匠正在他的家门口徘徊着。艳阳高照，夏天突然降临，门口的柳树垂头丧气，暗红色的柳木的碎屑是天牛幼虫的粪便一簇簇粘在树干上，极像出土的蝗虫。锔锅匠用又宽又长的暗红色扁担挑着锔锅碗瓢盆的家什在柳树附近徘徊，肩上的蓝色大披布好像乌鸦的翅膀，他裸露着暗红色的胸脯。看到四老爷骑驴归来，锔锅匠怔了一下，然后泰然自若地往前走去。他继续高唱着那单调油滑的歌子。从他的歌唱声中，四老爷听不出他有一丝一毫心虚，四老爷感到被侮辱的愤怒。

四老爷把疲惫不堪的毛驴拴在柳树上，驴张开嘴去啃树皮，它翻着嘴唇，龇着雪白的长牙烦躁地啃着被它啃得破破烂烂的树皮，好像啃树皮是四老爷分配给它的一项必须完成的任务。

四老妈端着一个摔成两瓣的黑碗出来，与正要进门的四老爷撞了一个满怀。

哼，四老爷从牙缝里龇出一股冷气，撇着嘴，阴毒地打量着四老妈。

四老妈脸通红了。四老妈脸雪白了。四老妈衣衫整洁，头发上刚抹了刨花水光明滑溜。她一手拿着一瓣碗，显得有点紧张。

又摔了一个碗？四老爷冷冰冰地说。

猫摔破的！四老妈气恼地回答。

四老爷走进屋子，看到那只怀孕的母猫蜷缩着笨重的身子在锅台上眴眴地打着瞌睡。锔锅匠走到房后的河堤上，他的歌唱声从后门缝里挑衅般地钻进来。

四老爷摸了一下猫的背，猫睁开眼睛，懒洋洋地叫了一声。

吃饭，吃饭，四老爷说。

田里出蝗虫啦，四老爷吃着饭说。

今黑夜我还到药铺里困觉，耗子把药橱咬了一个大窟窿。四老爷吃罢饭，嚼着一束茅草根，呜呜噜噜地说。

四老妈冷笑一声，什么话也没说。

整整一个下午，四老爷都坐在药铺的柜台后发愣。坐在柜台后他可以看清大街上的一切人物。田野里布满了蚂蚁般的小蝗虫的消息看来已经飞快地传遍了村子，一群群人急匆匆地跑向田野,一群群人又急匆匆地从田野里跑回来。傍晚时分,街道的上面,灼热的火红阳光里,弥漫着暗红色的尘土,光里和土里踽踽行走着一些褐色的人。

一群人涌到药铺里来了,他们像法官一样严肃地注视着四老爷,四老爷也注视着他们。因为锔锅匠漂亮的油腔激起的复杂感情使四老爷看到的物体都像蠢蠢欲动的蝗虫。

四老爷,怎么办?

您出个主意吧,四老爷。

四老爷暂时把夜里的行动计划抛到脑后,看着这些族里的、同时又是村里的人。

你们都看到了神虫?

我们都看到了蚂蚱。

不是蚂蚱,是神虫!

神虫?神虫,神虫!

夜里,我做了一个梦……四老爷把一束茅草根填到嘴巴里慢慢咀嚼着,双眼望着在街上的金光中飞行的尘土,好像在努力回忆着他的梦中情境。

四老爷说他骑着毛驴在县衙前的青石板道上缓缓地行走,驴蹄子敲着石板,发出咯咯噔噔的清脆响声。迎面来了一只通红的马驹子,马驹子没备鞍鞯,马上坐着一个大眼睛的红胡子老头。马蹄子敲打青石板道,也发出咯噔咯噔的响声。马和驴碰头时,都自动停住蹄腿,四老爷瞪着红色马驹上的老头,红色马驹上的老头瞪着毛驴上的四老爷。四老爷说那老头儿问他是不是高密东北乡的人,四老爷说是。老头儿就说,俺有亿万万的家口要在那方土地上出生,打算把那儿吃得草牙不剩。吃草家族的首领碰上了更加吃草家族的首领,四老爷有些胆战心惊。四老爷说你们吃得草芽不剩,俺怎么活?那老头对四老爷说你回去领导着修座庙吧!四老爷问修座什么庙,那老头说修座叭蜡庙,四老爷问庙里塑什么神灵,老头儿跳下马,落在青石板道上。哪里有什么老头儿,四老爷说他看到青石板道上趴着一只像羊羔那么大的火红色的大蝗虫。蝗虫的两只眼像两个木瓜,马一

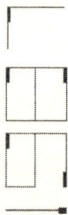

样的大嘴里龇出两只绿色的大牙。两条支起的后腿上生着四排狗牙般的硬刺。它遍身披着金甲。四老爷说他滚下驴背，跪倒便拜，那蝗虫腾地一跳，翅膀嚓啦啦地剪着，一道红光冲上了天，朝着咱东北乡的方向飞来了。那匹马驹扬起鬃毛，沿着青石板道往东跑了，青石板道上，一串响亮的马蹄声。

听完四老爷的梦，所有在场的人都屏息敛声，那个可怖可憎的火红色的大蚂蚱仿佛就停在村庄里的某条小巷上或某家某户的院落里，监视着村里人的行动。

如果不修庙……四老爷吞吞吐吐、意味深长地说。

如果不修庙，蝗虫司令会率领着他的亿万万兵丁，把高密东北乡啃得草芽不剩，到那时遍野青翠消逝，到处都裸露着结着盐嘎痂的黑色土地，连红色沼泽里的芦苇、水草都无一棵留存，红色沼泽里无处不是红的淤泥，到那时牛羊要被饿死，暗藏在沼泽地芦苇丛中的红狐狸和黄野兔都会跑出沼泽，深更半夜，在大街小巷上、在人家的院墙外，徘徊踯躅，凄厉地鸣叫……

四老爷，一切都由您老做主啦。

四老爷沉思片刻说，大家伙信得过我，我还有什么话说？凑钱修庙吧，按人头，一个人头一块大洋。

在集资修筑叭蜡神庙的过程中，四老爷到底是不是像人们私下传说的那样，贪污了一笔银钱？我一直想找个恰当时机，向四老爷进行一次推心置腹、周纳罗织的攻心战，我预感到这个时机已临近成熟，五十年过去了，蝗虫又一次在高密东北乡繁衍成灾，当年四十岁的四老爷已经九十岁，尽管每日嚼草，他的牙关也开始疏松了。

四老爷送走众人，从柜台里的搁板上抄起一把利斧，搬着一条高凳，站在槐树下，天上星河灿烂，群星嘈嘈杂杂，也像一群蝗虫。他站到板凳上后，看到星星离自己近了，星光照耀着悬挂在一根横向伸出的树杈上的椭圆形的瓜蒌和纺锤形的丝瓜。它们都不成熟，缠绕在一起的瓜蒌蔓上混杂开放着白色成簇的瓜蒌花和浅黄色、铜钱大小的丝瓜花，四老爷当然也嗅到了它们幽幽淡淡的药香。四老爷举斧砍在树杈上，枝叶花果一起抖动。

持着什么武器去找奸夫，是四老爷整整考虑了一个下午的问题，选择这根枝丫众多的槐树杈子，充分显示了四老爷过人的聪明和可怕的幻想能力，它使企图夺门逃跑的铜锅匠李大人吃尽了苦头。

　　四老爷手持武器，怀揣着一盒价格昂贵、平日不舍得使用的白头洋火，轻捷地溜出药铺，穿过一条阴暗的小巷，伏在墙头扁豆藤叶上的几十只蝈蝈唧唧的叫声编织出一面稀疏的罗网，笼罩着四老爷的秘密活动。大门上的机关是很简单的：一根折成鱼钩形的粗铁丝从门的洞眼里伸进去，勾住门闩，轻轻一拨就行了。这点点细微的声音只有那只老猫能听到。为了防止开门时的响声，四老爷早就在门的轴窝里灌上了润滑油，大门无声无息地被打开。四老爷双手端着那根前端杈丫丰富的树杈子，一脚就踢开了堂屋房门，冲进堂屋，房门也被踢开。屋里发出四老妈从美梦中被惊醒的尖声喊叫，这时四老爷却屏住呼吸，双手紧紧地握住槐树杈子对准洞开的门。他的眼睛因激怒发出绿色的光芒，像猫眼一样，那天晚上四老爷能看清黑暗中的所有东西。

　　走进大门之前，四老爷为避免打草惊蛇，进行了一番精心的侦察。他首先在厕所里的茅坑边上看到了锔锅匠的家什和扁担，这时他的愤怒使他浑身颤抖。他咬紧牙关止住颤抖，踮脚潜到窗户外，仔细地辨别着屋里的动静。两个人打出同样粗重的呼噜（四老爷说四老妈打呼噜吵得他难以成眠也是导致他厌恶她的一个原因），传到他的耳朵里他差点要咳嗽出声来，紧接着他就踢开了两道门，手持着槐树杈的四老爷站在房门外，好像一个狡诈凶狠的猎人。

　　锔锅匠李大人即便是虎心豹胆，在这种特定的时刻，也无法保持镇静。他顺手拖起一件衣服，懵懵懂懂地跳下炕，往堂屋里冲来。四老爷觑得亲切，把那蓬树杈子对着他的脸捅过去。一个捅，一个撞，一个是邪火攻心，一个是狗急跳墙，两人共同努力，使当作武器的槐树杈子发挥出最大威力。

　　四老爷感觉到那槐树的尖锐枝丫扎进了李大人的脸。李大人发出一声非人的惨叫，踉跄着倒退，一屁股坐回到炕沿上。

　　趁着这机会，四老爷掏出洋火，划着，点亮了门框上的洋油灯。

　　四老爷狞笑一声，又一次举起了槐树杈子。灯光照耀，锔锅匠满脸污血汩汩流淌，一只眼睛瘪了，白水黑水混合流出眼眶。

　　四老爷心里腻腻的，手臂酸软，但还是坚持着把那槐树杈子胡乱戳到

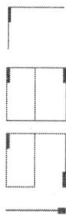

锔锅匠胸口上。

锔锅匠不反抗，好像怕羞似的用两只大手捂着脸，鲜血从他的指缝里爬出来，爬到他的手背上，又爬到他的小臂上，在胳膊上停留一下，淅淅沥沥地往地下滴。四老爷的树杈子戳到他的胸脯上时，只有被戳部位的肌肉抖颤着，他的四肢和头颈没有反应。四老爷被锔锅匠这种逆来顺受的牺牲精神一下子打败了，持着树杈子的双臂软软地耷拉下去。

四老妈放声大哭起来，泪水哗哗地流。

四老爷被四老妈的哭声撩起一股恶毒的感情，他用槐树杈子戳着四老妈的胸，四老妈也用双手捂着脸，也是同样地不畏痛楚。四老爷见着那根槐杈倾斜的、带着一茎嫩叶的青白的尖茬抵在四老妈一只雪白松软的乳房上，仿佛立刻就戳穿那乳房时，他的胳膊像遭到猛烈打击似的垂下来，树杈子在炕上耽搁了一下后掉在炕前的地上。四老爷感到精疲力竭，心里一阵阵地哆嗦，一种沉重的罪疚感涌上他的心头，他突然想到，如果把一只发情的母狗和一只强壮的公狗放在一起，两只狗进行交配就是必然要发生的事情。看着锔锅匠残破的身体，四老爷心有愧疚，他有些支持不住，倒退一步，坐在一只沉重的楸木杌子上。

你走吧！四老爷说。

锔锅匠僵硬地保持着固有的姿势，好像没听到四老爷的话。

四老爷从地上提起锔锅匠的两只大鞋，对四老妈说：贱货，别号了，给他包扎包扎，让他走！

四老爷走出屋，走出院子，一步比一步沉重地走在幽暗的小巷子里。墙头上的扁豆花是一团团模模糊糊的白色暗影，蝈蝈的鸣叫是一道道飘荡的丝线，满天的星斗惊惧不安地眨动着眼睛。

抓奸之后，四老爷除了继续看病行医之外，还同时干着三件大事。第一件，筹集银钱，购买砖瓦木料油漆一应建庙所需材料；第二件，起草休书，把四老妈打发回娘家；第三件，每天夜里去流沙口子村找那个喜欢穿红色上衣的小媳妇。

从我们村到流沙口子村，要越过那条因干旱几乎断流的运粮河。河上有一道桥，桥墩是松木桩子，桥面是白色石条。年久失修，桥墩腐朽，桥石七扭八歪、凹凸不平。马车牛车行人走在桥上，桥石晃晃悠悠，桥墩嘎嘎吱吱响，好像随时都有可能坍塌。四老爷一般都是在晚饭过后星光满天的时候踏上石桥，去跟那个小媳妇会面。这条路四老爷走熟了，闭着眼睛也能摸到。小媳妇家住在河堤外，三间孤零零的草屋。她养着一只小巴狗，四老爷一走到门外，小巴狗就亲热地叫起来，小媳妇就跑出来开门。有关小媳妇的家世，我知道得不多。她是怎么和四老爷相识，又是怎样由相识发展到同床共枕、如胶似漆，只有四老爷知道，但四老爷不肯对我说，我用想象力来补充。

我说，四老爷，你不说我也知道。四老爷说，毛孩子家知道什么！知道你怎样勾搭上了小媳妇。四老爷摇着头，挺凄凉地笑起来。我说，四老爷，你听着，听听我说得对不对——你认识小媳妇逃不出这两种方式：一，你去流沙口子村给小媳妇看病；二，小媳妇到药铺里来找你看病。第一种可能性比较小，因为小媳妇年轻，不可能有什么不能行动的重症，即便是你去她家为她看病，那时候她的昏头昏脑的公公还在，这个老东西像只忠实的老狗一样，为他犯了案子跑去关东的儿子看护着那块肉。她的公公是你跟她相好之后得暴病死的！你记住，四老祖宗，那老东西死得不明不白！第一种可能性排除了，那么，你就是在你的药铺里认识了小媳妇的。四老祖宗，你的药铺里边的格局是这样的：四间房子，东边三间是打通了的，东西向立着两架药橱，药橱外是一道柜台，柜台是用木板架起来的，下边是空的，弯腰可以钻进去，当然弯腰也可以钻出来。一台制药的铁碾子在墙角上放着，柜台外的墙角。一盘切草药的小铡刀与药碾子并排放着。碾子像个铁的小船，中间一个安有木轴的大铁轮子，你后来用蝗虫尸体制造那种骗人的丸药时，就是用这个铁碾子粉碎原料。最西边一间是个套房，有两扇薄薄的门。套房里有一盘火炕。在柜台外的西南墙角上，你还垒着一个灶，灶口朝北，灶上安着一口八印的铁锅，你用这口锅炮制中药，也用它炮制过骗人的假药。屋里拾掇得很干净，炕上被褥齐全。里屋里有茶壶茶碗，还有酒壶酒盅。你的药铺、也是你的诊所，基本上就是这个样子！（四老爷点点头。）好了，戏就要开场，药铺是舞台，你和小媳妇是主要演员，也许还应安排几个群众角色。

那是四月里的一个上午，浓郁的春风像棉絮般涌来，阳光明媚，你诊所的院子里的槐树上槐花似雪，槐花的香气令人窒息，几千只蜜蜂在槐树

枝丫间采集花粉，它们胸前挎着两只花篮嗡嗡地飞着，院子里飞来飞去的蜜蜂像射来射去的流星，金黄色的流星，你的墙壁上挖了几个大洞，洞口用钻着密密麻麻洞眼的木板封住，这就变成了蜜蜂的巢穴，蜜蜂们从那些洞眼里爬进爬出，辛勤地酿造蜂蜜——可以形容一句：蜜蜂在酿造着甜蜜的生活，酿造着甜蜜的爱情。

这样的季节这样的气候这样的环境，你知道，人们最容易春情萌动，你一定忘不了一句俗谚：四月的婆娘，拿不动根草棒。女人们都慵倦无力、目光迷荡，好像刚出浴的杨贵妃。她们的肉体焦渴，盼望着男人的抚摸，她们的土地干旱，盼望着男人的浇灌。这些，你用你的阴阳五行学说可以解释得很清楚。

所以，我把你和她的初次接触安排在四月里一个春风拂煦、阳光明媚的上午。

我紧紧逼视着聚精会神听我讲话的四老爷。四老爷脸上无表情，咳嗽一声——不是生理性的咳嗽，是掩饰某种心情的精神性咳嗽——嗯，往下说。四老爷说。

你坐在柜台后的方凳上，手里捧着那把红泥紫茶壶，慢慢地啜着茶。你处理了几个病人，为他们诊脉处方，在药橱里抓药，他们从破烂手绢里扒出铜板付给你，你收下诊金和药费，扔在一个木盒子里。你的铺面临着大街，目光越过院落的红土泥墙，墙上生着永远洗不净的红芯灰菜，你看着大街上的行人和车辆，飞禽与走兽，春风团团翻滚，卷来草地上的、沼泽里的野花的幽香和麦田里的小麦花的清香与青蒿棵子清冽的味道。你一定努力排斥着槐花的闷香、排斥着甬路两侧白色芍药花的郁香而贪婪地呼吸着野花的香气。这就叫：家花不如野花香！不爱家鸡爱野鸡，是一条铁打的定律，男人们都一样，这是一种能够遗传的本能。四老爷，你啜着茶，感到无聊而空虚，你对四老妈嘴里的铜锈味道深恶痛绝，她又拒绝吃茅草，她的口中怪味撩起你的厌恶情绪使她的全身都丑陋不堪，你对她一点都不感兴趣，她求偶时的嘶嘶鸣叫使你厌恶，与她交配你没有感到一丝一毫快感你感到一种生理性的反感。就是这样的时刻，她出现在大街上。

她出现在大街上，你捏着茶壶的手里突然冒出了涔涔的汗水。你看着她的暗红色的褂子，像看着一团抑郁的火，她推开院子门口半掩的栅栏，轻步趋上前来，蜜蜂围绕着她的头颅旋转，她把手里拎着的红布小包袱举起来轰赶蜜蜂，有一只蜜蜂受了伤，跌在地上，翅膀贴地转磨。你放下茶壶按着柜台站起来，你的心怦怦地跳着，你的眼睛贪婪地看着她黑红的脸庞上那两只水汪汪的眼睛，她的额头短促，嘴唇像紫红的月季花苞。你又用眼盯住了她的胸脯，你其实已经用你的狂热的欲念剥光了她的衣裳，你想象着一只手握住她一个奶子的滋味。鉴于当时的习俗，你一定认真打量过她的小脚，她穿着一双绿缎子绣花鞋，木后跟在地上凿出一些白点子。

她进屋里来，怯生生地叫了一句先生。你顾不上回答，只顾盯着她看，你那样子很可怕：眼睛斜睨着，噼噼啪啪喷溅着金黄色的火星，嘴半张着，哈喇子流到下巴上。四老祖宗，你那时像一匹发情的公狗，恨不得一口把她吞掉。她又叫了一声先生，你才从迷醉状态中清醒过来。她说她身子不舒坦，你让她在柜台外的凳子上坐下。她坐得很远，你让她往前靠，你让她再往前靠，她又往前靠了一下。她的肚子紧靠在柜台上，她的腿伸到柜台下，你在柜台里也是这样坐着，你感觉到你的膝盖抵在她那两个又圆又小的膝盖上。她的脸涨得发红，呼吸急促引起她的胸脯翕动，她那两只奶子像两只蠢蠢欲动的小兔子，你的手里全是汗水。你咬住牙，把火一样的欲念暂时压下去，把用谷子填充的小枕头拖到柜台中央，你让她把手腕枕在上面，她的手仰着，五根尖尖手指神经质地颤抖着。你伸出食指、中指和无名指，按住她的手腕内侧的寸、关、尺。你的手指一接触她的肌肤，脑袋像气球一样膨胀起来，你心里涛声澎湃，墙上土巢里的蜜蜂好像全部钻进了你的双耳里。你乱了方寸，丧失了理智，你的三个指头按着她腕上滑腻的肌肤，感到头脑在飞升，身体在下陷，陷在红色沼泽的红色淤泥里。

她把手腕抽回去，站了起来，她说先生俺走啦。你一下冷却了，在那一刹那间，你感到很羞愧，你隐隐约约地意识到自己在亵渎医家的神圣职责，同时，你还感到自尊心受到损伤，你甚至有些后悔。

你咳嗽着，掩饰窘态，你说你伤风了，头脑发热发晕。你啜了几口凉茶，恳求她坐下。你平心静气，收束住心猿意马为她切脉。她的脉洪大有力，急促如搏豆。切完右手切左手。你对她的病症已经有了八分了解。女人在春天里多半犯的是血热血郁的毛病，可以丹参红花白芍之类治之。你让她吐出舌头，你察看着她的舌苔。她的舌头猩红修长，舌头轻巧地翘着，舌心有一点黄。从她嘴里喷出的气息初闻好似刚剖开的新蛤蜊，仔细品咂如兰如麝，你非常渴望把她的舌头含在你的嘴里，你恨不得咬下她的

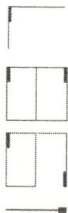

舌头咽到肚子里去。

看完病，你为她开方抓药。你不知出于什么心理，用戥子称药时，你总是怕分量不够——爱情是多么伟大、多么无私，四老祖宗，当一个医生爱上了病人的时候，病人吃药都足两足钱，享受特别优待。

她从小红包袱里摸出一串铜钱，那时铜钱是否还流通？你不要回答，这没有意义。你拒绝接受她的钱，你说要等她病好了才收她的钱。你给她抓了三服药，一服药吃两遍，早晚各一次，三天之后，吃完药，你让她再来一趟。

她要走的时候，你的喉咙哽住了。一句热辣辣的话堵在嗓子里你说不出来。你直愣愣地站着，目送着她的两瓣丰满的屁股在院子里扭动，在金黄的春风里在流动的阳光里扭动。她像突然出现一样突然消失，你痛苦地咽下一口唾液，喉咙着火，你用半壶凉茶浇灭了咽喉里的火。

第四天上午，又是个春光无限美好的日子，第一批从南方归来的燕子从沼泽地里衔来红色淤泥在人家的房檐下筑巢。这一天，四老祖宗，您是精心打扮过的，您脚穿直贡呢面的白底布鞋，一双白洋线袜子套在您的脚上，您穿着黑士林布扫腿灯笼裤，外套一件蓝竹布斜襟长袍，您新刮了胡子剃了头，摘掉瓜皮小帽您戴上一顶咖啡色呢礼帽，您像一个在官府里干事的大先生。换上新衣服后，四老妈怀疑地看着你，你说今天县里有一位大官来看病，你严格叮嘱四老妈不要到药铺里去，其实四老妈从来不敢到药铺里去，四老爷，您还没做贼已经心虚。

你坐在柜台后焦灼地等待着，繁忙的蜜蜂在阳光里飞行，满院子里都是柔和的弧线。你想象不出她是微笑着出现还是忧愁地出现，你突然意识到自己并没有记住她的模样，她留给你的只是一些零乱的局部印象。你可以回忆起她的水汪汪的眼睛，她的短促的额头，她的紫红色的花苞般的嘴，但你想把这些局部印象合成一体时，顿时什么都模糊了，您被淹没在一片暗红的颜色里，那是她的褂子的颜色，稠密而凝滞，好像红色淤泥。

一上午，你竟然忘记了咀嚼茅草，你感到牙齿上粘着一层肮脏的东西，于是你咀嚼茅草。

中午，她出现在院子里。她的出现是那样缺乏浪漫色彩，你顿时觉得整整一上午你像个火燎屁股的公猴子一样焦灼是没有道理的，是滑稽可笑的。如此想着，但你的心还是发疯般撞击着你的肋条，没嚼烂的一口茅草还是不由自主地滚下喉咙，你还是像弹簧一样地从凳子上弹起来，你的衣袖把红泥紫茶壶扫到地下跌成九九八十一瓣你也没有看一眼。你掀起柜台头上的折板，以儿童般的轻捷动作跑到门口迎接她。

她衣饰照旧，满脸汗珠，鞋上沾着尘土，看来走得很急。

你竟然有些恼怒地问：你怎么才来？

她竟然歉疚地说：家里有事，脱不开身，让您久等了。

你把她让到柜台里坐下，你忙着给她倒水，你突然看到茶壶的碎片。

她说不喝水。你十分拘束地站着，牙巴骨得得地打着战，手脚都找不到合适的地方放——这是男人在向女人发起实质性冲击之前矛盾心情的外部表现。为了挽救自己，你从衣兜里摸出一束茅草塞进嘴里。

你咀嚼茅草时，她好奇地看着你。咀嚼着茅草，你的心稍微安定了一些，那种灼热的寒冷略略减退，手脚渐渐自然起来。

她说她的病见轻了，你说再吃两服药除除病根。

你温柔而认真地切着她的脉，你听到她呼吸急促，她的脸上有一种你只能感觉但无法形容的东西使你迷醉。

递给她药包的时候你趁机捏住了她的手，药包掉在地上。你把她拉在你的怀里，她似乎没有反抗。四老爷，你应该温存地去亲她的紫红的嘴唇，但是你没有，你太性急了，你的手像一只饥饿的猪崽子一样拱到她的怀里，如果你动作稍微轻柔一点，这件事会当场成功，但你太着急了，你的手太重了，你差点把她的奶子揪下来。她从你的怀里挣脱出来，满脸绯红，不知是娇羞还是恼怒，你眼睁睁地看着她挟着小包袱跑走喽！

四老祖宗，你吃了败仗，沮丧地坐在柜台里，你把呢礼帽摘下来，狠狠地摔在柜台上。蜜蜂依然漫天飞舞，好像什么事情都没有发生过，又好像什么事情都发生过了，沼泽地里的淤泥味道充塞着你的鼻腔，近处的街道和远处的田野，都泛着扎眼的黄色光芒。你知道她不会再来了。她的两服药还躺在地上，站起来时，你看到了，便用脚踹了一下，一包药的包纸破裂，草根树皮流在地上，另一包药还囫囵着，你一脚把它踢到墙角上去，那儿正好有个耗子洞，一个小耗子正在洞口伸头探脑，药包碰在它的鼻子上，它吱吱叫着，跑回洞里去了。

胡说！四老爷叫着，胡说，没有耗子，根本没有耗子，我在药包上踹了两脚，不是一脚，两包药都破了，我是把两包破药一起踢到了药橱下，而不是踢到墙角上！

四老爷，四老祖宗，您别生气，听我慢慢往下说。

以后十几天里，你尽管恼恨，但你没法忘掉她，听到院子里响起脚步声，你的心就咚咚乱跳，你睡觉不安宁，你那十几天一直睡在药铺里，你好像在等待着奇迹发生。夜里你经常梦到她，梦到她跟你同床共枕、鱼水交融，你神思恍惚，梦遗滑精，为了挽救自己，你一把一把地吞食六味地黄丸，熟地黄把你的牙齿染得乌黑。

后来，奇迹发生了。四老爷，你听好，发生奇迹的时间是五月初头的一个傍晚——不，是晚饭后一会儿工夫，白天的燠热正在地面上发散着，凉风从沼泽里吹来，凉露从星星的间隙里落下来，你坐在院子里的槐树下，手摇着蒲草编成的扇子，轰打着叮你双腿的蚊子。你听到拍打栅栏的声音。你不耐烦地问：谁呀？

是我，先生。一个压低了的女人的声音。

四老祖宗，听到她的声音后，你那份激动，你那份狂喜，我的语言贫乏，无法准确表达，你没有翅膀，但你是飞到栅栏旁的，你着急得好长时间都摸不到栅栏门的挂钩。

拉开栅栏门，像闪电一般快，你就把她抱在了怀里，你的双臂差不多把她的骨头都搂碎了。这一动作持续了约有吸袋旱烟的工夫。后来，你抱着她往屋里走去。你那时比现在还要高大，她小巧玲珑，你抱着她像抱着一只温顺的羊羔。你把她放在炕上，点亮油灯，她躺在炕上一动不动，好像死去了一样，清亮的泪水从她的眼角上涔涔地渗出来。你心里有些踌躇，但终究无法忍耐欲念。你手哆嗦着，解开了她的衣扣，她那两只结结实实的奶子像两座小山耸立在你眼前，你把嘴扎下去，像婴儿一样吮着她的奶头，你感到她的奶头像只硬邦邦的蚕蛹在你嘴里泼浪着，她乳头上的灰垢化在你嘴里，你通通咽下去啦。你抬起头来了，她像鲤鱼打挺一样跃起来，噘嘴吹出一口气，灯灭了，两只疯狂的胳膊缠住了你的脖子，那股新鲜蛤蜊的味道扑到了你脸上，你听着她断断续续地嘟哝着：先生……先生……她的声音那么遥远，那么朦胧，你好像陷在红色淤泥里，耳边响着成熟的沼气升到水面后的破裂声……

四老爷抽了两声鼻子，我看到他撩起挂在衣襟上的大手绢擦去挂在眼睑上的两滴混浊的老泪。

四老祖宗，难过了吗？回忆过去总是让人产生凄凉感，五十年过去，风流俱被风吹雨打去，青春一去不复返，草地上隐隐约约的小路上弥漫着一团团烟雾，在烟雾的洞眼里，这里显出一簇野花，那里显出一丛枯草，这就是你走过来的路。

四老爷，你别哭，听着，好好听着，今天我要把你的隐私——陈谷子烂芝麻全部抖搂出来。那天晚上，你和她狂欢之后，你的心情是十分复杂的，你好像占有了一件珍宝，但又好像丢失了一件同等价值的珍宝，你生出一种凄凉的幸福感。太文啦？太啰唆啦？你那天晚上陪着她走过那座摇摇晃晃的石桥，走进了她的家。她的公公得了重病，她是来搬你为她公公看病的，当然，她来的时候，不会想不到你们刚干完了的事，她是一箭双雕。那十几天里，她恐怕也没睡过一宿好觉，一个守活寡的女人，在春四月里，被你撩逗起情欲，迟早会来找你。你四老祖宗年轻时又是一表人才。她的公公哮喘得很厉害，山羊胡子一撅一撅地像个老妖怪。你心虚，你认为他那两只阴鸷的眼睛像刀子一样戳穿了你。

四老祖宗，现在，我要揭露一桩罪恶的杀人案。一个中医，和一个小媳妇通奸，小媳妇家有个碍手碍脚的老公公，他像一匹丧失性功能的老公狗一样嫉妒地看护着一条年轻的小母狗，于是这个中医借着治病的机会，在一包草药里混进了——

哗啦一声响，九十岁的四老爷带着方凳子倒在地上。

我扶起老人，掐人中，捏百会，又拍又打，忙活了一阵，躺在我臂膊里的四老爷呼出一口气，醒了过来。他一看到我的脸他脸上的肌肉就抽搐，他恐惧地闭着眼，战战兢兢地说：魔鬼……杂种……杂种……魔鬼……成了精灵啦……

后来，四老爷让我把他交付有司，拉出南门枪决，他挺真诚，我相信他是真诚的，但我怎么能出卖我的四老祖宗呢？人情大于王法！为了安慰他我说：老祖宗，你九十岁了，还值得浪费一粒子弹吗？你就等着那个山羊胡子老头来索你的命吧！

——随口胡说的话，有时竟惊人的灵验。

我现在后悔不该如此无情地活剥四老爷的皮，虽说我们这个吃草的家族不分长幼乱开玩笑，但我这个玩笑有些过火啦。在四老爷寿终正寝前那一段短暂时光里，他整日坐在太阳下，背倚着断壁残墙冥想苦想，连一直坚持去草地里拉屎的习惯都改了。那些日子里，蝗虫长得都有一厘米长了，飞机没来之前，蝗虫像潮水般涌来涌去。四老爷倚在墙边，身上落满了蝗虫他也不动。家族中人都发现这个老祖宗变了样，但都不知道为什么变了样，这是我的秘密。母亲说：四老祖宗没有几天的活头啦！听了母亲的话，我感到自己也是罪孽深重。

四老爷倚着断墙，感觉着在身上爬动的蝗虫，想起了五十年前的蝗虫，一切都应该历历在目，包括写休书那天的气候，包括那张休书的颜色。那是一张浅黄色的宣纸，四老爷用他的古拙的字体，像开药方一样，在宣纸上写了几十个杏核大的字。这时候，离发现蝗虫出土的日子约有月余，炎热的夏天已经降临，村庄东头的叭蜡庙基本完工，正在进行着内部的装修。

叭蜡庙的遗迹犹在，经过五十年的风吹雨打，庙墙倾圮，庙上瓦破碎，破瓦上鸟粪雪白，落满尘土的瓦楞里野草青青。

庙不大，呈长方形，像道士戴的瓦楞帽的形态。四老爷倚在断墙边上，是可以远远地望到叭蜡庙的。写完了处理四老妈的休书，四老爷出了药铺，沿着街道，沐着强烈的阳光，听着田野里传来的急雨般声音——那是亿万只肥硕的蝗虫啮咬植物茎叶的声音——走向修庙工地。他的心情很沉重，毕竟是夫妻一场，她即便有一千条坏处，只有一条好处，这条好处也像锥子一样扎着他的心。四老爷提笔写休书时，眼前一直晃动着锔锅匠血肉模糊的脸，心里有一种冷冰冰的感觉。锔锅匠再也没有在村庄里出现过，但四老爷去流沙口子村行医时，曾经在一个胡同头上与他打了一个照面：锔锅匠面目狰狞，一只眼睛瘪了，眼皮凹陷在眼眶里，另一只眼睛明亮如电，脸颊上结着几块乌黑的血痂。四老爷当时紧张地抓住驴缰绳，双腿夹住毛驴干瘪的肚腹，他感觉锔锅匠独眼里射出的光芒像一支寒冷的箭镞，钉在自己的胸膛上，锔锅匠只盯了四老爷一眼便迅速转身，消逝在一道爬满葫芦藤蔓的土墙背后，四老爷却手扶驴颈，目眩良久。从此，他的心脏上就留下了这个深刻的金疮，只要一想起锔锅匠的脸，心上的金疮就要迸裂。

修庙工地上聚集着几十个外乡的匠人，四老爷雇用外乡的匠人而不用本村本族的匠人自然有四老爷的深意在。我不敢再把这件事情猜测成是四老爷为了方便贪污修庙公款而采取的一个智能技巧了。呵佛骂祖，要遭天打五雷轰。我宁愿说这是四老爷为了表示对蝗虫的尊敬，为了把庙宇修建得更加精美，也可以认为那种盛行不衰的"外来和尚会念经"的心理当时就很盛行，连四老爷这种敢于啸傲祖宗法规的贰臣逆子也不能免俗。

庙墙遍刷朱粉，阳光下赤光灼目，庙顶遍覆鱼鳞片小叶瓦，庙门也是朱红。匠人们正在拆卸脚手架。见四老爷来了，建庙的包工头迎上来，递给四老爷一支罕见的纸烟，是绿炮台牌的或是哈德门牌的，反正都一样。四老爷笨拙地吸着烟，烟雾呛他的喉咙，他咳嗽，牵动着心脏上的金疮短促地疼痛。他扔掉烟，掏出一束茅草咀嚼着，茅草甜润的汁液润滑着他的口腔和咽喉。四老爷把一束茅草敬给包工头，包工头好奇地举着那束茅草端详，但始终不肯往嘴里填。四老爷面上出现愠色，包工头赶紧把茅草塞进嘴，勉强咀嚼着，他咀嚼得很痛苦，两块巨大的颚骨大幅度地运动着，四老爷忽然发现包工头很像一只巨大的蝗虫。

族长，我明白了您为什么要修这座庙! 包工头诡谲地说。

四老爷停止咀嚼，逼问: 你说为什么?

包工头说他发现四老爷咀嚼茅草时极像一只蝗虫，这个吃草的家族里人脸上都带着一副蝗虫般的表情。

四老爷不知该对包工头这句话表示反对还是表示赞同，包工头请四老爷进庙里去观看塑造成形的叫蝻神像，四老爷随着包工头跨过朱红庙门，一只巨大的蝗虫在一个高高的砖台上横卧着，四老爷不由自主地倒退了一步，他的心里，再次产生了对于蝗虫的尊敬、恐惧。

两个泥塑匠人正在给蝗虫神涂抹颜色，也许匠人们是出于美学上的考虑，这只蝗虫与猖獗在田野里的蝗虫形状相似，但色彩不同。在蝗虫塑像前的一块木板上，躺着几十只蝗虫的尸体，它们的同伴们正在高密东北乡的田地里、荒草甸子里、沼泽里啃着一切能啃的东西，它们却断头、破腹、缺腿，被肢解在木板上。四老爷心里产生了对泥塑匠人的深深的敌视，他打量着他俩: 一个六十多岁、瘦骨嶙峋、颇似一只褪毛公鸡的黄皮肤老头子; 另一个同样是瘦骨嶙峋、十三四岁好像一只羽毛未丰的小公鸡的黄脸男孩。他们脸上溅着星星点点的颜色，目光凶狠狡诈，尖尖的嘴巴显出了他们不是人类，四老爷以为他们很可能是两只成了精的公鸡，他们不是来修庙的，他们是来吃蝗虫的！木板上的蝗虫就是他们吃剩的。四老爷还看到那堆死蝗虫中兀立着一只活蝗，它死命地蹬着那两条强有力的后腿，但它跳不走，一根生锈的大针穿透它的脖子把它牢牢地定在木板上。

四老爷怒冲冲地盯着给塑像涂色的一老一小，他们浑然不觉，小匠人用一支粗毛刷蘸着颜色涂抹着蝗虫的翅膀。老匠人用一支小毛笔点着颜色画着蝗虫的眼睛。

四老爷走到木板前，犹豫了一下，伸手去拔那根生锈的铁针，针从木板上拔出，蚂蚱却依然贯在针上。

这是一只半大的蚂蚱，约有两厘米长。现在田野里有一万公斤这样的蚂蚱，它们通体红褐色，头颅庞大，腹部细小，显示出分秒必长的惊人潜力。它们的脖子后边背着两片厚墩墩的肉质小翅，像日本女人背上的褡裢。

遭受酷刑的蚂蚱在针上挣扎着，它的肚子抽搐着，嘴里吐着绿水。四老爷被它那只肉感强烈蠢蠢欲动的肚子撩起一阵恶心。它在空中努力蹬着后腿，想自己解放自己，从人类的耻辱柱上挣脱下来，它的嘴里涌出了最后几滴浓绿的汁液，那是蝗虫的血和泪，那是蝗虫愤怒的和痛苦的感情分泌物。四老爷胆战心惊地捏住了蝗虫的头颅，蝗虫的两只长眼仿佛在他的手指肚上骨碌碌地转动。蝗虫低垂着头，颈部的结节绽开，露出了乳白色的黏膜。它把两条后腿用力前伸——它这时想解脱的是头颅上的痛苦——它的后腿触到了四老爷的手指，好像溺水的人突然踏到水下的硬底一样，它用力一蹬，它的脖颈和身体猝然脱节。这只耶稣般的蝗虫光荣牺牲。它的生命之火还没完全熄灭，它的身体悬挂在一根黑色的、被白色黏膜包裹着的长屎上，它的头在四老爷的食指和拇指的夹缝里挤着，它的两条后腿在悬挂的身体上绝望地蹬着。

四老爷扔掉蝗虫，连同依然插在蝗虫脖子上的针，像木桩一样地立着。他的手指上刺痒痒的，那是蝗虫腿上的硬刺留给他的纪念。

泥壁匠人把蝗虫之王的塑像画完了。包工头戳了一下发愣的四老爷。四老爷如梦初醒，听到包工头阴阳怪气的说话声：族长，您看看，像不像那么个东西？

泥塑匠人退到一边，大蝗虫光彩夺目。四老爷几乎想跪下去为这个神虫领袖磕头。

这只蝗虫长一百七十厘米（身材修长），高四十厘米，伏在青砖砌成的神座上，果然是威武雄壮，栩栩如生，好像随时都会飞身一跃冲破庙盖飞向万里晴空。塑造蝗神的两位艺术家并没有完全忠实于生活，在蝗神的着色上，他们特别突出了绿色，而正在田野里的作乱的蝗虫都是暗红色的，四老爷想到他梦中那个能够变化人形的蝗虫老祖也是暗红色而不是绿色。这是四老爷对这座塑像唯一不满足的地方。

颜色不对！四老爷说。

包工头看着两个匠人。

老匠人说：这是个蚂蚱王，不是个小蝗虫。譬如说皇帝穿黄袍，文武群臣就不能穿黄袍，小蝗虫是暗红色，蝗虫王也着暗红色怎么区别高低贵贱。

四老爷想想，觉得老匠人说得极有道理，于是不再计较色彩问题，而是转着圈欣赏蝗神的堂堂仪表。

它以葱绿为身体基色，额头正中有一条杏黄色的条纹，杏黄里夹杂着黑色的细小斑点。它的头像一个立起的铁砧子，眼睛像两个大鹅蛋。老匠人把蝗神双眼涂成咖啡色，不知用什么技法，他让这双眼睛里有一道道竖立的明亮条纹。蝗神的触须像两根雉尾，飞扬在蝗头上方，触须涂成乳白色，尖梢涂成火红色。四老爷特别欣赏它那两条粗壮有力的后腿，像尖锐的山峰一样竖着，像胳膊那么粗，像紫茄子的颜色那么深重，腿上的两排硬刺像狗牙那么大像雪花那么白。蝗王的两扇外翅像两片铡刀，内翅无法表现。

举行祭蝗典礼那一天，护送因犯通奸罪被休掉的四老妈回娘家的光荣任务落到了素以胆大著称的九老爷头上。早饭过后，九老爷把四老爷那匹瘦驴拉出来，操着一把破扫帚，扫着毛驴腔上的粪便和泥巴，然后，在驴背上搭上了条蓝粗布褥子。

九老爷走进院内，站在窗前，嬉皮笑脸地说：四嫂子，走吧，趁着早晨凉快好赶路。

四老妈应了一声，好久不见走出来。

九老爷说：走吧走吧，又不是新媳妇上轿。

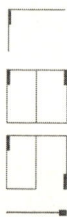

四老妈款款地走出房门，把九老爷唬得眼睛发直，九老爷后来说四老爷是天生的贱种，他根本不知道四老妈打扮起来是多么漂亮。四老妈白得像块羊脂美玉，一张脸如沾露的芙蓉花，她被休时还不到三十岁，虽然拒吃茅草牙齿也是雪白的。

她昂首挺胸走到九老爷面前，挺起的奶头几乎戳到九老爷的眼睛上。九老爷眼花缭乱，连连倒退。

老九，你四哥呢？四老妈平静地问。

九老爷僵唇硬舌地说：俺四哥……祭蝗虫去了。

你去把他给我找来！

俺四哥祭蝗虫去啦……

你去叫他，就说我有话跟他说。他要是不来，我就点火把房子烧了。

九老爷慌忙说：四嫂，您别急，我这就去叫他。

四老爷指挥着人们摆祭设坛，准备着祭蝗仪式，心里却惦记着家里。九老爷慌慌张张跑来，附耳对他说了几句，四老爷吩咐九老爷先走。

四老爷一进院子，就看到四老妈坐在院子中一条方凳上，闭着眼，涂脂抹粉的脸上落满阳光。他咳嗽了一声，四老妈睁开眼，并不说话，唯有开颜一笑，皓齿芳唇，光彩夺目，像画中的人物。

四老爷心中的金疮迸裂，几乎跌翻在地。

你……你怎么还不走……

四老爷！四老妈说，常言道一日夫妻百日恩，百日夫妻似海深，我十八岁嫁给你，至今十一年，我一去不回还，难道你连一句话都没有吗？

你要我说什么？四老爷凶声恶气地说着，手却在哆嗦。

老四，四老妈说，你这一下子，实际上是要了我的命，休回娘家的女人，连条狗都不如。老四，你的心比狼还要狠，到了这个份上，我什么都要挑明，你跟流沙口子那个女人的事，我早就知道；我跟锔锅匠的事，也是你的圈套。这就叫"只许州官放火，不许百姓点灯"。老四，你绝情绝意，我强求也无趣，只不过要走了，什么话都该说明白。老四，你没听说过吗？休了前妻废后程，往后，你不会有好日子过，你毁了一个女人，你迟早也要毁在一个女人身上。我死了以后，我的鬼魂也不会让你安宁！

四老爷洗耳恭听着，好像一个虔诚的小学生听着师傅教导。

休书呢？四老妈问，你写给我的休书呢？

在老九那里，我让他交给你爹。四老爷说。

老九，把休书给我！四老妈说。

九老爷看了四老爷一眼，脸上有为难之色。四老妈挪动着两只小脚，步步入土般地逼近九老爷，阴冷地一笑，说：你的胆量呢？去年夏天你来摸我的奶子的时候，胆子不是挺大吗？还想不想摸了？四老妈把胸脯使劲往前挺着，挑逗着九老爷，想摸就摸，别不好意思也别害怕，你四哥已经把我休了，他没有权利管我啦。

九老爷满脸青紫，张口结舌，说不出一句话。

四老妈卷起舌头，把一口唾沫准确地吐到九老爷的嘴里。她一把扯出夹在九老爷腋窝里的小包袱，抖擞开来，铜锅匠那两只大鞋掉在地上，一张黄色宣纸捏在四老妈手里。

几十滴眼泪猝然间从四老妈眼里迸射出来，散乱地溅到四老妈搽满官粉的腮上，她手中那张休书在索索抖动，四老妈几次要展开那张休书，但那休书总是自动卷曲起来，好像要掩藏一件怕人的秘密。

四老妈双手痉挛，把那张休书撕得粉碎，然后攥成两团，握在两只手心里。她的目光极其明亮，泪水被灼热的皮肤烤干，腮上的泪迹如同沉重的雨点打在盐碱地上留下的痕迹。

老九，四老妈的嗓子被烈火燎得嘶哑了，她说，你吃了我一口唾沫，去年你就搂我摸我亲我，你老老实实地对你哥说，我嘴里到底有没有铜锈味道？

九老爷困难地吞咽了一口唾沫，砸吧着舌头，好像在回忆，又好像在品尝，他说：没有味道，没有铜锈味道。

四老妈把手里的纸团狠狠地打在四老爷脸上，骂道：毛驴，你们这些吃青草的毛驴！然后抬手抽了四老爷一个耳光子，打得是那样凶狠，声音是那样清脆。四老爷脖子歪到一侧，嘴里克噜噜一阵响，好像圆球在地上滚动的声音。四老妈又抬手贴去，但这时她的胳膊已经酸麻，全身力量好像消耗完毕，她的手指尖擦着四老爷腮边下滑，又擦着四老爷为举行祭蝗大典新换上的蓝布长袍下滑，又在空气中划了一个弓背弧，四老妈身体跟跄，倾斜着歪倒了。第二巴掌打得筋疲力尽，其实像一次绝望的爱抚。

九老爷大声地喊叫：四哥，别休她了！

四老爷腮帮子痉挛，眼里迸射绿色火花，他如狼似虎地向九老爷扑过去，双手抓住九老爷的脖领子，前推后搡，恨不得把九老爷撕成碎片。四老爷胸腔里响着吭哧吭哧的怪叫声，九老爷被勒紧的喉咙里溢出呕呕的响声，好像在滔天巨浪上飞行的海鸥发出的绝望的鸣叫。被勒昏了的九老爷用脚乱踢着四老爷的腿，用手撕扯着四老爷的背。四老爷情急智生，把嘴插在九老爷的额头上，狠狠地啃了一口，几十颗牙印，在九老爷光滑的额头上排列成一个椭圆形的美丽图案。

九老爷鬼叫一声，捂着血肉模糊的额头，撤离了战斗。

一个小时后，四老爷出现在祭蝗大典上；九老爷牵着毛驴，毛驴上驮着因与众妯娌侄媳们告别时哭肿了眼睛的四老妈，走在出村向东的狭窄土路上。

刚才，瘦瘦高高的九老妈、矮矮胖胖的五老妈，还有七个或是八个近枝晚辈的媳妇们，围绕着门口那棵柳树站着，看着额头流血的九老爷把衣冠楚楚的四老妈扶上了毛驴，九老妈和五老妈抽抽搭搭地哭起来，那些媳妇们也都跟着她们的婆母们眼圈发了红。九老爷把那两只用麻绳串好的大鞋原本是奋力扔在了墙角上的，但四老妈亲自走去把鞋子捡起来。起初，四老爷把鞋子搭在驴脖子上，左一只，右一只，毛驴低垂着头，似乎被耻辱坠弯了脖子。四老妈跨上驴背后，也许是因为那两只大鞋碰撞她的膝盖，也许是为了减轻毛驴的负担，她弯腰从驴脖子上摘下大鞋，挂在自己的脖颈上，那两只大鞋像两个光荣的徽章趴在她两只丰满的乳房上。这时，她猛地转了身，对着站在柳树下泪眼婆娑的女人们，挥了挥手，绽开一脸秋菊般的傲然微笑，泪珠挂在她的笑脸上，好像洒在菊花瓣上的清亮的水珠儿。四老妈驴上一回首，看破了一群女人的心，多少年过去了，当时是小媳妇现在是老太婆的母亲还清楚地记着那动人的瞬间，母亲第九百九十九次讲述这一电影化的镜头时，还是泪眼婆娑，语调里流露出对四老妈的钦佩和敬爱。

如果沿着槐荫浓密的河堤往东走，九老爷和四老妈完全可以像两条小鱼顺着河水东下一样进入蝗虫肆虐的荒野，不被任何人发现，但九老爷把毛驴刚刚牵上河堤、也就是四老妈骑在驴上颈挂在鞋粉脸挂珠转项挥手向众家妯娌侄媳们告别的那一瞬间，那头思想深邃性格倔强的毛驴忽然挣脱牵在九老爷手里的麻绳，斜刺里跑下河堤，往南飞跑，沿着胡同，撅着尾巴，它表现出的空前的亢奋把站在柳树下的母亲她们吓愣了。四老妈在驴上上蹿下跳，腰板笔直，没有任何畏惧之意，宛若久经训练的骑手。

截住它！九老爷高叫。

九老妈胆最大，她跳到胡同中央，企图拦住毛驴，毛驴龇牙咧嘴，冲着九老妈嘶鸣，好像要咬破她的肚子。九老妈本能地闪避，毛驴呼啸而过，九老妈瞠目结舌，不是毛驴把她吓昏了，而是驴上的四老妈那副观音菩萨般的面孔、那副面孔上焕发出来的难以理解的神秘色彩把九老妈这个有口无心的高杆女人照晕了。

在毛驴的奔跑过程中，那两只大鞋轻柔地拍打着四老妈的乳房，毛驴的瘦削的脊背摩擦着四老妈的臀部和大腿内侧。几十年里，当母亲她们把驴跑胡同时四老妈脸上出现的神秘色彩进行神秘解释时，我基本上持一种怀疑态度。母亲她们认为，四老妈在驴上挥手告别那一瞬时，其实已经登入仙班，所以骑在毛驴上的已经不是四老妈而是一个仙姑。既然是仙姑，就完全没有必要像一个被休掉的偷汉子老婆一样灰溜溜地从河堤上溜走，就完全有必要堂堂正正地沿着大街走出村庄，谁看到她是谁的福气，谁看不到她是谁一辈子的遗憾。母亲她们为了证明这个判断，提出了几个证据：第一，四老妈从小大门不出二门不迈，骑毛驴是生来第一次，毛驴那样疯狂奔跑，她竟然稳如泰山，屹立不动，这不是一个女人能做到的事情；第二，四老妈脸上焕发出耀眼的光彩，比阳光还强烈，一下就把九老妈照晕了，一般凡人脸上是难得见到这种光彩的；第三，据当时在场的人们过后回忆，毛驴载着四老妈从她们眼前跑过时，她们都闻到了一股异香，异香扑鼻。母亲说那是兰花的香气，九老妈说：不对，绝不是兰花的香气，是桂花的香气！五老妈犹犹豫豫地说：好像是搽脸粉的香气。十四婶婶硬说是茉莉花的味道。每个人一种说法，每个人感受到的味道都与别人不同。一股气味，竟然具有如此丰富的成分，可见也不是人世间的香气。第四条证据不是十分确凿，这条关于音乐的证据只有九老妈一人敢做肯定的回答，母亲她们怀疑九老妈听到的音乐是从村东头叭蜡庙那里飘来的，因为四老妈骑驴跑胡同的时刻正是祭蝗大典开始的时候，四老爷雇来的三棚吹鼓手吹奏起古老的乐曲。那天刮的恰恰是东南风。

归总一句话，四老妈是家族故去人中一个被蒙上了神秘色彩的人物，我怀疑这个过程的真实性，我又相信母亲们的实事求是精神，那么多德高望重的女前辈，难道会平白无故地集体创作一个神话？何况神话也不是无本之木无源之水，它也要有一点事实根据；而且，四老妈骑驴跑胡同的事情刚过去五十年，母亲她们都是亲眼目睹者，她们一谈起这件事时脸上的表情都如赤子般虔诚和严肃，她们叙述这件事的过程达到了相当高度的庄严程度，是一个庄严的叙述过程，我没有太多的理由否定这件事情的真实性。

当然，出于对死者的尊敬，出于对四老妈悲惨命运的同情，出于某种兔死狐悲的感情，母亲她们是对事情进行了一些艺术性的加工的。摆在我面前的任务就是剔除附在事实上的花环，抓住事情的本质。第一，毛驴挣脱缰绳斜刺里跑下河堤是毋庸置疑的；第二，四老妈稳稳地骑在飞跑的毛驴上，脸上焕发出一种奇怪的表情也不可能虚假。

毛驴被拉上河堤又跑下河堤，是因为河堤太狭窄，河水太清澈，小毛驴头晕；四老妈稳坐飞驴不致下跌是因为她小脑机能健全，具有一种超乎常人的平衡能力。唯一费解的是，四老妈脸上为什么会出现一种类似天神的表情。我一闭上眼睛就能看到四老妈骑在飞驴上时脸上的表情：狂荡迷乱，幸福美满。我不得不承认，四老妈脸上的表情与性的刺激有直接关系。这种解释我不愿意对母亲她们说，但基本上是成立的。根据有关资料，我知道女人在极度痛苦时对性刺激最敏感，反应最强烈。毛驴飞奔，瘦削的驴背不停地摩擦和撞击着四老妈的大腿和臀部，那两只大鞋不停地轻轻拍打着四老妈高耸的乳房。驴背摩擦和撞击着的、大鞋轻轻拍打着的部位，全是四老妈的性敏感区域，四老妈因被休黜极度痛苦，突然受到来自几个部位的强烈刺激，她的被压抑的情欲，她的复杂的痛苦情绪，在半分钟内猛然爆发，因此说她在那一瞬间超凡脱俗进入一种仙人的境界并非十分夸张。

毛驴跑上大街，便慢条斯理地走起来，恢复了它几十年如一日的垂头丧气的面目，缰绳拖在它的颈下，宛如一条活蛇。九老爷气喘吁吁地追上毛驴，弯腰抓住缰绳，然后攥紧拳头，在毛驴的腔上狠狠地打了一拳，毛驴毫无反应。

九老爷扯着缰绳，想让毛驴后转，重新回到河堤上去，沿着槐荫浓密的河堤上小道，悄悄遁出村去。九老爷是一片好心，是为四老妈的面皮着想，他的好心没得好报，正在他全力牵扯那匹倔强老驴时，四老妈一抬腿，把一只套在硬邦邦的绣花鞋里的尖脚利索而迅速地踢在九老爷晦暗的印堂上。九老爷眼睛里金星飞进，双耳里鼓乐齐鸣，身子晃荡几下，险些扑地而倒。九老爷吃亏就在于不能察言观色，他如果早一点抬头看四老妈端坐驴背犹如菩萨端坐莲花宝座那般地雍容大度端庄富丽馨香扑鼻，就不会受到迎头痛击。九老爷至死都不相信是四老妈飞起一只脚踢中他的印堂，因为他的眩晕消失之后，他看到驴上的四老妈双眼似睁非睁，面带一种混合着喜怒哀乐的疲倦表情，况且四老妈没说半句话。九老爷认为这是天对他的打击，于是毛驴也成了能与神魔对话的灵物，九老爷不敢违拗它的意志，只得胆战心惊、小心翼翼地牵扯着联系着毛驴智慧的头颅的麻缰绳，随着毛驴，哈着腰弓着背，额头正中半圆形的一圈鲜红牙印下又青青地留着四老妈坚硬足尖踢出的印痕，迤逦东行……

……我跟随着驮着四老妈的毛驴赶着毛驴的九老爷走在五十年前我们村庄的街道上。水晶般的太阳在蔚蓝色的天空中缓慢移动着，街道上黄光迷漫，笼罩着几只在疲惫不堪的桑树荫下耍流氓的公鸡，公鸡羽毛华丽，母鸡羽毛蓬松……闹蝗灾那年，为什么不办个养鸡场呢？鸡和蚂蚱的关系难道不是熊猫与竹子、曲蟮与泥土的关系一样亲密无间吗？——我就是这样问过瘦高瘦高的九老妈。九老妈斜着眼——我忽然想起，九老妈生着两只斗鸡眼，眼珠子黑得让人感到有几分虚假，怀疑她的眼睛是染过墨汁的玻璃球——嘲笑着我：识文解字的大孙子，你简直是把书念进肛门里去了，狗屁也不通，浑蛋一个，你是个双黄的鸡子掉进糨糊里——大个的糊涂蛋！猪肉好吃，让你连吃一个月，你还吃吗？你吃腻了猪肉就想吃羊肉，吃着碗里的看着碗外的，你们男人都一样！别看你脸皮滋溜溜的像个没阉的牛蛋子，满嘴酸文假醋，恐怕也是一肚子坏水！就跟你那个九老爷一样，他现在老了，老实了，年轻时，连他亲嫂子都不放过——其实，九老爷提着豢养在青铜鸟笼里的猫头鹰正在草地上徘徊，我和九老妈站在过去的也是现在的也许是未来的土街上，远远地望着在雪亮的阳光下游荡的九老爷。我说不清楚那天的阳光为什么闪烁着宝剑般的寒光，一向遛鸟时必定唱出难懂的歌子的九老爷为什么闭塞了喉咙。九老爷像一匹最初能

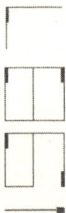

够直立行走的类人猿一样笨拙稚朴地动作着。我猜想到面对着透彻的阳光他一定不敢睁眼，所以他走姿狼亢，踉踉跄跄，跌跌撞撞，神圣又庄严，具象又抽象，宛若一段苍茫的音乐，好似一根神圣的大便，这根大便注定要成为化石……在包裹住九老爷的银白色里——地平线跳跃不定——高密东北乡近代史上第三次出现的红色蝗虫已经长得像匣枪子弹那般大小，并且，也像子弹一般又硬又直地、从四面八方射向罩上耀眼光圈的九老爷。九老爷极夸张地挥动着手臂——鸟笼子连同着那只咿呀学语的猫头鹰——一起画出逐渐向前延伸的、周期性地重复着的、青铜色的符号。号声是军号，军号声嘹亮，我虽然看不到军号怎样被解放军第三连的号兵吹响，但我很快想起独立第三团也是三连的十八岁号兵沙玉龙把贴满了胶布的嘴唇抵到像修剪过的牵牛花形状的小巧号嘴上。他的脸在一瞬间憋得像猪肝一样，调皮战士喊：老沙，小心点，别把脑浆子鼓出来！老沙一笑，扑哧，泄了气，军号那么难听、那么短促地叫了一声，我们都笑了。指导员愤怒地吼叫一声：第七名，出列！我莫名其妙地跑出队列，束手束脚地站着。指导员冷眼如锥，扎着我的神经。指导员说你胡说什么？我说我没说什么呀！——你不是说老沙把脑浆鼓出来了吗？——我没说呀！——那你出列干什么？——你让第七名出列呀！——你是第七名呀？——是呀！——你入列……晚上我再跟你算账，指导员冷酷地对我说。我当时感到一股凉气从喉咙窜到了肛门！因为那时候我食物中毒，不久前我食物中毒住进守备区医院，护士牛艳芳像纳鞋底一样扎我的静脉，那么痛我不哭，她满脸是汗窘急得很，我说扎吧，小牛！为了提高你的技术，我心甘情愿给你当试验品。小牛的眼泪汪汪。她的眼蓝汪汪的像小母牛的眼睛一样，我经常从她的眼睛里看到她的眼睫毛的倒影，像一排线杆子。小牛对我挺好，我盼着她给我打针，扎得越多越好，我被她用一根针剜着血管子，心里幸福得厉害，我说牛……后来我要出院了，我说，咱俩可以通信吗？后来我们就通信了，谈恋爱了。难道指导员知道啦？老沙把嘴噘得像一个美丽的肛门，触到漂亮的、坚硬的号嘴上，他的嘴唇竟然那么厚那么干燥！贴着胶布还渗血丝，真够残酷的。他的脸又涨紫了，号筒里发出一声短促的闷响——不是我侮辱战友，确实像放屁的声音——紧接着便流畅起来，好像气体在疏通过的肠道里欢快地奔驰。我们刚当兵时，连长教我们辨别号音，军号不但可以吹出熄灯、起床、集合、紧急集合、冲锋、撤退、调人的信号，而且还能吹奏美妙动听的歌曲。哎，想起刚当兵时，真不容易，寒冬腊月睡在水泥地上，南方的战士到了北方就像北方的骡马到了南方一样，吃不惯软绵绵的稻草，泚溜泚溜老窜稀屎，躺在我身边的王化虎，满脸焦黄，生着两只大得出奇的手，据说练过"铁砂掌"，他拉了一被子，早晨不好意思起床，差点自杀。后来他分到特务连，后来参加了自卫还击战，被人家活捉去了，好久才放回来。当兵不易，我当兵时人家说我们是个生蹚的家族，遗传，接兵的连长说，没事，我们也不是来选人种。连长说新兵怕炮，老兵怕号。从红色沼泽地对面的部队营房里传出了紧急集合号声，一会儿我和九老妈就看到一百多个解放军拿着棍棒冲向草地，他们的草绿色的军装被雪白的阳光照耀得像成熟的桑叶一样放着墨绿色的光泽，他们身上都像结了一层透明的薄冰。他们惊惊乍乍地呼叫着，我告诉九老妈说解放军帮助我们灭蝗虫来了。我说只有在抗灾救灾中才能看到解放军的英雄本色。九老妈说，他们胡闹，他们是刘猛将军手下的兵吗？我歪歪头，注意地观察了一下九老妈的两只互相嫉妒和仇视的眼珠，忽然感觉到我对家族中年龄长者的弹性强大的模糊语言有一种接受的障碍。我悲哀起来。

这时天像一半湛蓝的玻璃球了，太阳亮得失去圆形，边缘模糊不清。解放军绕过沼泽，在草地上散开，像一群撒欢的马驹子。他们在九老爷对面，离着我们远，九老爷离着我们近，所以我觉得解放军战士都比九老爷矮小、孱弱，我不知道九老妈与我看到的是否一致，她的斗鸡眼构造特殊是不是看到的景象也特殊呢？

我个人认为，草地像个大舞台，天空是个大屏幕，九老爷是演员，解放军战士是正面观众，我和九老妈是反面观众。九老爷既在天上表演也在地上表演，既在地上表演也在天上表演。中国人民的伟大领袖和导师毛泽东主席说过：神仙是生活在天上的，如果外星人看地球，地球是天上的一颗星，我们生活在地球上就是生活在天上，既然生活在天上就是神仙，那我们就是神仙。俺老师教育俺要向毛泽东主席学习，不但要学习毛主席的思想，还要学习毛主席的文章。毛主席的文章写得好，但谁也学不了是不？毛主席老是谈天说地，气魄宏大；毛主席把地球看得像个乒乓球。莫言陷到红色淤泥里去了，快爬出来吧。——就像当年九老爷把九老妈从沟渠里的五彩淤泥里拉出来一样，九老妈用一句话把我从胡思乱想的红色淤

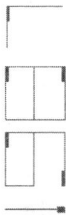

泥里拉了出来。九老妈说：

疯了！

我迷瞪着双眼问：您说谁疯了？九老妈。

都疯了！九老妈恶狠狠地说——哪里是"说"？根本是诅咒——疯了！你九老爷疯了！这群当兵的疯了！

我呢？我讨好地看着九老妈凶神恶煞般的面孔，问：我没疯吧？

九老妈的斗鸡眼碰撞一下后又疾速分开，一种疯疯癫癫的神色笼罩着她的脸，我只能看到隐显在疯癫迷雾中的九老妈的凸出的、鲜红的牙床和九老妈冰凉的眼睛。我……

我突然闻到了一股热烘烘的腐草气息——像牛羊回嚼时从百叶胃里泛上来的气味，随即，一句毫不留情的话像嵌着铁箍的打狗棍一样抡到了我的头上：

你疯得更厉害！

好一个千刀万剐的九老妈！

你竟敢说我疯啦？

我真的疯了？

冷静，冷静，冷静，请冷静一点！让我们好好研究一下究竟是怎么一回事。

她说我疯了，她，论辈分是我的九老妈，不论辈分她是一个该死不死浪费草料的老太婆，她竟然说我疯了！

我是谁？

我是莫言吗？

我假如就是莫言，那么，我疯了，莫言也就疯了，对不对？

我假如不是莫言，那么，我疯了，莫言就没疯。——莫言也许疯了，但与我没关。我疯不疯与他没关，他疯没疯也与我没关，对不对？因为我不是他，他也不是我。

如果我就是莫言，那么——对，已经说对了。

疯了，也就是神经错乱，疯了或是神经错乱的鲜明标志就是胡言乱语，逻辑混乱，哭笑无常，对不对？就是失去记忆或失去部分记忆，平凡的肉体能发挥出超出凡人的运动能力，像我们比较最老的喜欢在树上打秋千、吃野果的祖先一样。所以，疯了或是神经错乱是一桩有得有失的事情：失去的是部分思维运动的能力，得到的是肉体运动的能力。

好，现在，我们得出结论。

首先，我是不是莫言与正题无关，不予讨论。

我，逻辑清晰，语言顺理成章，当然，我知道"逻辑清晰"与"语言顺理成章"内涵交叉，这就叫"换言之"！你少来挑我的毛病，当然当然，"言者无罪，闻者足戒；有则改之，无则加勉"。你别来圣人门前背《三字经》，俺上学那会一年到头背诵《毛主席语录》，背得滚瓜烂熟！我告诉你，俺背诵《毛主席语录》用的根本不是脑袋瓜子的记忆力，用的是腮帮子和嘴唇的记忆力！我哭笑有常，该哭就哭，该笑就笑，不是有常难道还是无常吗？我要真是无常谁敢说我疯？我要真是无常那么我疯了也就是无常疯了，要是无常疯了不就乱了套了吗？该死的不死不该死的反被我用绳索拖走了，你难道不害怕？如此说来，我倒很可能是疯了。

九老妈我现在才明白你为什么希望我疯了，如果我不疯，你早就被我拿走了，正因为我疯着，你才得以浑水摸鱼！

你甭哆嗦！我没疯！你干那些事我全知道。

公元一千九百六十一年，你生了一个手脚带蹼的女婴，你亲手把她按到尿罐里溺死了！你第二天对人说，女婴是发破伤风死的！你骗得了别人骗得了我吗？

你十岁的时候就坏得头顶生疮脚心流脓，你跑到莫言家的西瓜地里，沙滩上那片西瓜地你用刀子把一个半大的西瓜切开一个豁口，然后拉进去一个屎橛子。你给西瓜缝合伤口，用酒精消了毒，洒上磺胺结晶，扎上绷带，西瓜长好了，长大了。到了中秋节，莫言家庆祝中秋，吃瓜赏月。莫言捧着一个瓜咬了一口，满嘴不是味。莫言那时三岁，还挺愿说话，莫言说：

爹，这个西瓜肚子里有屎！

爹说：

傻儿子，西瓜不是人，肚子里哪有屎？

莫言说：

没屎怎么臭？

爹说：

那是你的嘴臭！

莫言说：

天生是瓜臭！

爹接过瓜去，咬了一口，品咂了一会滋味，月光照耀着爹幸福的、甜蜜的脸，莫言看着爹的脸，等待着爹的评判，爹说：

像蜜一样甜的瓜，你竟说臭，你是皮肉发热，欠揍！吃了它！

莫言接过那瓣瓜，一口一口把瓜吃完。

莫言如释重负地把瓜皮扔到桌子上。爹检查了一下瓜皮，脸色陡变，爹说：

带着那么多瓤就扔？

莫言只好捡起瓜皮，一点点地啃，把一块西瓜皮啃得像封窗纸一样薄！

你说你缺不缺德？你的屎要是像人家吃草家族里的屎那样，无臭，成形，只有一股青草味，吃了也就吃了，你他妈拉的是动物的尸体的渣滓！

罄竹难书你的罪行。

我疯了吗？九老妈，我不是说的你，我不是我，你不是你，都是被九老爷笼子里那只猫头鹰给弄的，九老妈你瞅着空子给他捏死算啦！

九老妈说：干巴，你九老爷的脾气你也不是不知道，软起来像羊，凶起来像狼。当年跟他亲哥你的四老爷吃饭时都把盒子炮搁在波棱盖上……

不知不觉过去了一小时，我和九老妈站在已经布满了暗红色蝗虫的街道上，似乎说过好多话，又好像什么话也没说。我恍惚记得，九老妈断言，最贪婪的鸡也是难以保持持续三天对蝗虫的兴趣的，是的，事实胜于雄辩：追逐在疲倦的桑树下的公鸡们对母鸡的兴趣远远超过对蝗虫的兴趣，而母鸡们对灰土中谷秕子的兴趣也远远胜过对蝗虫的兴趣。几百只被撑得飞不动了的麻雀在浮土里扑棱着灰翅膀，猫把麻雀咬死，舔舔舌头就走了。蝗虫们烦躁不安或是精神亢奋地腾跳在街道上又厚又灼热的浮土里，不肯半刻消停，好像浮土烫着它们的脚爪与肚腹。街上也如子弹飞迸，浮土噗噗作响，桑树上、墙壁上都有暗红色的蝗虫在蠢蠢蠕动，所有的鸡都不吃蝗虫，任凭着蝗虫们在它们身前身后身上身下爬行跳动。五十年过去了，街道还是那条街道，只不过走得更高了些，人基本上还是那些人，只不过更老了些，曾经落遍蝗虫的街道上如今又落遍蝗虫，那时鸡们还是吃过蝗虫的，九老妈说那时鸡跟随着人一起疯吃了三天蝗虫，吃伤了胃口，中了蝗毒，所有的鸡都腹泻不止，屁股下的羽毛上沾着污秽腥臭的暗红色粪便，蹒跚在蝗虫堆里它们一个个步履艰难，扎煞着凌乱的羽毛，像刚刚遭了流氓的强奸，伴随着腹泻它们还呕吐恶心，一声声尖细的呻吟从它们弯曲如弓背的颈子里溢出来，它们尖硬的嘴上，挂着掺着血丝的黏稠涎线，它们金黄的瞳孔里晃动着微弱的蓝色光线——五十年前所有的鸡都中了蝗毒，跌撞在村里的家院、胡同和街道上，像一台醉酒的京剧演员。人越变越精明，鸡也越变越精明了；今天的街道宛若往昔，可是鸡们、人们对蝗虫抱一种疏远冷淡的态度了。

我真想死，但立刻又感到死亡的恐怖，我注视着拴在墙前木桩上的一匹死毛渐褪新毛渐生的毛驴，忽然记起：上溯六十年，那个时候，家族里有一个奇丑的男人曾与一匹母驴交配。他脑袋硕大，双腿又细又短，双臂又粗又长，行动怪异，出语无状，通体散发着一种令人掩鼻的臭气，女人们都像避瘟神一样躲着他。他是踏着一条凳子与毛驴交配的，那时他正在家族中威仪如王的大老爷家做觅汉。事发之后，大老爷怒火万丈，召集了十几个膀大腰圆的汉子，每人手持一支用生牛皮拧成的皮鞭，把恋爱过的驴和人活活地打死了。现在，这桩丑事，还在暗中愈加斑斓多彩地流传着——我深深感到，被鞭笞而死的驴和人都是无辜的，他和它都是阶级压迫下的悲惨牺牲。我记起来了，他的绰号叫"大铃铛"，发挥一下想象力，也可以见到那匹秀美的小毛驴的形象。家族的历史有时几乎就是王朝历史的缩影，一个王朝或一个家族临近衰落时，都是淫风炽烈，爬灰盗嫂、父子聚麀、兄弟阋墙、妇姑勃谿——表面上却是仁义道德、亲爱友善、严明方正、无欲无念。

呜呼！用火刑中兴过、用鞭笞维护过的家道家运俱化为轻云浊土，高密东北乡吃草家族的黄金时代已经一去不复返，我面对着尚在草地上疯狂舞蹈着的九老爷——这个吃草家族纯种的孑遗之一，一阵深刻的悲凉涌上心头。

现在，那头母驴站在一道倾圮的土墙边上，就是它唤起了我关于家族

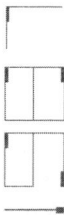

丑闻的记忆。它难道有可能是那头被"大铃铛"奸污过，不，不是奸污，是做爱！它难道有可能是那头秀美的母驴的后代吗！它一动不动地站着，一条乌黑的缰绳把它拴在墙边糟朽的木桩上。它的秃秃的尾巴死命夹在两条骨节粗大的后腿之间；它的腚上瘢痂累累，那一定是皮鞭留给它的终生都不会消除的痛楚烙印；它的脖后久经磨难，老茧像铁一样厚，连一根毛都不长；它的蹄子破破烂烂，伤痕累累；它的眼睛枯滞，眼神软弱而沮丧；它低垂着它的因充塞了过多的哲学思想而变得沉重不堪的头颅……五十年前，也是这样一头毛驴驮着四老妈从这样的街道上庄严地走过，它是它的本身还是它的幻影？它站在墙前，宛若枯木雕塑，暗红色的蝗虫在它的身上跳来跳去，它岿然不动，只有当大胆的蝗虫钻进它的耳朵或鼻孔里时，它才摆动一下高大的双耳或是翕动一下流鼻涕的鼻孔。墙上土皮剥落，斑斑驳驳，景象凄凉；墙头上的青草几近死亡，像枯黄的乱发般纷披在墙头上。那儿，有一只背生绿鳞的壁虎正在窥视着一只伏在草梢上的背插透明纱翅的绿虫子。壁虎对红蝗也不感兴趣。这不是驮过四老妈的那头驴，它的紫玉般的蹄子上虽然伤痕瘢疤连绵不绝，但未被伤害的地方依然焕发出青春的润泽光芒。一只蝗虫蹦到我的手背上，我感觉到蝗虫脚上的吸盘紧密地吮着我的肌肤，撩起了我深藏多年的一种渴望。我轻轻地、缓缓地、悄悄地把手举起来，举到眼前，用温柔的目光端详着这只神奇的小虫……泪水潸然下落……干巴，九老妈用狐狸般的疑惑目光打量着我，问，你眼里淌水啦，是哭出来的吗？我举着手背上的蝗虫，说：不是眼泪，我没哭，太阳光太亮了。九老妈噢了一声，抬手一巴掌，打在我的手背上，把那只蝗虫打成了一摊肉酱。为了掩饰愤怒、忧伤和惆怅，我掏出了墨镜，戴在了鼻梁上。

天地阴惨，绿色泛滥，太阳像一块浸在污水中的圆形绿玻璃。九爷周身放着绿光，挥舞着手臂，走进了那群灭蝗救灾的解放军里去。解放军都是年轻小伙子，生龙活虎，龙腾虎跃，追赶得蝗虫乱蹦乱跳。他们嗷嗷地叫着，笑着，十分开心愉快。我可是当过兵的人，军事训练残酷无情，冬练三九夏练三伏，摸爬滚打够人受的。灭蝗救灾成了保卫着我们庄稼地的子弟兵们的盛大狂欢节，他们奔跑在草地上像一群调皮的猴子。九老爷的怪叫声传来了，记录他叫出来的词语毫无意义，因为，在这颗地球上，能够听懂九老爷的随机即兴语言的只有那只猫头鹰了。它在大幅度运动着的青铜鸟笼子里发出了一串怪声，记录它的怪声也同样毫无意义，它是与九老爷一呼一应呢。从此，我不再怀疑猫头鹰也能发出人类的语言了。有十几个解放军战士把九老爷包围起来了,九老妈似乎有点怕。九老妈,休要怕,你放宽心,军队和老百姓本是一家人,他们是观赏九老爷笼中的宝鸟呢。他们弯着腰,围着鸟笼子团团旋转,猫头鹰也在笼子里团团旋转。那个吹号的小战士捏着一只死蝗虫递给猫头鹰,它轻蔑地弯勾着嘴,叫了一声,把那小战士吓了一跳。

后来,农业科学院蝗虫研究所那群研究人员从红色沼泽旁边的白色帐篷里钻出来,踢踢踏踏地向草地走来——草地上的草已经成了光杆儿,蝗虫们开始迁移了——连续一年滴雨不落之后又是一月无雨,只是每天凌晨,草茎上可以寻到几滴晶莹的可怕的露珠——太阳毒辣,好似后娘的巴掌与独头的大蒜,露珠在几分钟内便幻成了毛虫般的细弱白气。如今,只有红褐色的蝗虫覆盖着黑色的土地了。蝗虫研究人员们当初洁白的衣衫远远望着已是脏污不堪,呈现着与蝗虫十分接近的颜色,蝗虫伏在他们身上,已经十分安全。名存实亡的草地上尘烟冲起,那是被解放军战士们踢踏起来的,他们脚踩着蝗虫,身碰着蝗虫,挥动木棍,总能在蝗虫飞溅的空间里打出一道道弧形的缝隙。蝗虫研究人员肩扛着摄影机,拍摄着解放军与蝗虫战斗的情景,而那些蝗虫们,正像决堤的洪水一样,朝着村庄涌来了。

蝗虫们疯狂叫嚣着,奋勇腾跳着,像一片硕大无比的、贴地滑行的暗红色云团,迅速地撤离草地,在离地三尺的低空中,回响着繁杂纷乱的响声,这景象已令我瞠目结舌,九老妈却用曾经沧海的沧桑目光鞭挞着我兔子般的胆怯和麻雀般的狭小胸怀。这才有几只蝗虫?九老妈在无言中向我传递着信息:五十年前那场蝗灾,才算得上真正的蝗灾!

五十年前,也是在蝗虫吃光庄稼和青草的时候,九老爷随着毛驴,毛驴驮着四老妈,在这条街上行走。村东头,祭蝗的典礼正在隆重进行……为躲开蝗虫潮水的浪头,九老妈把我拖到村东头,颓弃的叭蜡庙前,跪着一个人,从他那一头白茫茫的刺猬般坚硬的乱毛上,我认出了他是四老爷。九老妈与我一起走到庙前,站在四老爷背后;低头时我看到四老爷鼻尖上放射出一束坚硬笔直的光芒,蛮不讲理地射进叭蜡庙里。庙门早已烂成碎屑，尚余半边被蛀虫啃咬的坑坑洼洼的门框，五十年风吹雨打、软磨硬蹭，把砖头都剥蚀得形同蜂窝锯齿，庙上开着天窗，原先图画形影的庙里粉壁上，留下一片片铁锈色的雨渍，几百只蝙蝠栖息在庙里的梁阁之间，遍地布满蝙蝠屎。恍然记起幼年时跟随四老爷迁庙搜集夜明砂时情景，一只像团扇那么大的蝙蝠在梁间滑行着，它膨胀的透明的肉翼，宛如一道彩虹，宛若一个幽灵。它拉出的屎大如芡实，四老爷一粒粒捡起，视为珍宝。四老爷，你当时对我说，这样大颗粒的夜明砂世所罕见，每一粒都像十成的金豆子一样值钱……那时候庞大蝗神塑像可是完整无损地存在着的呀，只是颜色暗淡，所有的鲜明都漫漶在一片陈旧的烟色里了……沿着四老爷鼻尖上的强劲光芒，我看到了叭蜡庙里的正神已经残缺不全，好像在烈火中烧熟的蚂蚱，触须、翅膀、腿脚全失去，只剩下一条乌黑的肚子。四老爷礼拜着的就是这样一根蝗神的泥塑肚腹。西边，迁徙的跳蝗群已经涌进村庄，桑下之鸡与墙外之驴都惊悸不安，鸡毛爹，驴股栗，哪怕是虫介，只要结了群，也令庞然大物吃惊。解放军战士和蝗虫研究人员追着蝗群涌进村庄，干燥的西南风里漂漾着被打死踩死的蝗虫肚腹里发出的潮湿的腥气。

九老妈说四老祖宗，起来吧，蝗虫进村啦！

四老爷跪着不动，我和九老妈架住他两只胳膊，试图把他拉起来。四老爷鼻尖上的灵光消逝，他一回头，看到了我的脸，顿时口歪眼斜，一声哭叫从他细长的脖颈里涌上来，冲开了他闭锁的喉头和紫色的失去弹性的肥唇：

杂种……魔鬼……精灵……

我立刻清楚四老爷犯了什么病。他跪在叭蜡庙前并非跪拜蝗虫，他也许是在忏悔自己的罪过吧。

四老爷，起来吧，回家去，蝗虫进村啦。

杂种……魔鬼……精灵……四老爷嗫嚅着，不敢看我的脸，我感到他那条枯柴般的胳膊在我的手里颤抖，他的身体用力向着九老爷那边倾斜着，把九老妈挤得脚步凌乱。

冷……冷……赤日炎炎似火烧，四老爷竟然说冷，说冷就是感觉到冷，是他的心里冷，我知道四老爷不久于人世了。

跳蝻遮遍街道，好像不是蝗虫在动而是街道在扭动。解放军追剿蝗虫在街道上横冲直撞，蝗虫研究人员抢拍着跳蝻迁徙的奇异景观，他们惊诧的呼叫着，我为他们的浅薄感到遗憾，五十年前那场蝗灾才算得上是蝗灾呢！人种退化，蝗种也退化。

四老爷，您不要怕，不要内疚，地球上的男人多半都干过通奸杀人的好事，您是一个生长在穷乡僻壤的农民，您干这些事时正是兵荒马乱的年代，无法无天的年代守法的都不是好人，您不必挂在心上。比较起来，四老爷，我该给您立一座十米高的大牌坊！回家去吧，四老爷，您放宽心，我是您的嫡亲的孙子，您的事就算是烂在我肚子里的，我对谁也不说。四老爷您别内疚，您爱上了红衣小媳妇就把四老妈休掉了，您杀人是为了替爱情开辟道路，比较起来，您应该算作人格高尚！四老爷，经过我这一番开导，您的心里是不是比刚才豁亮一点啦？您还是感到冷？四老爷，您抬头看看天是多么蓝啊，蓝得像海水一样；太阳是多么亮，亮得像宝石一样；蝗虫都进了村，草地上什么都没有了，一片白茫茫大地真干净；您是不是想到草地上拉屎去？我可以陪您去，我多少年没闻到您的大便挥发出来的像薄荷油一样清凉的味道了。解放军一个比一个勇敢，他们手上脸上都沾满了蝗虫们翠绿的血；墙外边那头母驴快被蝗虫压死了，它跟您行医时骑过的那头毛驴有什么血缘关系没有？它们的模样是不是有点像？鞭笞与"大铃铛"恋爱的那匹秀美母驴的行刑队里您是不是一员强悍的干将？您那时血气方刚、体魄健壮，八股牛皮鞭在您的手里挥舞着，好似铁蛇飞腾，飕飕的怪叫令每一个旁观者的耳膜战栗，您也是心狠手毒，一鞭一道血痕，就是钢铁的身躯也被您打碎了，我的四老爷！人，其实都跟畜生差不多，最坏的畜牲坏不过人，是不是呀？四老爷，您还是感觉寒冷吗？是不是发疟疾呢？红色沼泽里有专治疟疾的常山草，要不要我去采一把？熬点汤药给您吃。发疟疾的滋味可是十分不好受，孙子该享的福没享到，该受的罪可是全受过了。发疟疾、拉痢疾、绞肠痧、卡脖黄、黄水疮、脑膜炎、青光眼、牛皮癣、贴骨疽、腮腺炎、肺气肿、胃溃疡……这一道道名菜佳肴等待我们去品尝，诸多名菜都尝过，唯有疟疾滋味多！那真是：冷来好似在冰上卧，热来好似在蒸笼里坐，颤来颤得牙关错，痛来痛得天灵破，好似寒去暑来死去活来真难过。记得我当年发疟疾发得面如金纸，站都站不稳，好像一株枯草，是您不顾蚊虫叮咬，从红色沼泽里采来一把常山草，治好了我的病，救了我一条命。救人一命，胜造七级浮屠！你为了采药，被沼泽里的河马咬了一口，被芦苇中的斑马打了一蹄子，有好多次差点陷进红色淤泥里淹死，您一辈子救死扶伤，实行革命的人道主义，行善远比作恶多，您满可以正大光明地活着，良心上不要有什么不安。您现在还是那么冷吗？太好啦，不冷就好啦。"常山"不是草？对，我那时被疟疾折腾得神昏谵语，眼前经常出现虚假的幻影。"常山"是落叶灌木，叶子披针形，花黄绿色，结蒴果，根和叶子入药，主治疟疾。四老爷，我知道您活活是一部《本草纲目》，不过，您用铁药碾子扎碎蝗虫团成梧桐子大的"百灵丸"出售，骗了成千上万的金钱，这件事可是够缺德的！……四老爷，您怎么又哆嗦成一个蛋了？您别抖，我听到您的骨头架子像架破纺车一样嘎嘎吱吱地响，再抖就哗啦啦土崩瓦解、四分五裂啦！说一千道一万，我们还是希望您能多活几年。

　　我和九老妈把抖得七零八落的四老爷暂时安放在一道臭杞树夹成的黑篱笆边上，让灼热的太阳照耀着他寒冷的心，让青绿的臭杞刺针灸着他冥顽不化的脑袋，让他鼻尖上的光芒再次射进叭蜡庙内，照亮蝗神的残骸和污秽的庙墙，让沾满灰土的蛛网在光明中颤抖，让四扇大的蝙蝠在光明中翩翩飞舞。庙里空间狭小，蝙蝠轻弱柔纱，飞行得潇洒漂亮，游刃有余，永远没有发生过碰撞与摩擦……我记不清墨镜是什么时候滑落到街上的热尘埃里的了，蝗虫的粪便涂满了墨镜的镜片和框架……感谢你，我的无恶不作的仁慈的上帝，我恨不得活活剥掉你的生着柔软白毛的兔子皮……四老爷，您就要死去吗？您像一匹老狗般蜷缩在臭杞树黑暗的阴影里，当年主持祭蝗大典的威严仪表哪里去了？好花不常开，好景不常在，千里搭长棚，没有不散的宴席，想想真让人心酸！四老爷，那时候您穿着长袍马褂，足蹬粉底青布鞋，手捧着一只三腿铜爵，把一杯酒高高举起来——

　　蝗虫们涌进村来，参加村民们为它们举行的盛典，白色的阳光照耀着蝗虫的皮肤，泛起短促浑浊的橙色光芒，街上晃动着无数的触须，敬蝗的人们不敢轻举妄动，唯恐伤害了那些爬在他们身上、脸上的皮肤娇嫩的神圣家族的成员。九老爷随着毛驴，走到叭蜡庙前，祭蝗的人群跪断了街道，毛驴停步，站在祭坛一侧，用它的眼睛看着眼前的情景。几百个人跪着，光头上流汗，脖子上流汗，蝗虫们伏在人们的头颈上吮吸汗水，难以忍受的瘙痒从每一个人的脊梁沟里升起，但没人敢动一下。面对着这等庄严神圣的仪式，我充分体验到痒的难挨，如果恨透了一个人，把一亿只蝗虫驱赶到他家去是上乘的报仇方式。蝗虫脚上强有力的吸盘像贪婪的嘴巴吻着我的皮肤，蝗虫的肚子像一根根金条在你的脸上滚动。我和你，我们站在祭蝗的典礼外，参观着人类史上一幕难忘的喜剧，我清楚地嗅到了从你的腋窝里散出的熟羊皮的味道。有一匹硕大的蝗虫蹦到了你的红红的鼻头上，蝗虫眼睛明亮，好像从眼镜片后透出来的淫荡的光芒撩逗得你身体扭动，你的畸形的脚把其余一些企图爬到你身上去的蝗虫咯咯唧唧地踩死了。我看着你的不健康的脸，那只大蝗虫正在你脸上爬行着，你的眼里迸发出那种蓝幽幽的火花。你是我邀请来参观这场典礼的，五十年前的事情再次显现是多么样地不容易，这机会才是真正的弥足珍贵，你不珍惜这机会反而和一头蚂蚱调起情来了，我对你感到极度的绝望。先生！你睁开眼睛看一眼吧，在你的身前，我的九老爷烦躁不安地捯动着他的大脚，把一堆又一堆的蝗虫踩得稀巴烂，你对蝗虫有着难以割舍的亲情，我知道你表面上无动于衷，心里却非常难过。可是，我们不是反复吟诵过：要扫除一切害人虫，全无敌吗？我多次强调过，所有的爱都是极有限度的，爱情脆弱得像一张薄纸，对人的爱尚且如此，何况对蝗虫的爱！你顺着我的手指往前看吧，在吹鼓手的鼓吹声中，四老爷持爵过头，让一杯酒对着浩浩荡荡的天空，吹鼓手的乐器上，吹鼓手皮球般膨胀的腮帮子上，都挂满了蝗虫。四老爷把酒奠在地上，抬手一巴掌——完全是下意识——把一只用肚子撩拨着他的嘴唇的蝗虫打破了，蝗虫的绿血涂在他的绿唇上，使他的嘴唇绿上加绿。四老爷始作俑，众人继发疯，你看到了吗？跪拜蝗神的群众骚动不安起来，他们飞舞着巴掌，噼噼啪啪，打击着额头、面颊和脖颈，打击着脊背、肩膀和前胸，巴掌到处，必有蝗虫肢体破裂，你是不是准备打自己一个嘴巴，把那只在你脸上爬动的蝗虫打死呢？我劝你打死它，这样，你才能真正品尝到红蝗的味道。我们吃过的蝗虫罐头都加了防腐剂，一点也没味。祭蝗大典继续进行，四老爷面前的香案上香烟缭绕，燃烧后的黄表纸变成了一片片黑蝶般的纸灰索落落滚动，请你注意，庙里，通过洞开的庙门，我们看到两根一把粗细的红色羊油大蜡烛照亮了幽暗的庙堂，蝗神在烛光下活灵活现，栩栩如生，仿佛连那两

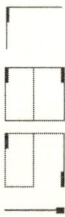

根雉尾般高扬的触须都在轻轻抖动。四老爷敬酒完毕，双手捧着一束翠绿的青草，带着满脸的虔诚和挤鼻弄眼（被蝗虫折磨的）走进庙堂，把那束青草敬到蝗神嘴巴前。蝗神奓翅支腿，翻动唇边柔软的胡须，龇出巨大的青牙，像骡马一样咔嚓咔嚓地吃着青草。你看到蝗神吃青草的惊人情景了吗？你没有看到，也罢，看不到就算啦。我十分喜爱你额头上那七道深刻的皱纹，当你蹙起眉头时，你的额头就像红色的灯芯绒一样令人难以忘怀。你要不要吃茅草？哎哎，入乡随俗嘛！再说"生处不嫌地面苦"。多食植物纤维有利健康，大便味道高雅。对不起，我的话可能刺伤了你，要不干吗要让额头上的灯芯绒更灯芯绒一些，好像一个思索着宇宙之至理的哲人。四老爷献草完毕，走出庙门，面向跪地的群众，宣读着请乡里有名的库庠撰写的《祭叭蜡文》，文曰：

> 维中华民国二十四年六月十五日，高密东北乡食茅家族族长率族人跪拜叭蜡神，毕恭毕敬，泣血为文：白马之阳，墨水之阴，系食茅家族世代聚居之地；敬天敬地，畏鬼畏神，乃食茅家族始终恪守之训。吾等食草之人，粗肠砺胃，穷肝贱肺，心如粪土，命比纸薄，不敢以万物灵长自居，甘愿与草木虫鱼为伍。吾族与叭蜡神族五十年前邂逅相遇，曾备黄米千升，为汝打尖填腹，拳拳之心，皇天可鉴。五十载后又重逢，纷纷吃我田中谷，族人心里苦。大旱三年，稼禾半枯，族人食草啃土已濒绝境。幸有蝗神托梦，修建庙宇，建立神主，四时祭祀，香烟不绝。今庙宇修毕，神位已立，献上青草一束，村醪三盏，大戏三台，祈求叭蜡神率众迁移，河北沃野千里，草木丰茂，咬之不尽，啃之不竭，况河北刁民泼妇，民心愚顽，理应吃尽啃绝，以示神威。蝗神有知，听我之诉，呜呼呜呼，泣血涟如，贡献青草，伏惟尚飨！

四老爷拖着长腔念完祭文，吹鼓手们鼓起腮帮，把响器吹得震天动地，蝗虫从原野上滚滚而来，蝗虫爬动时的声响杂乱而强烈，几乎吓破了群众的苦胆。我们把视线射进庙内，我们看到那匹巨大的蝗虫领袖依然像骡马一样吞食着四老爷敬献到它嘴边的鲜嫩的青草，我们注视着它生龙活虎的形象，从心灵深处漾发对蝗神的尊敬。你与我一起分析一下四老爷高声诵读过的祭文，你发现了没有，这祭文挑动蝗虫，过河就食，并且吃尽啃绝，狼子野心，何其毒也！要是河北的人知道了，一定要过河来拼命。这时，群众纷纷站起来，有几个年老的站起来后又栽倒，毒辣的阳光晒破了他们的脑血管，他们也成了供献给蝗虫的牺牲。正当群众们遥望蝗虫的洪流时，坐在毛驴背上的四老妈长啸一声，毛驴开蹄就跑，九老爷紧紧追赶，无数的蝗虫死在驴蹄和人脚下。毛驴跑到祭坛前，撞翻了香案，冲散了吹鼓手，四老爷躲在一边颤抖。四老妈高叫着——声音虽然出自四老妈之口，但绝对是神灵的喻示：它们还会回来的，它们爬着走，它们飞着回！老四老四，你发了昧心财，干了亏心事，早晚会有报应的！

你忽然惊恐不安地问我：真的有报应吗？

我问：你干过亏心事吗？

你摇着头，把目光避开。你现在看到的是五十年后的四老爷像条垂死的老狗一样倚在臭杞树篱笆上，眯着混浊的老眼晒太阳，艳阳似火，他却浑身颤抖，他就要死去了，他现在正回忆着他的过去呢。

要是有报应，那也挺可怕……你说。

你怎么像鲁迅笔下的祥林嫂呢？我问，你是不是也想捐门槛？

你摇头。

我说：你要是捐门槛的话，要砍伐一平方公里原始森林！

你说我胡说，我说我是跟你开玩笑呢，你说要是有报应的话——你不说了。

我想回城里去，你怕冷似的缩着肩头，说：

祝你回城市的路途上幸福愉快。我友好地与你握手告别。

老大娘你扭动着紧紧裹在那条破旧的灯笼裤里的苍老的臀部，像一只北京鸭与苏州鹅交配而生的杂种扁毛家禽，大步向西走去。你回城去了。你亲切地盼着住在高楼上的一个旧俄国军官像狗一样伸出生满肉刺的舌头去舔舐你的纽扣，你穿着一件斑马皮缝成的上衣。你还在动物园工作吗？我辞职了，我到亚洲音响公司去了。你是音乐家？我是动物语言研究者。你保护动物吗？不，我虐待动物。你活剥了斑马的皮？我活剥你的皮，斑马是我丈夫。然后，你坐在一张用虎皮蒙成的沙发上，乱点着蜥蜴般的长舌，舔食着一杯用开水冲成的浓厚的麦乳精或是一杯美酒加咖啡；观赏着墙壁上一幅一流画家精心临摹的油画；一个生着三只乳房的裸体女人怀抱着一个骷髅，周围生长着一些沼泽地里的植物，植物的茎上缀满红蝗

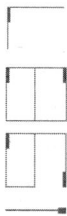

虫，你和他肩并着肩，注视着油画，他的儿子坐在你们身后的沙发上，劈着腿，端详着自己的稚嫩的小小生殖器，一声也不吭。你们的心里都燃着烈火，炖鱼的锅下蓝火熊熊，咸巴鱼的味道溢出来。巴鱼又涨价了。因为肉类先涨了价，政府鼓励人民吃鱼。肉为什么要涨价呢？因为粮食涨价了。粮食为什么会涨价呢？因为红蝗成了灾。这就是商品交换规律吗？原始交换？不，是价值的规律。枯燥得很，是理论吧？交换过程可是一点都不枯燥。原始的交换，货币尚未成为流通的中介，交换形式简单方便，富有罗曼蒂克精神，披着含情脉脉的纱裙。哎哟哟！后来，你们把那个参拜着生命之根的男孩子抛在客厅里。你们像一对迷醉的企鹅。你很害怕，你一抬头就看到他的面部肌肉饱绽的妻子在镜框里冷冷地对你微笑，并发出一声声的长叹……客厅里传来一声动物的惨叫，你们毛骨悚然，冲到客厅你们发现，男孩的生殖器上鲜血淋漓，一把沾满鲜血的铅笔刀扔在地板上……你怎么啦？他问，他惊慌失措地问，泪水在眼眶里滚动。男孩不动声色地坐着，像冬瓜一样的长头颅疲倦地倚在沙发的靠背上。一只肮脏的黄毛里生满跳蚤和虱子的波斯猫伏在电冰箱高高的头颅上，闭着眼睛，均匀地打着呼噜。猫身上那股又腥又咸的好像腌巴鱼一样的味道突然唤起了一种陌生而亲切的回忆，当然，毫无疑问地，猫身上的腥臊味道同样唤起了他的亲切又陌生的回忆。不是猫的味道，是巴鱼的味道。巴鱼又他妈的涨价了，所以动物园的门票贵了。怎么回事？海豹要吃巴鱼呀，还是斑马好，斑马只吃草。一点麸皮也不吃？吃点豆饼。那大豆早就涨价啦。都怨蝗虫。猫身上的味道必定唤起你们类似的回忆。猫只舔一点被蝗虫撑昏的麻雀颈上的血，根本不吃麻雀。猫！不许你掀锅，锅里的巴鱼都煮糊了。一种面对鲜血的恐怖使你们心中都生出一片片白色的霜渍，你们的脊髓里都游荡着一股股温柔的、不祥的冷气……电冰箱隆隆地响起米，波斯猫睁开眼睛，打了个哈欠，橙色的眼睛里射出一道懒洋洋的司空见惯的光芒，扫射了一下你们俩美丽的面孔，又打了个哈欠，闭上眼睛，周身散发着腌巴鱼味道的波斯猫继续蜷蜷而睡，电冰箱的响声戛然而止，房间里陡然变得异常安静，你们好像陷进红色沼泽里，红色的淤泥黏稠又温暖，淹没了你们的脖颈、嘴巴和鼻孔，只露着四只忧郁的眼睛和两颗玲珑剔透的、苍白的头。你们的高大挺拔的耳朵耸立着，压力增大，血管膨胀，你们的耳朵像鲜红的枫叶在你们的苍白额头上投下暗红色的阴影，你们利用最后的时光品尝着巴鱼。一抹夕阳打在毛毛糙糙半透明的玻璃窗上，噼噼啪啪响着，穿透进来，照着生有三只乳房的裸体女人和雪白的粉骷髅，照着滋生色欲的红色沼泽，照着色情泛滥的红色淤泥里生长着的奇花异草，照着卧在一株茎叶难分颇似棍棒的绿色植物的潮湿阴影下的碧绿的青蛙，青蛙大腹膨脝，眼泡像黑色的气球，当然还照耀着他的儿子沾满绿色血污的他的传家之宝。你蓦然忆起，也是在一个晚霞如火的时刻，你的儿子用一把锋利的剃须刀切断了一只黄背小乌龟富有弹性的脖颈时的情景，那只名贵的小乌龟腔子里流出的血液也是绿的，与他的儿子流出的血液竟是一样的颜色，正像老黑格尔说过的一样：历史是惊人的相似！

　　这时你才想起，进入这个房间时，你还是一个青丝如墨的少妇，而现在，你已经是一个既畏寒又畏热，乳房像空布袋一样耷拉到大腿根、经常被扎进裤腰里，形单影只、无人问津的老妇人了。这时，你感到胸口憋闷，呼吸窘迫，不，无法呼吸！黏稠的红色淤泥堵塞了你的鼻腔，灌满了你的喉管，你拼命挣扎着，但也只能用一点微弱的意识进行挣扎了，温暖、多情、像发霉的枣花蜂蜜一样的红色淤泥牢牢地吸住了你的四肢。血液上冲，使你眼睛里的毛细血管破裂，你两眼鲜红。尽管你用刀割出五层眼皮，尽管你眼下的黑晕足有铜钱般大，尽管你的睫毛像密集的栅栏，尽管你用你的洞穴般的勾魂眼摄去了多少好汉的魂魄，都无法挽救你溺死在淤泥之中。你终于看到，那个文质彬彬的男人听到你的呼唤之后，立刻把脖子紧缩进乌黑的皮夹克里，只露出一只尖尖的嘴巴，宛若一只冰凉的大龟。你痛苦地封闭了自己的眼睛，思念非洲。

　　你睁开眼睛时，看到他跪在地板上用纱布包扎着他儿子的伤口。他儿子手持着一根香蕉，寡淡无味地、机械地戳着那个男人聪明智慧的脑袋。你站在一旁，站在波斯猫的腥气里，麻木不仁地注视着这一幕可以名为"父子情深"的戏剧，感到一种蚀骨的凄凉。你说：要我帮忙吗？他不愿回答，他的儿子却把长长的脑袋扬起来，好奇地问：阿姨，你和我爸爸为什么像猫一样叫？你听到感到脸皮发烧。男孩又说：我爸爸昨天和胖子阿姨关着门学狗叫。他厉声呵斥：儿子，不要胡说！

　　乳白色的门被敲响，不，是金属的钥匙在金属的锁孔里扭动发出的金属声响，最先被惊动的不是你竟是他。他顾不上为儿子包扎了，他像一只雄鸡从地上跳起来，脸色如黄土。他扑到门边，顶住门，回头对你说，轻声说：我们可是什么事也没有。你麻木地站着，听着门外的声音，是一个女人的声音。

他的妻子提着旅行包回来了。

你打量着这个凸眼肥唇的女人，加倍地思念着非洲的山冈和河流，斑马还有河马。（她提着一个破帆布包，身上散发着巴鱼的味道。）打量着这个女人头上的一根宝蓝色的发卡时你想起了自己头上也有一根翠绿的发卡。

他像下级见到上级一样为他的老婆鞠躬，那女人把包扔在地上，嘴唇撮动着，确实像一个即将排泄稀薄大便的肛门。那男孩从沙发上跳起来，白纱布抱在腿间，向着女人扑去。母子俩拥抱亲吻……你满脸是泪……他向他的妻子介绍你时，板着他的脸，一本正经，好像一头阉割过的骡子。他向他的妻子流露出他对你这类对他有所求的女人的极度不耐烦，他的妻子也用那种为丈夫骄傲的目光斜视着你。你虽然多次见到过形形色色的女主人的这类目光，但还是感到难过。……那女人擎着你的发卡冲出来，举着一条毛巾冲出来。她举着那条毛巾像高举着一面愤怒的义旗，你看到他——几十分钟前还颐指气使、居高临下地开导着你的他——像一尊泡酥了的神像逐渐矮了下去。你看到他跪在他的老婆面前，仰着一张承露盘般的可爱的脸，在他老婆的膝间。他老婆号叫着，把你的绿发卡、把毛巾摔在他的脸上，把金丝眼镜打落地下。他跪着，焦急地摸索着。你的腮上响过两声之后才知道被那女人扇了两耳光，你仰仰身体，退到电冰箱上，沉醉在波斯猫的巴鱼气味里。你听到他哀求着：是她……是这个婊子勾引的我……

你好像生着蝙蝠般的翅膀，从高楼降落到地面……是她勾引我……原谅我吧……

那天晚上，你穿着黑色长裙鲜红裤衩肉色高筒丝袜乳白色高跟羊羔皮凉鞋，拎着一个鲨鱼革皮包，你其实是狼狈逃窜。坐在公共汽车上，你打开小皮包，掏出小镜子，照着一张憔悴的脸。你的嘴唇像被雨水浸泡过的馒头皮，苍白，破裂。你掏出管状口红，拧开盖，把口红芯儿用手指顶出来。那口红芯儿的形状立刻让你联想到他儿子那个割破的小玩意儿，立刻让你想起刚刚看过的红蝗的肚子。你对这种联想感到有点轻微的恶心，但你还是用它仔细地涂抹着你的嘴唇，一直等到鲜红掩盖了苍白和丑陋，你才停下手。后来，你走上了那条八角形水泥坨子铺成的小路，你神思恍惚，连那只火炭般的画眉的疯狂鸣叫都没把你从迷醉状态中唤醒。这时，一个男人抃着一块半截砖头立在你的面前，你心中突然萌发了对所有男人的仇恨，于是，你抬起手，迅疾地打了那男人一个耳光，也不管他冤枉还是不冤枉。（我真是倒霉透顶！）后来，你进了"太平洋冷饮店"，店里招魂般的音乐唱碎了你的心。你心烦意乱，匆匆走出冷饮店，那个挨揍的男人目露凶光凑上前来，你又扇了他一个耳光。（我真是窝囊透了！）男人都是些肮脏的猪狗！你屈辱地回忆起，在那个潮湿闷热的夏天里发生的事。他跪在他老婆前骂你的话像箭镞一样射中了你的心。一道强烈的光线照化了你的眼……一个多月前，你打过我两个耳光之后，我愤怒地注视着你横穿马路，你幽灵般地漂游在斑马线上。你没杀斑马你身上这件斑马皮衣是哪里来的？你混账，难道穿皮衣非要杀斑马吗？告诉你吧，斑马唱歌第一流，斑马敢跟狮子打架，斑马每天都用舌头舔我的手。你录下动物的叫声究竟有什么用？我不是告诉你了吗？我是研究动物语言的专家。雪白的灯光照着明晃晃的马路，我看到你在灯光中跳跃、灯光穿透你薄如鲛绡的黑纱裙，显出紧绷在你屁股上的红裤衩，你的修长健美的大腿在雪白的波浪里大幅度甩动着，紧接着我就听到钢铁撞击肉体的喀唧声，我模模糊糊地记着你的惨白的脸在灯光里闪烁了一下，还依稀听到你的嘴巴里发出一声斑马的嘶鸣。

我只有祝贺和哀悼。斑马！斑马！斑马！那些斑马一见到我就兴奋起来，纷纷围上来，舔我，咬我，我闻到它们的味道就流眼泪。非洲，它们想念非洲，那里闹蝗灾了。我还要告诉你，他很快知道了你被车撞死的消息，他怔一下，叹了口气。波斯猫，他家的波斯猫也压死了，他难过得吃不下饭去。

男人的可恶的性欲，是导致女人堕落的根本原因！（堕落的女人是散发毒气的烂肉。男人使女人堕落，堕落女人又使男人堕落。这是一个恶性的循环！）在我的经历中……我痛恨男人！在我的一个梦中，你穿着一条洗得发白、补着补丁的破烂灯笼裤，咬牙切齿地说。

我思索了一下，客观公允地说：你说的不无道理，不过，一般情况下，母狗不撅屁股，公狗是不会跳上去的。

你骂道：男人都是狗！

我说：不是狗的女人可能也不多。

你说：应该把男人全部阉割掉。

我说：这当然非常好。不过，阉掉的男人可能更坏，从前宫廷里的太监就是阉人，他们坏起来更不得了。

反正男人都是狗！

女人也是狗，所以，我们骂人时常常这样骂：这群狗男女！

你笑了。

你不要笑，这是个很严肃的问题，被欲望尤其是被性欲毁掉的男女有千千万万，什么样的道德劝诫、什么样的酷刑峻法，都无法遏止人类跳进欲望的红色沼泽被红色淤泥灌死，犹如飞蛾扑火。这是人类本身的缺陷。人，不要妄自尊大，以万物的灵长自居，人跟狗跟猫跟粪缸里的蛆虫跟墙缝里的臭虫并没有本质的区别，人类区别于动物界的最根本的标志就是：人类虚伪！人类的语言往往与内心尖锐冲突，他明明想像玩妓女一样玩你，可他偏偏跪在你的膝盖前，眼里含着晶莹的泪花，嘴里高诵着专为你写的（其实是从书上抄的）、献给你的爱情诗：我爱你呀我爱你，我的相思围抱住了你，绕着你开花，绕着你发芽，我多么想拥抱你，就像拥抱我的亲娘……他今天晚上把这首诗对着你念，那天晚上，他把同一首诗对着另一个女人念：我爱你呀我爱你……

男人太可怕了！你低声说。

老大娘，女人不可怕吗？女人就不虚伪了吗？她同样虚伪，她嘴里说着：我爱你，我是你的，心里想着明天上午八点与另一个男人相会。人类是丑恶无比的东西，人们涮着羊羔肉，穿着羊羔皮，编造着"狼与小羊"的寓言，人是些什么东西？狼吃了羊羔被人说成凶残、恶毒，人吃了羊羔肉却打着喷香的嗝给不懂事的孩童讲述美丽温柔的小羊羔羔的故事，人是些什么东西？人的同情心是极端虚假的，人同情小羊羔羔，还不是为了让小羊羔羔快快长大，快快繁殖，为他提供更多更美的食品和衣料，结果是，被同情者变成了同情者的大便！你说人是什么东西？

我们去非洲吧！你坚定地说，从今之后，我只爱你一个人！

不，我要回家乡去消灭蝗虫！

不，我们去非洲，那里有斑马。

我突然从梦中惊醒，浑身冷汗涔涔，她到底是被车撞了。我祈望着你痊愈，哪怕瘸一条腿，也比死去好得多。你去动物园看过斑马吗？斑马和驴交配生出来的是骆驼。你神昏谵语了。生在中国想着非洲，你才神昏谵语呢！

干巴，你怎么老是白日做梦，是不是狐狸精勾走了你的魂？九老妈在我的背上猛击一掌，愤愤地说。

我晃动着脑袋，想甩掉梦魇带给我的眩晕。太阳高挂中天，头皮上是火辣辣地疼痛。

九老妈絮絮叨叨地说着：男人们都是些疯子，我说的是吃草家族里的男人，你看看你四老爷，看看你九老爷，看看你自己！

九老爷提着他的猫头鹰，在光秃秃的草地上徘徊着，嘴里一直在唱着那些呼唤魔鬼的咒语，猫头鹰节奏分明地把一声声怪叫插进九老爷浩浩荡荡的歌唱声中，恰如漫长道路上标志里程的石碑。猫头鹰的作息时间已经颠倒过来了，果然是"世上无难事，只怕有心人"。四老爷倚在臭杞树篱笆上晒太阳，他的骨头缝里冒出的凉气使他直着劲哆嗦。只怕是日啖人参三百支，也难治愈四老爷的畏寒症了。

追捕蝗虫的解放军已经吹号收兵，蝗虫研究所的男女学者们也回到帐篷附近去埋锅造饭，街上的蝗虫足有半尺厚，所有的物件都失去了本色变成了暗红色，所有的物件都在蠢动，四老爷身上爬满蝗虫，像一个生满芽苗的大玉米，只有他的眼睛还从蝗虫的缝隙里闪烁出寒冷的光芒。村里的人全不知躲到什么地方去了，庞大的食草家族好像只剩下我们几个活物，但我记得我是有妻子有儿子的，我还为儿子买了几盒葱味饼干，母亲父亲也是健在着的，还有五老妈、六老妈、十八叔、十八婶，众多的众家兄弟姐妹；侄女侄孙，他们都是存在过的，也永远不可能消逝，等到蝗虫过去之后，我一定能看到他们集合在村头的空地上，像发疯一样舞蹈，一直跳得口吐白沫，昏倒在地。

我一定要加入这场舞蹈，到那时候，九老爷铜笼中的猫头鹰一定会说一口流利漂亮的奶油普通话，肉麻而动人，像国民党广播电台播音员小姐的腔调。

我不去管一直像个巫婆一样在我耳边念咒语的九老妈，也不回顾僵硬的四老爷和疯子般的九老爷，径自出村往东行，沿着当年四老妈骑驴走过的道路。

　　忍受着蝗虫遍体爬动的奇痒，人们还是集中起精力，观看着颈挂破鞋口出狂言的四老妈，心里都酝酿着恶毒而恐怖的情绪，尽管人们事先说听了四老妈私通铜锅匠被休弃的丑闻，但四老妈骑驴出村堂堂正正走大道气焰汹汹冲击祭坛的高贵姿态却把他们心中对荡妇的鄙视扫荡得干干净净，人们甚至把对荡妇的鄙视转移到脸色灰白的四老爷身上，完全正确，我忽然意识到，作为一个严酷无情的子孙，站在审判祖宗的席位上，尽管手下就摆着严斥背着丈夫通奸的信条，这信条甚至如同血液在每个目不识丁的男人女人身上流通，在以兽性为基础的道德和以人性为基础的感情面前，天平发生了倾斜，我无法宣判四老妈的罪行，在这个世界上，几千年如一日，还是男人比女人坏。大家自动地闪开道路，看着那头神经错乱的毛驴像一股俏皮的小旋风，呼啸而过。九老爷虚揽着缰绳头，跟在驴腚后奔跑，我尾随着九老爷和毛驴的梦一般的幻影，追着四老妈的扑鼻馨香，渐渐远离了喧闹的村庄。

　　河堤是高陡的，高陡的河堤顶部是平坦的沙土道路，毛驴曾经从河堤上跑下来，但出村之后，依然必须在河堤上走。河水是蓝色的，但破碎的浪花却像菊花瓣儿一样雪白，毛驴见到河水并不头晕。多么晴朗的天空，只有一朵骆驼状的洁白云团在太阳附近悬挂着。大地苍茫，颤巍巍哆嗦，那是被四老爷的祭文感动了或是挑唆起了迁徙念头的蝗神的亿万万子孙们在向河堤移动。红色沼泽里的奇异植物都被蝗虫们吃光了茎叶啃光了皮肤，只剩下一些坚硬的枯干凄楚忧愤地兀立着，像巨大的鱼刺和渺小的恐龙骨架。我远远地看到沼泽里零乱地躺着一些惨白的尸骨，其中有马的头骨、熊的腿骨和类人猿的磨损严重的牙齿。空气中弥漫着河水的腥气和蝗虫粪便的腥气与沼泽地里涌出来的腥气，这三种腥气层次分明、泾渭分明、色彩分明、敌我分明，绝对不会混淆，形成了腥臊的统一世界中三个壁垒分明的阵营。我油然想到伏在电冰箱上的肮脏的波斯猫身上散发出来的咸巴鱼般的腥气，一阵痉挛折磨着我的肠道，我知道接踵着痉挛而来的不是呕吐就是腹泻，或者是上吐兼下泻。我痛恨自己为什么还忘不了那个丑陋的夜晚留给我的罪恶的梦魇，腮帮子又在隐隐作痛，人真是贱骨头，男人更是贱骨头，应该通通枪毙。人要战胜自己竟是如此困难，裸体的女人与糟朽的骷髅是对立的统一，如此惊悚的启示都无法警醒你愚顽的灵魂你还活着干什么？地球承载着大量的行尸走肉步履艰难，你们行行好，少制造些可恶的小畜生吧。我一再走火入邪魔，是因为那片红色沼泽，沼泽里奔腾着狐狸与野兔，刺猬与白鼠，成群结队的螃蟹在腐败的草叶里喷吐着团团簇簇的泡沫，远看宛若遍地花开。毫无疑问，与我同龄的人群里，目睹过跳蝻渡河的壮观景象的，全中国只我一人！为此我不骄傲谁骄傲！

那天，我和四老妈、小毛驴、九老爷走在河堤上，离开村庄约有三里远时，就听到田野里响起了辽远无边的嘈杂声，光秃秃的土地上翻滚着跳蝗的浊浪，一浪接一浪，涌上河堤来，河堤内是黝蓝的河水，河堤外是蝗虫的海洋。蝗虫们似乎不是爬行，而是流动，像潮水冲上滩头一样，哗——一批，几千几万只，我的亲娘！哗——又一批，几千几万只压着几千几万只，我的亲亲的娘！哗——哗——哗——一批一批又一批，层层叠叠，层出不穷，不可计数啊，我的上帝，你这个蝗虫队里的狗杂种！我真担心蝗虫们把这道高七米上宽五米下宽十二米的河堤一口口吞掉，造成河水泛滥。幸亏蝗虫不吃土，多么遗憾蝗虫不吃土！（堤坝决裂那一天，洪水淹没了村庄，手脚生蹼的祖先们在水中艰难地游泳，随着屋脊高的浊浪，祖先们上下起伏。水上漂浮的庄稼秸秆和沾满泥沙的树木，像皮鞭和投枪一样抽挞着、刺激着他们的身体，水面是喑哑地响着牛羊和骡马的绝望的哀鸣。）蝗虫汇集在堤下，团结成一条条水桶般粗细、数百米长短的蝗虫长龙，缓慢地向堤上滚动。毛驴惊惧得四肢打抖，不停地拉胯撒尿，九老爷也面露惊惧之色，额头上被四老爷啃出的鲜红牙印和四老妈踢出的紫红脚印在白色的脸皮上更显出醒目的光彩。九老爷用缰绳头抽打着毛驴的屁股，意欲催驴飞跑，但那毛驴早已筋酥骨软，罗锅罗锅后腿，一屁股蹲在地上，一串丧魂落魄的驴屁凶猛地打出，吹拂得红尘轻扬。四老妈跌下驴来，还是似睁非睁菩萨眼，似嗔非嗔柳叶眉，懵懵懂懂站着，不知她是真四老妈还是假四老妈。我们看到，蝗虫的巨龙沿着河堤蜿蜒，一条条首尾相连，前前后后，足有三十多条，我把每条蝗虫的长龙按长一百米、直径五十厘米计算，我知道，那天上午，滚动在河堤上的半大蝗虫有一万九千六百二十五立方米之多，这些蝗虫要一火车才拉得完，何况它们还在神速地生长着，而且我还坚信，在被村庄掩蔽的河堤上，在村西的河堤上，都有这样的蝗虫长龙在滚动。

我仔细地观察着蝗虫们，见它们互相搂抱着，数不清的触须在抖动，数不清的肚子在抖动，数不清的腿在抖动，数不清的蝗嘴里吐着翠绿的唾沫，濡染着数不清的蝗虫肢体，数不清的蝗虫肢体摩擦着，发出数不清的窸窸窣窣的淫荡的声响，数不清的蝗虫嘴里发出咒语般的神秘鸣叫，数不清的淫荡声响与数不清的神秘鸣叫混合成一股嘈杂不安的、令人头晕眼花浑身发痒的巨大声响，好像狂风掠过地面，灾难突然降临，地球反向运转。几百年后，这世界将是蝗虫的世界。人不如蝗虫。我眼巴巴地看着蝗虫带着毁灭一切的力量滚滚上堤，阳光照在蝗虫的巨龙上，强烈的阳光单单照耀着亿万蝗虫团结一致形成的巨龙，放射奇光异彩的是蝗虫的紧密团体，远处的田野近处的河水都黯然失彩。闪闪发光的蝗虫躯壳犹如巨龙的鳞片，嚓啦啦地响，钻心挠肺地痒，白色的神经上迅跑着电一般的恐怖，迸射着幽蓝的火花。如果我们还是这样呆立在河堤上无疑等待灭亡，蝗虫会把我们裹进去，我们身上立刻就会沾满蝗虫，我们会随着蝗虫一起翻滚，滚下河堤，滚进幽黑的、冰凉的、深不可测的河水，我们的尸体腐烂之后就会成为鱼鳖虾蟹的美餐，明年上市的乌龟王八蛋里就会有我们的细胞。我们被裹在蝗的龙里，就像蝗的龙的大肚子，我们就像被毒蛇吞到肚腹里的大青蛙。多么屈辱多么可怕多么刺激人类美丽的神经。赶快逃命。我喊叫一声。毛驴紧随着我的喊叫嗥叫一声。九老爷去拉四老妈，四老妈脸上却绽开了温馨的笑容。四老妈挥了挥手，蝗虫的巨龙倾斜着滚上堤，我奇异地发现，我们竟然处在两条蝗虫巨龙的空隙处，简直是上帝的旨意，是魔鬼的安排。四老妈果然具有了超人的力量，我怀疑她跟叭蜡庙里那匹成精的老蝗有了暧昧关系。

蝗虫的龙在河堤上停了停，好像整顿队形，龙体收缩了些、紧凑了些，然后，就像巨大的圆木，轰隆隆响着，滚进了河水之中。数百条蝗虫的龙同时滚下河，水花飞溅，河面上远远近近都喧闹着水面被砸破的声响。我们惊悚地看着这世所罕见的情景，时当一九三五年古历五月十五，没遭蝗灾的地区，成熟的麦田里追逐着一层层轻柔的麦浪，第一批桑蚕正在金黄的大麦秸扎成的蚕簇上吐着银丝做茧，我的六岁的母亲腿腘窝里的毒疮正在化脓，时间像银色的遍体黏膜的鳗鱼一样滑溜溜地钻来钻去。

蝗虫的长龙滚下河后，我的脑子里突然跳出了一个简洁的短语：蝗虫自杀！我一直认为，自杀是人类独特的本领，只有在这一点上，人才显得比昆虫高明，这是人类的骄傲赖以建立的重要基础。蝗虫要自杀！这基础顷刻瓦解，蝗虫们不是自杀而是要过河！人可以继续骄傲。蝗虫的长龙在河水中急遽翻滚着，龙身被水流冲得倾斜了那就倾斜着翻滚，水花细小而繁茂，幽蓝的河千疮百孔，残缺不全，满河五彩虹光，一片欢腾。我亲眼看见一群群凶狠的鳝鱼冲激起急促的浪花，划着银色灰色的弧线，飞跃过蝗的龙，盘旋过蝗的龙，用枪口般的嘴巴撕咬着蝗虫。蝗虫互相吸引，团结紧张，撕下来很难，鳝鱼们被旋转的蝗的龙甩起来，好像一条条银色的飘带。

我们看到蝗的龙靠近对岸，又缓慢地向堤上滚动，蝗虫身上沾着河水使蝗的龙更像镀了一层银。它们停在河堤顶上，好像在喘息。这时，河对岸的村庄里传来了人的惊呼，好像接了信号似的，几百条蝗的龙迅速膨胀，突然炸开，蝗虫的大军势不可挡地扑向河堤北边也许是青翠金黄的大地。虽然只有一河之隔，但我从来没去过，我不知道那边的情况。

因为出生，耽误了好长的时间，等我睁开被羊水泡得黏糊糊的眼睛，向着东去的河堤瞭望时，已经看不到四老妈和九老爷的身影，聪颖的毛驴也不见，我狠狠地咬断了与母体连系着的青白色的脐带，奔向河堤，踩着噗噗作响的浮土，踩着丢落在浮土里、被暴烈的太阳和滚烫的沙土烤炙得像花瓣般红、像纵欲女人般憔悴、散发着烤肉香气的蝗虫的完整尸体和残缺肢体，循着依稀的驴蹄印和九老爷的大脚印，循着四老妈挥发在澄澈大气里的玫瑰红色茉莉花般撩人情欲的芳香，飞也似的奔跑。依然是空荡荡的大地团团旋转，地球依然倒转，所以河中的旋涡是由右向左旋转——无法分左右——河中旋涡也倒转。我高声叫着：四老妈——九老爷——等等我呀——等等我吧！泪水充盈我的眼，春风抚摸我的脸，河水浩浩荡荡，田畴莽莽苍苍，远近无人，我感到孤单，犹如被大队甩下的蝗虫的伤兵。

我沿着河堤向东跑着，河中水声响亮，一个人正在渡河。他水性很好，采用的站泳姿势，露着肩头，双手擎着衣服包。水珠在他肩头上滚动，阳光在水珠上闪烁。我站在河堤上，看着他出类拔萃的泳姿。阳光一片片洒在河面上，水流冲激得那人仄愣着肩膀，他的面前亮堂堂一片，他的身后留下犁铧状的水迹，但立刻就被水流抹平了。

他赤裸裸地爬上河堤，站在我面前三五米远的地方，严肃地打量着我。阳光烤着他的皮肤，蒸汽袅袅，使他周身似披着纱幕。我依稀看到他身上盘根错节的肌肉和他的疤痕狰狞的脸。他的一只眼睛瞎了，眼窝深陷，两排睫毛犹如深谷中的树木。我毫不踌躇地就把他认了出来：你就是与我四老妈偷情被四老爷用狼筅戳烂了面孔瞎了眼睛的锔锅匠！

锔锅匠哼了一声，摇摇头，把耳朵上的水甩掉，然后把手里的衣包放在地上，用一只大手托起那根粗壮的生殖器对着阳光曝晒。我十分惊讶地打量着他的奇异举动，难道当真是万物生长靠太阳吗？

他晒了一会，毫无羞耻地转过身来，开始慢条斯理地穿衣服，衣服穿光，剩在地上的竟是两支乌黑的匣子枪。

他穿好鞋，把匣子枪插在腰里，逼进一步，问我：看到过一个男人一个女人一个毛驴没有？

我不敢撒谎，如实交代，并说我因为出生耽搁了时间，已经追不上他们了。

锔锅匠又逼近一步，脸痛苦地抽搐着，那两排交叉栽在深凹眼窝里的睫毛像蚯蚓般扭动着。他说：你是进过城市的人，见多识广，我问你，你四老妈被休回娘家，如入火炕，我该怎么办？

我说：你爱我四老妈吗？

他说：我不懂什么爱不爱，就是想跟她困觉。

我说：想得厉害吗？

他说：想得坐立不安。

我说：这就是爱！

他说：那我怎么办？

我说：追上她，把她抢回家去！

他说：怎么处置你的九老爷和四老爷？

我说：格杀勿论！

他说：好小子，真是精通法典铁面无私！跟我追！

他伸出一只坚硬的大手，捏住了我的手脖子。

我被他拽带着，在离地五米多高的低空飞行，春风汹涌，鼓起了我的羽绒服，我感到周身羽毛丰满，胸腔和肚腹里充盈了轻清的气体。我和锔锅匠都把四肢舒展开，上升的气流托着我们愉快地滑翔着。河里烂银般的闪光映着我们的面颊，地上飞快移动着我们的暗影，想起"飞鸟之影，未尝动也"的古训，又感到我们的影子是死死地定在地上的，久久不动。只有两边疾速扑来的田野和经常擦着我们胸脯的树梢才证明我们确实是在飞行。惊诧的喜鹊在我们面前绕来绕去，它们的尾巴一起一伏，它们喳喳叽叽地叫着，好像询问着我们的来龙去脉。我陶醉在飞行的愉悦里，四肢轻扬，无肉无骨，只有心脏极度缓慢地跳动。我的耳边缭绕着牡丹花开的声音，所有的不舒服、不安逸都随风消散，飞行消除了在母亲子宫里受到的委屈，我体验到了超级的幸福。

后来，我们缓缓降落到地面，终止飞行与开始飞行一样轻松自然，没有发动机的轰鸣，没有强烈的颠簸，也不须紧咬牙根借以减轻耳膜的压痛。我们走在河堤上，九老爷、四老妈、小毛驴在我们前边大约一百米远的地方。

我十分紧张，我看到锔锅匠从腰里掏出了一支匣枪，瞄准了九老爷的头。

锔锅匠没有开枪，是因为从河堤的拐弯处突然冒出了一支队伍，这支队伍经常在我们村庄里驻扎，他们都穿着毛蓝布军装，腿上扎着绑腿，腰里扎着皮带，口袋里别着金笔，嘴里镶着金牙，嘴角上叼着烟卷，鼻孔里喷着青烟，腰带上挂着手枪，手枪里装满子弹，子弹里填满火药，手里提着马鞭，鞭柄上嵌满珠宝，手腕上套着钟表，指头上套着金箍，个个能言善辩，善于勾引良家妇女。

谁也说不清楚这支队伍归谁领导，他们都操着江浙口音，对冰块有着极大的兴趣。村里人经常回忆起他们抢食冰凌的情景。

那群兵把四老妈围住了，我听到他们操着夹生的普通话调笑着，兵的脸上黄光灿灿，那是金牙在闪烁。他们举起手来去摸四老妈的脸去拧四老妈的乳房，兵的手上黄光灿灿，那是金箍在闪烁。

九老爷冲到驴前，惊惧和愤怒使他说话呜呜噜噜，好像嘴里含着一块豆腐：兵爷！兵爷！谁家没有妻子儿女，谁家没有姐姐妹妹……

兵们都乜斜着眼，绕着四老妈转圈，九老爷被推来搡去，前仆后仰。

一个兵把四老妈颈上的大鞋摘下来，举着，高叫：弟兄们，她是个破

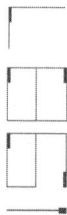

鞋！是个大破鞋！别弄她了，别弄脏了咱们的兵器。

一个兵用一只手紧紧抓住四老妈的乳房，淫猥地问：小娘们，背着你丈夫偷了多少汉子？

四老妈在驴上挣扎着，号叫着，完全是一个被吓昏的农村妇女，根本不是半仙半魔的巫婆。

九老爷扑上前去，奋勇地喊着：当兵的，你们不能欺负良家妇女啊！

那个攥着四老妈乳房的兵侧身飞起一脚，踢在九老爷的要害处，九老爷随即弯下了腰，双手下意识地捂住被踢中的部位，豆粒大的黄汗珠挂满了他的额头。另一个兵屈起膝盖，对准九老爷的尾巴根子用力顶了一下，九老爷骨碌碌滚到河堤下，一直滚到生满水草的河边才停住，一只癞蛤蟆同情地望着他。

锔锅匠早已伏到一株无有一片绿叶的桑树后，两支枪都拉出来，我焦急地看着他的手，等待着他开枪。他的面孔像烧烂又冷却的钢铁，灼热、冷酷、可怕，他的独眼里射出恶毒的光线——锔锅匠的独眼使他每时每刻都在瞄准，只要他举起枪他的眼就在瞄准——射着恶浊的腥气，照到攥住四老妈乳房愉快地欢笑着的士兵脸上。锔锅匠的手指动了一下，匣子枪口喷出一缕青烟，枪筒往上一跳，枪声响，我认为枪声尚未响那个攥着人家的乳房要流氓的兵的头就像石榴一样裂开了。

那个兵嗓子里哼了一声就把头扎到毛驴背上，如果四老妈要撒尿恰好滋着他的脸，温柔的、碱性丰富的尿液恰好冲洗掉他满脸的黑血和白脑浆，冲刷净他那颗金牙上的红血丝。他的幸福的手恋恋不舍地从四老妈的乳房上滑落下来，毛驴不失时机地动了一下，他就一头栽到驴肚皮下去了。假如这不是匹母驴而是匹公驴，假如公驴正好撒尿，那么黏稠的、泡沫丰富的驴尿恰好冲激着他痉直的脖颈，这种冲击能起到热敷和按摩的作用，你偏偏逢着一匹母驴，你这个倒霉蛋！

那群仪表堂皇的大兵都惊呆了，他们大张着或紧闭着嘴巴，圆睁着眼睛或半眯着眼睛，傻乎乎地看着卧在毛驴腹下、嘴扎在沙土里、脑袋上咕嘟嘟冒着血的同伙。

又是两声枪响，一个士兵胸脯中弹，另一个士兵肚腹中弹。胸脯中弹的张开双臂，像飞鸟的翅膀，挥舞几下，扑在地上，身体抽搐，一条腿往里收，另一条腿向外蹬。肚腹中弹的一屁股坐在地上，脸色灰黄，双手紧紧揪住肚子上的伤口，稀薄的红黄汁液从他的指缝里溢出来。士兵们如梦方醒，弯着腰四散奔逃，没有人记得拔出腰里漂亮的手枪抵抗。我吓得屁滚尿流，伏在地上，连气都不敢喘。锔锅匠提着双枪，大摇大摆地向毛驴和照旧稳稳骑在驴上的四老妈走去——也是该当有事，当锔锅匠即将接近四老妈时，那毛驴竟发疯一般向前奔跑起来。那些军容严整风度翩翩的士兵都在河堤拐弯处埋伏起来，都把手枪从腰里拔出来，对着毛驴和四老妈射击。子弹胡乱飞舞，天空中响着子弹划出的尖锐的呼啸，四老妈腰板挺直，好像丝毫无畏惧，也许已被吓成痴呆，毛驴直迎着那些兵冲去，不畏生死。

锔锅匠哈着腰，轻捷地跃进着，他大声喊叫：弯下腰！弯下腰！

四老妈果真弯下了腰，她像一根圆木往前倒去，毛驴前蹄失落，驴和人都翻跌在地。子弹很密，锔锅匠脚前脚后噗噗地跳起一簇簇子弹冲起的黄烟，他一头栽倒在河堤上，抻了几下腿，便不动了。

河堤上突然沉寂了，河水流动的汩汩声，蝗虫作乱的嚓嚓声，土地干裂的噼噼声，十分响亮地从各个方向凸起。微风轻轻吹拂，河堤上枪烟缕缕，在各种味道中，硝烟味十分鲜明地凸现出来。我的肚皮被灼热的沙土烫得热辣辣的，几粒金灿灿的弹壳躺在我面前的沙土上，伸手即可触摸，但我不敢摸，我趴在地上装死。

那些漂亮的兵慢慢地从堤外把头抻进来，抻抻缩进去，进去又抻抻，堤后活像藏着一群灰背大鳖。良久，看看没危险，那些兵们都从堤后跳起来，他们龇着金牙，提着手枪，摘下蓝布帽，掸打着身上的尘土和草梗。这是一群爱清洁的士兵。

我看到，锔锅匠一个鲤鱼打挺从沙中跃起来，双枪齐发，枪声焦脆、愤怒，几个士兵跌倒，惨叫声如猫如狗，在堤上回响，活着的士兵滚下堤去，飞快地跑走了。

几十分钟后，那些士兵躲到一里路外的柳树林子里，朝着河堤积极地放枪。他们手里握的多半是袖珍手枪，有效射程顶多一百米，所以，射来的子弹多半中途掉在地上，偶尔有一发两发子弹借助角度和风力飞到河堤上，也是强弩之末，飘飘荡荡，犹如失落的孤魂，伸手即可捕捉，易于捕捉蝗虫。

那些兵们嗓门圆润洪亮，都是唱山歌的好材料，他们躲在柳棵子后，

一边放枪一边高喊：哎哟嗨——啪！啪！狗杂种呀你过来呀吗嗨——啪啪啪！有种你就走过来呀哟呼嗨——啪！啪！哟呼嗨嗨哟呼嗨——啪啪啪！

铜锅匠把双枪插进腰带，伸掌打落一颗飘游的子弹头，然后，他蹲下，扶起双腿仍骑着驴背身体伏在驴脖子上的四老妈。四老妈面色如雪，唇上尚有一抹酥红，沉重短促的呼吸使她的胸脯急遽起伏，从胸脯上被打出的破绽里，噗噗地冒着一串串鱼鳔般的气泡。

铜锅匠用铁一样的臂膊揽着四老妈的头颈，沙哑着嗓子喊一声：半妞！

四老妈竟有一个这样稀奇古怪的乳名，这令我惶恐不安。为什么惶恐？为什么不安？我说不清楚。

半妞……！铜锅匠的嗓音痛苦沙涩，扩散着一股彻底绝望的意味。

四老妈在情人的怀抱里睁开了灰蓝色的眼睛，眼神疲倦而忧伤，包含着言语难以表述的复杂情绪。她的嘴唇翕动着，一串断断续续的呓语般的喁喁把铜锅匠的心都敲碎了。他由蹲姿改为跪姿，低垂着那张狰狞的脸，独眼里流溢着绝望的悲痛和大颗粒的泪珠。

四老妈的喘息渐渐减缓，伤口里不仅冒出透明的气泡，而且奔涌着嫣红的热血。血濡湿了她的衣襟，濡湿了铜锅匠的手臂，浸透堤上一大片尘土。四老妈的血与毛驴的血流到一起，汇成一湾，但四老妈的血是鲜红的，毛驴的血是乌黑的，彼此不相融合。她的眼睛半睁，始终是灰蓝色，始终那么疲倦忧伤温柔凄凉……她的嘴唇——苍白的嘴唇又抖起来，她的嗓子里呼噜噜响起来，她的僵硬的胳膊焦躁地动起来，抓挠着热血淋漓的胸脯。

半妞……半妞……你还有什么话要说……铜锅匠把脸俯在四老妈脸上，像个老人一样低沉地说着。

四老妈的嘴角搐动了一下，腮上出现了几丝笑纹。她的伤口的血停止流淌，她的胸脯停止起伏，她的美丽的头颅歪在一侧，她的额头、光滑开阔只有几条细小皱纹的额头碰到铜锅匠坚韧的胸肌上，那两只灰蓝色的眼睛光彩收敛，只剩下两湾死气沉沉的灰蓝……

铜锅匠放下四老妈，缓缓地、艰难地站起来，他慢慢地脱掉沾满热血的褂子，甩到了毛驴的脊背上。他从腰里拔出双枪。他把双枪插进腰带。他弯下腰，从血泊中提起那两只给四老妈带来极度耻辱和光荣的大鞋，翻来覆去地看着。

那群士兵从柳林后鬼鬼祟祟地走出来，他们举着手枪，弓着腰，在暗红色的开阔地上蛇行着。

锔锅匠把脚上的鞋踢掉，坐下，珍惜地端详一会手中的大鞋，然后，一只一只穿好。美丽士兵们逼近了，子弹像零落的飞蝗，在他的周围飞舞。他把头搁在膝盖下，打量了一下平放在河堤沙土上的四老妈，再次站起，抽出枪。一颗子弹像玩笑般地紧擦着他的脖颈飞过，他好像全无知觉，脖颈上流着猩红的血他好像全无知觉；又一颗子弹俏皮地洞穿了他的耳朵，他依然毫无知觉。直棒棒站着，他好像有意识地为美丽士兵们充当练习射击的活靶。士兵们胆子大起来，弯弓的腰背逐渐抻直，嘴里又开始发出动听的咆哮。锔锅匠把双枪举起来，噘起坚硬的嘴唇，向两支枪筒里各吹了一口气，好像恶作剧，又好像履行什么仪式。那些士兵胆子愈加大，他们以为锔锅匠的子弹打光了呢！我告诉你们，见好就收，不要得寸进尺！你们不信，那就前行！我亲眼看见，锔锅匠在扔掉褂子之前，把两大把黄灿灿的子弹喂进了弹仓，独眼龙一般都是必然的神枪手，弹无虚发，枪枪都咬肉。

士兵们高喊着：投降吧，朋友！锔锅匠笑笑，好像嘲讽着什么。我分明看到他的两只手哆嗦着，紧接着枪声响了。河堤北边蝗虫们进攻庄稼的声音犹如澎湃的浪潮，枪声犹如冲出水面的飞鱼翅膀摩擦空气发出的呼哨。走在最后边的几个士兵像草捆一样歪倒了；前头的士兵们回过头去，看到同伴们横卧在地上的躯体，寒意从背后生，撒腿就跑，与中间的士兵冲撞满怀，子弹从背后击中他们丰满的屁股，他们鬼叫着，捂着屁股，踩着战友们的尸体，仓皇逃窜，隐没在灰绿色的柳林中，再也没有出现。永远也没有出现。

九老爷已从河边滩涂上学着蛤蟆的前进姿势慢慢爬到堤顶。他满身脏泥，眼珠子混浊不清，额头上被四老爷咬出的两排鲜红的牙印变成了两排雪白的小脓包疮，如果不是四老爷的牙齿上有剧毒，就是九老爷遭受极度惊吓之后，身体内的免疫力受到严重破坏。

亲不亲，一家人，固然在飞行前我主张锔锅匠把四老爷和九老爷通通枪毙，但现在，九老爷像只被吓破了苦胆的老兔子一样畏畏缩缩地站在我身旁时，我的心里涌起一层怜悯弱者的涟漪——在以后的岁月里，我认识到，九老爷在弱者面前是条凶残的狼，在强者面前是一条癫皮狗——介于狼与狗之间，兼有狼性与狗性的动物无疑是地球上最可怕的动物——但我还是对几十年前我那一瞬间萌生的怜悯采取了充分宽容的态度。世界如此庞大，应该允许各类动物存在。何况九老爷毕竟是条狼狗，比纯粹的狗尚有更多的复杂性，因此他的存在是合理的。

我们看到，锔锅匠脸上涂满鲜血，偏西的太阳又给他脸上涂上了一层釉彩，使他的死更具悲壮色彩。他是自杀的。

他举起双枪，两只枪口顶住了两边的太阳穴，静默片刻，两声沉闷的枪声几乎同时响起。他保持着这姿势站了约有两秒钟后，便像一堵墙壁，沉重地倒在地上。

毋庸讳言，我们吃草家族的历史上，笼罩着一层疯疯癫癫的气氛；吃草家族的绝大多数成员，都具有一种骑士般的疯癫气质。追忆吃草家族的历史，总是使人不愉快；描绘祖先们的疯傻形状，总是让人难为情。但这有什么办法呢？"墨写的谎言，掩盖不住血染的事实"，翻腾这些尘封灰盖的陈年账簿子，是我的疯癫气质决定的怪癖，人总是身不由己，或必须向自己投降，这又有什么法子？

蝗虫迁移到河北，叭蜡庙前残存的香烟味道尚未消散，一团团乌云便从海上升起，漂游到食草家族的上空。被干渴折磨得憔悴不堪的大地可怜巴巴地张望着毛茸茸的云团，沼泽地里鬼哭狼嚎，植物的枯干被海上刮来的潮湿的腥风激动，嚓嚓啦啦地碰撞。四老妈的尸体、锔锅匠的尸体、毛驴的尸体和美丽士兵们的尸体被村里人搬运到沼泽地里，扔到一片红树林般的高大一年生草本植物的稀疏的阴影下。村里人腿上沾着暗红色的、黏稠的、浊气扑鼻的淤泥，立在沼泽边沿上，看着一群群蓝色的乌鸦、灰色的雄鹰、洁白的仙鹤混杂在一起，同等贪婪地撕扯着、吞食着死尸。四老爷和九老爷自然也站在人群当中。他们斗鸡般地对望着，恨不得把对方撕成碎片。

高贵的仙鹤、勇敢的雄鹰和幽默的乌鸦把尸体的面孔啄得模糊不清后，村里人开始往回走。乌云弥合，遮没了太阳和天空，阴森森的风吹拂着人们百结千纳的破衣烂衫和枯草般的头发，飞扬的红尘落满了一张张干燥的面孔。一道血红的闪电在云层后突然亮起，像疾跑的银蛇和火树，画破乌黑的天，画出惊心动魄的图案。众人愕然止步，破碎的脸在红光中闪烁，蓝色的眼在红光中变色。惊雷响起时人们齐齐跪倒，嘴唇一起嚅动，咕咕噜噜的声音从干裂的嘴唇间流出，汇成一个声音，直接与上帝对话。

先是有大如铜钱的白色雨滴落下，砸在人们仰望上苍的脸上，雨点冰凉，寒彻肌肤，令人毛骨悚然。村人激动起来，嘴唇急速哆嗦，头颅频繁点摇。雷声隆隆不断，闪电满天乱窜。又是一批极大的白雨点落下来，村人们脱下破衫在手里摇着，一边欢叫，一边雀跃，尚未湿润的尘土被他们的腿脚腾起，犹如一丛丛红色的海底灌木，浓郁而厚重，人在尘烟中跳跃，好像在沸腾的海水中挣扎。大雨点降过后，乌云变色——由黢黑而暗红而花花绿绿——而且突然降低了几万几千米，天和地极快地缩短了距离，温度迅速降到冰点，刚刚还为天降甘霖欢欣鼓舞的人们都停了手脚，哑了歌喉，袖手缩颈，彼此观望，不知所措。寒冷关闭了他们汗水淋漓的毛孔，诱发了他们遍体的鸡栗，尘烟降落，显出他们裸露的肌体。群鸟惊飞，飞至七八米高处就像石块一样啪哒啪哒掉在地上，乌鸦、仙鹤、灰鹰、凤凰，全都拖拉着僵硬的翅膀，像丧家狗一样遍地爬行，它们聚集在一起，都把自己的脑袋往对方的羽毛里插。预感到灾难即将降临的鸟类簇挤成一座座华丽的坟头，星星般分布在沼泽里和田野里。

天地挤在一起，银光闪烁，鼓角齐鸣，万马奔腾，冰雹把天地连系在一起。

冰雹，这位大地期待已久的精灵终于微笑了！她张开温柔的嘴巴，龇着凌乱的牙齿，迷人地微笑着下降了。她抚摸着人类的头，她亲吻着牲畜的脸，她揉搓着树木的乳房，她按摩着土地的肌肤，她把整个肉体压到大地上。

冰雹像瀑布般倾泻到焦渴的大地上。

冰雹是大地的残酷的情人。

也只有大地才能承受得了她的毁灭一切的爱情。

冰雹！无数方的、圆的、菱形的、八角形的、三角形的、圆锥形的、圆柱形的、鸡蛋形的、乳房形的、芳唇形的、花蕾形的、刺猬形的、玉米形的、高粱形的、香蕉形的、军号形的、家兔形的、乌龟形的冰雹铺天盖地地倾泻下来。

冰雹嘎嘎吱吱地响着，咔咔嗒嗒地碰撞着，跳着蹦着翻滚着旋转着，掉在食草家族的头上、肩上、耳朵上，鼻梁上，掉在鸟类的弯曲脖颈上、乌黑利喙上、突兀肛门上，掉在红色沼泽的红色淤泥上、人的尸首上、马的牙床上、狐狸的皮毛上、孔雀大放的彩屏上、干绿的苔藓和紫红的灌肠般植物上……温柔的冰雹，我爱你，当我把你含在口腔里时，就像吮吸着母亲和妻子的温暖的乳房……天空多壮丽。自然多辉煌。尘世多温暖。人生多葱茏。铿锵锵锵，嗒嗒噌噌，冰雹持续不断地掉下来，天地间充溢着欢乐的色彩和味道，充满了金色的童年和蓝色的多瑙河。五彩的甜蜜的冰雹降落到苍老枯萎的大地上，唤醒了大地旺盛的性欲和强大的生殖力。

乡亲们一无遮掩地徘徊在土地上。他们焦头烂额，鼻青眼肿；他们摇摇摆摆像受了重伤的拳击运动员；他们嘴里哈出雪白的蒸汽，胡须和眉毛上冻结着美丽的霜花；他们踩着扑棱棱滚动的冰雹，脚步踉跄。

冰雹野蛮而疯狂，它们隆隆巨响着，横敲竖打着人类的肉体，发泄着对人类、对食草家族的愤怒。它们盲目地、毫无理性地把无数被蝗蝻蹂躏过的小树拦腰打断。

太阳出来时，已是傍晚时分。乌云排泄完毕，分裂成浅薄的碎片，升到高空。云的间隙里，大块的天空被车轮般大的血红夕阳洇染成渐远渐淡的胭脂色。大地上铺着足有半米厚的冰雹，青蓝与雪白交叉，温暖与寒冷套叠，天空大地五彩缤纷，混乱不堪。原本无叶现在无枝的秃树像一根根棍棒指着威严的天空，被砸断的小树伤口上涌现着乳白色的汁液，被砸得断翅缺羽的禽鸟在凹凹凸凸的冰雹上挣扎着，并发出一声声叹息般的凄厉哀鸣。我紧紧地裹着鸭绒服，戴着双层口罩保护着酸溜溜的鼻头。我用冻得像胡萝卜一样的手指（姥姥，你吃的什么？你吃什么咯嘣咯嘣响？女孩问着躺在被窝里的外婆。外婆瓮声瓮气地回答：吃的是冰冻胡萝卜）笨拙地抓着"卡侬新FI型135单镜头反光照相机"，拍摄着冰雹过后的瑰丽景象，在宽阔的镜头外，银色的大地无穷延伸，我按动快门，机器"咔嗒"一声响。（在这张安装偏振镜后拍摄出的照片上，世界残酷无情，我的头脑肿胀的四老爷和满鼻子黑血的九老爷率领着族人们艰难地行进。四老爷的腰带上挂着两柄短枪，九老爷腰带上挂着两只匣子枪，手里举着一支勃朗宁手枪。四老爷张着嘴，好像在吼叫，九老爷紧蹙着额头，斜眼看着四老爷，好像对四老爷充满仇恨。）族人一步一滑地跋涉着，他们口里喷出的气流彩色纷纭，宛若童话中的情形。一个牙齿被冰雹敲掉的白胡子老者嘤嘤地哭着，两滴泪珠像凝固的胶水粘在他的腮上，他的耳朵被冻死了，黑黑的像两只腐烂的蝙蝠。我哈着手指，哈气的时候我的嘴感觉到口罩冻成了坚硬的冰壳。赤橙黄绿青蓝紫七色闪烁，晃得人眼疲倦。我费力地调动着僵硬的手指（姥姥，俺娘怎么不回来？小女孩问。你娘看斑马去啦。长颈鹿看不看？不看，斑马也是马吗？斑马不是马。那是什么？是妖精。红眼绿指甲，黑天就出来，见了男孩吃男孩，见了女孩吃女孩。它怎么不吃俺娘呢？你娘嫁给斑马啦。骑着斑马到非洲去啦。冰雹把一群群斑马打得遍体鳞伤，它们围在一起喘息着。这时它们听到了狮子的喘息声。放录音！快放录音！斑马在狮虎的吼叫声中战栗不止。狮子在斑马的鸣叫声中睁开了蒙眬的睡眼。高大的绿栅栏外，她嗤嗤地笑起来。这栋高楼里的人夜夜都要做噩梦。楼长，我们受不了啦，请你把她轰走吧。人有所好嘛！人家躲在房里放录音干你们屁事？！斑马！斑马！斑马……非洲在什么地方呢？姥姥又咯嘣咯嘣吃起胡萝卜来。小女孩静静地躺着，一股怒火在她胸中熊熊燃烧），把"星云式色散镜"装在精密的卡侬照相机镜头上。我蹲在厚厚的冰雹上，一股尖锐的凉气射进肛门，迂回曲折冲上咽喉，使牙齿打战，舌头冰凉。我对准在冰雹里挣扎的家族成员们，揿下了照相机的快门。（在这张照片上，世界是由色和光构成的。冰雹散射着玫瑰红光泽，人类放射青铜的光泽，每个人都是一轮奇形怪状的太阳。四老爷更加像一个失败了的英雄，他弓着腰，好像对太阳鞠躬。九老爷也许开了一枪，因为枪口附近散射着一簇雪莲般的火花。）九老爷也不知自己是如何把手中的"勃朗宁"给鼓捣响了，铮然一声响划破了冰凉潮湿的空气，子弹上了天，枪口冒着格外醒目的蓝烟。九老爷吃惊不小，下意识地把手枪扔掉了，手枪落在冰雹上，蓝光闪烁。

你的蓝光闪烁的眼睛盯着我，看着我把用各种镜头拍摄的珍贵历史照片摊开在玻璃板上，听着我用沉闷的腔调讲述着大雹灾过后，人类如何向失落的家园前进。我认为人类的历史就是一部寻找家园的历史，你看到了吗？那片被冰雹敲打得破破烂烂的茅草屋顶，就是我们食草家族的家园，它离着我们好像只有数箭之地，却又像天国般遥远。我跟随着先辈们，忍受着寒冷，忍受着对自然的恐怖和敬畏，忍受着被冰雹打出来的痛苦。一步一滑，两步一跌，哭声震动被冰雹覆盖的大地，连太阳也泪水汪汪。九老爷有时是狗，有时是狼，他那时就成了狼。他从冰雹上捡起手枪，用刚才的动作操作着，枪声响起，振奋起在死亡边缘上挣扎的族人们的精神，大家携着手，互相搀扶着，艰难地行走，你知道吗？没有光就无所谓色——知道，三岁娃娃都懂的道理——照相机是客观的，但人对光的感受却是主观的，是极端主观的——你还有什么照片，拿给我看嘛！——摄影不仅仅是一门技术，更重要的是一门艺术——艺术不过是你们勾引女孩子的武器。我一屁股坐在椅子上，手里的照片散落在水泥地板上。她冷冷地笑着，说：怎么啦，击中了你的要害了？不要怕，对"艺术"的评价也是极端主观的，你害怕什么？她蹲下去，捡着散在地上的照片，每捡一张她都用颇为挑剔的目光打量一番。她举起一张照片，勉强地说：这张还不错！

太阳像个雪白的十字架，套着一圈圈金色的光环，一颗鲜红欲滴的秃树镶着灼目的白边，树下张牙舞爪的人们像从炼钢炉里流出来的废渣的人形堆积。

冰雹被红色淹没了。

太阳也沉下了红色的海洋。

如果我把四老爷和九老爷亲兄弟反目之后，连吃饭时都用一只手紧紧攥着手枪随时准备开火的情景拍下来，我会让你大吃一惊，遗憾的是我的照相机出了毛病，空口无凭，我怎么说你都不会相信。你无法想象，那个冰雹融化之后接踵而来的夏天是多么闷热，滋润的大地温度持续上升，生殖力迸发，所有的种子和所有的茎根都发疯般萌芽生长，红褐的赤裸大地几天后就被繁荣的绿色覆盖，根本不须播种，根本不须耕耘，被蝗虫吃秃的庄稼和树木都生机蓬勃，如无不虞。一个月后，小麦和高粱将同时成熟，金黄的麦浪会漾进鲜红高粱的血海里，夏天和秋天紧密交织在一起。

那年夏天苍蝇出奇的多，墙壁上、家具上布满了厚厚的苍蝇屎。九老爷和四老爷都用右手握着枪，用左手端着青瓷大花碗，哧溜哧溜地喝着葱花疙瘩汤，汤上漂着死苍蝇和活苍蝇。兄弟二人都不敢抬头，生怕一错眼珠就被对方打了黑枪。汤里的苍蝇无一遗漏地进入他们的口腔和肚腹。

难道仅仅因为四老妈的事就使兄弟成了你死我活的仇敌了吗？具有初级文化水平、善于察言观色的五老妈告诉我，九老爷调戏四老妈是导致兄弟关系恶化的一个原因，但不是主要原因，主要原因是因为河北流沙口子村那个小媳妇。这件事是九老爷子不好……

五老妈认为，九老爷子不该去与四老爷子争夺女人。天下的女人那么多，你另找一个不就行了？男人们就是这样，无论什么东西，一争起来就成了好的，哪怕是一摊臭屎！男人们都是一些疯疯傻傻的牙狗，五老妈撇着嘴说，我真看不出那个小媳妇有什么好看的地方！你四老妈和你九老妈实在都比那个女人要好出三倍。她不就是五冬六夏都穿件红褂子吗？不就是她那两个母狗奶子挺得比别人高一点吗？

女人最仇恨的是女人！因此休想从一个女人嘴里听到对另一个女人客观公正的评价。

我把一支高级香烟递给好占小便宜的十六叔，让他告诉我四老爷和九老爷争夺红衣小媳妇的详细过程。十六叔用咬惯了烟袋的嘴巴笨拙地含着烟卷，神色诡秘地说：不能说，不能说。

我把那盒烟卷很自然地塞进他的衣袋里，说：其实，这些事我都知道，你说不说都无所谓的。

十六叔把口袋按按，起身去插了门，回来，吸着烟，眯着眼，说：五十年前的事了，记不真切了……

四老爷子带着从美丽士兵尸体上缴来的手枪，踩着摇摇欲坠的木桩石桥，趁着天鹅绒般华贵的夜空中明亮的星光，去跟红衣小媳妇幽会。（这事都怪九老爷子不好，十六叔说，九老爷子也嗅着味去啦，他也提着枪呢！）四老爷有一天晚上发现了从小媳妇的门口闪出一个人影，从那奇异的步态上，四老爷猜出是自己的亲兄弟。（那小媳妇也是个臭婊子，你跟四老爷子好了，怎么能跟九老爷子再好呢？不过也难怪，那年夏天是那么热，女人们都像发疯的母狗。）四老爷的心肺都缩成一团，急匆匆撞进屋去，闻到了九老爷子的味道，红衣小媳妇慵倦地躺在炕上，四老爷掏出枪，顶住小媳妇的胸口，问：刚才那个人是谁？小媳妇说：你看花眼了吧？（有一种女人干那事没个够，四老爷子那时四十岁了，精神头儿不足啦，她才勾上了九老爷子。）

听说四老爷子自己配制了一种春药？

什么春药，还不就是"六味地黄丸"！

小媳妇究竟是被谁打死的？

这事就说不准了，只有他们兄弟俩知道。反正不是四老爷子打死的就是九老爷子打死的。几十年了，谁也不敢问。

四老爷和九老爷开着枪追逐的事是什么时候发生的？

就是打死小媳妇那天。弟兄两个互相骂着，他操他的娘，他日他的老祖宗，其实他跟他是一个娘生的，也没有两个老祖宗。

开了那么多枪，竟然都没受伤？

受什么伤呀，毕竟是亲兄弟。四老爷子站在桥上，用力跺着脚，浑身颤抖着，脸上身上都沾着面粉（好像一只从面缸里跳出来的大耗子，腐朽的石桥摇摇晃晃），他对着河水开一枪，（河里水花飞溅）四老爷挤着眼，骂一句：老九，我操你亲娘！九老爷子也是满身面粉，白褂上溅满血星子。他疯狂地跳着，也对着河水开一枪，骂一句：四棍子，我日你活老祖宗！兄弟俩就这么走走停停，骂着阵，开着枪，回到了村庄。

他们好像开玩笑。

也不是开玩笑，一到院里，老兄弟俩就打到一堆去啦，拳打，脚踢，牙啃，手枪把子敲。九老爷子手脖子上被四老爷子啃掉一块肉，四老爷子的脑袋瓜子被九老爷子用枪把子敲出了一个大窟窿，哗哗地淌血。

没人拉架吗？

谁敢去拉呀！都握着枪呢。后来四老爷子直挺挺地躺在地上，像条死狗一样，九老爷子也就不打了，不过，看样子他也吓坏了，他大概以为四老爷子死了吧。

四老爷子的伤口没人包扎？

你五老妈抓了一把干石灰给他堵到伤口上。

后来呢？

三天后蝗虫就从河北飞来了。

飞蝗袭来后，把他亲哥打翻在地的九老爷自然就成了食草家族的领袖。他彻底否定了四老爷对蝗虫的"绥靖"政策，领导族人，集资修筑刘将军庙，动员群众灭蝗，推行了神、人配合的强硬政策。

那群蝗虫迁移到河北，与其说是受了族人的感动，毋宁说它们吃光了河南的植物无奈转移到河北就食；或者，它们预感到大冰雹即将降临，寒冷将袭击大地。迁移到河北，一是就食，二是避难，三是顺便卖个人情。

飞蝗袭来那天，太阳昏暗，无名白色大鸟数十只从沼泽地里起飞，在村庄上空盘旋，齐声鸣出五十响凄惨声音，便逍遥东南飞去。

头上结着一块白色大痂的四老爷拄着一根棍子站在药铺门前，仰脸望着那些白鸟，目睹神秘之光，谁也猜不透他心里想什么。

九老爷骑着一匹老口瘦马，从出野里归来。他的腰带上挂着两支手枪，手里提着一支皮鞭，脸上涂抹着一层白粉，怔忡着两只大眼珠子，打量着那群白鸟。

白鸟飞出老远，九老爷猛醒般地掏出手枪，一只手擎着，另一只手挥舞着马鞭，抽打着瘦马的尖臀，去追赶那群白鸟。瘦马慢吞吞地跑着，四只破破烂烂的大蹄子笨拙地翻动着。九老爷在马背上欠臀踢腿，催促着老马。老马精疲力竭，鼻孔大睁开，胸腔里发出嗷嗷的响声。

草地上藤萝密布，牵扯瓜葛，老马前蹄被绊，顺势卧倒，九老爷一个筋斗栽下马，啃了一嘴青草。他爬起来，踢了卧在地上喘息的老马一脚，骂一声老马的娘，抬头去追寻那群白鸟，发现它们已飞到太阳附近，变成了几十个耀眼的白斑点。九老爷把皮鞭插在脖颈后，掏出另一支手枪，双枪齐放，向着那些白斑点。枪响时他缩着脖颈，紧闭着眼睛，好像缴枪投降，好像准备着接受来自脑后的沉重打击。

那时正是太阳东南晌的时候，淡绿的阳光照耀着再生的鹅黄麦苗和水分充足的高粱棵子，草地上飞舞着纯白的蛱蝶，有几个族人蹲在一道比较干燥的堰埂上拉屎。气候反常，季节混乱，人们都忘记了时间和节气。九老爷软硬兼施，扶起了消极罢工的瘦马。他刚要骗腿上马，马就快速卧倒，如是再三，九老爷无可奈何地叹一口气，对马说：老爷子，我不骑你就是啦。马不信任地盯着他看，九老爷细语软声，海誓山盟，那马才缓缓站起，并且摆出一副随时准备卧倒的姿势，对九老爷进行考验。九老爷说：你妈的个马精，男子汉大丈夫，说话算一句，我不骑你就是啦。

九老爷腰挂手枪，左手持马鞭，右手牵马缰，横穿着草地，踢踢踏踏回村庄。偶尔抬眼，看到西北天边缓慢飘来一团暗红色的云。九老爷并没有在意，他还深陷在对瘦马怠工的沮丧之中。他认为由于瘦马怠工使他没能击落怪异的白鸟。走到村头时，他感觉到一阵心烦意乱，再抬头，看到那团红云已飘到头上的天空，同时他的耳朵听到了那团红云里发出的嚓啦嚓啦的巨响。红云在村子上空盘旋一阵，起起伏伏地朝村外草地上降落，九老爷扔掉马缰飞跑过去。红云里万头攒动，闪烁着数不清的雪亮白斑。嚓啦声震耳欲聋。九老爷咬牙切齿地迸出两个字：蝗虫！

正午时分，一群群蝗虫飞来，宛若一团团毛茸茸的厚云。在村庄周围的上空蝗虫汇集成大群，天空昏黄，太阳隐没，唰啦唰啦的巨响是蝗虫摩擦翅膀发出的，听到这响声看到这景象的动物们个个心惊胆战。九老爷是惹祸的老祖宗，他对着天空连连射击，每颗子弹都击落数十只蝗虫。

蝗虫一群群俯冲下来，落地之后，大地一片暗红，绿色消灭殆尽。在河北的土地上生长出羽翼的蝗虫比跳蝻凶恶百倍，它们牙齿坚硬锋利，它们腿脚矫健有力，它们柔弱的肢体上生出了坚硬铠甲，它们疯狂地啮咬着，迅速消灭着食草家族领土上的所有植物的茎叶。

村人们在九老爷的指导下，用各种手段惊吓蝗虫，保卫村子里的新绿。他们敲打着铜盆瓦片，嘴里发着壮威的呐喊；他们晃动着绑扎着破铜烂铁的高竿，本意是惊吓蝗虫，实际上却像高举着欢迎蝗虫的仪仗。

天过早地黑了，蝗虫的云源源不断地飘来。偶尔有一道血红的阳光从厚重的蝗云里射下来，照在筋疲力尽、嗓音嘶哑的人身上。人脸青黄，相顾惨怛。

就连那血红的光柱里，也有繁星般的蝗虫在煜煜闪烁。

入夜，田野里滚动着节奏分明的嚓嚓巨响，好像有百万大军在训练步伐。人们都躲在屋子里，忧心忡忡地坐着，听着田野里的巨响，也听着冰雹般的蝗虫敲打屋脊的声响。村庄里的树枝巴格巴格地断裂着，那是被蝗虫压断的。

第二天，村里村外覆盖着厚厚的红褐色，片绿不存，蝗虫充斥天地，成了万物的主宰。

胆大的九老爷骑上窜稀的瘦马，到街上巡视，飞蝗像弹雨般抽打着人和马，使他和它睁不开眼睛张不开嘴巴。瘦马肥大的破蹄子喀唧喀唧地踩死蝗虫，马后留下清晰的马蹄印。马耷拉着下唇，流着涎线，九老爷也如瘦马一样感到极度的牙瘆。

他闭嘴不流涎线，却把一口口的腥唾沫往肚子里咽。

巡视毕，一只庞大的飞蝗落到九老爷的耳朵上，咬得他耳轮发痒。九老爷撕下它，端详一会，用力把它撕成两半，蝗虫落地，无声无息。九老爷感到蝗虫并不可怕。

村人们被再次动员起来。他们操着铁锹、扫帚、棍棒、铲、拍、扫、擂，他们愈打愈上瘾，在杀戮中感到愉悦，死伤的蝗虫积在街道，深可盈尺，蝗虫的汁液腥气扑鼻，激起无数人神经质的呕吐。

在村外那条沟渠里，九老妈身陷红色淤泥中险遭灭顶之灾。九老妈遇救之后，腿脚上沾着腥臭难闻的淤泥。我认为这红色腥臭淤泥是蝗虫们腐烂的尸体。

五十年前，村人们把剿灭飞蝗的战场从村里扩展到村外，那时候沟渠比现在要深陡得多，人们把死蝗虫活蝗虫一股脑儿向沟渠里推着赶着，蝗虫填平了沟渠，人们踏着蝗虫冲向沟外的田野。

打死一只又一只，打死一批又一批，蝗虫们前仆后继，此伏彼起，其实也无穷无尽。人们的脸上身上沾着蝗虫的血和蝗虫的尸体碎片，沉重地倒在蝗虫们的尸体上，他们面上的天空，依然旋转着凝重的蝗云。

第三天，九老爷在街上点起一把大火，烟柱冲天，与蝗虫相接；火光熊熊，蝗虫们纷纷坠落。村人们已不须动员，他们抱来一切可以燃烧的东西，增大着火势，半条街都烧红了，蝗虫的尸体燃烧着，蹿起刺目的油烟，散着扎鼻的腥香。蝗虫富有油质，极易燃烧，所以大火经久不灭。

傍晚时，有人在田野里点燃了一把更大的烈火，把天空映照得像一块抖动的破红布。食草家族的老老小小站在村头上。严肃地注视着时而暗红时而白炽的火光，那种遗传下来的对火的恐怖中止了他们对蝗虫的屠杀。

清扫蝗虫尸体的工作与修筑刘将军庙的工作同时进行。九老爷率众祈求神的助力。刘将军何许人也？

火光之夜，刘猛将军托梦给九老爷，自述曰：吾乃元时吴川人，吾父为顺帝时镇江西名将，吾后授指挥之职，亦临江右剿除江淮群盗。返舟凯还，值蝗孽为殃，禾苗憔悴，民不聊生。吾目击惨伤，无以拯救，因情极自沉于河。有司闻于朝，遂授猛将军之职，荷上天眷恋愚诚，列入神位，专司为民驱蝗之职，请于村西建庙，蝗孽自消。

我带领着蝗虫考查队里那位魔魔道道的青年女专家，去参拜村西的刘将军庙。我记起幼年时对这位豹头环眼燕颌虎须金盔金甲手持金鞭的刘猛将军的无限敬畏之心。那时候刘将军金碧辉煌，庙里香火丰盛，这是强硬抵抗路线胜利的标志。刘将军庙建成后，蝗虫消逝，只余下一片空荡大地和遍地蚂蚱屎，什么都吃光了，啃绝了，蝗虫们都是铁嘴钢牙。人民感激刘将军！今非昔比，政府派来了蝗虫考查队，解放军参加了灭蝗救灾，明天上午，十架飞机还要盘旋在低空，喷洒毒杀蝗虫的农药！刘将军庙前冷落，金盔破碎，金鞭断缺。主持塑造刘将军的九老爷超脱尘世，提着猫头鹰在田野里遨游，泛若不羁之舟。女学者知识渊博，滑稽幽默，她说你们村的抗蝗斗争简直就是抗日战争的缩影，可怜！我惊愕地问：谁可怜？她驴唇不对马嘴地回答：可怜大地鱼虾尽，唯有孤独刘将军！

我怀疑这个女人是个反社会的异端分子，但可怜她乳房坚挺、修臂丰臀，不愿告发她。

我走出庙堂，扬长而走，让她留在庙里与孤独的刘将军结婚吧。没给刘猛将军塑上个老婆是九老爷的大疏忽。

第四十一天的早晨，又是太阳刚刚出山的时候，十架双翼青色农业飞机飞临高密东北乡食草家族领地上空。飞机擦着树梢飞过村庄，在红色沼泽上盘旋。飞机的尾巴突然开屏，乳白色的烟雾团团簇簇降落。村里人都跑到村头上观看。

飞机隆隆地响着，转来又转去，玻璃后出现一张张女人的脸，她们一丝不笑，专注地操作着。西风轻轻吹，药粉随风飘。我们吸进药粉，闻到了灭蝗药粉苦涩的味道。蝗虫们一股股纠缠着在地上打滚。它们刚长出小翅，尚无飞翔能力。蝗虫们也失去了它们祖先们预感灾难的能力，躲得过冰雹躲不过农药。

一个干部劝大家回家躲着，免得中毒。人群走散，我实在留恋飞机优雅的飞行姿态，实在欣赏千簇万簇药粉的花朵，而且坚信我在城市的污浊空气里生活过很久，肺部坚强耐毒，所以我不撤。

四老爷从那堵臭杞篱笆边站起来，向草地走去，我猜想他可能是去草地上拉屎吧？他没有拉屎，他穿越草地走向提着猫头鹰在沼泽地边溜达的九老爷。我远远地看到他们相会在红色沼泽的边缘上，沼泽里温柔温暖的红色衬托得他们身影高大，飞机在他们的天上精心编织着美丽的花环，并蒂花儿开，连呼吸都成为沉重的负担！他们都苍老了，他们都僵直地站着，像两座麻石雕成的纪念碑。猫头鹰突然唱起来，唱得那么怪异，那么美好，我在它的叫声中幡然悔悟，我清楚地预感到：食草家族的恶时辰终于到来啦！

我负载着沉重的忏悔向四老爷和九老爷奔去……

在奔跑过程中，我突然想起了一位头发乌黑的女戏剧家的庄严誓词：

总有一天，我要编导一部真正的戏剧，在这部剧里，梦幻与现实、科学与童话、上帝与魔鬼、爱情与卖淫、高贵与卑贱、美女与大便、过去与现在、金奖牌与避孕套……互相掺和、紧密团结、环环相连，构成一个完整的世界。

在欢庆的婚宴上，我举起了盛满鲜红酒浆的高脚透明玻璃杯，与我熟识的每一个仇敌和朋友碰杯，酒浆溢出，流在我手上，好像青绿的蝗虫嘴中的分泌液。我说：亲爱的朋友们、仇敌们！经过干旱之后，往往产生蝗灾，蝗虫每每伴随兵乱，兵乱蝗灾导致饥馑，饥馑伴随瘟疫，饥馑和瘟疫使人类残酷无情，人吃人，人即非人，人非人，社会也就是非人的社会，人吃人，社会也就是吃人的社会。如果大家是清醒的，我们喝的是葡萄美酒；如果大家是疯狂的，杯子里盛的是什么液体？

作者附注：

①　文中所写的"高密东北乡"并非地理学意义上的高密东北乡，望高密东北乡的父老乡亲们不要当真。

②　文中的叙事主人公"我"并不是作者莫言，与同"高粱系列"里的"我"不是莫言一样。希望有关文艺团体开会批评作品时，不要把"我"与莫言混为一体。

原载《收获》1987年第3期

点评

正如小说结尾处，女戏剧家的庄严誓词："总有一天，我要编导一部真正的戏剧，在这部剧里，梦幻与现实、科学与童话、上帝与魔鬼、爱情与卖淫、高贵与卑贱、过去与现在、金奖牌与避孕套……互相渗透、紧密团结、环环相连、构成一个完整的世界。"这个被"我"在奔跑过程中突然想起的戏剧家某种程度上就是作者自身，这段严肃的"表白"，是作者在小说中所要努力实践的美学理想，这些看起来互克互背的美学特征在小说中被作者成功融合、环环相连，呈现出奇异的光泽亮丽的美感。

小说以跨越五十年历史的两次图景恢宏的人蝗大战为主要情节，相隔五十年的两次蝗灾情景相似而结局迥然不同，新旧时代的贬抑隐含在对比之中。小说中作者的想象奇特而诡谲，如滔滔江水连绵不断，气象万千，总能呈现出让人意想不到的画面。除了展现家乡土地上两次不同的灾难，作者大量的笔墨集中于对家族秘史和人物传奇的描摹，以四老爷、四老妈、九老爷、九老妈为代表的一代人在作者笔下野性十足，活力四射。他们面对大地和性爱的蓬勃欲望，面对苦难和灾害时迎击而不是遁逃的生命姿态，让小说生发出一股剽悍的腥味。在小说中，作者的"心理叙述"尤其令人印象深刻，四老妈被休掉之后的复杂心理活动，九老爷和九老妈的微妙关系，都被作者生动呈现，让这些带着鲜明历史气息和时代特征的人物鲜活而从容地向我们走来。

（崔庆蕾）

风 景／

／方 方

第一章

> 在浩漫的生存布景后面，在深渊最黑暗的所在，我清楚地看见那
> 些奇异世界……
>
> ——波特莱尔

七哥说，当你把这个世界的一切连同这个世界本身都看得一钱不值
时，你才会觉得自己活到这会儿才活出点滋味来，你才能天马行空般在人
生路上洒脱地走个来回。

七哥说，生命如同树叶，来去匆匆。春日里的萌芽就是为了秋天里的
飘落。殊路却同归，又何必在乎是不是抢了别人的营养而让自己肥绿肥绿
的呢？

七哥说，号称清廉的人们大多为了自己的名声活着，虽未害人却也未
为社会及人类做出什么贡献。而遭人贬斥的靠不义之财发富的人却有可能
拿出一大笔钱修座医院抑或学校，让众多的人尽享其好处。这两种人你能
说谁更好一些谁更坏一些么？

七哥只要一进家门，就像一条发了疯的狗毫无节制地乱叫乱嚷，仿佛
是对他小时候从来没有说话的权利而进行的残酷报复。

父亲和母亲听不得七哥这一套，总是叫着"牙酸"然后跑到门外。京
广铁路几乎是从屋檐边擦过。火车平均七分钟一趟，轰隆隆驶来时，夹带
着呼啸而过的风和震耳欲聋的噪音。在这里，父亲和母亲能听到七哥的每

一个音节都被庞大的车轮碾得粉碎。

依照父亲往日的脾气，七哥第一次这么干时，父亲就会拿出刀割下他的舌头。而现在父亲不敢了。七哥现在是个人物。父亲得忍住自己全部的骄傲去适应这个人物。

七哥已经很高很胖了。他脸上时常地泛出红油油的光，肚子恰如其分地挺出来一点点。很难想象支撑他这一身肉的仍然是他早先的那一副骨架，我怀疑他二十岁那次动手术没有割去盲肠而是换了骨头。否则就不好解释打那以后他越长越胖这个事实了。七哥穿上西装打上领带便仪表堂堂地像个港商。后来又戴了副无框眼镜便酷似教授抑或什么专家。七哥走在大街上常有些姑娘忍不住含情脉脉地凝视他。七哥在外面说话毫无疯狗气。文质彬彬地卖弄他那些据说是哲人也得几十年修炼才能悟出的思想。

七哥住过晴川饭店。起先父亲不信。父亲每天到江边溜达都能看到那高白高白的房子，父亲在汉口活了这么些年还从来没见过这么高的房子，便咬定只有毛主席或者周总理这个级别的人才能住。母亲说毛主席和周总理来不及住进去就升天了。父亲说那还有胡总书记和赵总理能住哩。父亲说这话时是一九八四年。

七哥解释不清，便说那大楼里的"晴川饭店"写得像"暗川饭店"，不信你们去查证。

父亲和母亲自然是不敢设想自己有机会去那里瞧瞧。直到有一天报上登着个体户住进晴川饭店的消息后，五哥和六哥各带一千块钱去了一趟，第二天回来对父亲说小七子的确在那里住过，那字真的写得像"暗"川饭店。

七哥说去那里总是坐"的士"，每回都有穿红衣服的小侍者为他打开车门，然后还鞠个躬，说："欢迎您的光临。"

五哥和六哥是坐公共汽车去的，下了大桥，还走了好远的路，无法证实七哥的话。但父亲母亲不必任何证实也完全相信了。

父亲再往江边转悠时，遇见熟人便忍不住说："那个晴川饭店也就那样，我小七子住过好些回数。"

"哦？就是睡床底下的那个小七子？"熟人常惊叹着问。

父亲说："是呀，是呀，硬是睡出个人物来了。"父亲说这话时，脸上充满慈爱和骄傲之气。

其实，过去父亲总怀疑七哥不是他的儿子。在母亲肚皮隆起时，父亲才知道有这么回事。父亲蹲在门口推算日期，算着算着便抓过母亲扇了两嘴巴。父亲说那时候他跟一只货船到安庆去了，一个老朋友要死了想再见他一面。他前后去了十五天，而母亲却在这段日子里怀上了七哥。母亲风骚了一辈子，这一点父亲是知道的。他一走半月，母亲如何能耐得住寂寞？父亲觉得隔壁的白礼泉最为可疑。白礼泉精瘦精瘦，眼珠滴溜溜地不怀好意，薄嘴皮能言会道勾引女人还有富余。而最关键的是父亲亲眼见过他和母亲打情骂俏。父亲越想越觉得真理在握。为此在母亲生七哥坐月子的时间里，父亲看都不看七哥一眼，若无其事地坐在屋门口大口喝酒，把下酒的炒黄豆嚼得"巴喀巴喀"地响。

服侍母亲的事全是大哥干的。大哥那时已经十七岁了。他十分庄严地照料这个小肉虫一样软软的七弟。半年后父亲头一次看了七哥，他看得很仔细，然后像扔个包袱一样把七哥朝床上一甩。七哥瘦瘦巴巴的，全然不似高高壮壮的父亲的骨肉。父亲揪住母亲的头发，追问她七哥到底是谁的儿子。母亲声嘶力竭地同他吵闹，骂他是野猪是恶狗瞎了眼的魔鬼，说他到安庆去为他过去的情人送终还有脸回家吵架。父亲和母亲的喉咙都大得惊人。平均七分钟一趟的火车都没能压住他们的喧闹。于是左邻右舍来看热闹，那时正是晚饭时候，一个个的观众端着碗将门前围得密密匝匝。他们一边嚼着饭一边笑嘻嘻地对父亲和母亲评头论足。母亲朝父亲吐唾沫时，就有议论说母亲这个姿势没有以前好看了。父亲怒不可遏地砸碗时，好些声音又说砸碗没有砸开水瓶的声音好听。不过了解内情的人会立即补充说他们家主要是没有开水瓶，要不然父亲是不会砸碗的。所有人都能证明父亲是这个叫河南棚子的地方的一条响当当的好汉。

这个问题毋庸置疑，父亲的确是条好汉。全家人都崇拜父亲，母亲自然更甚。母亲一辈子唯一值得骄傲的就是她拥有父亲这么个人。尽管她同他结婚四十年而挨打次数已逾万次，可她还是活得十分得意。父亲打母亲几乎是他们两人生活中的一个重要内容。母亲需要挨完打后父亲低三下四谦卑无比且极其温存的举动。为了这个，母亲在一段时间没挨打后还故意地挑起事端引得父亲暴跳如雷。母亲是个美丽的女人，自然风骚无比。但她的确从未背叛过父亲。她喜欢在男人们面前挑逗和卖弄那是她的天性，仅此而已。母亲说难道世界上还会有比父亲更像男人的吗？母亲说如果有，那才是真的见鬼了。母亲说除非父亲先她而死她才会滚到另一个男人怀里。母亲说这话时才二十五岁，而现在她已六十了，父亲仍然健在。母亲毫无疑问地履行着她的诺言。所以父亲怀疑七哥是隔壁白礼泉的崽子显然是不讲道理。白礼泉比母亲小十八岁，母亲常忍不住去逗弄他，偶尔也动手动脚，但七哥绝对无误是父母的儿子。因为只有父亲这样的人才可能生出七哥这样的儿子。这个道理直到二十五年后七哥突然一天说他被调到团省委当一个什么官了之后父亲才想明白。父亲从七哥那里听说团省委的人下一步就是去党省委，有运气到中央也是不难的。父亲几乎有点接受不了这个事实。父亲这辈子连县一级的官都没见过。父亲跟他认识的同样对方也认识他的最大的官员——搬运站的站长一共只说过两句半话。有半句是站长没听完就接电话去了。而现在，他的小七子居然比站长大好些级别且还只有二十来岁。鉴于这点，对七哥一进家门就狂妄得像个无时无刻不高翘起他的尾巴的公鸡之状态，父亲一反常规地宽容大度。

第二章

父亲带着他的妻子和七男二女住在汉口河南棚子一个十三平方米的板壁屋子里。父亲从结婚那天就是住在这屋。他和母亲在这里用十七年时间生下了他们的九个儿女。第八个儿子生下来半个月就死掉了。父亲对这条小生命的早夭痛心疾首。父亲那年四十八岁，新生儿不仅同他一样属虎而且竟与他的生日同月同日同一时辰。十五天里，父亲欣喜若狂地每天必抱他的小儿子。他对所有的儿女都没给予过这样深厚的父爱。然而第十六天小婴儿突然全身抽筋随后在晚上咽了气。父亲悲哀的神情几乎把母亲吓晕过去。父亲买了木料做了一口小小的棺材把小婴儿埋在了窗下。那就是我。我极其感激父亲给我的这块血肉并让我永远和家人待在一起。我宁静地看着我的哥哥姐姐们生活和成长，在困厄中挣扎和在彼此间殴斗。我听见他们每个人都对着窗下说过还是小八子舒服的话。我为我比他们每个人都拥有更多的幸福和安宁而忐忑不安。命运如此厚待了我而薄了他们这完全不是我的过错。我常常是怀着内疚之情凝视我的父母和兄长。在他们最痛苦的时刻我甚至想挺身而出，让出我的一切幸福去与他们分享痛苦。但我始终没有勇气做到这一步。我对他们那个世界由衷感到不寒而栗。我是一个懦弱的人，为此我常在心里请求我所有的亲人原谅我的这种懦弱，原谅我独自享受着本该属于全家人的安宁和温馨，原谅我以十分冷静的目光一滴不漏地看着他们劳碌奔波，看着他们的艰辛和凄惶。

那时是一九六一年。九个儿女都饿得伸着小细脖呆呆地望着父母。父亲和母亲才断然决定终止他们年轻时声称的生他一个排的计划。

小屋里有一张大床和一张矮矮的小饭桌。装衣物的木盆和纸盒堆在屋角。父亲为两个女儿搭了个极小的阁楼。其余七个儿子排一溜睡在夜晚临时搭的地铺上。父亲每天睡觉前点点数，知道儿女们都活着就行了。然后他一头倒下枕在母亲的胳膊上呼呼地打起鼾来。

父亲说这地方之所以叫河南棚子就是因为祖父他们那群逃荒者在此安营扎寨的缘故。河南棚子在今天差不多是在市中心的地盘上了。向南去翻过京广铁路便是车站路。汉口火车站阴郁地像个教堂立在路的尽头。走出车站路向右拐，便上了中山大道。这一段中山大道，几乎有门即是店。铁鸟照相馆老通城饭店首家服装厂扬子街江汉路六渡桥诸如此类汉口繁华处几乎占全。父亲每天越过中山大道一直走到滨江公园去练太极拳。父亲总是骄傲地对他的拳友们说他是河南棚子的老住客。而实际上老汉口人提起河南棚子这四个字，如果不用一种轻蔑的口气那简直等于降低了他们的人格。

父亲说祖父是在光绪十二年从河南周口逃荒到汉口的。祖父在汉口扛码头，自他干上这一行后到四哥已经是第三代干这了。三哥总说爷爷若一来便当兵，没准参加辛亥革命，没准还当上一个头领，那家里就发富多了，说不定弟兄姐妹都是北京的高干子弟。父亲便吼放屁。父亲说人若不像祖父那样活着那活得完全没有意思。祖父是个腰圆膀粗力大如牛有求必应的人。祖父老早就加入了洪帮，那时"打码头"风气极盛，祖父是打码头的好手。洪帮所有的龙头拐子都对他备加赏识。祖父认朋友而不认是非，每有所唤都狂热地冲在最前面。父亲说他十四岁就跟着祖父打码头。他亲眼见过祖父是何等的英勇和凶悍。后来祖父在一次恶战中负了重伤。肋骨被打断了好几根，全身血流如注宛若红布裹着一般。祖父被抬到家时

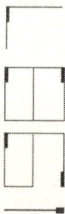

已经奄奄一息。尽管如此祖父却一直带着微笑。父亲说大头佬殷其周专门派人为祖父送来了云南白药。殷其周是当时汉口最有名的"码头皇帝"，父亲至今提起他的名字还激动得战栗不已。不过那药仍然没能救活祖父。祖父把手在父亲的肩上拍了两下便咽了气。那时父亲正跪在祖父面前垂泪，他见祖父头一歪便号叫一声扑在他身上。立即所有人都知道祖父已经走了。啜泣声便如远天滚过的雷。为祖父洒泪哀伤的人几乎是一望无边。父亲至今也没想明白究竟是怎么回事。父亲猜测大约是祖父善打码头的缘故。父亲时年二十岁，除了身子比祖父稍稍单薄一点以外差不多同祖父一模一样。父亲安葬了祖父的第三天便被头佬叫去打码头，他虎视眈眈地往那儿一站，对方的人立即目瞪口呆，竟有人颤着声问他是人还是鬼。

父亲每回说到这里都要仰面哈哈大笑。笑罢又大饮一口酒，把十来颗黄豆扔进嘴里嚼得"巴喀巴喀"响。

父亲每回喝酒都要没完没了地讲述他的战史。这时刻他所有的儿子都必须老老实实坐在他的身边听他进行"传统教育"。有一次二哥想上他的朋友家去温习功课以便考上一中，不料刚走到门口，父亲便将一盘黄豆连盘子扔了过去。姐姐大香和小香立即尖声叫起。黄豆撒了一地，盘子划破了二哥的脸，血从额头一直淌到嘴角。父亲说："给老子坐下，听听你老子当初是怎么做人的。"从此，逢到父亲这种时候谁也不敢把屁股挪动一下。七哥有几回都把尿憋了出来，湿了一裤。

最喜欢听父亲说往事的只有母亲。母亲记忆力比父亲强多了，父亲忘却的日期地点人名字全靠母亲提醒，如果母亲也忘记了，父亲就得使劲地擂着脑袋想，想得一脸痛苦表情。父亲不想出来是绝不往下讲的。遇到这种意外，父亲的儿女们才如同大赦。有一回父亲为了想民国三十六年轰动武汉的徐家棚码头之争的日期整整想了一星期，一星期后仍没想起，便只好用季节代替日期重新召拢他的听众。父亲说那是民国三十六年的冬天，日本人刚跑掉，粤汉铁路通了车，徐家棚码头业务大增，油水肥厚，一些头佬都眼馋得发疯，相互寻衅械斗好几次都没有结果，洪帮头子王理松托人约了父亲。父亲那几日正手痒，便一口应允了。父亲为了打徐家棚码头凌晨三点就起了床，过江的时候天还漆黑，凛冽的风横吹过来刺得脸皮一阵阵发麻。父亲穿一件黑袄，搭肩往腰间一扎，显得威风凛凛。他上船前喝了至少八两酒，酒精把他的血烧得一窜一窜地周身痒痒，故而他对挤进骨缝的寒风感到莫名的欢喜。他望着浩渺长江，脸上像拿破仑一样毫无惧色。父亲手上拿的是扁担，父亲每次用的都是这根，深棕色油光油光的。他挥动起来得心应手，他觉得这玩意儿不比关公的青龙偃月刀逊色。父亲的同伴熊金苟坐在船舱里瑟瑟发抖。父亲指着他的腿笑得全身抽搐，然后说："老子恨不得把你这个熊包扔到江里喂鱼。"江水浑浊不堪，小船咿呀地摇着一支很媚人的歌，在浅黑色的凌晨显得清丽幽婉。熊金苟总是哆嗦。不管父亲怎么辱骂他都不停止这个活动。这使得他旁边的几个人都一块儿干起这活儿来。熊金苟有个瞎眼的老母和三个细弱如草的小姑娘，第四个又把他老婆的肚子撑得老高老高了。父亲他们抵岸时天还没亮。他们捷足先登立即抢占了徐家棚的上中下码头。父亲他们全都剽悍体壮，吓得对方手足发软。当有人发现华清街的哑巴打手队之后，更是屁滚尿流地边跑边哀号爹妈何故只给了两条腿。华清街的哑巴是鲁老十豢养的一群打手。那时说起"华清街之虎"鲁老十，人们会情不自禁地发抖。他的打手心毒手辣且从来不问为什么出手便打。不过他们也的确不会问为什么。父亲与鲁老十从无交情，哑巴中倒有一二曾崇拜过祖父。父亲他们那次自然打赢了。天亮以后他们把对方丢下的尸体绑上石头沉入江底。父亲是给一个姓张的人系的石头，父亲说他认识这个人，他们在一个码头干过活。父亲记得他曾经在父亲趔趄一下时扶了父亲一把。父亲晓得张是很老实的，但不晓得这回死在乱棒之下的怎么恰恰是他。想来想去父亲还是说这是命。父亲的腿在那一天被铁棍撕了个三角口，血流如喷。父亲对流血已经很习惯了，他只用土擦了一下，第二天就去码头干活。那道伤痕至今还染着泥土的色彩留在父亲的腿上。打赢了的头佬总是在当夜便灯红酒绿地频频举杯祝捷。而那时，父亲们却在自己的茅棚中擦洗伤口抑或为受伤的同伴寻医为死去的朋友落泪。打哆嗦的熊金苟连轻伤都没负。他把父亲搀到屋里然后笑盈盈地走了。父亲说没打死他实在是件遗憾的事，因为半个月后的又一次械斗，他被头佬定为"打死"对象。头佬们为了扛着尸体打赢官司悄悄派手下人在混乱中将熊金苟打死了。父亲亲眼看见一根铁棍砸向熊金苟的。父亲喊了他一声，结果在他迟钝地一扭头时，铁棍正砸在他天灵盖上，他连哼也没哼便"噗"地倒地，血浆流淌着把他的头变得像个新品种西瓜。

父亲那一晚喝得酩酊大醉。他揍了母亲一顿然后起誓说他再不去打码头了。不过，父亲自然是要食言的。他打架斗殴像抽了鸦片一样难得戒掉。

父亲的精力过剩。他不这么消耗便会被堵塞在体内而散发不出的精力折磨而死。

那一幕幕悲壮的往事总是能让父亲激动得手舞足蹈。他有时还大口地喝着酒然后叫喊道："儿子们你们什么时候能像老子这样来点惊险的事呢？"

第三章

父亲现在落寞得有些痛苦了。而像父亲这样的人能为什么事情产生痛苦感那的确不是件很容易的事。毋庸置疑的是父亲确实痛苦了。父亲还是住在老房子里，而他的儿女们却一个个飞了出去。地铺上起伏的鼾声和讨厌的骚动以及阁楼上无端的娇笑，统统被寂静所替代。房子倒显得空荡起来。过年时，每个儿女各出十块钱为他买了一个沙发。沙发靠着墙壁，父亲从来不坐它。父亲说坐了屁股疼。晴天的时候，父亲便去马路边打牌，而雨天里便靠在床上长吁短叹。父亲说："只有小八子陪我了。"父亲说这话时让我感动了好几天。后来父亲在我的覆身之土上种了些一串红。父亲对母亲说像小八子的头发。

苍凉的冬天到来的时候，父亲便闷着头默默地喝他的酒。北风吹得门板和窗哐哐地响。火车蓦然鸣一下，整个房子在颤动中几乎意欲醉倒。母亲用她满是眼屎的目光凝望父亲。父亲退休之后就再也没揍过母亲，这使得母亲一下子衰老了起来。父亲和母亲之间已经没什么话好谈了，他们只是默契地生活。语言成了多余的东西。

回家次数最多的是七哥。七哥还没有成家。他总是在星期六回来。这天晚上偶尔也有其他弟兄拖儿带女地过来小坐片刻。父亲对他花团锦簇且粉团团的孙辈们毫无兴趣，父亲说人要像这么养着就会有一天会变成猪。这话使父亲所有的媳妇对他恨之入骨。父亲说她们懂个屁。看我们小七子，不就是老子的拳脚教出来的么？要当个人物就得过些不像人的日子。

父亲每次这么说都令七哥心如刀绞。七哥不想对父亲辩白什么。他想他对父亲的感情仅仅是一个小畜生对老畜生的感情。是父亲给了他这条命。而命较之其他的一切显然重要得多。七哥总是在星期天一早就走，他厌恶这个家。他不想看父亲喝酒骂人然后"叭"地在屋中央吐一口浓绿浓绿的痰。他看不惯骨瘦如柴的母亲一见男人便做少女状，然后张嘴便说谁家的公公与媳妇如何，谁家的岳母勾引女婿。小屋里散发着永远的潮湿气，这气息总是能让七哥不由自主地打寒噤。

七哥在星期天一早出门时多半手里拿根鱼竿。有熟人路遇便说"你可真有闲情逸致啊"，七哥只是笑笑。七哥从河南棚子穿巷走街，总摆出一副富态高雅的架势，以显示他并非此地土著。七哥的外貌变化之大如沧海桑田以至于人们绝不可能想象他就是十几年前常在这一带转悠着拾破烂捡菜叶的小七子。

七哥表面上很是平静。他抿着嘴一副神态自若的样子。但他的眼睛里却充填着仇恨。倘若仔细地盯着他三分钟，你就会发现他的眼珠宛若两颗炸弹随时可能起爆。而他的生命则正是为了这起爆而存在。

七哥捡破烂的时候是五岁。那是孪生的五哥六哥在一天偷吃了水果铺腐烂的苹果同时患急性痢疾送进医院时，七哥主动提出的。当时父亲正暴跳如雷。住院那一笔开销将他三个月所有的工资贴进去还远不够数。七哥蹲在门槛上看父亲吐着唾沫骂人。七哥感到喉咙痒了便轻咳了一声。父亲听见一步上前，一脚把他踢翻在门外。父亲说你再咳我掐死你。七哥说我不是咳我是想说我去捡破烂。父亲说你早就该去了，老子养了你五年，把你养得不如一条狗。

七哥对于他五岁就敢在河南棚子穿梭于小巷小道中拾破烂的胆略极其诧异。大香姐姐的孩子五岁还每天要叼着大香姐姐的奶头而小香姐姐的孩子五岁却还不会自己蹲下撒尿。七哥记得他捡的第一件东西是一块破了角的手绢，手绢上有些黏黏糊糊的东西。七哥用舌头舔了一下，是甜的，便又舔了好多下，直到那手绢湿漉漉的。七哥相信他至死都不会忘记他蹲在墙根下虔诚地舔手绢的模样。七哥很少说话，有大人指着他的小篮子说些什么他也从来不理。七哥每天要把小篮子装到他提不动为止。他拾的破烂都堆在窗口下。那里因为埋了他的弟弟而有一块空地。七哥见过他的这个小弟弟，见过父亲亲他的小脸。那一刻七哥还摸了摸自己的脸，他不记得父亲在他这儿亲过没有。七哥对小弟弟能永远安宁地躺在那下面羡慕至极。他看见父亲把小弟弟放进一个盒子里然后又盖上了土。他很想让父亲

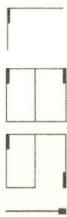

也给他一个盒子让他老是睡在里面动也不动。然而他不敢开口。

七哥常常很饿很饿，看见别人吃东西便忍不住涎水往下巴那儿流。久而久之，下巴处流了两道白印子。那天七哥走过天桥到了火车站。又往前一点还走进了儿童商店。那里面有很多打扮得像画上一样的小娃娃。他们在买衣服和皮鞋。七哥对衣服皮鞋毫无欲望，他看见一个穿粉红衣的小姑娘在吃桃酥。她嚼得沙沙直响。七哥走到她身边，他闻到了那饼的香味，那香使七哥的胃和肠子一起扭动起来。七哥便一伸手抓住了那桃酥。小姑娘"妈呀"一叫松了手，桃酥便在七哥手上了。小姑娘的妈妈瞪着眼说了句"小要饭的"便拉走了她的女儿。七哥简直不敢相信这块小饼归他所有了，他战战兢兢咬了一口，没有任何人干涉，的确是他的。便发了疯一样吞咽下去。七哥从来没有过这样的幸福时刻，那一瞬间获得的快感几乎使他想奔跑回去告诉家里的每一个人。七哥后来就常去儿童商店。他从任何一个小孩手上抓来的东西都归他所有。他吃了许多他根本想不出应该叫什么名字的东西。儿童商店给了七哥童年中最璀璨的岁月。

七哥七岁上了小学。这是父亲极不情愿的事。父亲自己不识字，但他觉得自己活得也很自在也很惬意。父亲说世界上总得有人不识字才行。要不那些苦力活谁去干呢？父亲说这话是针对二哥的。二哥初中毕业坚持要考高中而不肯去帮父亲拉板车。二哥说读完了中学又去扛包完全是浪费人才。二哥同父亲吵了三夜，三哥也为二哥帮忙，父亲才气呼呼地向儿子妥协。这是在父亲做人的历史上极少出现的事情。父亲说政府怎么糊里糊涂的？让人都学了文化，码头还办不办？凭良心说父亲的认识还是深刻的。码头要办下去就得有人扛码头，而读过书的人都不肯干这活儿，可不就是得让一些人不读书专门充实码头么？父亲是不会知道科学能发展到用金属做一个机器人出来的。

七哥终于在政府的要求下去上小学了。七哥对上学不感兴趣。他头一天衣衫褴褛地走进教室就听到有声音说怎么来了这么个脏狗。后来，全班人都叫他脏狗。七哥对学校和同学的厌恶便从第一天就开始了。

七哥不再捡破烂。母亲说破烂卖不了什么钱不如去黑泥湖捡点菜回来。七哥便去捡菜了。七哥每天下午都逃学。一吃过中饭他就挎上篮子往郊外走。他要走过黄浦路从黄家墩穿刘家庙然后到黑泥湖一带。这里地多人少，到处是农民的菜园。有时只走到刘家庙就能拾到很好的菜叶。夏天的时候七哥还得带上叉子。父亲说每天都得叉一串青蛙回来给他下酒。七哥喜欢叉青蛙，他在河沟边跳来跳去敏捷而迅疾地叉中一个青蛙时总是高兴得想笑出声来。七哥在家里却从来没笑过，所有认识他的人都说这孩子天生缺少笑神经。

那一天，七哥走到刘家庙附近，见农民们都坐着小凳在田里给白菜间秧，七哥便静静地蹲在了一个大嫂身后。大嫂间一把秧往自己篮子里扔去时，手边总是要漏掉几棵，这便是属于七哥的了。七哥捡了半篮之后，大嫂身后又跟了一个小姑娘。七哥厌恶地瞥瞥她。她的手比七哥利索，总是先将大嫂漏下的拾进自己的小篮子。七哥儿乎为此想砍掉她的手。这时刻大嫂回了头。大嫂问你们这是何苦呢？就这几棵菜？小姑娘说不捡菜就没有吃的。七哥说我也是。大嫂说你们就不累？小姑娘说累比挨打好受多了。七哥说我也是。那大嫂便叹口气扯下许多很好的菜秧给了七哥和小姑娘，把他们的篮子装得满满的。小姑娘高兴得笑个不停。七哥没笑，但心里也高兴极了。

后来七哥认识了小姑娘，她叫够够。够够说她住三眼桥，她是老五，生下她时她父亲一看是个女孩气得大吼她母亲一声："你够没够？"她母亲慌忙回答："够，够。"两人吵了一架后，就给她起个名字叫够够。尽管有了够够，她父亲却还是没让她母亲停止生产。够够又添了两个妹妹。够够说她妈妈又要生了，这回大家都说生男孩。她家已有七仙女了。就是八仙过海也得有一个异性。

七哥常常能碰上够够，碰上够够就约她一起走，于是他们总是在铁路边碰头。够够小嘴灵得像鸟儿，七哥总怀疑她是鸟变的。够够叽叽喳喳起来没个完，七哥便安静地听着，刚开始时有些不耐烦，后来就习惯了，再后来就喜欢听她讲。七哥想要是小香姐姐也能像够够这样该多好。够够和七哥的小香姐姐一样大，都比七哥大两岁。小香姐姐却从来不理睬七哥。她要是想起七哥时就是七哥倒霉的时候到了。那天晚上父亲喝酒喝得高兴，小香姐姐连忙凑上去对父亲说七哥见到白礼泉就一面哭一面喊爸爸，还从白礼泉手上接过一块糖。父亲一听勃然大怒，他使劲地放下酒杯，吼着七哥："给老子过来！"七哥已经吓得站不起来了。他如狗一般爬到父亲脚下。父亲用大脚趾抬起他的下巴，骂道："你这个杂种。"然后一脚

蹭翻了他。父亲令五哥提起七哥，将七哥推到墙壁前面壁而立。之后又指示六哥扒下七哥的裤子，用竹条抽打五十下，五哥和六哥乐呵呵地干这些。父亲赏识他们时才会让他们干这些活儿。小香姐姐坐在床沿边让大香姐姐用红药水给她染指甲。她俩尖声地笑着。七哥忍着全部的痛苦去听她们笑得如歌一般流畅。父亲又坐下喝酒了，嘴唇咂得"叭叭"地响。而母亲自始至终地低头剪着脚指甲，还从脚掌上剪下一条条的破皮。母亲喜欢看人整狗，而七哥不是狗，所以母亲连头都没抬一下。火车轰隆隆从门外驰过。雪亮的光一闪一闪。和它们叠在一起的是竹条以及它挥舞出来的音响。这一切成为七哥脑海中永恒的场景。

铁道线不知从何而来。伸延前去，又不知指向何处。够够在哪儿呢？或许她的灵魂一直在这儿飘荡，引得七哥无法克制自己而一次次走向那里。

这日子，是七哥最美丽和善良的日子。它在无数黑浓黑浓的日子里微弱地闪烁几星绚烂的光点。

第四章

只要大哥在家的日子，七哥就用他迷迷蒙蒙的眼睛一眨不眨地盯着大哥。大哥不理他，大哥不编造谎言让父亲的拳脚砸得他透不来气。大哥不用最刻薄的语言诅咒他，大哥不把他当白痴般玩物当一头要死没死的癞狗。小时候七哥以为大哥是他的父亲，后来才弄清他只是大哥。大哥和父亲是两类完全不同的东西。

大哥对七哥现在这副不可一世的模样从心底生厌。时间简直是个魔术师，当年睡在父亲床底下的七弟居然蜕掉了他那副可怜巴巴的外表而人模狗样地在小屋中央指手画脚。每逢大哥在家，七哥若酸溜溜地炫耀他的哲言，大哥必定会暴吼一声："小七子，你再动一下嘴皮看我割了你的舌！"

可惜大哥在家时间少极了，少极了。七哥从记事起就知道大哥从来不在家睡觉。弟兄们一天天长大，地铺上已经挤不下七条汉子了。父亲便一脚把七哥踢到了床底下，而大哥则开始成日成月成年地上夜班。

大哥总是在星光灿烂的时刻推门而出。他手里提着一个饭盒，里面有半斤米和一小碟咸菜。清早大哥回到家时，父亲和母亲都上班了，大哥便一头栽到床上呼呼地睡到太阳落山，然后起来同一家人一起吃晚饭。到星光灿烂父亲打长长的呵欠时，大哥便又推门而出，手里拎着那个饭盒。日复一日。年复一年。

大哥小学四年级没读完就进工厂了。大哥曾经留过两级，他跟二哥同了一年学之后又跟三哥同学。大哥比三哥大四岁，几乎高出三哥一个整头。班上同学都如三哥般弱小。他们管大哥叫"刘大爷"。起先大哥还乐呵呵地答应，后来三哥说那是骂他留级生大爷哩，大哥这才一听人如此叫唤便翻下虎脸。大哥打架出奇勇敢，出手迅猛有力，打在兴头上敢抡刀杀人。这是父亲最赏识他的地方。所有的同学对大哥都畏之如虎。其实大哥很少揍他的同学，他们太弱了，大哥不屑于对这种"小萝卜"——大哥的话——动手。大哥说他绝不学父亲，他不打比自己弱小的人。而父亲，打起自己的妻子和儿女像喝酒一样频繁且兴奋。

大哥是被学校开除的。那天上体育课，体育老师油头粉面的，他让大哥抬了跳箱又抬垫子。垫子是给女生翻跟斗的。大哥说他不抬。体育老师便说刘大爷不抬谁又会去抬呢？大哥便走上前，挥起小臂给了老师一肘，只一会儿，那白粉捏的一样的鼻子便淌出了两道红血。所有的学生都吓傻了，女生还有人嘤嘤地哭泣，大哥扫了他们一眼扬长而去。学校原本不想开除大哥，因为在场同学都证明老师骂了大哥大哥才动的手。晚上，那老师灰着脸跟在教导主任身后来到了河南棚子。父亲在门口堵住了他们，教导主任说是来向大哥道歉并也希望大哥向老师道歉的。父亲一瞪眼骂了几句直指祖宗的脏话然后说："幸亏你撞在我儿子手下，他实在比老子小时候窝囊。换了我，莫说你的鼻子，叫你的牙都一颗剩不下。"父亲说完笑得洪钟一样嘹亮，教导主任和体育老师都不约而同地发起抖来。然后他们连退几步，大惶大惑的一副神态望着父亲，踉跄着远去。

大哥从此不再上学了。这是他第一天背起书包就盼望的事。大哥刚满十五岁。父亲把他送进了铁厂当学徒。大哥当了锻工。父亲说干这行拿钱多而且练身体。果然没多久大哥的胳膊就粗了起来，浑身黑油油地闪着乌光。大哥二十岁的时候已经像父亲那样粗壮了。他的下巴上浮出毛茸茸的胡子，大哥有时就用他这一点可怜的胡子扎七哥的脸。七哥一直等待着大哥的胡子长长。他常想如果长长了不是也可以像小香姐姐那样扎起小辫子吗？

大哥过了二十岁以后，脾气就变大了。晚饭时动不动就发火，进家门总是用大脚轰然一下踢开。大哥与父亲母亲都吵过架，吵得天翻地覆的。七哥总是爬进床底一动不敢动，他不明白大哥为了什么。后来有一天，大哥同父亲打了一场恶架，那以后家里就平安了好多。

大哥和父亲打架，说起来完全是隔壁白礼泉的责任。白天大哥是回家睡觉的。中午的饭总是母亲从她工作的打包社回来做。那时五哥六哥都刚上小学不久，而七哥还在从事拾破烂的事业。

母亲打包的手脚极利索。母亲的舌头嘴唇都仿佛是蜜做的，打包社的领导都吃她那一套，额外让母亲每天提前半个钟头回家弄饭。母亲洗菜时得去公用水管。母亲在那里经常碰得到白礼泉，白礼泉在武钢上班。三班倒的工作让人觉得他总在家里。母亲跟男人说话老使出一股子风骚劲。她扭腰肢的时候屁股也一摆一摆地像只想下蛋的母鸡。母亲的眼光很独特，从那里面射出来的光能让全世界的男人神魂颠倒。母亲在白礼泉面前从无顾忌。白礼泉的老婆漂亮苗条，是他手掌上的明珠，但明珠生不出一个孩子而母亲却一气生了九个。这使得母亲常常嘲笑白礼泉而且一直要笑到他无地自容为止。无地自容的结果便是抬起头来同母亲调情。那天母亲洗完菜同白礼泉一起嘻嘻哈哈地走回屋里，白礼泉调侃着跟在母亲身后也嘻嘻地笑。白礼泉的手指细长细长跟父亲短粗短粗的手指感觉完全不一样。母亲弯下腰切菜时，她的乳房便像两只布袋一样垂了下来。白礼泉站在母亲背后将双手绕着母亲，然后细长的手指便捏揉起那两只布袋。母亲不理会他的动作，只是嘴里假骂道馋猫馋狗馋猪之类，白礼泉挨着骂手指却依然熟练而快速地运动。他的手越来越灵活，活动的地域也越来越广，母亲不由得兴奋得咯咯大笑。就在这个时候躺在床上的大哥醒了，大哥没吭气只是长长地打了一个呵欠。

母亲说："贱货！这时间了还不起？"大哥说："贱货也是你生的。全都一块儿贱也不错。"白礼泉说："哎呀，老大白天就这么睡？下午小五小六小七几个不闹翻天？"大哥说："摊上这样的爹娘，只给了这一点地方，有什么法子。"白礼泉忙说："你要不嫌弃，白天可以睡我屋里。我两口子都上班，你去睡觉还可以看个门。我那个收音机是五灯的，不放心得很哪。"大哥说："这主意倒不坏。"母亲说："那太谢谢你白叔叔了。"

白礼泉倒是言行一致。果然，大哥在白天住到他家里去了。先一段时间日子也过得相安无事。后来那天三八妇女节放假半天，白礼泉的老婆枝姐在家休息，于是日子便有异峰突兀而起了。枝姐在半天的休息时间里要把房间重新摆布一下，大哥便上前帮了忙。一阵折腾，大哥汗流浃背顺手脱下外衣。他露出黧黑的臂膀，凸起的肌肉在黑皮肤下鼓胀。阳光从窗口斜射进来，落在大哥熠熠发光的肩膀上。大哥有几次都不小心碰着了枝姐，让枝姐心里颤抖了好几回。在架床的时候，枝姐的手指叫床板夹了一下，疼得她尖声叫起，眼睛里一下子涌出泪花。大哥便一步上前捉住她的手将她的手指放进嘴里。大哥用他厚软的舌在枝姐手指上舔来舔去，大哥说这是止痛的祖传秘方。枝姐全信了。这之后她就老是夹着手，每次都要大可动用祖传秘方。

枝姐比大哥大九岁，早过三十了。可是枝姐因为没有生小孩便依旧一副粉脸含春的少女模样。枝姐珠黑睛亮，眉若新月，随意瞟人一眼，便见得柔情如水似的娇羞。这对于青春勃发的大哥自然如铁遇磁。

从那天起，枝姐老是上半天班，不是病假就是调休什么的。最先察觉的是母亲。母亲一字不识但直感却像所有杰出的女人那样灵敏。母亲对大哥说："你小心那骚狐狸。她要勾引你哩。"大哥说："就不会说我在勾引她？"母亲说："你这王八蛋小子简直和你父亲一个样。"大哥说："那女人简直跟你一样。"母亲说："怎么跟我一样？"大哥说："见男人就化了，巴不得上钩。"母亲说："你小心点，她男人别看骨瘦如柴，倒也不是个好惹的货。"大哥说："未必比我父亲还厉害一些？"母亲说："你那天看见了什么？"大哥说："什么都看见了。女人不值钱。"母亲便身体后倾着朗声大笑起来："好小子，有出息。你老娘可没让他占多少便宜。你得比白礼泉高明点才行。"大哥也笑了，说："那当然。我儿子大概已经在她肚子里了。"母亲惊喜地问："真的？"

大哥和白礼泉的女人不干不净弄得邻近的人家都晓得了，那都是母亲在外面说的。母亲逢人就夸口，说是别看白礼泉的女人一扭三摆的妖精样，可在我大小子怀里比猫还乖哩。父亲好晚才知道，只是说想不到儿子也到了偷鱼吃的年岁了。

白礼泉最后一个听说，他不敢在枝姐面前逞凶便找上门来同大哥对骂。大哥说："你再骂一句，我叫枝儿跟你离婚。她现在听我的。"白礼泉说："我离了，你想要她？"大哥说："那当然。""好吧。那房子是我的，我要收回。你娶她吧，让她住在你们那个猪窝里。跟你的父亲住一起，跟你的弟兄住一起，让你全家人把她从头发根到脚丫都看个一清二楚。还顺便看你俩是怎么过夜的。"白礼泉的话便是砸在大哥胸口上的石头。大哥突然脸色苍白，眼泪差点没落下来，这副熊样子不光被白礼泉看到了也被刚干完活下班回家的父亲以及看热闹的观众们看到了。白礼泉阴险地笑出了声，他嘴上继续说一些刻毒且下流的话，而大哥却默然不语。父亲上前"叭"地扇了大哥一个耳光，大骂大哥窝囊得不如一条虫。然后说："白礼泉的女人看上你这种东西那成色也就跟拉客的窑姐儿没什么两样。"大哥听完父亲的话便猛虎一样扑向父亲和父亲扭打成一团。大哥咒骂父亲，说世界上像父亲这样愚蠢低贱的人数不出几个，混了一辈子，却让儿女吃没吃穿没穿的像猪狗一样挤在这个十三平方米的小破屋里。这样的父亲居然还有脸面在儿女面前有滋有味地活着。

这场架打得灰尘四起，旁观者皆避之不及。父亲的脸被大哥拳头打得青肿遍布，而大哥的门牙叫父亲打脱了，手臂也被父亲用刀砍了一道深口，缝了十四针。

第二日白礼泉没去上班，中午乐滋滋地到家里来对大哥说上午他陪枝姐一起去了医院，只一会儿，就把她肚子里的胎儿打掉。白礼泉说他虽然想要个小孩，但也不能养着个野种。大哥怒目圆睁暴吼了一声："给老子滚！"

从此大哥再也没理睬枝姐，每当两人路遇，枝姐忧戚戚地频频顾盼大哥，大哥则抱拳当胸，傲然而去。

到大哥同大嫂结婚已是十年以后的事了。十年间，他除了自己家里的女人外，对全世界的女人都摆出一副不屑一顾的架势。母亲曾打算给他说门亲。大哥说："你只要带她进这个家门我就杀了她。"

这十年中的第九年里，枝姐上班时被卡车压断大腿，流血而尽死去。在场的人都听见她一直叫着"大根"的名字。人们以为那是她丈夫，而实际上，"大根"是大哥的名字。

第五章

七哥最痛恨他的姐姐大香和小香。七哥从记事起就没同她们说过话。七哥记得他很小很小的时候尿湿了裤子，姐姐大香便用指甲拼命地掐他的屁股。大香为了学有钱人家的女孩，总是把指甲留得尖尖的。而小香更毒。只要她在家里，她就不许七哥站起来走路。小香说七哥是狗投生的，必须爬行。七哥忍气吞声，从不敢违抗。晚上吃饭时，小香则多半会指着七哥的黑膝盖告诉父亲说七哥故意学狗爬不学人走。小香长得像父亲又像母亲。小香伶牙俐齿活泼爱笑却心狠手辣，父亲宠爱她，每次为了让她高兴不惜惩治七哥。小香比七哥大两岁，出生在双胞胎五哥和六哥之后，在家排行也算老八了，故而娇得鼻眼不正。七哥在父亲的拳脚下奄奄一息，而小香则捂着嘴"吃吃"笑个不停，还把七哥麻木地忍受的姿态学给大香看。小香干这样的事一直干到七哥下乡那天。

在大哥同父亲打架之后，家里能给七哥一点温暖的就是二哥了。很久很久，七哥对二哥都没什么印象。二哥总是和三哥一起进出。七哥在他眼里似乎有又似乎无。七哥不记得二哥同他说过话没有，直到那件事发生之前。

那是一个夏天，七哥被父亲揍过之后便爬回到大床底下。他只有到这个黑洞洞的充满他熟悉的潮湿气的地方才感到几分安全。七哥那天浑身火辣辣的疼，他趴在那里一动也不想动。伤痛和闷热闷热的天气几乎让他觉得自己快要死了。他这样趴了一天一夜。屋外每过一列火车都仿佛从他身上碾过，轰隆隆的声音使劲地撞击着他的脑袋，撞得似乎就要爆炸，他想爬出来，可一动弹大腿内侧便如刀剜割一样。七哥想干脆让我死吧，便"呵"了一声死了过去。

等他醒来之时，七哥感到自己被人抱着。他的腿依然如刀剜割。他睁开眼睛见到一个陌生的脸庞，恍惚之中听到滴水之声。水滴了很长时间，七哥才渐渐看清那陌生的脸庞原来是二哥。二哥用毛巾擦着他的身体。七哥温顺地倚在二哥怀中一动不动。他第一次感到生命的安全，第一次认识到人体的温暖。晚上直到父亲回来的时候二哥仍小心地抱着七哥。"怎么搞得像个小少爷？"父亲说。

二哥将七哥放在床上，撩开盖在他腿上的布，对父亲说："他还是条命，你也不要太狠了。他的腿伤口烂了，长了蛆。你要想让他活，就不能让他再睡床底下。里面又湿又闷，什么虫都有。"父亲看了七哥，冷冷地说："他是老子养出来的，用不着你来教训。"二哥说："正因为他是你的儿子也是我的弟弟，我才要求你好好爱护他。"父亲顺手重重地给了二哥一耳光。父亲说："让你读点书你就邪了，在老子面前咬文嚼字。你给我滚。"

二哥愤怒地盯了父亲一眼，一跺脚出去了。七哥自然又回到了床底下，把他的小棉絮弄成弯的，他想象那是二哥的手臂，他躺在那手臂里宛如在二哥的怀中。

以后，二哥便格外地关照七哥了。每天吃饭时，二哥都有意坐在七哥旁边。二哥一筷子一筷子为七哥夹菜。而在此之前，七哥几乎全靠吃白饭填肚子，尽管家里的菜几乎全都是他捡来的。

那年冬天，七哥差不多满十二岁了。母亲说原先小五小六到这时候总能挖一些藕回来，小七子倒好，只会捡些烂菜叶。二哥说何必哩，捡什么吃什么好了。小香立刻叫道妈妈我要吃藕。七哥便用极干瘪的声音说我明天就去挖藕。

第二天刮风，寒嗖嗖的，七哥一出家门就被风吹斜了身子。他斜斜地行走，小竹篮里还搁了一条麻袋。他一路走一路在算计哪一块藕塘比较好。风把七哥的脸吹得红通通的，左脸颊上的冻疮又鼓胀了起来。七哥并不觉得这日子有什么特殊的苦，他已经习惯这样的生活了。万一哪一天让他安安逸逸地享受一天，他倒是会惊恐不安地以为出了什么大事。七哥在铁路边碰上了够够，够够当时正迎着风尖起嗓门唱歌，那歌子的词是七哥一辈子忘不了的。"美丽的哈瓦那，那里有我的家，明媚的阳光照进屋，门前开红花。"够够总是唱这支歌，一遍又一遍地对七哥说如果有一个新家在哈瓦那，门口种满了鲜艳的花朵那该多好哇。讲得他俩都极羡慕哈瓦那了。

藕塘里的水已经抽干了。大人们已经仔细地挖过一遍。七哥绕着藕塘四周看了看，然后迅疾地扒下棉衣棉裤，等不及够够冲上来劝阻，他便下到了塘里。泥浆一下子淹到了他的胸部。七哥太矮小了，他的脸上现出恐惧状，吓得够够惊呼大叫快来人救命呀。几个路过的中学生把七哥扯了出来，然后把他送进一个牛棚里。牛棚里有一个独眼的老头，他给七哥倒了一杯滚烫的开水。七哥浑身筛糠一般颤抖。够够像大人一样用生气的口吻令七哥脱下泥浆浸透的衣裤。七哥穿着空心棉衣棉裤，和独眼老头一起蜷在屋角的稻草堆中。七哥看着够够拿着脏衣服往湖边走去，在风中她像一只奇怪的大虾，弓着背越走越远。够够为他洗净泥浆，然后在牛棚中的火盆前为他烘烤，她的脸焕发出一层奇特的红光，眼珠嵌在红光之中宛若两块宝石。

七哥呆呆地看着她。外面的风刮得干枝干叶噼噼啪啪地响，时而几声呼啸在长天中一划而过。七哥突然感到眼睛潮湿了。他觉得这时刻如若能痛哭一场该是多么愉快。够够无意思地瞟了七哥一眼，七哥便立即装作一副平常的神态。七哥从来不曾把他的心向任何人袒露过，七哥从不愿意让别人能猜测出他心里正想些什么。

天全黑了，够够才将七哥的衣裤烘干。七哥穿上后说了句很舒服。但他心里知道，今天又难逃过一顿毒打了。出门时，独眼老人叹着气从屋里拿出两节藕，分给七哥和够够。

七哥一路无言。分手时，够够将那一节藕也给了七哥说我家里不爱吃藕。七哥默默地接过放入麻袋。够够说你这个人怎么总是有心事的样子。七哥憋了半天终于说明天再告诉你。

七哥刚跨入家门，小香便叫："爸、妈，野种回来了。"母亲冲上来揪住七哥的耳朵吼道："你还晓得回家？你玩得好快活，害得你二哥一晚上去黑泥湖了。"七哥未缓过劲来，迎面又挨了一嘴巴，这是父亲扇过来的。父亲说："你怎么不死？回家干什么？铁路又没有栏杆。为你这个小臭虫全家人都睡不成觉。你以为我们都像你这样舒服？"父亲骂了又打。七哥不语。他挨打从来都不语。他以往常想着长大了他将首先揍父亲还是首先揍母亲这个问题。而这回，他一直在回忆牛棚中红红的火光中够够的脸庞和眼睛。他的表情竟出奇的平静，这使得父亲极为恼怒。小香说："爸，你看他还在笑。"父亲立即一脚踢向七哥的小腿，七哥轰然摔倒在地。红光在他的眼前烧成一片红云，腾腾地升起。所有的一切：人、物及声音，都在这红云中弥漫和溶化。七哥真的不禁咧嘴笑了一笑。

七哥的腿红肿得无法迈步，他一步也不能行走，几乎在床底下躺了三天。他的视线里的红云依然飘浮和升腾，七哥这三天过得安静极了。二哥几次唤他出来要带他去医院，七哥都没答应。七哥说我是在休息哩。

第四天父亲说我家里的儿子命贱，没有人生病躺好几天这事。母亲弯下腰对着床下叫："你还弄得像个阔少爷哩，你再不去捡菜就休想吃一颗米。"

父亲和母亲上班之后，七哥爬了出来，他摇晃着走出门。他走到那次

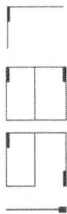

同够够碰面的那一段铁路上。他坐在铁轨上一边等，一边想把什么都对够够说。等了好久好久，够够没来，七哥只好自己独自捡菜去了。

回来的路上，七哥又遇到牛棚。他想见见那独眼老人，想再去那稻草堆中蜷缩着看奇特的红光。七哥进去时，老人愣了一愣，然后问："跟你一起的小姑娘呢？"七哥说："她没来。我等了她好半天。"老人说："前两天你们都一起回去的？"七哥说："前两天我病了没出来。"老人说："前天下午，一个女孩被火车碾了，不晓得是不是她。"七哥立即呆了。世界上所有的女孩都死掉也不能死够够。七哥拼了全身力气疯狂地向铁路边奔跑，他一声声呼唤"够够"的声音像野地里饿狼凄厉的嚎叫。

那出事的地方已经看不出有什么血迹了。只是在路坡底下，七哥看到一节竹篮上的提把，提把上拴着一根白纱布做的小绳子。这是够够编的，是很久前的一天七哥亲眼看见她编的。

够够永远消失了。七哥为此大病一场，几乎一星期昏迷不醒。这场病耗去了家里很多钱。父亲答应给大香和小香一人买一条围巾的钱；答应给五哥六哥一人买一双凉鞋的钱；答应为母亲买一双尼龙袜子的钱以及大哥存了多年打算买手表的钱全部被七哥这场病消耗一空。所有人都沉下脸不理睬七哥。连大哥都阴郁着面孔一句话不说。

此后七哥每天还是沿着他和够够的路线去捡菜。他每天都在够够死去的地方默默地坐十几分钟，他坐在这里用心向够够诉说他的一切。

八年的捡菜史给至今二十八岁的七哥留下了深深的印记。他曾尽情地怀念过够够和享受过完全归他所有的孤独。七哥大学毕业回来的第二天便不知不觉去了一趟黑泥湖，那里变化惊人，昔日的菜地上几乎全部覆盖着高低不等的房子。他已经无法辨认哪条路通向哪里了。只有一个地方无论发生什么变化，七哥也能一眼认出。七哥喜欢独自地坐在那里。七哥想够够该有三十了，说不定够够能成为他的妻子。尽管够够比他大两岁，可这又算得了什么呢？只要是够够，就是大十岁大一百岁七哥也不在乎。然而够够永远只能是十四岁。

铁轨纠缠一起又分离开来，蜿蜒着扭曲着延伸向远方。七哥不知道它从何处而来又将指向何处，七哥常想他自己便是这铁轨般的命运。

第六章

当七哥觉得家里唯一能同他对话的人只有二哥时，二哥却已经死了。七哥想起二哥的死因，心底里总是升出一股冰凉的怜惜之感。

父亲却对二哥的死愤愤然之极。每逢二哥忌日父亲便大骂二哥是世界上最没出息的男人，浑蛋一个，却装得像个情种。然后接下去必然骂这都是读书读木了脑袋。父亲骂二哥时若遇三哥在场，二人便有一场恶战。

三哥和二哥关系好得让人难以思议。二哥是个粗鲁得像父亲一般不打人就难受的人，而二哥却文质彬彬的不像是父亲的儿子。二哥只比三哥大一岁，他俩共睡一个枕头几乎直到二哥死去的前夜。二哥是个极细瘦的人，个子高得不那么顺眼。父亲对二哥这副骨架非常不满，常愤愤然说这哪里像我哪里像我？然后捶着三哥的胸脯说真货是这样的是这样的。母亲为此跟父亲怄过好多回气。母亲疼爱二哥超过她另外六男二女，这原因是二哥救过母亲一条性命。那时二哥才三岁，摇摇晃晃地刚学会小跑步。一天母亲牵着二哥去买盐，行至路口遇见父亲搬运站的几个朋友。母亲便挑逗着同他们打情骂俏。搬运工男女相遇常有骇人之举，这便是扒下对方裤子或伸手到对方裤裆，虽是下流无比却也公开无遗。母亲撇下二哥同他们疯打到一辆货车旁，笑得长一声短一声接不上气。突然二哥颠颠地小跑到母亲身边，极怪异地大叫："妈妈，我要撒尿！"那正是初冬时分，二哥若湿了裤子便没有了穿的。于是母亲立即抱着二哥往背风处跑。母亲刚一跑开，货车上的绳子便断了。货箱垮下来砸死了那群男人中的三个，其中之一刚喊完母亲的绰号还没来得及说完下面的话便脑浆四溅。母亲听得身后巨响如爆几乎魂飞魄散。她抱起二哥放肆地号啕大哭起来。二哥这时说："妈妈，要回家。不尿尿了。"事后母亲想起二哥是临出门时才撒的尿，按正常情况那时他不应该叫撒尿的。而且那声音怪异使母亲在回忆时还感到几丝丝毛骨悚然。父亲说看来是有些莫名其妙。

二哥是一个言语极少的人。他的眼睛凹入脸庞显得阴郁而深沉，倘若不是他的鼻梁挺拔且嘴角的线条很好看的话，他那双眼睛就令人不堪入目了。恰恰上帝给了他相应那对眼睛的鼻子和嘴，这使得他显示出一种很独

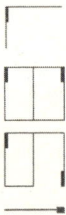

特的漂亮。邻人常夸双胞胎五哥和六哥算得上河南棚子最英俊的小伙子，而七哥，还有我都认为：五哥六哥同二哥相比还差一个等级。五哥六哥一肚子浅俗的人生哲学和空洞洞的眼睛使他们脸庞上那漂亮的组合毫无生气。

二哥用眼神就能制伏父亲用拳头都难以制伏的三哥，对这一点父亲始终感到是一种耻辱。尽管耻辱，他却不能不接受这一事实。二哥和三哥结成的是钢铁同盟。这使得父亲想揍他们中的一个时不能不踌躇再三。为此二哥和三哥挨打次数极少。五哥六哥先是嫉妒后来则是献媚，意欲加入二哥三哥的联盟。二哥不置可否而三哥却严词拒绝了。三哥说不能让小七子一个人挨打，你俩得分担一些。三哥是家中的"二霸王"，这绰号是大香姐姐起的。"大霸王"自然是指父亲。三哥比大香姐姐大两岁。在一次争吵中大香姐姐脱口叫出"二霸王"三个字。三哥听了很得意，竟不再与大香姐姐吵闹且俨然是她的一个什么保护人。三哥在相当长一段时间充当河南棚子小年轻的"拐子哥"，名气一直蔓延到球场街及西马路一带。所有知道他的人都尽可能不去惹他。三哥手下有一帮小喽啰，他们在百姓面前虎狼般凶煞恶极蛮不讲理，但在三哥面前却低三下四如同猪狗。他们都知道三哥的厉害。三哥曾跟一个走江湖卖狗皮膏药的师傅学过几年武艺，那师傅是父亲早年拜把子的兄弟，对三哥的教导极为尽心。三哥一巴掌砍下能使三块砖同时断裂是河南棚子的小哥们儿亲眼所见。三哥赤手空拳能使十个像他一样粗壮的小伙子在进攻他时全都仰翻在地。三哥威武有力鲁莽无比却能屈服于二哥的眼神。三哥跟二哥好得像一个人，而二哥却是同三哥全然不同的人。

其实若不是一件偶然的事改变了二哥的命运，二哥是不会同家里人有什么质的变化的。那件事的出现使二哥步入一条与家里所有人全然不同的轨道，二哥愉快地在这轨道上一滴一滴地流尽鲜血而后死去。

那一瞬间发生的事还是在七哥刚出生的年月。二哥和三哥每天都去铁路外抑或货场偷煤。家里的煤从来都是这样弄来的。偷窃者对于这么干是否合法不予考虑，家里要煤烧而家里又无钱买煤，无条件地向外界索取便成了自然而然的事。二哥和三哥从多大开始干这活儿已经记不清了，只知道初始只是拾煤渣而已，而后是三哥进行了改革才发展成为后一阶段的用麻袋偷。冬天里，煤块烧得毕毕剥剥响时，父亲便放口称赞三哥聪明能干，是块好料。

那天火车经黄浦路道口时放慢了速度，三哥一挥手便扒了上去。二哥略一迟疑，也上了去。火车轰隆隆地向前开着，他俩在车上将煤装了满满一麻袋。快进煤厂时，三哥将麻袋往下一扔，然后自己飘然而下。二哥又迟疑了一下。待他小心翼翼跳下来时，却没能见到三哥的影子。二哥沿铁路往回走。当他走到一个池塘附近忽听见一个女孩惊恐万状的声音："救命呀！""哥哥，你可别死呀！"二哥便朝那声音奔了去。我知道，就是这个惊恐的颤抖的声音改变了二哥整个的人生，使他本该活八十岁的生命在三十岁时戛然中断，把剩余的五十年变成蒙蒙的烟云，从情人的眼前飘拂而去，无声无息。

池塘里一双手挣扎的姿势像一个优秀的舞蹈演员在用空间线条感召他的观众们。二哥连鞋也没脱便跳了下去。二哥的游泳技术是没话说的，从河南棚子翻过天桥到长江边至多只要半个钟头。夏天里的中午和黄昏，二哥三哥以及许多他们这样的人常去那里玩水。他们游到对岸然后再游回来简直像吃完饭用手抹抹嘴一样容易。尽管每年都有一两个伙伴沉入江底而成为长江的儿子，但这种悲剧一点也没影响他们畅游长江的情绪和兴致。二哥在同伴之中不是游得最好的但也不差。这个小池塘对他来说便有澡盆之嫌了。二哥只几下就扑到了溺水者身边。那家伙性急而死死地勒住了二哥的脖子，二哥便只好凶狠地给了他一拳然后托着他的头从容地游到岸边。那家伙的肚子隆得圆圆像个孕妇。二哥拍了拍便一屁股坐在上面一松一压。女孩子尖叫道你不要弄死他你不要弄死他，然后去撕扯二哥衣服，二哥只好又给了她一巴掌。那一下委实重了一点，女孩苍白的脸上顿时起了五条红杠。女孩"哇"地大哭掉头跑了，这动作使二哥呆愣了好一会儿。

女孩再来时身后跟了两个张皇失措的大人。女孩说这是她的父母。他们的儿子此刻已经苏醒了，只是疲惫不堪地躺在地上不想动弹。他见到父母的第一句话是："没有他我就完了。"然后将目光移向二哥，那眼光中的感激、钦佩、真诚、温情一下子竟使二哥的心好一阵战栗。二哥从来没见过这样的眼光。

二哥以恩人的姿态出现在这个家庭里自然成了最受欢迎的人。溺水的男孩跟二哥一样大，叫杨朦。他的妹妹小三岁，叫杨朗。他们的父亲是市里一所大医院的著名医生而他们的母亲则是中学里的语文教员，为此他们的家庭显得极洁净且极雅致。他们住在天津路英租界的一幢红楼房里。他们有七间房子，整整占据了一层楼。仅保姆许姨住的房间都比二哥家的屋子大两个平方米。他们一家四口人住四间屋子还剩下一间客厅和一间贮藏室。杨朦说这房子是他的外祖父留下来的。他的祖父的一幢房子更漂亮，前面还有花园，但他父亲老早就把它贡献给国家了。

说实话，这个家庭对二哥来说仿佛是外星来客。二哥是河南棚子长大的，他认定夫妻打架、父子斗殴、兄妹吵闹是每个家庭中最正常的现象。只有这些纠纷，才使家像个家，使自家人像自家人，否则跟公共场所有什么区别？而杨家却全然是另一种活法，一家人这般地相亲相爱，这般地民主平等，这般地文质彬彬，这般地温情脉脉。二哥初次进杨家门时差不多不知道手如何动作脚如何迈步，两三个月后才稍稍适应过来。二哥完全被杨家的气氛所陶醉了。他觉得只有到了这儿他的心才感觉到它是为一个真正的人在跳动。他不知不觉三天两头闯进杨家。

杨朦准备考到男一中去读高中。他是学校的尖子，胜利在握。而就学于民办中学的二哥学习成绩却平平淡淡。杨朦对自己的恩人极诚恳热情，谈话亦十分投机。于是二人结为莫逆之交。二哥渐渐地学会了喝咖啡。开始他以为那深褐色的水是中药，是杨大夫给他消毒的。后来才明白那玩意儿叫咖啡，上等人都爱喝它。二哥在杨家品尝到许多他从未吃过或见过的东西。有一天喝银耳汤，杨朗牙疼不喝多出一碗，杨朦硬叫二哥喝了，结果二哥一夜浑身燥得无法入睡。半夜里还怀疑汤里是不是放了什么怪药。问杨朦时，叫杨朦哈哈大笑了一阵。

二哥也打算考到男一中去。杨朦帮他补习了几天功课说凭二哥的智力今后考清华问题不大，这使得二哥的生活中陡然地树起了一个目标。

晚上，做完功课，语文老师常常拿出一本书来，轻言慢语地朗读给大家听。她的声音极柔美。缓缓的，像是从天上飘下来的。与二哥幻觉中神仙的声音完全一样。二哥常想母亲若也能这样那该是多么好呵。母亲说话仿佛有只手在她喉管里拼命地撑大她的声音。母亲唾沫横飞常使她旁边的人不得不时时用衣袖抹抹脸。母亲从来不读书，但母亲绝顶聪明。母亲会从许多语言中挑出最俏皮最刻毒且下流得让人发笑的话来骂人，令对方哭笑不得左右不是。而语文老师和她的儿女连最一般的粗话都不曾讲过。有一回二哥讲家里的玻璃窗被人砸了的事时不留意带出一句"他妈的"，立即让一屋人都皱上了眉头。杨朗还捂着耳朵说："难听死了，像小流氓一样。"二哥当即脸红得像抹了彩，好半天抬不起头来。没人再说他什么，自此他在杨家不敢吐一个脏字。二哥听语文老师读过高尔基的《海燕》，朱自清的《荷塘月色》以及但丁的《神曲》。一个星期六，月亮很好，月光穿透窗外的树影把屋里映得斑驳一片。杨朗让大家都坐在这碎月零光之下，然后把留声机上足发条。音乐轻缓地升起时，杨朗着一身白裙，赤着脚飘然上前，对着月光低吟：

> 我看见，那欢乐的岁月、哀伤的岁月——我自己的年华，把一片片黑影连接着掠过我的身。紧接着，我就觉察（我哭了）我背后正有个神秘的黑影在移动，而且一把揪住了我的发，往后拉，还有一声吆喝（我只是在挣扎）："这回是谁逮住你？猜！""死。"我答话。听那，那银铃似的回音："不是死，是爱！"

她最后一句爆发出热烈的欢笑，然后房间里的灯大亮。所有人都被她美丽的表演所感染，杨朦跳了起来，大叫："朗朗太了不起了！"

二哥被月光下飘动的那条白色之影震惊了。那一句一句的诗将他的心一层一层缠绕得紧紧。最外一层显赫地裸露着"不是死，是爱"五个字。在热烈的掌声鼓完后的那一刹那，二哥从心底涌出无限无限的忧伤。这忧伤之泉直到他死都不曾停止过喷涌。二哥咽气的最后一瞬还说的是"不是死，是爱"。然后才垂下他的头。他的眼睛是杨朦去关上的。那两口深奥的洞穴中装着没有人能够理解的忧伤。

二哥开始发奋。借着复习功课的名义，他三天两头到杨家去。他只要一进这家的大门，骚动的心立即变得安宁而平和。

二哥这么做使得三哥颇为不满。三哥不想读书，也觉得二哥犯不着读。三哥说父亲没文化不也活得挺快活？二哥说可他的儿女们活得并不快活。三哥说我觉得还蛮好嘛。二哥说我觉得像狗一样，特别是小七子，连狗都不如。二哥说这话时，七哥正一脸污垢地坐在门口，把鼻涕往嘴里抹，嘴还啧啧地咂响。

三哥对杨家有一种天生的厌恶。尤其对杨朗。他说这女孩子完全是妖精投胎。他说头一回时二哥只是瞪了他一眼。说第二回时，是二哥在路

上碰到杨朗之后。那天是二哥和三哥在去偷煤的路上遇到杨朗和杨朦的。杨朦见二哥和三哥手里拿着麻袋便问你们去哪里。二哥支吾说去弄些煤。二哥回避了偷字也回避了捡字。杨朦说需要我帮忙吗？杨朦话音刚落，杨朗就拽着他的衣服说："那怎么行？脏死了，脏死了。"三哥这时板着脸对二哥说："我一个人先走。"二哥忙对杨氏兄妹说了声："我走了。"便同三哥匆匆而去，三哥脱口骂了句"臭妖精"。二哥立即站定，眼睛里喷着火，他咬牙切齿说："你这是第二次骂了，如果我再听到第三次，我跟你的兄弟关系从此了结。"三哥莫名其妙，委屈得很。只得嘴上连连喊叫几句："我怎么啦？我怎么啦？"

过了好多天，杨朗说"脏死了"的话被她母亲——语文老师知道了。语文老师要杨朗向二哥赔礼道歉。杨朗说"请原谅"时倒是大大方方而二哥却"唰"的一下红了脸。二哥嗫嚅着向语文老师说他和弟弟实际是去偷煤的。语文老师没说什么只是长叹了一口气。那叹声显得那般沉重以至二哥的心被压迫得一阵阵发疼。那一晚复习功课老是走神。临走前，语文老师第一次把二哥送上了马路。月光铺在沥青路上泛起一片白色，语文老师说："我知道你家里很困难，但人穷要穷得有骨气。这一点你应该理解。"二哥使劲地点了点头。

二哥错就错在他不该把语文教师的话原版说给父亲听。父亲气得当即把手里的酒瓶朝地上一砸，怒吼道："什么叫没有骨气？叫她来过过我们这种日子，她就明白骨气这东西值多少钱了。"二哥吓得不敢吭气。父亲说："你小子再敢去什么羊家猪家的，老子定砍了你的腿。"母亲也说："哼，他们那种人不就是靠我们工人养活的吗？他们是吸我们的血才肥起来的。"二哥说："他们家是医生，又不是资本家。"母亲说："你若替他们讲话，就跟他们姓杨好了。"父亲说："小子，什么叫骨气让我来告诉你。骨气就是不要跟有钱人打交道，让他们觉得你是流着口水羡慕他们过日子。"

二哥叫父亲说得一脸羞愧。他觉得自己的确有点像流着口水的角色。二哥果然一连几天没去杨家。他很难受，心口像坠着许多石头沉甸甸地在胸膛内摆来摆去。

第七天，二哥和三哥背着煤回来时，遇到了杨朗。杨朗迎上前，说："你怎么不来了呢？"二哥张了张嘴，答不出。杨朗说："你恨我了是不是？我不是已经承认错误了吗？"二哥凝神望了她几秒才偏过头低沉地回了一句："我不配去。"杨朗随二哥进了屋，她第一次看清了这是一个什么样的家。杨朗说："你晚上还去

中篇小说卷

吧,要不哥哥又要责怪我了。"二哥说:"你告诉杨朦,我家里有事,这几天不能来。"杨朗说:"好吧。"她退出去的时候,手不小心碰着了正往屋里走的七哥。她尖叫一声,迅速跳到门外,然后掏出小手绢一边走一边使劲地擦,直到她人影消失前的最后一个动作还是在擦手。

二哥最终还是没去杨家。他也没能考上一中,但这实在不能怪他没努力。好长一段时间他总是在路灯下复习功课,而临考前的一个星期,天一直下着雨。这使他根本找不到一块读书的地方。只得在家里窝在众弟兄中,一遍又一遍地听父亲讲他当年的故事。八点钟和全家人一起睡觉。

二哥被录取到八中。这在我们家已经是第一个了。如果不是七哥在极偶然的情况下去上了大学,那么,二哥这个高中生就算是家里学历最高的人了。杨朦自然上了一中。这也是二哥早料到的。假期中,杨朦曾经到家里玩过几次。他和二哥坐在门口看着一辆辆火车从眼边掠过,两人谈了很多很多。开学之后,渐渐二哥与杨家日益淡泊,以至完全没有了往来。

二哥是一个出色的学生。他的派头和说话的口气同家里人越来越不一样了。他对父亲说他要上大学,他想当一个建筑师。他要让父亲和母亲住进他亲手设计的世界上最美丽的房子里。他说这些话时,深奥的眼睛里放射的光芒能照进所有人的心。父亲和母亲像被电击了一般呆望了他好一会儿。屋外一阵汽笛长鸣,小屋在火车的轰隆中摇摆时,父亲才一下子醒悟。父亲一反常态像一个小孩子一样狂喜狂叫道:"我儿子有出息。像我的种。"然后把二哥横看竖看拍拍打打了好半天。那一天全家人都兴奋至极,只有七哥一如往日小狗般爬进床底睡得死沉。

二哥上大学当建筑师的梦自然和许多许多人的梦一样,叫一场"文化大革命"冲得粉碎。二哥尽可以当红卫兵司令,但他仍然感到心灰无比。他没参加任何一派,他被父亲指示回来干活。他有一排半截子大的弟妹,他得为生活劳碌。父亲给二哥弄了一辆板车,二哥每天到黄浦路货场往江边拖货,他能挣不少钱。冬天的时候,他让他的弟妹们都穿上了线袜子。

一天晚上,家里人全都睡下了。家里人总是睡得很早,因为明天要干活也因为不睡下小屋里便拥挤不堪嘈杂不堪。在屋里的鼾声此起彼伏时,突然门被敲得轰响。所有人都在同一刻被惊醒。这似乎是记忆中未曾有

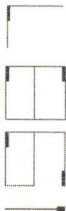

过的事情。父亲首先喊骂起来："魂掉了？哪有这样个敲法？"不料答话的竟是杨朦。二哥从地铺上一跃而起，他显然有些紧张，仿佛预料到了什么。二哥开了门，他看见杨朦的右手紧紧揽着杨朗而杨朗全身哆嗦着两眼红肿。二哥急问："出了什么事？"杨朦脸色很冷峻，说话时却很悲哀。他说他们的父母下午双双出去，到现在尚未回来。他们兄妹等到晚上觉得奇怪，便到父亲卧室里看看有没有什么纸条。结果发现父母联名给杨朦的信，信上要杨朦对家里所有发生的事都不要太吃惊，他唯一的责任就是照顾好妹妹，然后在最后一行写下"别了，亲爱的孩子们"几个字。杨朦的话还没说完，屋里的父亲立即吼了起来："蠢猪，还慢慢说什么？他们去找阎王爷了。还不快去找。"杨朦："朗朗已经受不了了，许姨上个月就被赶回了老家。我想请你照顾她一下。"二哥说："我去替你找，你照顾朗朗。"杨朦说："那怎么行？"此刻父亲已经下了床。他用脚踢着正趴在地铺上听杨朦说话的三哥四哥五哥六哥，嘴上说："起来起来，今晚都去找人。"父亲转身对杨朦说："让二小子陪姑娘，这几个小子都派给你，你尽管指使他们。"杨朦说："伯伯我该怎么感谢您呢？"父亲说："少说几句废话就行了。"

二哥几乎是将杨朗背回去的。她软弱得无法走路，嘴上喃喃地说些二哥完全听不清楚的话。二哥三天三夜没有合眼。杨朗到家之后便发起了高烧，她的眼泪已经哭干了，脸烧得通红通红，嘴唇上的燎泡使她的模样完全变了。二哥为她请医生为她煮稀饭喂药然后小心地趴在床边哀声求她一定要坚强些。

第四天杨朦精疲力竭回来说父母找到了，他俩双双跳了长江。他母亲结婚时的一条白纱绸将他们的腰紧紧扎在一起。尸体在阳逻打捞出时已经肿胀得变了形。杨朦说完这些，双腿一软跪在地上痛苦地呕吐起来。他几天没吃什么，呕出一些黄水。脖子上青筋扭动和鼓胀得令二哥无法直视。如果不是二哥急中生智，突然伏在他耳边说："千万别这样，朗朗见了，就完了。"杨朦恐怕也挺不住了。朗朗正在屋里昏睡，一切情况都尽可能瞒着她。

一个星期后，丧事在二哥三哥及诸兄弟共同帮助努力下，算是比较顺利地办完了。医生和语文老师的骨灰合放入一口小小的白坛之中。父亲帮忙在扁担山寻了一块墓地，于是他们便长眠在那座寂寥的山头。二哥站在坟边，望着满山青枝绿叶黑坟白碑，心里陡生凄惶苍凉之感。生似蝼蚁，死如尘埃。这是包括他在内的多少生灵的写照呢？一个活人和一个死者之间又有多大的差距呢？死者有没有可能在他们的世界里说他们本是活着的而世间芸芸众生则是死的呢？死，是不是进入了生命的更高一个层次呢？二哥产生了一种他原先从未产生过的痛苦。这便是对生命的困惑和迷茫而导致的无法解脱的痛苦。这痛苦后来之所以没能长时间困扰他并致使他消沉于这种困扰之中，只是因为他几乎在产生这痛苦的同时也产生了爱情。爱情的强烈和炽热融化了他的生命。在爱情的天空之下，他活得那么坚强自如和坦然。直到一个阴天里爱情突然之间幻化为一阵烟云随风散去，他的生命又重新凝固起来。他的为生命而涌出的痛苦才又顽固地拍击着他的心。他想起扁担山上那幅青枝绿叶黑坟白碑的图景，也蓦然记忆起自己关于生命进入高一层次的思考。那个夜晚他便用刮胡子刀片割断了手腕上的血管。他将手臂垂下床沿，让血潺潺地流入泥土之中。同他挤在一床的三哥到清晨起床时才发现他已命若游丝了。闻讯而来的杨朦杨朗惊骇地看着一地的血水。杨朗失声叫道："为什么非得去死呢？"二哥那一刻睁开了眼睛，清晰地说了一句"不是死，是爱！"然后头向一边歪去。

这是一九七五年在江汉平原东荆河北岸发生的事。迄今也已十个年头了。

第七章

七哥现在想起来当年他听到二哥的死讯之时完全像听到一个陌生人之死一样，表情很淡泊，尽管二哥曾有一段时间待他相当不错。七哥那时下乡也有一年了。他在大洪山中一座被树围得密密实实的小山村里。他一直没有回去。大哥歪歪倒倒的几个字告诉他二哥已死这个消息，这是他收到家中的唯一的一封信。他没有回信。

七哥下乡那天家里很平静。他一个人悄悄走的。走到巷口时，遇到小香姐姐同一个黑胡子男人。小香姐姐正同那男人搂搂抱抱地迎面而来。这是小香姐姐的第几个男人七哥已经搞不清了。只是不久前听母亲对父亲说小香姐姐要嫁给这个男人。一来她可以不下乡了，二来她已经有了他的孩子。小香姐姐已经不能再打胎了，要不她以后就根本不能生育。这是医生对陪小香姐姐去检查的母亲说的。小香的风骚劲同当年母亲的一模一样。

唯一不同的是小香的男人换了许多而母亲的男人却只有父亲一个。七哥见到小香姐姐时忙谦卑地站到路边，让她嬉笑着过去然后自己再踽踽而行。小香姐姐仿佛根本没见到七哥一样，连瞟都没瞟他一眼。七哥最仇恨家里的三个女性，尤其以小香姐姐为最。七哥曾发过一个毒誓：若有报复机会，他将当着父亲的面将他的母亲和他的两个姐姐全部强奸一次。七哥起这个誓时是十五岁。原因是那一天他在床底下睡觉时五哥六哥带了一个女孩到屋里来。一会儿七哥听见那女孩子挣扎着哭泣，床板在七哥上面咯吱咯吱地响得厉害。七哥不知出了什么事便伸出了头。七哥看见五哥和六哥都赤裸着下身。五哥伏在女孩身上而六哥则按着她分开的腿。六哥看见七哥便使劲照他的头击了一下，吼道："你什么也没看见，说！"七哥嗫嚅着说："我什么也没看见！"然后缩回床底。他听见那女孩一阵阵的呻吟声，那呻吟中的痛苦使七哥感到浑身刺痛。他觉得只有眼见着世界灭亡的人才能发出那样的痛苦之声。当即他便想他得让他仇视的人：他的母亲和他的姐姐们也这么痛苦一次。

七哥的誓言当然成了他嘲笑自己的材料。当他后来有无数机会之时，他却毫无这种报复的欲望。

七哥是孤独一人进的小山村。这是七哥自己挑的地方。这里下了汽车还得走整整一天的山路。七哥就是想到这么一个地方，让所有人都不知道他在哪里。

七哥和他房东的儿子共睡一张床。这是他有生以来第一次在正经八百的床上睡觉。油污的床单下垫着玉米秆和稻草，满屋里散发着一股植物的香味。屋后有三棵香果树。七哥仰躺着。两尺之外的空间不再有黑压压的床板和父母翻身而引起的吱嘎之声。三步开外没有他并排躺在地铺上的一排兄长起伏的鼾声和梦呓。空间很大，有老鼠从梁上"唰"地跑过。月光白惨惨地从屋瓦的缝里泄了下来。云遮云开，那光如在屋子里飘忽。七哥突然感到万分恐惧。房东的儿子睡在那一头，死寂一般毫无声响。这让七哥觉得他正躺在人类之外的另一个世界。他从未想到过的关于死的问题在那一晚却想了数次。七哥想是不是他已经死了而他本人还不知道。人们把他埋在这里并告诉他这是到农村去而实际上却是在阴间的一个什么地方。七哥一连许多天都这么想个不停。他还试图在男人中找到他的弟弟——我。他想他的弟弟很可能是在这群人里，只不过他们分别已久彼此认不出来了。七哥他很高兴自己知道很多别人悟不到的东西。他明白他周围的人都是先他而来的阴魂，这些阴魂也不知道自己死了。他们很自豪地认定自己在阳世而且活得很舒服。七哥想只要看他们走路那种飘来飘去的劲儿，就知道换了世界。

七哥不同村里任何一个人交往，不到非说话不可的时候他绝不开口。他像一条沉默的狗，主人叫舔哪儿就乖乖地去哪儿舔上几口。村里人开始都说七哥老实透了，后来又说七哥其实是阴险之极。不叫的狗最为厉害这是老幼皆知的古训。最后大家还是一致认为七哥是个怪物。七哥对那些纷纷繁繁的议论充耳不闻。七哥认定正常的死人是不说话的。

七哥到村里住了三个月后听说村里最近开始闹鬼了。七哥觉得好笑，我们自己不都是鬼吗？七哥对那些越说越惊心动魄的鬼的故事毫不理会。但他倒是希望自己能碰上那鬼，说不定那是小八子，七哥这么想。

房东的儿子每天吃饭时都带回鬼的故事。那鬼是极瘦的。喏，像他那样。他指了指七哥。走起路来像飘一样。鬼每天围着村口的银杏树飘三圈然后就进林子，进了林子鬼就变成了白的，从一棵树飘到另一棵树，每飘到一棵树下就发出一阵凄厉的叫声，那声音极古怪，从林子上空缓缓越过村子然后转一个弯又回到林子里。就这么一直到下半夜，鬼才化作一股烟气消散。

过几日房东儿子又说：鬼现在要在林子很深很深的地方尖叫。那里的野兽都吓跑了。猎人在那里连一只野鸡都打不到。

再几日，房东儿子又报道：村头老鱼头的女儿回娘家，上山时崴了脚，半夜才跛到家。她在林子边遇见了鬼。起先她没发现，是鬼先飘到她跟前的。她吓得使劲把鬼一推拔腿就跑。到家后她说鬼是滑溜溜的。

村里到处都是鬼影，奇怪的是鬼并没有干恶事。便有人商讨是不是把鬼抓来看看究竟是什么样的。这主意自然是青年人出的。七哥原本也想去看看鬼到底是怎么回事，但他那天实在太困便在天一擦黑时倒床睡下了。

那天夜里没有月亮。七八个年轻人都伏在林子里。房东的儿子也去了。他们个个都发着抖，抖得一边的灌木都不断发出簌簌的声音。子夜时分，鬼就围着树绕圈子了。果然极瘦，果然飘一般地走路。走入林子之后发现它果然是白色的。年轻人胆怯着不敢动手。终于其中一个干过猎人的小伙子抛了一根圈套，一下圈住了鬼。鬼凄厉地叫了。一连三声，又长又亮。全村人都听见了。它叫完之后，轰然倒下，不再声响。年轻人用绳子

捆住了鬼。手摸上去，那鬼果然滑溜溜的。抬到村边亮处，才发现是一个活人。他均匀地呼吸着，沉睡一般。房东的儿子点了火，他失声叫了起来。人们都认出了，这是七哥。七哥浑身赤裸着。他身上的肌肤极白，他依然平稳地呼吸着，还很随意地翻了一个身。

有人照七哥屁股上狠踢了一脚。七哥"哎哟"一声，突然醒了。他莫名其妙地看着一圈又一圈围着他的男人和女人，眨了眨眼，低下头又发现自己一丝不挂。他低吼一句："你们要干什么？"那声音沉闷而有力，仿佛是从远天穿过无数山脊之后落在这儿的。于是有人问七哥你是不是天神派来的。七哥说不是，我一直在阴间里老老实实做真正的死人。七哥是按自己的思路回答的，却叫所有的人毛骨悚然。天亮了，人们惶惶惑惑地散去。房东的儿子找回七哥的衣裤，极恭敬和谦卑。

七哥好久不明白到底他那一晚出了什么事。"鬼"仍然每夜出来在林子里飘荡。

七哥是一九七六年突然被推荐上大学的，他去的那所学校叫"北京大学"。在此前，七哥几乎没听过这所学校的名字，更不知道北京大学是中国最了不起的学府。七哥走的是狗屎运。七哥的父亲是苦大仇深的码头工人，这使其他知青望尘莫及。再加上村里人一直吵闹着要将七哥送走，鬼气在他们的生活中已日见浓郁了，为此他们不能再忍受下去。北大不怕鬼，却极欣赏七哥苦大仇深的家史。父亲自七哥出生那天起就与他为敌，这会儿却不期然为他办了件好事。

七哥惆怅着走出那树林密绕的小山村。七哥觉得自己在那里已经活了一个世纪，眼下他又重新投胎回到人间了。七哥走上公路时，太阳已经当顶，光线明亮得让他感到一阵阵晕眩。一阵风过，路旁的树扬起轻松的呼呼声。鸟也叫得十分轻快。七哥喘了口气。他摸摸心口，觉得心跳动得比原先要响亮多了。

七哥要去北京，而且要堂堂正正坐火车去北京，而且火车要耀武扬威地从家门口一驰而过，这消息使得全家人都愤怒得想发疯。就凭癞狗一样的七哥，怎么能成为家里第一个坐火车远行的人呢？七哥到家那晚，父亲边饮酒边痛骂。七哥默默地爬到他的领地——床底下，忍着听所有的一切。

七哥走的那天下着大雨。七哥只有一双洗得发白的球鞋，他怕到了学校没有鞋穿，所以光着脚上的路。父亲和母亲一早都上班了，他们连一句话都没说，仿佛眼中并没有七哥这个人。大哥把七哥送到巷口，然后给了他一毛钱，说雨太大了你坐一段公共汽车吧。七哥没有坐车。他淋着雨穿过大街小巷。他的行李越来越重，衣服紧紧贴在身上。他的骨头凸了出来使得七哥很有立体感。七哥想得很清楚，棉絮打湿了是没什么关系的，夏季的太阳一个下午就能把它晒干。

七哥一走三年未归。家里人简直不知他的死活，没人打听他，他也未曾写信。直到三年后七哥神采奕奕地出现在家门口时，所有在家里见到他的人都大吃了一惊。

"怎么都发呆了？还不是和你们一样的一个脑袋上七个孔。"七哥说。

归来的七哥已经完全是另一副样子了。

第八章

三哥宽肩细腰上身呈倒三角形，是女人尤为欣赏的体形。三哥在夏日里脱去汗衫，光膀子摇着大蒲扇坐在路边歇凉时，所有路过的女人都忍不住心跳要将他多看几眼。三哥袒臂露胸，肌肉神气活现地凸起，将皮肤撑得饱满。邻居白礼泉那天看了美国电影《第一滴血》后回来吹嘘说："嘀，那个美国佬好块头，简直快赶上隔壁的小三子了。"弄得河南棚子好些人争相去看史泰龙的好块头。结果回来都说真不错，是快赶上小三子的块头了。但是三哥的相貌不及史泰龙，这也是公认的。三哥原先倒也长得像父亲年轻时一样英俊，但三哥脸上老是露一副凶相，渐渐地，便长出父亲所没有的横肉，那横肉便使三哥的模样不容易叫人接受。

父亲说，心里没有女人的男人才生长出这种霸王肉来。

三哥心里是没有女人的。三哥对女性持有一种敌视态度。三哥尽管已经过了三十五岁几乎奔四十了他却仍然没有结婚。他根本不想结婚。常常有女人去找他去向他献殷勤，三哥也不拒绝，在她们愿意的情况下三哥也留她们过夜。三哥怀着一股复仇的心理与她们厮混。三哥发泄的全是仇恨而没有爱。而女人们要的是三哥的身体倒并不在乎感情是怎样的色彩。三哥是在二哥死后招到航运公司的。二哥的死给了三哥生命中最沉重的一击。二哥是三哥在人间一睁开眼就朝夕相处的亲哥哥。他爱他甚于超过爱

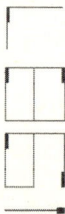

自己是因为三哥清楚记得他小时候莽莽撞撞干的许多坏事都被二哥勇敢地承担了。二哥为此遭过不少毒打但在他长大后从来没对三哥提过一句。三哥把这一切都牢记在心里。三哥正是这样一种人：谁要真心对他好，他也是肝脑涂地以心相报。而二哥除此外，还是与他一脉相承的兄长。二哥却被女人折磨死了。女人从那天起便像一把匕首插在三哥的心口上，使得三哥一见女人心口便痛得渗出血来。他常常愤怒地想女人怎能配得上男人的爱呢？男人竟然愚蠢到要去爱一个女人的地步了么？每当在街上他看见男人低三下四地拎一大堆包跟在一个趾高气扬的女人身后抑或在墙角和树下什么的地方看见男人一脸胆怯向女人讨好时，他都恨不得冲上去将那些男女统统揍上一顿。这种事三哥不是没干过。一天晚上他送醉了酒的他的船长回家，返回时他抄近道走的是龟山上的小路。月光如水，山静如死。三哥打着饱嗝跌撞着乱窜，忽然他看见一棵树下的两个人影。他原本走过去视而不见的。不料人影中之一扑通一下跪到地上。他听见那是个男人的声音，那男人可怜巴巴地说："求求你答应我。没有你我活不下去。"另一个人影只是用鼻子"哼"了一声，这果然是个女人。三哥七孔都冒出怒火。他连犹豫都没有，大吼一声冲上去，朝那熊包一般的男人拳打脚踢。然后回过身将吓傻的女人胸口抓住，用全力横扫几巴掌。巴掌在女人脸颊上撞击得啪啪响。声音清脆悦耳。三哥的心这才舒坦了许多。如此他才丢下那对男女继续打着饱嗝下山了。

　　三哥在驳船上当水手。他的船长十分赏识他。三哥安心住在船上从不觉得水手是份丢人的职业。三哥身高力大干起活儿来从不耍滑。三哥还能陪船长喝酒，这是船长感到最兴奋的事。船长说三哥是他有生以来最默契的酒友。他俩在一起能将两斤白酒喝得瓶底朝天。夏天的时候，船长常会冒出些疯狂念头。他叫驳船继续行驶而自己拉了三哥跳入长江一路游去。船长和三哥游泳的本事也不相上下。他俩胆大包天，在长江里宛如两条棕色的龙。船长对三哥说如果掉进旋涡就平摊开身体不要动，旋涡就会把你自动地甩出来。三哥故意激他，说你又没进去过怎么倒向我传授经验？船长急了说你不信？这是老水手都清楚的。三哥说我没见过的都不信。船长突然指着一个旋涡说那我就叫你见一次。没等三哥阻止他便几下冲了进去。三哥大汗淋漓呆愣愣地踩着水不敢往前。旋涡转得比想象的要快，三哥看不清船长在什么地方。但是一会儿他听见了呼叫，是船长在他的侧面嘻嘻地招手。当三哥游过去后船长说险些丢了命。三哥说如何？船长说像是有许多手把你往江底拽，我已经觉得完了的时候一下子被放出来了。船长说平摊着不动也不行，得看什么时候动。三哥默然不语。忽而他见到一个旋涡立即对船长说了句看我的，便一头扎了进去。三哥在旋涡里身不由己。他被许多只巨手像掷球一样掷来掷去。他的肚皮上有另一种磁力将他往水底吸去。三哥不由失声叫了起来："救命呀。"他没有叫完又喝了好几口水。三哥瞬间想也好，进阴曹地府可能还能见到二哥哩。这一刻三哥被一只手轰地一下抛了出来。三哥傻瓜一样不明了方向，直到船长游到他跟前他才清醒。船长游过去扇了三哥几耳光，大声训斥道："小命也是可以开玩笑的？你死了，我还要受处分哩。"三哥的脸上火辣辣的但他感到很舒服。三哥说："我以旋涡报答旋涡。"

晚上抛锚后船长和三哥在甲板上饮酒。船长敬了三哥三杯酒，连声说一条好汉一条好汉一条好汉。

船长和三哥在甲板对酌时常叹说要有女人就好了。船长有老婆和两个小子，夜里也牵肠挂肚地想。三哥唯在这点上与船长不投。三哥说酒比女人好，最便宜的酒也比最漂亮的女人有味道。三哥说时常呷呷嘴连饮三杯。江上清风徐来，山间明月笼罩，取不尽用不竭。三哥说人生如此当心满意足。船长说你没有女人为你搭一个窝没有女人跟你心贴着心地掉眼泪你做人的滋味就算没尝着。三哥不语。

三哥想他宁愿没尝着做人的滋味。女人害死了他的二哥，他还能跟女人心贴着心么？三哥说这简直是开玩笑。当年二哥对杨朗好到什么地步几乎没人想得出来。二哥原本可以不下乡然而杨朗下乡二哥也就下了。他把板车交给了四哥。三哥为了二哥也一块儿下到杨朗的队里。二哥几乎把该杨朗干的活儿全部揽下了，连杨朦都插不上手。那时间杨朗绕着二哥又是说又是笑，两人在河边草滩上抱着打滚连三哥都不好意思多看几眼。二哥一分一分地存钱，他要买最漂亮的家具布置新房，他要把家弄得像杨朗过去的家一样舒适。三哥也为这个目的同二哥一起奋斗着。一次又一次招工，没有杨朗。二哥一次又一次放弃自己的机会。三哥也陪伴着。每年修水利，二哥一星期都要回村一次，几十里路连夜走哇，只是为了看一眼他心爱的人。每年如此每星期如此。到有一天杨朗终于拿到了表格。杨朗

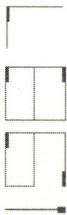

填了表到县里去了，她一去就是三天。回来告诉大家这次必走无疑，职业是护士。二哥几乎将全公社的知青都请来喝了酒。有人告诉他杨朗是用贞操换来的职业。二哥呆愣了，手上的酒瓶落在地上。杨朦转身而去，他揪住了他妹妹的头发。杨朗承认了。但她没说那男人是谁。三哥手上已经拿了刀，三哥准备杀人去的。杨朗说她既然把身子交给了那个男人就打算和那人结婚。二哥让杨朦松开了他的手，他忍受不了他心爱的人被她哥哥揪扯住头发。二哥一缕一缕替杨朗理顺发丝，颤着声说："我知道你是迫不得已。我不怪你。我不计较那些。但你不能同那人结婚。那是个禽兽。"杨朗说："你就死了心吧。我不可能嫁给你了。"二哥惊问为什么，杨朗说："我从来就没爱过你。我只是看你可怜才应付你一下，你千万不要当真。"二哥脸色煞白，他长啸一声冲出门去。三哥扔下刀追了出去。三哥把二哥拖到自己的屋里，他让半昏迷的二哥躺下了。他自己也躺在一边。三哥的怒火一蹿一蹿，他想去狠狠教训一顿杨朗，然而他寸步不敢离开二哥。他知道这是给他二哥的致命一击。他知道二哥活不长了。三哥忧郁地想着迷迷糊糊睡了过去。他没料到他的二哥失去了爱情连一夜都不打算活。

杨朗终于走了而杨朦留了下来。他在二哥的坟前盖了个草棚。他说他将陪伴他的朋友直到他死。他替他的妹妹赎罪。三哥为此扔掉了那把准备杀死杨朗的刀子。这兄妹俩迥异的表现使三哥猜不透究竟是什么原因。三哥只能去设想：女人天生阴毒。

船长对三哥所说的一切不置可否。他只是对三哥说等你有一天碰上一个好女人时，你就知道男人跟女人比简直是臭虫一个。

可惜船长没能见到三哥碰到好女人的日子。船长对三哥说那一番话不久，驳船在青山岬水道翻了，一船人都沉到江底包括船长而唯独三哥逃了出来。

这是一九八五年的初春时节。三哥从此不敢上船，连游泳都不敢了。于是他辞了职。他像一个孤魂飘飘荡荡来无影去无踪。好多天好多天后，三哥申请了一个执照，添置了一套工具。每天坐在地下商场侧门，见人买了皮鞋便追着问："钉个掌怎么样？"

第九章

七哥成天里忙忙碌碌，又是开这个会又是起草那个文件又是接待先进典型又是帮助落后青年。每晚一头倒下脑袋里混沌一片。他不知道自己究竟在干些什么事和干这些事的意义何在，他只知道如此这般卖命干了就能博得领导好印象。好印象的结果是提拔，而提拔的结果是有社会地位有权力。而有权力的结果是工资高加房子分到手福利优厚以及来自四方的尊敬。如此，一个人的命运才能得到最为彻底的改变。七哥觉得他活着的目的就是为了改变命运。他想象不出来如果不上大学他将是什么样子。

七哥到学校第一个晚上梦游时就被同寝室的同学抓到了。

七哥睡的是上铺。下床时他蹬倒了床边的方凳子。他的下铺立即醒来。他看见七哥一件件脱下背心短裤然后赤裸着往外走，心里甚是骇然。七哥出门后，他便叫醒全屋人一起悄然跟上。他们跟着七哥出了宿舍楼，七哥看见树就绕圈子。绕了几圈后便发出令人毛骨悚然的尖啸。几个同学由害怕到不解，继而终有人悟出，说恐怕是梦游。于是一起上前，几双手拼命摇撼七哥。七哥睁开眼猛眨几下，身体一惊颤，说你们干什么？一同学说：你梦游了，我们想叫你回去。七哥茫然四顾，再低头看自己一身，突然醒悟。他挣脱同学的手，疯狂地奔进房间，爬上床铺，一动不动。七哥想起曾经有过的关于鬼的故事，他想这么说来村子里白色的皮肤光滑的鬼就是他自己了。

七哥自小卑微惯了，入校后依然眉眼中露出怯生生之气，一副极猥琐的样子。梦游的事成为全体同学的话柄，这使七哥愈加缩头缩脑自惭形秽。七哥每天三点一线。宿舍——教室——食堂。无人睬他他也懒睬旁人。如此相安无事几乎一年。

学校的生活自是清苦。而对于七哥却是好得不得了的日子。七哥削尖的脸由此而圆润起来。七哥毕竟是父亲的儿子。父亲所有儿子中没有一个不是身架均匀五官搭配极佳的好男儿。七哥猥琐归猥琐，但相貌在那儿搁着。班上有极风流俊雅的女生叹惜说七哥如果有三分洒脱也可称全系的美男子。而七哥却嗫嗫嚅嚅地完全与洒脱无缘。美男子的称号只得落在七哥的下铺身上。

七哥的下铺是从苏北一个乡下来的。苏北佬在公社读高中时很能写文章，曾写过好几篇公社书记的先进事迹报道。这些报道通过有线广播弄得

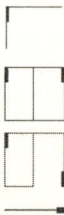

全县人都知道了那书记的大名。出了名的书记便在苏北佬毕业一年后乐呵呵地将他推荐到了大学，临走前欢送会上又开了他的入党宣誓会。为此，苏北佬一到学校便成了班上党支部的宣传委员。苏北佬白白净净典型的江南小生模样，大眼小唇温文尔雅故而很得那些女生的喜爱。班上女生大多高干子弟或女干部，自己泼辣能干张牙舞爪成性却对温顺柔弱的男人有兴趣。这当然也是奇怪之至的事情。苏北佬被几个豪放过人的女孩子追得狗一样乱窜却不见他对其中某个产生兴趣，这劲头弄得女生泪眼涟涟男生醋意十足。

不料一日系里召集全系大会，在会上宣读了一封来信。信写得情真意切，写信人是一位女清洁工，说是她因患骨癌对生活感到绝望之时遇上了田水生。七哥想田水生不就是苏北佬？是田水生诚恳的谈话使她放弃了死的计划。这之后田水生常常去看望她鼓励她。陪她去长城饱览万里河山去香山欣赏深秋红叶，教会了她很多做人的真理。于是他俩相爱了，爱得很深很深。但是近半年来，她的病情恶化得很厉害，癌细胞已遍布全身，水生却对她忠心耿耿百般照顾。为了使她享受到做人的幸福，水生已答应同她结婚。信中说："我即将告别这个世界走向死亡那遥远的甬道。在我踏上那甬道之前，我有责任将这个青年美好的灵魂展现出来。我渴望向全世界人宣布我的丈夫是一个了不起的人。"

来信引起的反响不啻有人在图书馆放了炸弹且准时爆响了。苏北佬一下子成了英雄。报社记者络绎不绝。每一篇报道都催人泪下。苏北佬出去讲用过好多次，据说每一次讲用效果皆佳，动人心弦的故事给命运套上了极艳丽的花环。苏北佬同清洁工结婚了。半年不到，她死了。而她给苏北佬带来的花环却依然栩栩如生大放异彩。

七哥却从苏北佬极诚挚的语言和极慷慨的激情之后看出那一丝丝古怪而诡谲的笑意，那笑意随着女人的离世而愈加明朗。一天早上起来苏北佬竟拿着小梳子对着小圆镜梳头发而嘴里却哼着一支极欢快的歌子。房间里同学都去早锻炼了。七哥刷牙来听见这歌子不由直勾勾地盯着他。苏北佬放下镜子看见了七哥也看见七哥直勾勾的目光。他尴尬地假咳两声逃也似的出了房门。那女清洁工死了才二十三天，这数字是七哥掐指算了好一会儿才算出的。

苏北佬知道七哥已勾去了他真正的魂灵。苏北佬对七哥一下子亲善起来。七哥得了阑尾炎住院动了手术，这期间只有苏北佬天天来看望他。七哥从来没领教过时时被人记挂的感觉，面对苏北佬的殷勤和关心，七哥苍白的脸上不由自主浮出许多感激之情。苏北佬总是淡然一笑说没什么没什么。

七哥的伤口快合拢的那一天，七哥斜躺在病床上看书。那一堆书都是苏北佬带给七哥解闷的。七哥过去几乎没读过几本文学书籍，倒是这次住院开了一点眼界。窗外干风吹打着树枝啪啪地响。劈栅栏木条的人居然成为美国总统这一事使七哥激动不安，以至苏北佬进门来时七哥仍满额汗珠手指颤抖。

苏北佬坐在七哥床边，无言地也用那直勾勾的目光看着七哥。七哥感到他的魂灵也要被这目光勾走了。七哥突然说我理解了你。苏北佬说理解了就好。七哥说我应该怎么办？苏北佬说换一种活法。七哥说怎么活？苏北佬说干那些能够改变你的命运的事情，不要选择手段和方式。七哥说得下狠心是么？苏北佬说每天晚上去想你曾有过的一切痛苦，去想人们对你低微的地位而投出的蔑视的目光，去想你的子孙后代还将沿着你走过的路在社会的低层艰难跋涉。

七哥果然想了整整一夜，往事潮水一样涌来而又卷去。七哥惊恐地叫出了声。护士来时他正大汗淋漓地打着哆嗦，伤口又崩裂了。一丝一线地渗着血。护士说："做噩梦了？"七哥说："是，做噩梦了。"

一场噩梦已过。当太阳高升之时，七哥突然感到生命的原动力正在他周身集聚，感到血液正欢快而流畅地奔涌，感到骨骼为了他的青春正巴格巴格地作响，他感到由衷的解脱和由衷的轻松。

那一年，七哥二十岁。两年后他分回了武汉。他在汉口一所普通的中学教书。七哥明白这里绝不是他的久留之地。七哥对寂然地活着已经腻味了。七哥渴望着叱咤风云而这种机会只要去寻找和创造总归还是会出现的。

第十章

七哥现在最难见到面的是他的四哥。七哥对四哥无好感亦无恶感。四哥对七哥也是这般。

四哥是个哑巴。他在六个月时发高烧而父亲那天打码头负了伤母亲

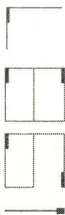

为父亲忙碌去了，高烧之后四哥虽然活了下来却丧失了听和说的能力。四哥能吃能喝心情愉快地在这个家庭中生长。只有他从来没挨过父亲的拳脚，这使得四哥对父亲格外亲热。只有四哥在看见父亲下班后才会欣喜地迎上前用他混浊不清的话叫着"爸"……"爸"。四哥只会叫这一个字，他不会叫妈。为此母亲并不因为他的残疾而格外怜爱他。

四哥十四岁就出去干零工了。他先跟泥瓦匠打下手。后来二哥随杨朗下乡后把他名下的板车交给了四哥，四哥便当了装卸工，一直稳定地干到今天。

四哥的经历平凡而顺畅。四哥二十四岁便和一个盲女子结了婚。四哥有眼而她有灵敏的耳和灵巧的嘴。这是一个完整人的家庭。四哥分了间十六平方米的房子。这比父母住了一辈子的那间还要大一点。四哥便在这里和他的妻子生儿育女。四哥先生了一个女儿后来又生了一个儿子。四哥是赶在只许生一个的前面生的这个儿子。四哥的儿女漂亮如父聪明如母，这使得四哥每日咿咿哦哦地兴奋不已。四哥家里已添置了电视机和洗衣机。四嫂说电冰箱的钱也快攒齐了。

七哥到四哥家里去过一次。他看见四哥家的墙壁上贴满了各种奖状，那全是四嫂和侄儿侄女的。没有四哥一张。七哥问四嫂：为什么没有四哥的呢？四嫂说他又不会说甜言蜜语，人家选先进时他又不晓得是干什么。四哥四嫂留七哥吃了饭。四哥拿出一瓶洋河大曲。四哥在这点上同父亲一模一样，只是四哥酒后绝不打他的儿女。七哥想这大约是四哥从未挨过打的缘故吧。

能有几人像四哥这样平和安宁地过自给自足的日子呢？这是因为嘈杂繁乱的世界之声完全进入不了他的心境才使得他生活得这般和谐和安稳的么？

四哥又聋又哑呵。

第十一章

七哥在该恋爱的年龄里就自然而然地恋爱了。那女孩比七哥小两岁，长得眉清目秀的，连父亲都诧异万分，说小七子还真有能耐，把这样的姑娘都弄到了手。这是有七哥以来父亲夸奖他的第一句话。女孩教英语，外语学院毕业的。女孩的父亲是大学里的教授。儒雅之家使得女孩天生一股娴静悠然落落大方的风度。这气质使七哥大为倾倒。七哥同她恋爱了两年，便将自己也熏染得如教授之子般温文尔雅。七哥已经同他的女朋友一起商量买家具的事了。但因学校里一直没有房子，买家具和结婚的事就搁了下来。按照工龄和级别，七哥还得等上三年才能有一个小小的单间。这怨不了谁。学校里的老教师也不过如此，更何况小字辈。七哥几乎快没了耐心。

暑假里，七哥出了一趟差，到上海去观摩学习了二十天。回来时船逆流而行，时间极枯燥难熬。七哥认识了他的上铺，一个眼角已叠起鱼尾纹的女士。女士穿着很时髦，谈吐不凡，与七哥的女朋友比又有另外一番大家气派。三天的路程，七哥同她很聊得来。下船时，她给七哥留了地址和她家的电话号码。七哥看着她写下"水果湖"几个字就知道他遇上的不是一个普通人家的女性，及至她写下电话号码时，七哥心里猛然划过一道闪电。这电光刺得他的心有些隐隐作疼而疼过之后蓦地生出许多的兴奋。七哥含笑说去你那里玩儿欢迎吗？女士说大门永向有识之士敞开。

三天后，七哥给女士打了一个电话。她说她一直在等七哥电话。七哥的心陡地动了一动，于是七哥开始约她散步或吃饭，她也约七哥看内部电影或看演出。

七哥已经知道了她的父亲是何许人物。她比七哥大八岁，是老三届的学生。她父亲倒霉时她下了乡。她为了赎罪拼命地干活。结果她得了病。她丧失了生育能力。那是一个暴风雨的日子，她不顾月经来临而坚持上大堤抢险。在堤坝有裂缝时她像男人一样跳进水里同大家手挽手地阻止了洪水的冲击。最后她昏倒在了浪里。人们将她拖出来后她住了一个月的医院。出院时医生告诉了她这个对于女人来说最不幸的消息。她当时二十二岁，还没想过找男朋友的事为此对生育问题更不介意。她只是淡淡地笑了笑。随着年龄的增长，这个问题才显得越来越严重。每次结识一个男朋友她都把这个情况诚实地告诉对方。大多人都叹口气终止了同她的交往。她过了三十五岁后，心灵上的创伤已经无法愈合。她想如果四十岁她还是这样孑然一身地生活，那么她就到当年使她丧失她最宝贵东西的大堤上去自杀。就在她把这个问题一遍又一遍地考虑时，她认识了七哥。她愿意同七哥接触的初衷仅仅是像所有女人一样喜欢同外貌漂亮而又显得有知识的男人接触，喜欢同陌生的异性谈自己心里深处的东西。但她万没料到半个月后她遭到七哥猛烈的追求。她在告诉七哥她不能为他生育时七哥连惊异的

表示都没有，一如既往地出现在她身边，陪她买东西喝咖啡走亲友，在人烟稀少的地方把手臂揽在她的腰上偶尔还微笑着在她额上留一个吻。在她的充满女性气息的房间里七哥总是拥抱着她使她气都喘不上来。这种充满热烈之情的拥抱使她感到迷醉而她的心底却痛苦不堪。在情绪稍稍平静时就有一个声音警钟似的呼叫这个男人感兴趣的不是你而是你的父亲。她想摆脱这个警钟而这声音却响得愈加频繁。

有一天她终于忍不住了。她问七哥："如果我父亲是像你父亲一样的人，你会这样追求我吗？"七哥淡淡一笑，说："何必问这么愚蠢的问题呢？"她说："我知道你的动机、你的野心。"七哥冷静地直视她几秒，然后说："如果你还是一个完整的女人，你会接受我这样家庭这样地位的人的爱情吗？"她低下了头。

几天后，七哥把她带到了河南棚子，带到了我们的家。七哥掀开床板指着那潮湿幽暗的地方告诉她他曾在那儿睡到他下乡的前一日。七哥搬开新添的沙发用脚划出一块地盘说那是他的五个哥哥睡觉的地方。七哥说他的大哥因为没有地方住便成年累月上夜班。

屋里除了多出一架长沙发和小方桌上的一台黑白电视机外，一切都还是老样子。小屋的窗子因搭厨房而封死了，为此只剩得屋顶上嵌着的那片玻璃瓦。屋里全部的光线都是由那儿透入。墙壁还是当年的报纸糊的。泛黄的纸上还展示着昔日那些极有趣的文章。七哥说："你如果在这样的地方生活过一年，你就明白我所做的一切是多么重要。我选择你的确有百分之八十是因为你父亲的权力。而那百分之二十是为了你的诚实和善良。我需要通过你父亲这座桥梁来到达我的目的地。"七哥说："我还可以告诉你在我认识你之前我有过一个女朋友。她父亲是个大学教授，我同她的关系已经很深了。我在几乎快打结婚证时碰到了你。你和你父亲比她和她父亲对我来说重要得多。"七哥说在中国教授这玩意儿毫不值钱，"他对我就像这些过时的报纸一样毫无帮助。所以我很果断地同原先那个女友分了手。我是带着百倍的信心和勇气走向你的。我一定要得到。"七哥的话语言之凿凿掷地作金石声，她惊愕得那张青春已逝的脸如被人扭了一般，歪斜得可怖。她跨了一步给了七哥一个响亮的耳光然后抽身逃去。

七哥淡淡地笑了笑没说什么。七哥怀着无限的自信等待她的回心转意。七哥知道她需要他比他需要她更为强烈。有人写了一部小说叫《悲剧比没有剧好》，七哥没看过那小说但他觉得那题目起得棒极了。有魔鬼比什么都没有要好。七哥想她最终会得出这么个结论的。

　　七哥的判断像诸葛亮一样准确无误。三天刚过，她红肿着眼泡来找七哥了。她没有别的男人可找，她只有七哥。况且七哥的确还不是个很差的角色。她对七哥说她是一时冲动，没能从七哥的角度去理解七哥。她请求七哥谅解。七哥一言未发，只是上前吻了吻她。她激动得热泪盈盈。七哥固然利用她达到自己的目的而她也一样地利用七哥去获得全新的生活。七哥当天就把她所渴望的给了她，那种生命最彻底的快感使她衰败下去的容颜又焕发出光彩。当她神采奕奕出现在她的朋友们的面前时，人们几乎没法将她同昔日的形象相比。这是七哥为她创造的青春。由此她对七哥更是死心塌地和严加看管。

　　其实七哥全然不是寻花问柳之辈。七哥全部的用心不在那上面。如果认识不到这一点那就实在小看了七哥。七哥觉得把情欲看得很重是低能动物的水平。七哥不属于这些。七哥的目的在于进入上层社会，做叱咤风云的人物，做世界瞩目的人物，做一呼百应的人物。七哥想将他的穷根全部斩断埋葬，让命运完整地翻一个身。七哥想拯救自己。他觉得他有责任使自己像别人一样过上极美好的日子。否则他会因为感到世界亏待了他而死后阴魂不散。

　　七哥调到了团省委，这是七哥提出的去处。七哥看过一张统计表，那上面记有解放以来历届团干离任后的情况。七哥记不得他们各自都干了些什么具体职业。但他唯一的印象是：从那扇门出来的人几乎全部升上了高处而且还在继续上升着。那些相当级别的职位一个挨一个排列着如一条冰凉的蛇从七哥心头爬过。七哥打了个寒噤然后欣喜若狂。七哥知道他已经找到了他的终南捷径。

　　七哥分到了很宽敞的房子。在他原先的学校拥有三十年教龄的老师也没资格住上七哥现在的这房子。七哥的房子布置得像宫殿，落地的双层窗帘，先锋的组合音响，遥控的彩色电视还有松软宽大的席梦思。七哥结婚前夕，父亲和母亲相携着去过一次。父亲坚持说那床一定要睡坏骨头的，而母亲则生气地说那窗帘浪费了好几件褂子的衣料。

　　七哥的蜜月是在广州和深圳度过的。七哥住在深圳湾大酒店的那几

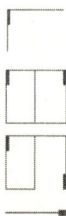

夜几乎夜夜都失眠，他的全身如火灼一般难受而又如火灼一般兴奋。他在他的妻子睡着之后还忍不住一次次把脸埋进她的胸脯里。七哥对她感激涕零。七哥有一种预感，那就是她给他带来的幸运，很可能在某一个日子超出他的想象。

那一段日子七哥纵情享受、恣意欢笑，如入天堂之门，却有另一个女孩子把眼泪哭干了把嘴唇咬破了。她的老父老母只能咬牙切齿地痛骂几句"小人"之类无伤大雅的话然后陪着伤心欲绝的女儿长长地叹气。

第十二章

五哥辞职干个体户时并不知道六哥也辞职干个体户了。他俩碰面时是在轮船上。五哥进餐厅吃晚饭时看见了正在端菜的六哥，五哥惊叫了一声以至六哥手一滑菜盘掉在了地上。他俩相视片刻哈哈大笑了。五哥到南京去订购一批汗衫而六哥则去南通进棉纱长袜。

五哥和六哥是一对双胞胎。他俩的心似乎是相通的。五哥想到的东西六哥也能想到，五哥感冒六哥百分之百也要伤风流鼻涕。最奇特的是小学时一次语文考试，三个造句，他俩造得完全一样而实际上他俩的座位却隔得很远。五哥六哥自小是一对坏种，打架骂人偷盗玩女孩无恶不作。直到各自娶了老婆添了儿子才走上正轨，像模像样地过开了日子。

五哥第一次带女朋友到家里来时，父亲和母亲正在吵架。那是为了母亲买回来的酒是兑过水的，父亲一怒之下连酒壶都扔到了铁路上。恰巧一列火车开过，酒壶碾成了薄铁皮。于是母亲便横着嗓子同父亲吵开了。五哥的女朋友如同巡视大员般，毫不把父亲和母亲放在眼里，只傲慢地将屋子环视一遍，说："就这屁点破屋？"五哥未曾来得及答话，父亲却撇开母亲朝这边吼开了。父亲说："嫌老子屋破，这里还没你的地盘哩。"那女朋友也不示弱："这老家伙吃错了药，怎么见什么人就吼什么人？"说罢扬长而去。气得五哥跳起来对父亲乱叫了一通便又蹬蹬蹬地去追赶那女朋友。父亲发了一会儿呆，摇摇头说："日月颠倒了，颠倒了。"然后自己找了个空瓶，长吁短叹地打酒去了。

结果是，五哥的女朋友再也不肯来家了，五哥只好做了上门女婿。五哥的女朋友是汉正街的，六哥常陪五哥去那里，于是六哥也找了个汉正街的姑娘。六哥知趣，不敢带女朋友回家，主动对父亲说想要倒插门。父亲大手一挥："去去去，少废话。你俩反正是一对。"六哥如获大赦，轻松地告别了这个家，住进了老婆屋里。五哥和六哥几乎同时（只差三天呀）各得一子，肥墩墩的，让岳父岳母们欢天喜地。五哥六哥当女婿比当儿子舒服多了，渐渐地不太记得河南棚子的老父老母。

汉正街自古便是商贾云集之处。以谦祥益商店为中心，上至武胜路下至集家嘴，沿街经商的个体户而今已经达两千多户，长街小摊，百货纷呈。五哥问清楚几乎有一千家已经成万元户，立即心慌意乱头脑混沌了。五哥是建筑队的泥瓦工，工资不算低，即使不低，细细想来辛辛苦苦一个月还不及个体户一天赚的钱多。五哥觉得自己活得窝囊，他得赚大钱过富日子才不枉做人一遭。五哥连同老婆商量一下的情绪都没有，当天便打了辞职报告。六哥只比五哥早一天。六哥的邻居仅从一百五十元的资金起家，不到一年已成了万元富户，这变化是六哥亲眼所见。六哥眼珠子都快突出来了，他想了一夜，辞去了运输公司汽车修理工的职务。

五哥订购的汗衫原本就是积压货。五哥订了一万件但却只销出了一千五，钱周转不了，五嫂夜夜指着五哥的鼻尖骂祖宗。五哥怕老婆，五哥在这一点上完全不像父亲。连日里五哥东奔西跑得下巴都尖了，汗衫还是积压着。

那天五嫂又砸杯子扔碗地骂祖宗了，五哥只好溜之乎也。五哥信步溜达到航空路。航空路到商场一带是"飞虎队"的地盘。"飞虎队"是市民给那些流动小贩们的绰号。"飞虎队"的小贩们拉起生意来可以说是死皮赖脸，抬高价短斤两是他们的拿手好戏，圈套也做得像真的。五哥看见几个女子围着一个小贩高声议论羊毛衫的价格，五哥一眼看出他们都是一伙的，假卖假买地哄来一些真正的顾客。一个红衣女子的眉眼不断地向路人扫来扫去。她看到了五哥，她叫了声："哎呀，这羊毛衫要是让这个男的穿上简直可以成为三镇第一美男子。"五哥笑了笑，走过去。问小贩："多少钱一件？"小贩说："看你穿着肯定合适，我心里高兴，就便宜点卖给你，二十六吧，别人我都是卖三十呢。"五哥用手捏了捏，深知毛线中腈纶多于羊毛，便又笑笑说："出厂价，十六块，这我清楚。"然后意味深长地丢下一声笑，甩手而去。他听见小贩和几个女子冲着他的背脊骂骂咧咧的声音。五哥从来都不是好惹的家伙。五哥在家以外的地盘上还从来没输过，这回自然也是。五哥心里暗笑一下，拐到一个稍清静的地方，然后放开嗓子爆喊一声："工商局的人来了！"

这声喊宛如扔下一枚炸弹。五哥的眼前炸窝了，抢收衣服的，逃窜的，装作顾客若无其事地混杂入人群的，互相叮咛的，应有尽有丑态万千。一忽儿，"飞虎队"无踪无影，只丢些空纸盒在路上。五哥看得有趣。不由倚在墙根下捧腹大笑。待五哥笑得上气难接下气时，他的肩膀被一只手拍了一下。五哥回过头，认出了是红衣女子。五哥一笑，说："怎么不跑？"红衣女子冷冷地说："想看看你还有几手。"五哥说："闹着玩玩，何必当真。"红衣女子说："闹着玩也得看地方看人。"五哥呵呵一笑："你们拉客过后又骂人也没有看人看地方呀。"红衣女子打量了一下五哥，说："你还像个人物呀。"五哥说："当然。河南棚子的儿子汉正街的女婿，堂堂正正是个人物。"红衣女子说："汉正街的？万元户？"五哥说："万元户还得过两年。"红衣女子说："这么说是同行了？何必拿一路人开心，不都是端这个饭碗的？"五哥说："那我就道声对不起了。要不要去云鹤酒楼压惊？"红衣女子说："哥们儿还痛快，去就去。"

五哥同红衣女子一道上了三楼，红衣女子拿起菜谱就点，心狠手辣地完全不顾及五哥腰里并没带几块钱。烧甲鱼炖海参炒虾米白斩鸡外带一碗三鲜汤和四瓶青岛啤酒，点得五哥暗叫苦也。

红衣女子问五哥生意做得如何。五哥灌几口啤酒长叹一口气说正在倒霉。红衣女子问缘故，五哥便如实说了汗衫的滞销。红衣女子说："再不好销的东西，只要想好了办法，总是能赚到钱的。"五哥说："有什么好点子？"红衣女子说："就这么白给你出？"五哥说："当然给好处。"红衣女子说："怎么讲？"五哥伸出右手："五十张。"红衣女子说："半千还算钱？如果让你一件汗衫赚一块钱，那你得了多少？给我了多少？简直小气得不像男人。"五哥说："未必给你一千？"红衣女子说："说良心话，这我还不一定呢。做生意眼光要放长远一点。"五哥默然不语，见啤酒已尽，说："我再去要两罐啤酒来。"五哥在服务台拿了啤酒刚转身欲回饭桌，见红衣女子正背对服务台，不禁心头一转，将啤酒装进裤兜里，自言自语道"再去买两盘冷菜"，便悠悠然地下了楼。五哥下了楼便直奔一路汽车站，一口气坐到了六渡桥，打着饱嗝到朋友家推了一夜麻将，第二日凌晨才摇摇晃晃地回到了家。

五嫂开门第一件事便是送给了五哥几耳光。五哥不动气，慢慢说："跟你讲件滑稽事。"便添油加醋地将昨日白吃一顿的事细细讲述了一遍。五嫂不由得笑得倒在了床上，大骂女人的愚蠢和男人的狡猾。骂声中不禁为这男人是自己的丈夫而感到自豪起来。五哥这时则歪在沙发上呼呼地大睡开了。

一清早六哥大汗淋漓奔来时五哥还没起来。六哥将五哥打起，愤怒地叫道："今天无论如何帮兄弟一把。"五哥忙问什么事。六哥说："我一早刚把摊子摆出去，一个女的带了几个人，二话不说砸了我的摊子。他们人多，我又不敢对抗。临了，那女的丢下这件汗衫说一千块准备好，我到时来取。"五哥跳起来抓过汗衫细细查看，汗衫的胸前用圆珠笔勾勒了一个霍元甲打拳的形象。五哥心头豁然一亮，眉头舒展，连声叫："妙极了妙极了。"倒将六哥弄得莫名其妙。五哥方将昨日之事一五一十说了一遍，拍着胸脯对六哥说："你今天的损失我负责加倍赔你。绝不放空屁。"

五哥将他积压的近万件汗衫五千件印上了霍元甲三千件印上了陈真，电视连续剧刚放过不久，人们对这二人印象颇深。五哥拿出二十件送给玩武术的小伙子，不到三天，五哥的摊前购者如云。五哥暗暗又抬了三次价，汗衫依然畅销。五哥发了财，五嫂每日见五哥都眉开眼笑，又端茶又打扇还撒娇般地在五哥面前扭来扭去。五哥脑子里却抹不掉那红衣女子的模样，但是那女人却一直没有出现。

三个月后，五哥从广州回来，刚出汉口火车站，一个女人朝他嫣然一笑。蓦然他认出那是红衣女子，只不过红衣被一件橄榄绿的棒针衫所代替。五哥立即向她迎去。红衣女子说："怎么，还认识？"五哥说："恩人嘛，当然不敢忘。"红衣女子说："我家在这附近，要不要去坐坐？"五哥说："当然想，只要你瞧得起。"红衣女子笑道："你一表人才又聪明又能干，我巴结都来不及哩。"五哥说："我唯一佩服的女人就是你。"红衣女子眼一斜说："是吗？"五哥被那一眼望得心乱了。五哥觉得这女人同他老婆比简直像仙女同讨饭婆相比一样。五哥想要是能

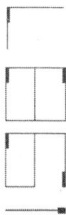

同这女人享受一场那么他也就宛若神仙了。五哥说："你家里……还有谁？"红衣女子说："就我一个。我丈夫到深圳去了。"五哥说："我刚从南边回。我提前了两天。我老婆还当我是后天到哩。"红衣女子笑了笑，五哥趁机把手放在了她的腰上。

五哥跟着她拐弯抹角。五哥满心欢喜。他几乎是怀着甜蜜的感情打量他身边这个女人的一切，眼睛眉毛嘴唇以及胸脯。五哥都有点按捺不住了。

五哥刚跟红衣女子走进家门，后脚便跟进几个彪形大汉。五哥觉出有些不对，忙堆起笑，说："上次你帮了大忙。我准备了两千块钱酬劳你。"红衣女子冷笑一声："我说一千就只要一千。钱我已经从你兄弟那儿取来了，不过事情还不那么简单。"五哥出汗了，说："还有什么，尽管，尽管说。"红衣女子说："你姑奶奶不是随便让人耍的。冒充工商局的，是耍第一次；在云鹤酒楼一拍屁股开溜是耍第二次；今日一路不怀好意是耍第三次。我明白告诉你，我今天只想叫人揍你一顿，叫你记清楚闹着玩玩得看人看地方。"

五哥无言以对。五哥自然也不会轻易讨饶。五哥毕竟是父亲的儿子。父亲说过做男人就是把刀架在脖子上也要硬着筋骨。五哥此刻便硬着了筋骨。五哥见几条大汉脱下了衣服，每人都露一件由他摊上卖出去的印有霍元甲的汗衫，不由得心一沉。突然，五哥说："朋友，我讲几句话。"红衣女子说："有屁快放。"五哥说："我们是一账还一账，所以今天这顿打我认了。打伤了我看病，打残了我躺床，打死了我不怪。不过这笔账了结后，我们井水不犯河水，不必死结冤家。生意兴旺靠朋友，互相拆台栽跟头。"红衣女子说："你还是条汉子。你放心，你死不了残不了。血还是要放一点的。拆台的事我不做，其他的人我不保证。"

红衣女子说罢出了门。五哥立即被拳脚包围了。很快五哥便人事不知地瘫倒在地。五哥醒的时候，天已黑了。屋里亮着灯。红衣女子正哗啦哗啦地滑动着编织机织毛衣。五哥艰难地站起来，一言不发，向门外走去。五哥快要跨出大门，忽飘来那女子软软的声音："代我跟你兄弟道个歉。说那天我认错了人。"

五哥回家时叫了出租车。一家人见他血淋淋的模样都惊呼大叫。五哥没敢说也没脸皮说挨打之故，只说在汽车上同流氓争吵，结果动起手来。五哥躺了整一星期。父亲闻知后，鼻子一嗤说五哥是笨蛋加癫皮狗一个。笨在居然能被人打到这种地步，癫在居然还大大方方地躺上七天。父亲委实感叹一代不如一代。

一切都恍如梦般。五哥伤好之后生意照常做了下去。五哥担心还会有人前来挑衅，结果，一连几个月都相安无事。五哥不由从心底服了那女子。他曾到处打听过红衣女子的下落。五哥想同她交个朋友。可惜五哥至今仍未打听到。

五哥现已是汉正街万元户之一了。六哥自然也不例外。汉正街的万元户说起来只千来户人家，而其实远远不止。潜伏在地底下的万元户们至少也有几百。五哥和六哥这种人，发富之后学会的第一桩事便是赌钱。起先是麻将。后来嫌麻将太磨人也太费脑子，便掷骰子。有人读过金庸的小说《鹿鼎记》，知道那里面有个善赌的韦小宝，便在摇骰子时爆喊一声："韦小宝来啦！"五哥六哥均不知韦小宝为何物，但每次轮到他们掷时，也长长地吆喝："韦小宝哇！"

偶尔五哥回河南棚子看看父亲母亲时，见父亲端端地坐在小凳上与一帮老朽们以一毛两毛钱这样的数目打牌，脸红脖子粗地叫喊这个是臭牌那个是霉星，便也如父亲嗤他一样对父亲嗤一鼻子。五哥说他们现在下赌注根本不数钞票的张数。父亲不服便傲然问道那怎么算账？五哥说把钱摞起来用尺量厚薄。五哥说我下得最凶的一次赌注是十个厘米。父亲说十个厘米有多少？未必比一百块还多？五哥说压紧一点也就差不多一千块。父亲"呸"地朝五哥吐了一口浓痰，怒道："吹牛找你孙子去莫找你老子。"五哥大骂着父亲浑蛋透顶而去。而同父亲一起的牌友们直到五哥走得没影儿了惊愕的面孔还没复原。

这回父亲怀疑五哥和六哥是不是他的儿子了。

第十三章

七哥瞧不起五哥和六哥到了极点。七哥常在肚子里用最恶毒最尖刻的话骂五哥和六哥。童年时代五哥和六哥给七哥的伤害令七哥永生难忘。但七哥在组织个体户们座谈时却每一次都以自豪的口吻提到他有两个哥哥都是个体户，七哥说他对他的这两个哥哥极其敬重，因为他们全靠自己的勤劳和智慧创造自己的生活。七哥鼓励个体户青年不要自卑要自信，要认识到自己这个职业的高尚和伟大。七哥还诙谐地说他们这些搞政治工作的人只能靠嘴皮吃饭，别的什么本事都没有。假如有一天我干腻了这一行就辞职去干个体户。七哥说起码可以到深圳广州跑几趟而这两处他还没去过哩。七哥的话让那些常往南边跑的个体户们都笑了起来。个体户们都纷纷称赞七哥说这个人难得，便将七哥视为知音。而实际上他们都不知道七哥度蜜月在深圳住了二十天。

元旦时，七哥回了一趟家。恰恰五哥六哥也携子来家了。五哥六哥自小就没把七哥放在眼里，到现在依然是。他们完全不顾七哥是广大个体户的知音这一事实。五哥和六哥你一言我一语大声讥刺七哥费心思往上爬不如费心思赚点钱，然后故意把儿子的胖脸亲得"叭叭"地响。那响声在七哥的心上像是锤子砸下一样，一锤一锤地让他痛苦。

父亲对七嫂极不满意。父亲想这女人大概有妖术，要不凭她那年龄和不能生儿子这罪该万死的毛病怎么能把七哥给勾引上呢？父亲想没有男人愿意讨一个不会生孩子的女人。而女人生不下孩子，父亲想，那还有什么用？父亲说不孝有三无后为大。父亲说现如今又不能讨小，看小七子你今后怎么办？父亲说不如把你那个休掉，再找个年轻漂亮的。七哥说瞎吵什么，你懂个屁。七哥一句噎得父亲说不上来了。父亲在七哥面前显得很谦卑。父亲常想着七哥是省里头的人。

元旦刚过几天，父亲突然颠颠赶到武昌来找到七哥。父亲说大香和小香都要请七哥吃饭，叙叙姐弟之情。七哥听得大吃一惊，那惊愕的程度不亚于听说里根总统请他赴宴。片刻，七哥冷笑一声："黄鼠狼给鸡拜年，哪有好心。"父亲说："她们当不了黄鼠狼，你也不是鸡。"七哥说："我从来都只当没有姐姐的。"父亲说："你们都是我养的。都是从你妈一个人肚子里钻出来的，有没有姐姐由不得你。"七哥又是一声冷笑。七嫂说既然请，那就去吧，何况父亲又老远跑来了。七哥听七嫂的，便淡淡地回父亲说："请就请。有吃的何乐而不为？"

小香姐姐住在黄孝河边。小香姐姐当年嫁的那个黑胡子男人是个无业游民。小香姐姐跟他结婚三个半月后生了一个女孩。那黑胡子要的是男孩而小香姐姐却没有办到。小香姐姐在七哥面前可以为所欲为地打骂撕咬，却不能将她的丈夫奈何下去。没等女孩满两岁黑胡子假称回老家将小香卖到了河南。河南乡下的日子清苦，这使小香一次又一次地逃跑，终于三年后跑了回来。到家里怀里又抱着一个男孩。那天母亲几乎以为她是个讨饭的。直到小香姐姐凄苦地喊了声妈妈，母亲才认出这是她的小女儿。

小香姐姐一年不到又结了婚。没有男人小香姐姐是活不下去的，甚至只有一个男人她也依然觉得日子难熬。小香姐姐为这回的丈夫生了一个儿子。小香的丈夫是菜农，因为妻子生了一个女孩而一怒之下与之离婚。这回小香称了他的心愿，便万事百事由着小香姐姐。儿子已经有了，老婆的意义就不大了。逗儿子逗得高兴时，即使小香领了情人来家调情他也无所谓。他抱着儿子给小香做菜还殷勤地问客人味道如何。

小香姐姐有了一女二子。河南带回的那个连户口都没有。小香姐姐想起了七哥。

几乎同时，大香姐姐也在想七哥了。大香结婚甚早。大香有三个小老虎似的儿子。小的也都初中毕业了，而大的业已开始了待业。大香姐姐十八岁就结了婚。大香姐姐丈夫是木匠，木匠比大香大十岁。大香姐姐小日子过得十分富足。大香常常在休假之日坐在门口晒太阳，嗑着瓜子同一帮老娘们扯三拉四地聊天。星期天则提一点吃的或酒回河南棚子看望父母亲，大香姐姐住在三眼桥，这也是汉口下层人历来所居之地。

父亲告诉大香和小香，说是七哥答应去她们那里吃饭。大香说那就先去我那儿吧。小香说不不不，先去我那儿。大香说你那破地方，七弟怎么能踏得进脚。小香说你不要什么都想得到手，你的日子过得够好的了。大香说就是日子过得好了，才要多为子孙后代想。小香说我则是一心为七弟着想。大香说你心肠好，怎么小时候不为七弟想？小香说你比七弟大那么多却从不照顾他。大香姐姐和小香姐姐争吵得互相骂了祖宗，倒没想到她俩是同一个祖宗下的儿女。

父亲说吵个什么名堂，就在我这儿吧。你们俩一起做东，打点好酒来。老子陪小七子喝酒，你两有什么屁就在饭桌上放。父亲的话令两个女儿皆大欢喜。

七哥那天进门时见到大香姐姐和小香姐姐的笑容几乎当场呕吐。火车依旧哐啷哐啷地从门前开过，震得房子微微颤动。小桌放了屋中央。桌面上加了一层圆桌面。扩大了的桌面上已摆上了香肠卤牛肉花生米之类冷盘，酒是黄鹤楼牌的。父亲眯着眼边闻边咂着嘴唇。桌上倒了三杯酒。父亲把大哥也叫来了。七哥父亲大哥，三个男人坐在桌旁。而所有的女人——母亲大香小香——都在他们身边忙碌，谦卑地问七哥菜如何酒如何。七哥不知道到底为了什么事。他只觉得自己仿佛在一个陌生人家里做客。

父亲在三杯酒下肚后，舌头便又润滑了起来。父亲说："小七子你这辈子不能光你两口子过。"七哥说："您这是什么意思？"父亲说："得有儿子。要不你费老命奔的前途有谁能接着走下去？"大哥说："小七子，爸爸的话说得对。你的社会地位再高，你一死百事全了。还是得有儿子继承才是。"七哥没言语。他觉得父亲和大哥的话倒是不错。七哥想自己把自己的命运彻底地翻了个面，可又怎么样呢？没有儿孙为自己的这番奋斗自豪。亦没有儿孙能享受到自己的成果。这岂不是有些枉然？父亲说："小七子，你可以过继一个儿子。"小香姐姐立即说："我的老二，你晓得的，身体又结实，长相也不错，为了弟弟到老有依靠，我豁出去把他交给你了。"七哥吃了一惊："你儿子？"小香姐姐夹了一只鸡腿给七哥，说："是呀，那是个好小子。"大香姐姐说："小七子别听她的。那小子是她跟河南乡下农民养的，蠢头蠢脑。我那个老三，一表人才，年龄虽大了点，不过，过继给你也合适。"七哥又一惊："你说三毛？"大香姐姐说："是呀，三毛常说他最佩服的人就是他七舅哩。"小香姐姐说："三毛十五岁了怎么合适？"大香姐姐说："那也比杂种要好呀。"大香姐姐和小香姐姐又一顿好吵。七哥心烦意乱毫无吃兴。一桌酒菜便如毒药般让他汗毛耸立。七哥站起来，对父亲和大哥说："我不吃了。"父亲喝息了大香和小香的战火对七哥说："再坐坐，你不陪你老子也陪陪你大哥。"大哥说："七弟要走就让他走。不过话还是得跟你说明白。你小时在家里受够了苦，这我清楚。吃得苦中苦方为人上人。现如今你出息了，再出息的人也得有子嗣。大香和小香的儿子是你的外甥。你们血缘亲近，你过继哪一个可以挑，但最好还是要过继有血缘关系的。否则，我们家不承认那个孙子。"七哥说："我得想想。"七哥一出家门，大香姐姐和小香姐姐的声音便在身后炸起。走了老远，还能听到她俩尖锐的叫喊。这一切使七哥恍若又回到了他过去的日子。七哥恐惧地加快了脚步，而心底里却一忽儿一个寒噤。七哥终于忍不住了，他扶着一棵树，勾下头将适才的饭菜呕吐一尽。他想将心底的恐惧和寒气一起呕出去。吐完，七哥望着灰蒙蒙的天空，想：家里过去又在什么时候承认过我这个儿子的呢？

三天后七哥回家了一趟。七哥告诉父亲：他已到孤儿院领了一个小男孩子，那孩子刚一岁。七哥说："不管你们承认不承认他是你们的孙子，但我得说，他是我的儿子!"七哥说完扬长而去。七哥的行为叫父亲目瞪口呆。父亲想骂人而终未骂出。父亲不敢骂七哥。父亲心里的七哥是政府的儿子而不是他的。

第十四章

河南棚子盖起了好些新房子。那些陈旧的板壁屋便如衣衫褴褛的童养媳夹杂在青枝绿叶般的新娘子之间。据说新火车站要修到建设大道的方向去,教堂般的汉口火车站从此结束它的使命。穿越城市的铁路要改为高质量的公路,公路两边的破旧房屋全部拆除,重新起盖高楼大厦。

邻居们都欢呼雀跃,纷纷盘算旧屋该折价多少,如何向政府讨价还价多分几套房子。只有父亲愁眉不展。父亲说没火车叫他是睡不着觉的。父亲说住楼房沾不到地气人要短寿。父亲说小八子怎么办?那几日父亲常坐在窗口下唠唠叨叨地说:"我只有一个小八子还留在身边。"

我知道我再也不可能和父亲母亲一起了。二十多个幸福的岁月,我享受到了无比无比多而热烈的亲情之爱。那温暖的土层包裹着我弱小的身躯,开放在这热土之上的一串红火一般地艳丽。火车雄壮地隆隆而过,那播撒的光芒雪亮地照耀父亲的小屋。很难想象没有父亲这小屋会是什么样子。

父亲把我挖出的那天是个大晴天。太阳刺眼地照射着大地。父亲叫来了三哥。三哥将小木盒置入一个大纸盒里,然后用绳子捆绑好。三哥说:"我把他埋到二哥旁边吧,有个伴儿。"三哥把纸盒架在自行车后,左脚一蹬,右脚飞越过纸盒踩上踏板。三哥的车铃丁零按响的时候,父亲和母亲,相拥着望着我们远去。他们像一对恩爱的老夫妻慈善着面孔望了很远很远,然后一起颓然地坐在门槛上。这一天我才发现,父亲和母亲已经非常苍老非常憔悴非常软弱了。

三哥将我埋在二哥身边,然后抚着二哥的墓碑,阴着面孔长舒了一口气。直到天黑三哥才缓缓地向山下走去。他的脚步是那么沉重和孤独,一声声敲打着地心仿佛告诉这山头所有的朋友,他累极了累极了。

星星出来了。灿烂的夜空没能化解这山头上的静谧,月光惨然地洒下

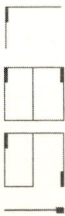

它的光，普照着我们这个永远平和安宁的国土。

我想起七哥的话。七哥说生命如同树叶，所有的生长都是为了死亡。殊路却是同归。七哥说谁是好人谁是坏人直到死都是无法判清的。七哥说你把这个世界连同它本身都看透了之后你才会弄清你该有个什么样的活法。我将七哥的话品味了很久很久，但我仍然没有悟出他到底看透了什么到底做出怎样的判断到底是选择生长还是死亡。我想七哥毕竟还幼稚且浅薄得像每一个活着的人。

而我和七哥不一样。我什么都不是。我只是冷静而恒久地去看山下那变幻无穷的最美丽的风景。

《当代作家》1987年第5期

点评

　　"在浩漫的生存布景后面，在深渊最黑暗的所在，我清楚地看见那些奇异世界"，小说中所使用的波特莱尔的这句引语是这篇小说最好的注脚，方方努力呈现的这片风景，是一个残酷的生存图景，是一个家庭苦苦挣扎却最终滑向黑暗深渊的步步揪心的历程。小说首先设置了一个独特的叙述视角，一个亡婴"小八子"，以婴儿看成人，以死者看生者，以不变看变，这个有些冰冷的目光和视角，从一开始就让小说有了冰凉的质地，让每一个本就卑微的人物自始至终没能感受到生命和情感的温暖。

　　这个叫河南棚子的地方是贫穷的代名词，是一个底层空间，古人云，穷且益坚，不坠青云之志，然贫穷并不总是跟励志捆绑在一起，有时也跟堕落，自暴自弃紧密相连。这个家庭从一开始就深陷苦难之中，然而他们并未能寻找到改变境况的有效路径，反而是作茧自缚，在不自觉中将苦难一步步加重。他们生下了将近两位数的孩子，生孩子固然容易，可是养孩子需要巨大的物质成本，这对他们本就贫困的经济状况而言无疑是雪上加霜，但他们并未能预见到这个问题，一直在放任这种状况，这导致七哥不得不像只老鼠一样睡在床底下，其他几位兄弟姐妹的状况也不见得好到哪里去，在他们狭小的可怜的家庭里，一家人挤在一处，毫无任何隐私和尊严可言。他们作茧自缚的第二个层面是这个家庭对于知识和文明毫无追求的意识，当然，这是父母无知思想主导下的产物，这使得这个家庭失去了彻底改变命运的机会。第三个层面的问题在于这个家庭毫无温暖可言，恶劣的环境并没有让这个家庭的众多成员抱在一起相互取暖，反而是钩心斗角，矛盾重重，血脉相连的几个兄弟姐妹自私冷漠、互相攻击，这种冷漠的家庭氛围是七哥后来冷酷地与家庭保持距离的直接原因。上述三重因素交织在一起，这个可怜的家庭就像一只可怜的蚕，将自己围困起来，始终未能走出苦难的深渊。方方笔下的这方风景，是一个黑暗的深渊。

（崔庆蕾）

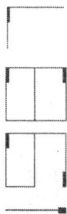

状元境

叶兆言

第一章

1

状元境这地方脏得很。小小的一条街，鹅卵石铺的路面，黏糊糊的，总透着湿气。天刚破亮，刷马子的声音此起彼伏。挑水的汉子担着水桶，在细长的街上乱晃，极风流地走过，常有风骚的女人追在后面，骂、闹，整桶的井水便泼在路上。各色各样的污水随时破门而出。是地方就有人冲墙根撒尿，小孩子在气味最重的地方，画了不少乌龟一般的符号。

状元境南去几十步，是著名的夫子庙。夫子庙，不知多少文人骚客牵肠挂肚。南京的破街小巷多，老派人的眼皮里，唯有这紧挨着繁华之地，才配有六朝的金粉和烟水气。破归破，正宗的南京货。到了辛亥革命前夕，秦淮河附近早没了旧时繁华。河水开始发臭，清风过处，异味扑鼻。大清朝气数既尽，桨声灯影依旧，秦淮河画舫里的嫖客中，多了不花钱的光棍，多了新式旧式的军官，多了没有名的名士。有一阵子，一位怜爱美人的英雄，常常立在文德桥上，眼见着桥下花船来去，一个个油头粉面，一阵阵谑浪笑语，满心里不是滋味。

这天红日将西，英雄站在文德桥上，时间久了，只觉得隐隐有些腰痛。暗暗将手扶在栏杆上，目不转睛地注视桥下。一只画舫正歇在阴影处。那花船不大，就一个舱，舱中间一张方桌，罩着乌油油的白布。英雄站在桥上，舱里的情形看不真切，却知道那桌子后面，便是一张下流的木床。船上的人这刻都在船头，一胖一瘦两个男人并排躺在藤椅上，胖的一头歪在那里似乎已经睡着，瘦的也是一副疲倦相，两眼呆呆地望天，手里玩着自己的一截辫子。两个姑娘一站一坐，都是十八九岁光景，悠悠地吃瓜子。站着的姑娘胸脯极高，身体微扭着，宽大的青竹布大褂里面，叫人想着每一块肉都是活的，都在动。她一边极有力地把瓜子壳往秦淮河里吐，一边和同伴谈着笑着骂着，一边懒洋洋用眼梢扫桥上的英雄。

那花船慢慢地朝东移过去，慢慢地没了影儿。英雄慢慢走下桥来，日落前的夫子庙，正人多热闹。英雄满腹心事地在人群中走，众人不看他，他也不看众人。眼见着进了状元境东口，英雄的步子不由得放得更慢。一阵悠悠的二胡声，从沿街的一家茶炉子铺里传出来，那声音悠长哀怨，英雄的满腹心事让它一撩拨，竟有些不能自持，停住脚洗耳静听，眼珠子到处转着去找那个拉二胡的人。这二胡声，英雄已经熟悉，每次路过时，都忍不住要听上一会。状元境西头有一家货栈，表面上卖木料，兼做棺材生意，实际上是同盟会的一个秘密据点。南来北往的军火常常贮存在这。英雄正是这家货栈的主人，是个头儿，几个伙计也是同盟会会员。三天前，一个伙计配制土造炸药，不慎弄炸了一枚，虽然不曾伤着人，但怕引起清朝巡警的注意，全货栈的人白天都不敢留在家里。紧连着两天平安无事，大家的胆子也大了。第三天一切正常。吃了中饭，英雄依然上街闲逛，两个伙计到钓鱼台会朋友。

那英雄听着二胡，两个去钓鱼台会朋友的伙计也进了状元境。见英雄正在雅兴头上，拍了拍他的肩膀，径直奔往货栈。英雄和他们打了个招呼，心里想跟着一起走，腿却让那二胡声吸引着迈不出步。这时候只听见二胡的旋律一转，忽然激昂起来，仿佛荒凉古战场上一声马嘶，又仿佛酷暑天里一阵疾风暴雨。那边两个伙计已到货栈门口，走在前面的刚跨进门，便被几个人冲上来抱住，后面的这个吃了一惊，正好身上揣着枚炸弹，掏出来捡人多的地方就扔。那炸弹的杀伤力并不大，被抱住的那个伙计受了点伤，却趁势抱过一支枪来，冲着巡警噼里啪啦地乱打。等英雄在这边清醒过来，随着看热闹的人群拥过去，两伙计已经一死一伤。那伤的躺在地上叫两个又黑又壮的汉子压住，痛得一声声骂娘，不住地转过脸来吐唾沫。英雄挤在人群里，恨自己身上没有枪，牙咬得格格直响，捏了满

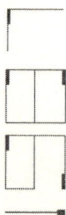

满的一拳头汗。

巡警一个个庆幸自己还活着，兴冲冲地找了辆马车来，把一死一伤的战果装了走。留下几个巡警依然守着货栈，一边轰那些看热闹的人赶快散开。英雄随着那些眉飞色舞的看客，退潮一般地向状元境东头退过去，耳听着一些不着边际的怪论，止不住一阵阵的悲痛。天不知不觉地黑了。沿街的门如一张张裂开的嘴，把看客们一个一个地叼了进去。又到了状元境的东口，英雄觉得人越来越少，不免有了种孤单的感觉。隐隐约约地望过去，巷口仿佛有几个人正站在那里说话，手里端的大约是枪。干巡警的绝不会都是傻子，只要守在这巷口把来人盘问几句，一听那英雄的浙江口音，便可以轻而易举地把他抓起来。英雄想自己没必要去送死。脚下的步子不禁由快而慢，由慢转停，甚至迟了几步。货栈回不去，进不得，退又不得，孤单的感觉变成了虎落平阳的感叹。

正走投无路，却听见身边的茶炉子铺，二胡依然叽叽嘎嘎拉个不停。附近发生的一切对它好像毫无影响。这是一首常听得见的二胡曲目。英雄听了，身不由己地竖起头来找月亮。寻思了一会，才记起不是有月亮的日子。满天的星星已经亮起来，衬着一块暗暗的红云。二胡声幽幽不断，英雄猛想起自己早存着和拉二胡的结识一下的念头，顺手推开虚掩的门，进了茶炉子铺。

2

这个拉二胡的姓张，自小就没了父亲。他妈是状元境里有名的辣货，虽然只该一个儿子，却有了十个儿子的威风。男人连儿子的名字都来不及取就去了，她懒得给儿子找个正式的名字，高兴时心肝宝宝地乱叫，发起火来，一口一个"婊子养的"。状元境的男男女女都见她头疼。寡妇门前是非多，做寡妇的自己不怕，别人便怕。儿子一天天大起来，早过了娶亲年龄，没人乐意把女儿送来做媳妇，娘不急，儿子也不敢急。

这儿子念私塾时取过一个正经名字。书不念了，那正经过的名字便没人叫。他从小就和音乐有些缘。两岁多一点时，有一次跑不见了，寻来找去，临了在一个卖艺的摊子前抓到他。也没有正经和什么人学过，到了十七八岁的年纪无师自通，胡琴琵琶，笛箫笙竽，十八般乐器，样样都会，样样不精。其中玩得最多最好的是二胡。状元境的男女老幼都知道他会拉二胡。因为他姓张，都叫他张二胡。

那英雄在张二胡家平平安安地躲了一夜，臭虫咬了一身疙瘩，不自在了好几天。没几年却发迹做了个什么司令。那时南京已经光复，清朝成了民国。

司令部设在秦淮河边的一个尼姑庵里。门口成天木桩似的竖着两排大兵，司令出门回府，里里外外一片的吆喝。公务之外，司令的精力便用在美人身上。当年南京的头面人物，商会的财神，翰林出身的耆儒，老名士，风流教主，有的慷慨送银子，有的作诗填词捧场，有的牵引着往风流的场所跑，游画舫、逛青楼，南京凡是略有些名声的香巢，不多久就让英雄司令访了个遍。

英雄做了两年司令，讨了三房姨太太。其中二姨太最标致，不高不矮，不胖不瘦，女人该大的她都大，女人该小的她都小。二姨太姓沈，人都称沈姨太。沈姨太在家排行第三，熟悉的人便叫她三姐。这三姐也是个英雄脾气，跟玩似的养了个儿子，没有显出老来，反而更精神，更标致。司令花天酒地，沈姨太也不生气。有时暗暗地替男人们打抱不平。司令的女人太多，司令部的男人太多。不平则鸣，沈姨太叫喊不出。路见不平，拔刀相助，她抽不出刀来。只能偷偷地觉得，司令的女人和司令部的男人，太窝囊。

沈姨太忽然想到了要学琵琶。别的姨太太嗤之以鼻，正经的姨太太，不是堂子里接客的女人。

于是司令想到了张二胡。于是张二胡成了沈姨太的老师。

沈姨太并不用心地学琵琶。她比当年的英雄更喜欢听二胡。司令部又多了个男人，多了整日不肯安静的二胡声。一些风雅的座上客，难免极懂行地夸张二胡的绝技，顺带盛赞司令和姨太太的趣味。有位当过榜眼的老翰林，酒席之上，常常停杯举箸，把个秃脑袋随着张二胡拉弓的手，摆来甩去。司令乘着酒兴，不免把他和张二胡的奇遇，不动声色娓娓道来，大有好汉又提当年之勇的意思。

"福人自有天相。司令逢凶化吉，也是命中注定。要不，众位好汉一一落难，唯有司令平步青云，贵不可言！"老翰林捡了块海参在嘴里，嚼了半天，想通似的说道。

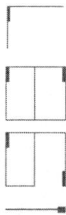

"那是，那是，命。命。"下首一桌围着群大大小小的军官，扯着嗓子叫道，只管喝酒。

紧接着又是一番类似的恭维。司令听多了，也不领情。毕竟是拎着脑袋干的，单说一个命字，太屈才。老翰林年老眼花，酒喝多了，头却不昏。话锋一转，说是唐朝有位将军，生来有个异秉，指挥着千军万马，临阵只要听手下的一个美人唱段曲子，攻无不克，战无不胜。又说明朝的一位大将军，一听某某某的琵琶，脑筋陡然地好起来，顿时英勇无比，气吞万里之势和猛虎一般。怪才怪才，人无怪则不才。堂堂司令好听听二胡，原来也和上述两位将军一样，似怪而不怪。唯有怪，方显出英雄本色。这司令被搔到痒处，立刻有了酒意，晕乎乎的，心想日后对张二胡一定要有所器重。当年若是没有张二胡，他司令没准真没有今天。今天没有了张二胡，他司令说不定就会没有了将来。酒宴散了，司令只恨一时没有仗打。

张二胡有了司令的照应，运气仿佛断了线的风筝，高飘到了不知所以。司令部里有他的单间。大门口进进出出，他一个穿长衫拉二胡的，那些木桩似的大兵见了，乖乖地敬礼，那些高攀的名流，乖乖地鞠躬。他也不还礼，长衫在大门槛上扫来掸去，进出就像在自己家里。别人眼里有他，他眼里没有别人。

沈姨太起先每天和张二胡学两个小时琵琶。她那琵琶可值一个大价钱。然而不多久偏要改学二胡。学二胡更不像个有常性的样子，勉勉强强拉成了调子，名贵的二胡倒换了好几把，张二胡这把二胡拉到那把二胡，有吃有喝，又有银子花。他娘有时寻到司令部来。门口站岗的不让她进，张二胡也赖着不肯出去。他娘远远地急得直跺脚。

"张先生生得这么高大，又是一副好相貌，又斯文，又有绝技，又没有女人，难道你张先生还有什么打算？说出来，叫我听听。"沈姨太武人里头待久了，见惯了粗野，对张二胡的憨样说不出的新鲜，有心给他个机会，不住地用话撩他。张二胡除了自己妈，没有接触过别的女人。不过沈姨太的话他都懂。心里暗暗地羡慕那些挎盒子炮的大兵，小街破巷地乱串，见上看得过去的姑娘，抱住了啃萝卜似的便亲嘴。沈姨太是天下最漂亮的女人。张二胡没吃过豹子胆，也没吃过天鹅肉。沈姨太的豆腐不敢吃。沈姨太的情分，全领了。

"我就不信你三十好几的人，当真没挨过我们女人的边。人都说越是文乎的男人，越邪乎。又不比我们女人，留着贞，守着节，像熬一回事似的。我就不信。"

这一天，司令又出去吃花酒。当时下关那地方，新红了一个妓女，叫刘小红。年纪不过是十六七岁，老南京人却能说一口清圆流利的苏州话，还喜欢骑着小马驹，在狮子山下驰骋往来，一时声名大振。司令慕名去访，差一点把那份干公务的心思全贴了进去。沈姨太也不管他什么牛小红马小红，司令不在家，她便是在家的司令。上午在张二胡房里泡了几个小时，听了会二胡，又捉住了说了会话，临走关照张二胡下午到她房间喝茶。姨太太房里的茶，都是上好的明前茶。到下午张二胡急巴巴地跑去，茶未沏好，小桌上却摆好了酒，几碟淡雅清口的冷菜，一盘红烧的大蹄髈，中间那根骨头竖在那，像尊炮一样。张二胡也不客气，上茶喝茶，上酒喝酒，坐不多时，不住地往茅房跑。几碟冷菜完了，便一门心思专攻那只蹄髈，满手厚厚的油腻，都涂在沈姨太的绣花手绢上。沈姨太也不心痛，满心喜欢，专捡知心的话问他：“你娘既然就你这一个儿子，干吗不尽早地弄个媳妇回来。真正怪事？”

张二胡只会尴尬地笑，心里已绕不清自己今天是上了几回厕所。

“准是你家里已经有了现成的媳妇，你不肯老老实实地说罢了。”沈姨太见张二胡一个劲地傻发誓，笑得更甜。

“沈姨太，”张二胡把啃尽的肉骨头，随手扔在盘子里，“当”的一声，吓了自己一跳，也吓了沈姨太一跳，“我哪敢骗你沈姨太。真正天知道，改日你到我家里一看就行。沈姨太，你不信？”

沈姨太说：“我不要听你一口一个沈姨太的。我要你叫我三姐，叫，这就叫。”

张二胡心头乱跳，头也晕了，眼也花了，才明白今天酒喝得多了。沈姨太撩起瘦瘦的袖管，露出一大截藕段般的胳膊，用细长的指甲尖尖，轻轻地搔着痒。张二胡偷看在眼里，自己的手指也仿佛是压在二胡的弦上，不知不觉地动起来。沈姨太搔了一会痒，蛾眉一拧，嗔怒道：“我要你叫，为何不叫？”张二胡说：“我又不是司令，这三姐长三姐短的，怎么敢？”

沈姨太悠悠地反问道：“怎么敢？”脸忽然红了，两手指猛地捏住张二胡的长衫，一双眼睛盯在他的眼睛上，“你倒是叫还是不叫？”

张二胡凉了半截，过了半晌，慌忙说："沈——你身上这股香，真是好闻——"

沈姨太捏住长衫的手猛一甩，差点把张二胡带个跟头，一张红脸已经白了，恨恨地说："什么香不香的，老娘最见不得你们这副酸相。"张二胡被唬得五色六神没了主见，心里更是七上八下，慌乱中记起许久没去茅房，乘机站出来告辞，顺手抓住二胡，讪讪地走了。沈姨太脸上别一种表情，眉间打着结，嘴角一丝冷笑，也不送他。

3

大凡带兵的武将，八九都知道拥兵自重。这位英雄出身的司令却不十分明白。他骨子里本是个侠客，只懂得单枪匹马地蛮来，用兵用将不是他的本行。因为生来看不起别人，因此从来也不记着笼络别人。他不知道自己带的是现成的军队。这些军队最大的特点，就是谁有钱便为谁卖命。辛亥革命，革命党人得了势，这些军队就倒向革命党。谁有钱，谁有势，这些军队就拥谁做司令。谁做司令都无所谓。司令只是商会的一块招牌，只是庙里的一尊菩萨，真正当家做主的，是那些抱成团的职业军官。这位司令枉做了一世英雄，不知道伴"军"如伴虎的道理，更不知道，民国初年的历史，淘汰了多少像他这般的英雄。

到了南军北军重新开战之际，这位司令才发现自己治下的军队难侍候。他平时眼里没有手下的大大小小的军官，到了关键时刻，这些大大小小的军官，眼里也没有他这个司令。北军钱多兵多，来势凶猛，袁世凯又用大大小小的官衔，许诺了大大小小的将领。领兵的急先锋，是当年南京光复时，被革命军撵走的江南提督兼钦差江防大臣张勋张大帅。张大帅的名声并不好，打仗却不赖。这战事起先还只是在徐州，转眼间过了蚌埠，直逼南京。

南京这地方兵家必争。地方上的商绅最怕战事，兵来，要饷。兵走，要饷。新的兵来，还是要饷。眼见着南军每况愈下，只差树倒猢狲散的份儿，有心省下一笔款子来，留着北军来时可以敷衍。这司令筹不到款，调不成兵遣不动将，那些商绅也都躲着不见，派兵去硬抓了几个，除了哭穷，还是哭穷。军情火急，司令一天发三通火，骂无数次娘，没钱还是没钱。又风闻北军已派人来运动倒戈，自己队伍里多北方佬，瓜瓜葛葛地多得不行，若是硬逼着开拔，万一有个三长两短，叫人不得不防。急得都成了热锅上的蚂蚁，可急来急去，没办法仍然没办法，恨不能扔了队伍不管，一个人去打仗。

最让人难堪的是青楼的妓女也变了味儿。这司令满腹心事，一肚子儿女心肠，急巴巴地想找刘小红诉上一诉。偏偏这个刘小红，今天头痛，明天肚子疼，天天煞风景。思前想后，他下决心要和刘小红断，发誓以后再也不和这号人往来。于是心思又回到了自己姨太太身上。这天办完了公务，把那些火烧火燎的电报稿置之不顾，司令想到久已不和二姨太亲热，便往沈姨太的房间去。沈姨太住在司令部的西北角上，穿过一小月门，有个独立的院落，这地方是往日尼姑庵中最雅静的所在，除了给师太住，有时也接待极有钱的香客。司令进了月门，迎面一阵清风吹来，说不出的凉爽。正是南京的酷暑，累了一天的疲劳，还有火急的军情，仿佛随着风烟消云散。司令的兴致陡然好起来，悄悄吩咐贴身的卫兵去叫张二胡。明月高照，透过院内一株尚未开花的桂树枝丫，斑驳陆离的月影都映在矮矮的粉墙上。沈姨太的房里似明似暗地点着一盏灯。她的贴身丫头环儿，正坐在桂树下一张石条凳上打瞌睡，粉颈低垂，露出一大块白白的肉来。环儿不过十三四岁，一举一动都有了大姑娘的味道。司令在环儿身边站了一会，有心伸出手去，在她那雪白的粉颈上摸一摸，脚步却向沈姨太的房间迈过去。沈姨太的房间忽然亮了盏大灯，极亮的灯光穿过窗帘射出来，满院的月色暗了不少。隐隐地只觉着窗户里有个什么，疑惑之间，司令已推开了纱门，又进了二道门，一眼看见手下的一个副官正对着试衣镜，慢吞吞地系着皮带。这个副官姓何，一脸的白麻子，也从镜子里看到司令来了，吓得魂飞魄散，不知是把脸掉过来好，还是不掉过来好。司令一时有坠入梦中的感觉，侧过头去，见他那位二姨太，哆哆嗦嗦地抱着一团衣服，坐在床角落里，赤裸裸的大腿没地方可以藏。

司令就手掏枪，枪没带。瞥见墙上挂着一把他送给二姨太的日本指挥刀，便奔过去取。那姓何的副官见了，连忙追过来夺，嘴里不住声地"司令饶命，司令饶命"。他的力气比司令大，司令夺了半天，拿不到指挥刀，从副官的皮带上抢过手枪，照着他劈头盖脸就打。偏偏那子弹没有上膛，急着要顶火，那副官又上来夺，临了，枪反被他抓了去。

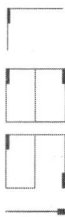

　　这时候，张二胡听说司令请他，拎了把二胡进来，看见司令和一个人扭在一起，又一眼看见缩在床上沈姨太白晃晃的大腿。何副官见有人来了，也不看是谁，一手抓着枪，跪下来捣蒜似的磕头，"司令饶命，司令饶命啊"地喊得惨得不得了。其他人闻声赶来，挤了半房间人，沈姨太恨不能挖个地洞钻钻，臊得想死不想活。睡在隔壁的宝贝儿子也醒了，哇哇地哭。

　　那何副官是一位姓高的参谋的把兄弟。高参谋城府极深，恰恰是那伙抱成团的职业军官们心目中的头头。这几天军情如火，高参谋正住在司令部里，此刻出了件这么不光彩的事，也顾不上把兄弟的情面，大喝一声，要把何副官拖出去枪毙。何副官听了，跪在司令面前，"饶命、饶命"地喊得更急。那些军官也跪下来一长串，纷纷为何副官求情。高参谋执着地不肯答应，脸气得发青，说就算是司令可以开恩，也不能饶了这个不长进的东西，嘴上说着，趁拉住他的两个军官不注意，跑过去飞起一腿，踢得何副官痛得在地上乱滚。

　　司令恨不能烧锅开水，煮熟了这个何副官。无奈军官们跪在地上，一个个都不肯起来，眼泪鼻涕一大把。那个跳着脚要枪毙何副官的高参谋，这会也让两个身强力壮的军官按住了，不得动弹，只能祖宗八代地海骂。一位往日里待司令情分不错的军官，怕再僵下去生出什么是非，站出来打圆场，说该把何副官交给军法处。高参谋第一个高声反对，然而那些军官们却如同大赦般地站起来，只等着司令的一句话。这司令再不识时务，也知大势所趋，只好挥手说了声"押下去"，恨得牙咬得断钢铁。早有两个小军官跳了出来，也不知哪儿弄来了一条绳，把个何副官结结实实一个五花大绑，前呼后拥地押了下去。司令的满腔怒火，只好用到他那位二姨太身上，蹿上去一记响亮的耳光，跳上床又踹了一脚。沈姨太东捂西摸，又要顾着害羞的地方。众军官傻站在旁边看，也不敢上来劝。张二胡是第一次看见没穿衣服的女人，心里有多少种说不出的滋味。

　　司令于是想到要沈姨太穿衣服。这沈姨太也是个厉害角色，想自己反正丑已出了，人也丢了，穿上衣服，只有打得更凶。因此一手抢过件衣服来，也不穿，另一只手虚着，防备司令再打她。那些军官见了，打了个手势，极识相地退了出去。张二胡跟在后面，临出门，又忍不住回过头来看几眼。

　　这一夜，司令气得不能睡觉，发誓第二天要把何副官毙了。天亮时迷迷糊糊地刚想睡，一群军官又吵着要见他。

原来张勋的兵已攻下了天堡城。这天堡城是南京的屏障，天堡城既失，南京危在旦夕。南军在各个战场先后失利，讨袁的英雄一个个已被袁世凯下令通缉。南京的队伍虽然还在革命党的控制中，但是那些职业军官，有的准备作鸟兽散，有的准备鼓噪哗变，没一个用心是好的。这司令曾派一个团去协助镇守天堡城，没想到这个团偷偷地投降了张勋，倒成了辫子军攻打天堡城的内应。留在司令身边的这些军官，也不说如何讨伐，如何守城，却联合起来逼着司令立即拿个主意。这司令从床上睡眼惺忪地爬起来，面对着一群心怀叵测的军官，也不心慌。事到临头，火烧到了眉毛，反而把这司令的侠客脾气引犯了。真是愈关键，愈现出英雄本色。他拍了拍胸脯，答应中午前给一个准定答复。那些军官并不相信。然而他们自己也没有准定的主意。司令毕竟是司令。司令姑妄言之，他们只好姑妄听之。

司令于是派兵把那些躲着不见的商绅，拣大的，都抓来。又派兵去六华春，老正兴，老万全，还有奇芳阁，把那些有名的厨师也一个个抓来。同时颁布命令，大宴全军将士，连以上军官通通到司令部大厅喝酒。

4

一切安排妥当。司令命令两个卫兵守在卧房门口。自己倒在床上呼呼大睡。司令部里乱成了一锅粥，谁也吃不透司令打什么主意。正当司令酣睡之际，司令部里还有一个人，迷迷糊糊地睡着不肯醒。

这个人就是张二胡。张二胡做了一夜的梦。几次梦到有个穿白衣服的人来找他。那白衣服宽宽大大的，没有袖子，也没有纽扣，倒像是站着的白床单。那人在白衣服中不成个形状，只有一个小小黑黑的脑袋，在上面动过来，动过去。有时是个女的，有时是个男的。有时是个老太婆，有时是个小男孩。弄得张二胡神魂颠倒，几次死过去，又活过来。天亮时只觉得筋疲力尽，浑身的骨头散了架，仿佛干了一天的重活。前后的窗大开着，因而更觉得脑袋隐隐地疼。那阳光从东面窗射进来，逼得他睁不开眼，于是倒头再睡，直到司令派来的人喊他去拉二胡。

张二胡眼屎巴巴地往大厅走去。只见那边里里外外，都铺开了酒席。

数不清的下人，上菜下菜地忙个不停。司令和高参谋，还有几位高级些的军官、幕僚，陪着硬抓来的商绅坐上席，其他军官挨着往下坐。大厅里坐不下，也不知从哪弄来了毛竹草席，就便搭了些棚。在棚里喝酒的都是下级军官，见了酒肉没了命，大碗喝酒，大块吃肉。倒是可怜了那些坐上席的商绅，一个个愁眉苦脸，对着眼前的美酒佳肴，吃也不是，不吃也不是。张二胡提着把二胡，前顾后盼，也不知往哪去是好。正犹豫，有人来把他引到大厅的一个角上，那里已放好了一个单席，一张半圆的小桌，一张半旧的木方凳。备了几样菜，还有酒。

司令穿着件苎麻凉衫，手上一把鹅毛扇，正站着说话："诸位父老的话，本司令哪能不知，南京乃六朝繁华之地，一旦毁于战火，我辈罪责难逃。不过这眼下，是张勋来打我，我不得不打。况且，讨袁也不是桩开玩笑的事，关系着共和的生死存亡，大丈夫死且报国，焉能偷生怕死，为后人所笑？"

那些商绅最怕听司令"宁为共和死，不为专制生"的豪言，打起仗来吃亏的是老百姓，尤其是他们这些有钱的老百姓。于是公推了一位会说敢说的代表表态，这代表也不谦让，站起来豁出去地说道："共和专制，且不管他，只是这么打来打去，司令也该为南京的平民百姓想想。讨袁之役，明摆的已经输了，再说这偌大一个南京城，明摆着也守不住。"说着，偷眼看司令，见他十分认真听着，手上的鹅毛扇微微翻动，心一横，索性明说，"胜负乃兵家常事，打得赢就打，打不赢就走，这原不是什么丢人的事。司令如能让南京幸免于战火，真正功德无量。"

司令点头称是，只是反问："既然要走，又可往哪走呢？"众商绅都说，往哪走，司令神机妙算，自然知道。司令说："这也是，队伍往哪开拔，原不该让诸位操心。只是，这开拔费……"也不管那一张张立刻挂了下来的哭丧脸，顿了顿，继续说，"这开拔费，不得不要诸位操心。"众商绅忙不迭地哭穷，说是今天要饷，明天要饷，就有金山银山，也用完了，他们实在是没钱，石头里熬不出油来。司令脸一沉，扇子不摇了，说："石头里自然熬不出油来。不过这油藏在芝麻的硬壳里，不用劲，是榨不出的。南京城外的炮声，一天比一天打得紧，有话慢慢说也来不及了，今天把诸位请来，话不说清楚，大家谁也别想走。"众商绅发现自己成了肉票，哭也不是，笑也不是。那高参谋在一旁坐着，也有些吃惊，却插不上嘴。

司令说："我也是秀才出身。俗话说，秀才碰到兵，有理说不清。不是本司令和你们为难，我这些弟兄，一个个都是有嘴的，难道你们要他们饿着肚子开路不成。虽然军令如山，但现在是什么时候？本司令说不许抢劫，他们就当真不抢了？这些弟兄，光复南京，创建民国，可是立过大功的，他们无愧于你们，为你们出生入死，提着脑袋干，难道你们真愿意寒了他们的心？"司令把该说的话说完，一做手势，喊张二胡拉二胡。张二胡闲了半天，因为没他的事，这会已经有了些酒意，调了调弦，弓一抖，神气十足地拉起来。一曲未了，司令干咳了一声，说："既然如此，我也不便耽搁诸位，只望诸位回去火速准备，今天夜里把饷银凑齐。"那些商绅免不了哭丧着脸，赌咒发誓，要求宽限三天。司令笑着说，如果是三天，那还是留着给张勋用吧。手下已喊送客，司令破例送客到门口，拱了拱手，说："恕不远送，眼下正当乱，散兵游勇不得不防，派几个人送你们回去，免得生出意外。"于是三五个兵押一位客，各自走了。

司令大大咧咧地回来。那些下级军官，大碗吃肉的劲头已经没了，酒还在喝。那些坐上首的军官、幕僚，还有几位有名无钱的地方父老，譬如那位一再在司令部留饭的老翰林，一起站起来迎接司令。老翰林盛夸司令的铁腕，大拇指差点跷到手背上。司令领了情，率先坐下，冲张二胡一个手势，要大家继续喝酒。张二胡抖弓再拉，根本没人有心思听他拉什么曲子。司令一杯酒仰头而尽，照了照杯，侧过头来，在那些军官中找来找去，正色地问道："怎么不见何副官？"

众军官今天这顿酒本来就喝得糊涂，绕不清司令葫芦里卖什么药，反正私下的想法差不多。饷是要的，仗却不想打。这会猛听见问何副官，都想起昨夜的事，一个个大眼瞪小眼，不吭声。高参谋也吃不透什么意思。张二胡那边仍然叽叽嘎嘎地拉着二胡。不知谁说了声"何副官还押在军法处"，于是各种眼光不约而同地都射在了司令身上，只见他猛然想起似的，一拍脑门，苦笑道："请，快请。"

赶忙有人去提何副官。这何副官在军法处正悠悠地睡觉，去的人依旧用绳子五花大绑地把他捆起来，气势汹汹地押到大厅。何副官一见这场面，未到司令跟前，两腿已经软了，哭着喊"饶命"。司令眼角一扫众军官，不耐烦地喊道："松绑，松绑。站起来。"绑松了，何副官也不敢站，脑门碰地，两手碰地，嘴里还喊。司令火了，一拍桌子，冲他嚷

道："你站起来，我不杀你。"那声音如雷贯耳，听者都吓了一跳。何副官极尴尬地站起来，不知所措，满脸的白麻子红脸上更显眼。司令极厌恶地摆了摆手，让他入席。何副官还在犹豫，早有人让了位子，拿了酒筷来。他坐是坐了，心里七上八下。

司令说："你好大的胆子，居然吃起姨太太的豆腐来。"众军官听了，暗暗地笑，听着司令继续往下说，"谁都知道，吃我们这碗饭，最他娘丢人，就是做王八。你好胆子。"何副官脸色刚有些正常，听着这番杀气腾腾的话，脸上青是青，白是白。司令又说："我杀了你，也在理上。不过，我知道你有几个生死兄弟，杀了你，就寒了他们的心。总得留点面子给他们是不是？"有几位军官听司令说得这么坦白，太赤裸裸，反倒有些不自在，扭了扭身子，眼光又不约而同射向高参谋。这高参谋正坐立不安，叫众人这么一看，不禁挺了挺胸脯，干咳一声。司令都看在眼里，笑着说："再说你好歹也是员虎将，现在正是用人之际，我一个司令，为着一个女人，和你打破了醋坛子玩命，也犯不着。你若是喜欢这么个贱人，我也可以成全。"说着，一时性起，派人去传沈姨太来。

在座的人都叫司令的豪举惊得倒吸一口冷气。那些军官没想到司令会这么邪门，吃惊之外，又佩服，又害怕。只有那老翰林糊涂蛋，不识相地瞎捧场，说司令以美人相赠，在历史上原是有典的。气得司令差点扔只酒杯在他脸上，板着脸说："什么典不典的，军情火急，老先生还是免开尊口为好。"这时沈姨太已到，半边脸肿得多高，仿佛变了个人。头发蓬乱着，额头上垂下一缕，挡住了半个眼睛，更显得狼狈。环儿抱着小少爷跟着。小少爷正是牙牙学语的年纪，两眼滴溜滴溜在大厅上下转，嚷着要妈抱。司令一边示意让环儿把小少爷送回去，一边喊何副官带人。众人见司令真的来了这一手，心里七荤八素，不知这戏怎么收场。何副官想司令存心不放自己过去，刚有些活的希望，这会又在往死路上逼。司令的姨太太自然不能要，天知道他是存了什么心，弄得何副官坐也不是，跪也不是，开口不是，不开口又不是。高参谋只好站起来打圆场，命令手下把沈姨太送回去，一边请司令息怒。司令执拗着不许把姨太太送走，冷冷地对高参谋说："我又不曾生气，你让我息什么怒？"说着又是一笑，眯着眼睛望着何副官，"白给你个老婆，你竟不要？"何副官捞着说话的机会，离了座，依然在老地方跪下："小人实在是一时糊涂，司令海量，抬抬手，小人也就过去了。我就是吃了屎，今生今世，也不敢忘司令的大恩大德。"司令见了何副官这副熊样，满心地看不起，一肚的怨恨就移到了沈姨太身上，话锋猛一转，深明大义地说道："也好，自古女人是祸水，事都坏在娘们身上。这贱人，你姓何的副官不要，我做司令的留着，也没用。在座的都给我拿个主意，这样的骚货，怎么处置？"

一个小军官酒喝多了，坐在下面自言自语道："怎么处置，交给俺兄弟们，保证不会亏待了她。"其他的小军官听了，都笑出声来。高参谋在上面听着不像话，一拍桌子，大叫"放肆"，站起来，对司令极诚恳地说："小弟有个主意，司令不知肯不肯给面子？"司令让他说，高参谋义干咳了一声，说不如打发些银子，送沈姨太回原籍的娘家拉倒。众军官听了，又笑。因为整个司令部里，恐怕只有高参谋一个人不知道沈姨太的出身。司令心里对沈姨太的厌恶越发增加，恨恨地说："这婊子出身的，没个好货。你们只管为我寻一个下流的男人来，拉车的也好，杀猪的也好，胡乱地把她配了算事。"那老翰林听了大叫"使不得，使不得"，司令说："你老先生若是中意，让她服侍你也行。"老翰林急得舌头差点咽到喉咙口，两手举着乱摇，说不出话来。众人见了都大笑，司令也忍不住笑。笑了一会，司令看见张二胡坐在角落里，正举着脖子东张西望，把个脸急得红红的，就笑道："快拉一首好曲子来听听。你拉得好，老子今天把这个婊子送给你，快拉。"在座的听这话都好笑，甚至愁眉苦脸的沈姨太，也忘形忘情，笑了一笑。

第二章

1

状元境的境原作獍，獍是食母兽，名声极不好。獍又通镜。《康熙字典》上找得到。状元境相传是宋朝秦桧的住处。

张二胡白白地捡了个老婆，高兴得仿佛狗见了骨头，也不管真的假的，马前鞍后忙不迭地帮着沈姨太收拾。收拾好了，沈姨太又犯起姨太太脾气，冲着大包小包，拳打脚踢，好好地闹了一阵。闹完了，张二胡一手提着把二胡，一手牵着位新人，出司令部的后门，回状元境。

　　二天后，张勋的兵进了城。老规矩，进城三天不封刀，大兵们放下心来捞外快。状元境里天天有人家遭难。这家被抢，那家被劫，李家姑娘又叫人强奸。大索三日，张二胡一家提心吊胆，居然没有事。张二胡娘为了儿子一直不回来，憋了满满一肚皮不高兴。兵荒马乱之际，儿子带个女人突然从天上掉下来，不禁又惊，又喜，又忍不住地要生气。她做了一世的寡妇，又是寡妇脾气，见不得儿子在女人面前做小伏低，没个人样。她那儿子仿佛八辈子没见过女人，屁颠颠地捧着个老婆，百依千顺。最初几天，做婆婆的见新媳妇眼困神疲，病歪歪的一个身子，倒在床上就跟死过去一般，免不了也来屈尊侍候。烧了饭给她吃，又把衣服洗了，还为她倒马子。一连几天过去，做媳妇的脸色一天天红起来，衣来伸手，饭来张口，当真赖在床上不起，把个婆婆当老妈子使唤。婆婆火了，背着媳妇便恶骂儿子。

　　沈姨太的名分从此不存在，张二胡依她的小名叫三姐。又过了几天，婆婆见三姐总算下了地。刚放下脸想搭搭婆婆的架子就碰了一鼻子灰。三姐也不烧饭，也不洗衣，也不倒马子，倒逼着男人上街为她买零嘴吃。街面上依然还都是兵。张二胡不敢去，她便嚷着要自己去。那些店铺也没开门，张二胡满街上乱转，只拣人多的地方跑。空着手回来，三姐板脸，娘也板脸。

　　娘说："这家里专出寡妇，你怎么不死在街上。哪是讨媳妇，你这是找了个婆婆来，找了个娘娘来！"三姐也不当面计较，把男人拖到房里一顿熊："这话你都听到了，娘娘就是姨太太，我原是个姨太太出身，今天反正都忍了，明天再有话，别怪我亲娘亲爹地和她对骂。从早上到现在没吃过饭，你娘这是要把我们饿死。"

　　张二胡因此出去求娘做饭，他娘一顿臭骂："饿死了，大家干净，打今天开始，我也正正经经地做婆婆，饭让该烧的人去烧，衣服让该洗的人去洗，马子呢，我孤儿寡母的一个女人家，拖大了个儿子，让媳妇给我倒倒，也不作孽，也不会天打五雷轰。说到哪里，都在理上。"张二胡想想，还是去央求自己女人，劈头又是一顿痛骂："你听见没有，倒要我去给她这么个老婆子倒马子？我也不怕天打五雷轰，就是不倒，怎么样？你也算是个有能耐的，只管帮着你妈欺负我就是了。逼急了，一把火，大家完蛋。我会怕你们？"

　　张二胡怕叫娘听见了更没完，忙不迭地赔小心。他媳妇却说："你三姐就这脾气，受得了，就受。受不了，拉倒。你也不想想，要我去倒马子，真是八辈子里也没用过这脏玩意，盖子一打开，臭味熏得人都没地方躲，要我去倒？我跟你说了，要么你去找个小老妈子来，要不然，便委屈你妈，就这个理。"后两句话正好给张二胡娘壁角听到，跺着脚在外面就海骂开了，一口一个小婊子。张二胡晓得事情要大了，一把没拉住三姐，她已经跳了出去，叉着腰，恶声喝道："老婊子，你敢再骂？"

做婆婆的没想到这阵势，倒吓了一跳，担心她会冲上来打自己。想自己在状元境里，打无对手，骂无接口，竟撞到了这么个凶媳妇，因而示弱道："我骂了，你怎么样？"

三姐说："你再骂，我也骂。"张二胡娘几步蹿到儿子面前，戳着儿子的鼻子叫道："你听听，好好听听，你娘都成了老婊子了，在她嘴里，那还不叫骂？小婊子唉，你还有什么厉害的，只管来好了，老娘等着你。"于是两人全不甘示弱，张口女人的家伙，闭口男人的家伙，下流的脏话不知对骂了多少。张二胡早知道自己娘的擅长，三姐的威风，却是第一次真正领教。想不到一个大美人，出口如此不凡，不由得暗暗叫苦。等到双方都骂累了，他才敢插嘴，愁眉苦脸地说道："吵到现在，饭还是没吃，有什么意思？"

他娘冷笑着，说："吃？一齐饿死了才好。张家早该绝了后，也不知从哪弄来了这么个狐狸精。哪是狐狸精，简直就是白骨精！"三姐说："我也累了，不跟你折腾，算你赢。"说着，自顾自回房间。张二胡巴巴地跟在后面，三姐又说："你们张家绝不绝后，我不管。反正我也不想饿死，你给我去找吃的来。"张二胡只得出来生火，弄得满屋是烟。他娘呛得直咳，夺过了火钳，不让儿子做，嘴里依然是骂。

张二胡便上街买了二斤锅饼。锅饼买了回来，张二胡掰了一块孝敬老娘。他娘赌气不肯吃。那三姐真饿了，啃了好一会锅饼，才说："白在南京住了许多年，肚子不饿，竟不相信这锅饼，也是人吃的。"张二胡见三姐高兴，自己也高兴，把三姐剩下的锅饼吃个精光，引得三姐讥笑他的胃口，说他又高又大的一个身坯，吃起来是条好汉，却一点不管用。他听了，暗暗脸红。

此后几天，张二胡他娘熬不住饿，自己做饭吃，又把自己的衣服洗了，马子倒了。见了儿子，像见了七世的冤家。儿子搭讪着喊她，也不

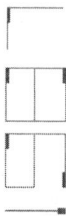

理。三姐已经吃腻了炝饼，好在街面上的铺子逐渐开了，状元境又紧挨着夫子庙，便指使着男人买这买那。有时两人一起上街，索性在馆子里吃。衣服换了一大堆，也不洗，马子几天不倒，也不管。

这天晚上三姐起来用马子，睡意蒙眬中，湿了一屁股。于是把张二胡打醒，拿他问罪。张二胡怕深更半夜的邻居被吵醒，硬着头皮起来倒马子。状元境里男人倒马子，从有马子以来，张二胡是第一个。既然已经开了头，三姐又嫌他夜里黑灯瞎火的，倒得不干净，逼着白天去倒。张二胡满肚子的不乐意，说不出一个不是。他娘觉得儿子坍了祖宗的台，丢了天下男人的面子，东家到西家地数落媳妇。当着众人恨起来连儿子一起辱骂，有时又可怜儿子："你们可都是见着他长大的，好好的一个人，这倒好，撞上了这白骨精，撞上这么个吃人不吐骨的妖精，我那儿子，还有救？可怜一桶水都快拎不动了！我孤儿寡母，落了这么个下场。"

总算让张二胡找到了个小丫头。长得粗手粗脚的，像是能做事的样子，价钱也不贵。兴冲冲地带回来献宝似的给三姐看，迎头一盆冷水："我就不信，当真找不到一个平头正脸的人？"三姐满脸的厌恶，直说这丫头让她看了倒胃口，大夏天的，又是大姑娘一个，脖子上的污垢都打了皱。又嫌她眼睛太小，嘴巴太大。张二胡无端地有了做错事的感觉，马不停蹄地再去找，知道三姐的脾气疙瘩，也不敢马虎。挑来拣去，连三姐自己最后也六神无主，好歹留了个人下来，太太平平地过了几天，三姐半夜里又把张二胡打醒，审贼似的问道："我一时也大了意，你倒是安的什么心？告诉你，这丫头是我出的钱。你小心一点才是。我不饶你！"

2

过了三个多月，三姐的肚子，像座小山似的挺了起来。四个多月，还在屋前屋后，悠悠来去地走走。五个月了，便生下了一个又白又胖的儿子。状元境的男女老少，都把嘴放在袖子里笑。张二胡娘寻死觅活，哭祖宗，骂祖宗，天天跳脚。张二胡的日子最不好过。不敢上街，在家又受不住他娘追着问，追着骂。见三姐流了那么多血，总以为她要死了，偷偷地伤心了好几次。等到血止住了，三姐又喊奶子涨得疼。加上那新生儿得天独厚的一个大嗓门，只要醒，就是哭，闹得不肯安歇。张二胡吃得少，睡得少，把个身子也弄虚了。坐着心跳，站起来眼黑，倒好像是他在坐月子。晚上呢，醒着时嫌冷，睡着了便冒汗，要么睡了不肯醒，要么醒了不肯睡。到三姐快坐完月子，张二胡仿佛变了一个人。眼直了，腿慢了，整天精神恍惚。

于是想到了久已不拉的二胡，一个人坐在小院里，对着屋檐上的残雪，叽叽嘎嘎地慢慢拉。夜深霜重，脚趾冻得发麻，发木，不由得还想拉。到白天，邻居过来问罪，娘骂他发疯，三姐又嫌他吵醒孩子。张二胡不敢再拉，一个人坐着呆呆地想心事。想起前一天晚上见到的月亮，仿佛格外小，仿佛格外冷。又想起那月亮周围一片云都没有，好没意思。

三姐在房里孵了一个月，差一点憋死。三天两头地叫婆婆堵在门口骂，只当听不见。看着张二胡成天愁眉苦脸，说不出的窝囊样，满肚子的不高兴都算在他身上。这天张二胡给小孩换尿布，手脚重了些，三姐就咬定了他是存心暗算，亲爹亲娘地脏骂，又一头撞在他怀里，让他打。张二胡不肯打，三姐便扇了他一记耳光。他娘正在茶炉子上做生意，听着后头闹得不可开交，三姐尖声怪气地在号，一口一个哭腔的"你打，你打"，总以为儿子成了人，成了男人，急步赶去，又听见"啪"的一声，心头不禁为之一亮。没想到捂着半片脸的，是她那个不争气的儿子，见她进去了，慌忙把手挂下来，一张又白又黄的脸上，几条红指印好像是刚画上去一样。他娘看了心疼，只觉得这耳光是扇在自己脸上，冲过去，两手揪住了三姐的头发，嘴里对儿子叫道："这样的婊子，你还不打？"手上使劲地推、拉："今天我和你拼了，小婊子，你打死我好了。该了这么个儿子，又有这么个媳妇，活着什么意思？"

三姐反过来也是一把头发抬起脚来便踢，这一踢，提醒了对手，于是大家都把一只脚悬在空中，有一脚无一脚地瞎踢。急得张二胡直到旁边哀求着别打，又不敢上去拉。到临了，才想到叫丫头小玉来劝。这小玉水灵灵的一个人，人小，心眼不小，早站在旁边看热闹，张二胡既然叫了，只好上去劝架。她心里只有太太，嘴上喊太太别打了，却捉住了张二胡娘的一只手不肯丢。三姐得了空，便在对方的老脸上抓一把，大胜而退。

张二胡娘英勇了一世，头一次真吃了亏。两腿一软跌坐在地上，放声就哭，呼天抢地地喊"救命"。街坊邻居听了，心里头尽管不相信，又不能不慌慌忙忙地赶了来。三姐往床上一歪，打横一个斜坐，撩起了衣服，

大模大样就给小孩喂奶。那小孩也是个奇迹，平时里怎么哄也哭，今日里打啊闹啊差点翻了天，却是金口不开。街坊邻居来了，刚进屋，从未见过三姐的阵势，是男的都吓得忙不迭地退出去，想走，又舍不得走，一个个便站在小院里听话。张二胡娘拉着众人评理，说着说着光火了，跳起脚来又是一顿脏骂。骂了一大堆不入耳的话。众女人听了发腻，都上来劝，说媳妇既然不开口，也是个有畏惧的人，况且又是刚坐着月子，还是见好就收。老人家哪是个得理肯饶人的人，嘟嘟囔囔地一味没完，戳着众女人的鼻子问道："我孤儿寡母的，清清白白地过了一世，你们又不是不知道。如今却是这样的报应，这清白还有个屁用？"

那边三姐冷笑一声，说："我听着这清白两字，就来气。你是清了，你是白了，也不掀开马子盖照照。要不，你把那东西亮出来，上街看看，有哪个要？"屋里的女人们听了，忍不住地笑，屋外的男人听了也笑。张二胡娘一时也想不起旗鼓相当的话来驳她，只是不服气地说："神气什么，你也要老的，别指望状元境里，就你一个大美人。哪个都有年纪轻的时候，我像你这年纪，一样也可以出风头。"

三姐说："那活该，你现在老了，后悔也没用。"大家见老的根本不是小的对手，推着拉着，把张二胡娘劝走。老太太临出门，见儿子苦脸巴巴地也来送，账都算在他身上，扬手便是一记耳光。说怪来怪去，都是这儿子不争气。

张二胡娘回到自己房里，越想越气，越想越委屈，又号号啕啕哭了一场。街坊邻居大都走了，只有几个送她回房的，因为她哭得没完，全心全意地想走，又不好走。等她哭累了，刚想换个方式，和人家说道理，剩下的人慌忙告辞。她也知道留不住人，嘴上还敷衍着别人走好，换了口气，呼天抢地地再哭。那最后的几个人已经到了大门口，只当不听见，故意相互间大声说话，径直走了。张二胡娘一个人哭得极无趣，不一会声音小了，出来到茶炉子上端了盆热水，痛痛快快洗了把脸。热手巾一捂，脸上叫三姐抓破的地方隐隐地痛，回房间照镜子，发现不止一个破处，也不知那骚货是怎么抓的。越想越不甘心，咬牙切齿地生了一会气，侧耳去听儿子房里的动静，要么死人似的一声不吭，要么是那三姐的浪声高语，不是骂丫头，便是骂汉子。于是不由得自己对自己说："我孤儿寡母的，苦了一生，到了这份上，活着还有什么意思。"想自己好不容易拖大了儿子，儿子不但不养她，半点点的孝也说不上，又是一味地怕老婆。她现在好在还能管自己一口饭吃，日后真老了瘫了，还不活活地饿死。有着日后饿死，倒不如现在死了干净。

既然动到了这脑筋，张二胡娘便在心里做种种死的打算。她年轻时曾见过状元境里有个人吃砒霜，痛得在街面上打滚，不死不活的好半天，临了虽然死了，那滋味现在想起来也不好受。自己如今是叫媳妇逼死的，逼死已经够惨了，没必要受这个罪。秦淮河上又没个盖子，干吗不痛痛快快跳下去。转念一想，又不对。既然存心和儿子媳妇过不去，死了就不能让他们太平。既然秦淮河上当真没盖子，万一都说她是失足跌下去的怎么办。倒不如寻根绳子，就堵着儿子媳妇的房间吊死拉倒。于是脑子里又在想自己死以后的结局，或者有人揪着儿子媳妇去见官，或者媳妇也畏罪吞了砒霜，痛得地上乱滚，嘴角流血，裤裆里淌尿，满街的人围着看。如此这般地想着，心里倒也痛快。

第二天，老太太换上了新年里才穿的青竹布罩褂，上街买了双新鞋，在老正兴要了碗"过桥"的鳝丝面，慢慢地吃了，又特地从状元境西头回家，挨家挨户地告别，口口声声地说自己老了，不敢妨碍儿子媳妇。众人听了害怕，都异口同声地劝老太太宽宽心，越劝，她越有劲，索性回到自己房里，叫着早八辈子就死了的男人名字，一口一个"我来了，我来了"，叫得人毛骨悚然。

张二胡听着心慌，求三姐给娘赔个不是。三姐放下脸就骂："我最见不得这副没骨头的样子。你也算是个男的，我倒要问问你，你妈究竟是死了没有？"

张二胡说："何必呢，你给她个面子，她也就不死了，到底是我妈！"

三姐说："你妈怎么了？我也没多少钱，她要死，一口薄皮棺材还买得起，不会把她扔了喂狗的。你若是个孝子，尽管跟着死，我不拦你。"张二胡苦着个脸，只会说："何必呢，何必呢！"

"什么何必的，"三姐说，"我就是这歪理，你不敢死，就乖乖地活着。既然是属乌龟的，就给我把头缩起来，要不然，你时不时地伸一伸，叫我看着恶心。小玉，给我把马子收回来，怎么次次都要人提醒。"张二胡看见三姐坐在马子上，连忙也坐在床沿上，说："我知道你的心也不坏，就算吃点亏，又怎么样？"

　　三姐说："少跟我来这套，我这人的心，没什么好的。你往那坐，弄醒了孩子我跟你没完。你起来，起来！"张二胡只好站着，三姐又说："老实说，我也没什么对不起你的。你好好想想，我吃了你的没有？穿了你的没有？你再想想，小玉的钱是谁出的？这一阵你吃的这些好货，又是谁的钱买的？我也不说，你只是该想想，别占着了便宜还当吃亏。喂，不要傻站着，给我拿张草纸。"

　　这天晚上，三姐头一次允许张二胡睡在她的脚跟，把只冰冷的脚塞在他怀里焐着。张二胡的胸口老是热不了，一颗心七上八下地乱跳，总觉着就要出什么事。三姐是个倒头就睡的人，睡着了就打呼噜。他过去一直以为只有男人才打呼，只有老头子才打呼，自从有了三姐，才知道漂漂亮亮的女人也有呼噜。到了半夜，迷迷糊糊中，他也记不清自己是不是睡着，仿佛听到什么声音，竖着耳朵听了一会，外面静得只有风声。又听了一会，听见几声凄厉的猫叫，因想起白天时西北风吹得极紧，天阴沉沉地堆着多厚的云，再看天窗上，白得似乎下了雪。不由得心烦意乱，昏头昏脑做起梦来，他梦见雪把树压弯了，他娘穿着那件新年才舍得穿的青竹布棉袄罩褂，在雪地上茫然走着，脚印深一个浅一个的，齐齐整整地一直往前。忽然间他娘的形象变成了三姐，青竹布褂变做了大红披风，也是不回头地往前走。张二胡清醒过来，身上湿漉漉一层虚汗。他娘那边已经起床，传来那扇老掉牙的门的叽嘎声。也不知他娘推出推进正在干什么。一盆水"啪"的一声泼在小院里，他娘的干咳声，轻得听不见的脚步声，风声，还有三姐的鼾声，都和夜融化在一起。他朦朦胧胧想睡，又朦朦胧胧地睡不着。三姐翻了个身，依然打呼。这时听到门口窸窸窣窣地响，响了一阵，又"嘭"的一声，有什么东西撞在门上，心里正奇怪着，连忙爬下床，一拉门，见娘正悬挂在梁上，被唬得退回去大叫三姐："娘，娘，我娘死了！"又冲出去，抱着娘的两条腿，拼命地往上送，嘴里"娘啊娘啊"地喊个不停。三姐跳下床来，黑灯瞎火地摸了把剪刀，就来剪绳子，刚出门，又被倒在地上的凳子绊了个跟头，一把剪刀跌出去多远，摸了好一会才拿到。张二胡哭天喊地，那声音十里八里也听得见。小孩吵醒了，也大着嗓门一声叫。街坊邻居听了，想果然出了事，慌慌忙忙套点衣服，陆陆续续地赶来，见门大敞四开着，忙登堂入室，又看见张二胡和三姐已把人解了下来，直挺挺地放在地上，张二胡在一边哭个不停。来人中有个年纪长一点的，便喝道："怎么把人放在地上！"张二胡和三姐听了，忙往自己床上搬。长者又说："还不快把绳子解了！"一句话提醒了张二胡，手忙脚乱地去解那套在脖子上的圈圈。三姐因为小孩哭着吵，更忌着和死人放在一道，恶声恶气地叫小玉把儿子抱走，又嫌男人手笨，上前一把把他推开，三下两下地便把绳子解了扔了。看热闹的人越聚越多。

反正张二胡娘的命不该绝。绳子解了，只见她重重地舒了口气，眼睛睁开了，一时不知自己在什么地方。三姐撅了屁股就走，张二胡又惊又喜，扑在娘身上，一口一声娘地叫个不停。他娘也醒悟过来是怎么回事，于是母子抱头痛哭。旁人看在眼里，酸在心里，都觉得三姐太不像话，一齐怂恿刚刚发过话的那位长者出来主持公道，都说这话唯有你老人家说合适。这媳妇是个辣货，刚刚你老人家几句话，还是怕的，你看她哪敢吭一声。长者便说："不是我要站出来多事，这年头，不成体统的花头多的是，不过这做媳妇的，一味想逼死婆婆，在状元境里，没这个理。"众人都巴巴地附和，说状元境里从没听说过有这种事，长者又骂张二胡："你站出来也是尊人物，如何这么见不得女人，哪像个有鸡巴的。"三姐也不听他啰唆，推门出去，昂首站在小院里。大冬天的，正是滴水成冰的日子，三姐刚坐过月子，又是一身单衣，分明是不想活了。状元境的人十分尴尬，又不能见死不救，僵了一会，便有心软的去劝。张二胡哭了一会娘，起身不见了老婆，寻到小院里，只差跪下来求三姐进屋。三姐咬着牙死不依，有人给她披上棉袄，也被她扯下来扔在地上。临了，众人推来推去，选了几位代表把三姐连抱带扛地送回去。三姐已冻成了冰棍一根，脸白得像张纸，嘴唇也没了血色，只有那敞开的衣领间的一角抹胸，红得像烧起来的火一般。

3

张二胡小时候，常和状元境的顽童，一起到秦淮河边玩水。那些顽童捉住了青蛙，寻根什么管子，便塞在大腿间的小洞里拼命吹气。吹了气，把气鼓鼓的青蛙扔进秦淮河。那青蛙在水里前后脚不住地乱动，光剩下挣扎的份儿，却做不了自己的主。张二胡觉得自己也是个被吹足了气的青蛙，腆着大肚子浮在水上，正徒然地做些身不由己的挣扎。他不知道怎么去做个孝子，也不知道怎么才是个好丈夫。反正他是娘眼里的逆子，老婆眼里的坏男人，她们恨他就跟恨贼似的。"你怎么还不死呢，你爹到你这岁数，早死了！"他娘老这么咒他。老人家求死不成，便打定主意好好活下去气气儿子和媳妇。她再不乐意和儿子媳妇一锅里吃饭。自备了一个白泥小炉子，小锅小炒，三天两头吃肉，弄得张二胡也不明白她哪来的钱。有时兴头来了，也喊儿子一起吃。张二胡人傻心不傻，知道他娘喊他吃肉，三姐特地当着婆婆对他亲热，都是一样的用心。

只有三姐的小儿子对张二胡一片真心。这孩子刚刚几个月，远远地看见他便要抱。一抱上手，便乐得嘎嘎笑。张二胡为他取个了名字叫天宝。天宝生来巴掌大的小脸。除了一双大眼睛像三姐，脸上没一样不小。有机会张二胡就拉二胡给他听。二胡悠悠地拉着，小天宝的大眼睛盯在天花板上悠悠地转。二胡拉到忧伤处，小天宝的眉头就皱起来。三姐听了不乐意，直说自己原是当兵的女人，听惯了枪子的，那声音噼噼啪啪并不吓人，倒是这杀不了人的臭二胡，叽嘎叽嘎地像鬼叫，叫着让人瘆得慌。张二胡打算弹琵琶，又想到吹箫，三姐知道了，一顿好话："求求你大爷，让安静几天行不行？我死了，你再折腾，也来得及。你急什么？"

甚至丫头小玉也作弄他。明知道他喜欢天宝，就是作对不让他抱。他赌起气来，想拎着二胡独自一个人到城墙边慢慢拉去，又害怕人围着看，把他当傻子。到后来，终于悟出了一个道理，原来他想要干什么，就注定不能干什么，因此最好的办法，是再也不要想干什么。于是每天和三姐要几个小钱，夫子庙有的是茶馆，天天东喝到西，西喝到东，只拣那人多的地方坐。茶喝多了，也粗粗懂得些茶馆的门道。原来这茶馆日日有三批客。第一批是带着儿孙进早点的老派人，坐一坐就走。第二批光喝茶，听书，聊天。第三批又是吃客，吃茶是假的，吃大富贵和永和园的干丝，吃兰园的蟹壳黄和包顺兴的小笼包饺是真的。张二胡混在第二批茶客里，并不羡慕那帮吃客，只是偶尔想到天宝大了些，会走路了，可以挽着他来吃早点。他不是个会说话的人，茶馆里闲谈高论的资格轮不上，因此便乖乖地听人说书。听得津津有味，回去说给三姐听，却连不成个故事。

当年秦淮河一带，有夫子庙三杰，城南三害，状元境三霸的说法。三杰是文的，以风流能博得妓女的喜欢闻名。一个是有钱的大好佬，不到三十岁的年纪，腰缠着老子横死后留下的万贯家财，气势磅礴地寻花问柳。一个是有貌的小白脸，客串时也能哼几句昆腔，因为深得几位有财有势的姨太太的宠爱，和妓女往来时并不愁没有钱花。三杰中的老三，既没钱也没貌，全靠写些艳情的二毛子诗赠送妓女，那些青楼中人难得有这么一位知己，纷纷倒贴着和他结交。城南三害都是武的，专干打架钳毛的勾当。其中东关头老五，横行了八年，终因打死人吃了官司。长干桥蔡包子揍了一世人，临了却被人敲断了腿。只有信府河的王呆子改邪归正，足足地捞了一笔钱，开了铺子做起老板来。相形之下，状元境三霸没有人家的名声，而且不文不武。三杰和三害的尊号是别人叫出来的，三霸的头衔则是自封的。

这夫子庙周围，最多做小生意的人。做小生意的，难免要为几个小钱斤斤计较，一斤斤计较，人便抱不成团了，有了事也没人照应。夫子庙附近多赶马车的。南京有马车，还是清朝末年。民国初年大为风行。当年坐马车的也有三等。一是显赫的军官，前有马队开道，车门旁站着荷枪的亲兵。二是名门的阔少，他们坐的专车又叫享斯美，常常自己操缰，轻蹄嘚嘚，斜照一鞭，带着美人游玄武湖和东郊风景区。三是肯花钱的人，这类人最多。无论是跑单帮的商贩，还是会情人的姨太太，或者上衙门应卯的官吏，谁出钱谁坐车。平常人家死了人出殡，婚嫁迎娶的，也坐这车。坐三等车的人最多，赶三等车的人也最多。赶三等车的马夫和做小生意的不同，这些人都是一个妈养的，最讲究心齐。平时里不出车，聚在一起则说《水浒》，说《七侠五义》，骂起人来一呼百应，打架一齐挥拳头。因此做小生意的被人欺，赶马车的欺负人，一时成了秦淮河一带的风气。

状元境三霸并不都住在状元境。状元境西头有片马车行，三霸是三个赶三等车的马夫。

三姐整日闲在家里，百无聊赖。天宝逐渐大了，也不盯她。她是个急性子，想跟着张二胡一块上茶馆，既耐不下心来一杯一杯地喝茶，又嫌说书的卖关子，废话多而太慢，更觉得茶馆里都是些最没劲的男人。夫子庙地方不小，但是状元境紧挨着它，用不了多久，玩的地方玩遍，吃的地方吃遍，害得三姐仿佛笼子里的鸟，腿上绑了线的蚱蜢，白有了一身劲，却折腾不起来。闲时站在大门口，嘴里吃着零嘴，懒懒地看着来往行人，因见常常有马车往西头去，她总以为那里住着个什么了不起的人家，一天心不在焉地散步出去，发现只是个马车行，不免一股说不出的滋味。那天正好没什么生意。车行里几个马夫正围着掷骰子赌博。有两个不好赌的坐在车行门口，眼睛都盯在来往的女人身上，嘴里不住地评头论足。其中一个远远地见三姐来，便说："你看，就这女的，每次赶车从她家走过，都跟我眉来眼去，我只要稍稍下点功夫，你信不信？"

另一个把眼睛一眯，说："我当是谁，就她？老三，你也是的，不住在状元境里不知道，你不知道这婆子有多凶，有多恶。"老三说："真是外行话，女人越凶，越恶，越有那种劲。"说着，见三姐走近了，搭讪说："这位太太，坐马车去会什么人？"三姐白了他一眼，立定在车行门口，踮起脚来往里看。两个男的也不由自主地把眼睛往里一扫，旋即收回来，钉子一般地盯在三姐挺起的胸脯上。老三又说："你不要看了，这儿就数我的马最好，包你满意，"明知三姐不要车，故意缠着她，"像你这样的坐车，价钱好说，保证你不会吃亏。你真坐，我白干也行。"

另一个则旁敲侧击："这话怎么讲，白干，你赶车的肯，人家坐车的肯不肯呢？"

三姐由他们说去，自顾自往车行里走，见那帮人赌得十分认真，兴致勃勃地站在一旁看。老三也跟了进来，一双眼睛滴溜滴溜地在三姐身上转，想方设法找话说。他是车行里有名的花花太岁，见了三姐这样漂亮的女人，血管里的血流得比平时快三倍，骨头比平时轻三倍，大声嚷道："让个位，给我们这位太太让个地方。裘皮，你过来。听见没有？"裘皮正当赢钱，抬起头来，翻了三姐一眼，连忙低头去找骰子。三姐见了，微微地笑，又到另一个人身后去看。她不知道这个人就是状元境里的老大。状元境的三霸是掰手腕掰出来的。城南多少片马车行，就数状元境这家的马夫最强悍，最能打架。难得的是这些英雄从来不内讧，因此只能靠掰手腕来决胜负。状元境的老大号称方圆十里无敌手，而且赌运向来很好。谁想到今天坐南向北，总是小赢大输，身上的钱不够赌，借的钱也输光。悻悻地站起来，见三姐立在身后，禁不住光火："我说见他妈的大头鬼，原来后面有这么一个母的，能不晦气？"说着，外边有人叫车，送客去下关，老大抄起马鞭，骂骂咧咧地走出去，直说今天倒霉，车还未出，倒把车钱先输了。

大家都注意到了三姐，一边继续赌，一边拿眼睛噬她。三姐依旧兴致勃勃地看。老三依旧一旁做不完的轻骨头相。临了，老三说："光是看有什么劲，你没钱，老子借给你上台子。喂，你想不想玩？"三姐又白了他一眼，见那帮人都看她，上前抢过两粒骰子，说："玩就玩，我来坐庄。你们下赌注好了。"众人说，不是玩的事，你倒是有钱没钱。三姐眼睛一亮，说："有。"众人又叫她拿出来，三姐便说身上没带，众人说："那不行，那不行，说不是玩的事，你还是当玩的事。"老三说："你们怎么这么不上路子，撑死了一块大洋来去，这漂漂亮亮的大美人，当真会少你们一个子儿。"众人还是摇头。

三姐把骰子换了个手，把手腕抵在腰眼里，用劲抹下一只玉镯子，桌上轻轻一放，问这算不算钱。众人见了好笑。偏偏两个骰子都在三姐手上。裘皮说："好，来就来，不过哪有一上来就坐庄的道理，再一个，你这手镯值多少钱？"三姐也不睬他，抱着两个手摇骰子，催众人赶快下注。众人刚下好注，三姐说："看好了，来个好的。"裘皮忙不迭地叫："哪有庄家先掷的道理？"伸手去按三姐的手，三姐手一挥，嘴上说"先后还不是一个道理"，已把骰子掷出去，刚上手就是一副天牌。老三看了叫好，说这牌掷得简直比人还漂亮，一边帮着三姐催众人掷骰子："什么先掷后掷，还不是一回事，你们几个男的，难道想赚人家一个女的不成？快掷了算！"裘皮正色道："规矩就是规矩，哪能随便改。就是掷了杂七杂八，也不算。"

三姐一副看不入眼的样子，卷了卷袖子说："不算就不算，没见过这么不爽快的人，快请吧，别叫我说出不好听的来。"

众人掷了骰子，三姐伸出两根水葱似的手指，把骰子捡在手掌上，又捂上，慢悠悠地光晃。老三只是个看客，三姐晃得越长，越觉得有趣。几个下了赌注的，急于要知道结局，歪着头，仰着脖子，又不得不做出不在乎的样子。三姐晃了一会，笑着对众人看看，把个小拇指跷得多高的，拎起一只骰子掷出去，再掷另一只，恰巧又是两个六。裘皮大叫："真邪了门，又是天牌！"带头把面前的铜子推出去。

三姐兴冲冲要连着坐庄，众人不依。三姐说："既是赢了，凭什么不让我连庄，以为我不懂门道，是不是？"众人没法，只好让她继续坐庄。来来去去，三姐面前竟然堆起一小堆碎钱。看看天色近晚，便站起来，把

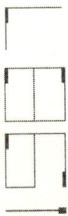

那手镯拿过来套在手腕上，又在钱堆上抓了一大把，笑道："这钱，老娘拿去买瓜子吃。这钱，你们给我留着，赶明儿再来赌，就是本钱。"说着，一阵笑声，人已经出了门。

4

张二胡知道三姐有了赌瘾，三姐的赌运已经今非昔比。明知道说了没有用，明知道说了要挨骂，张二胡忍不住还是说了几句，劝三姐往后不要去赌。三姐说："我正输了钱，满心的不痛快，你少来惹我。赌，怎么了？三姐我高兴？赢了，我买瓜子吃，输了，也不要你掏腰包。赢啊输的都是我的钱，干你什么事？"张二胡低首下心地听着，刚想插嘴，三姐眼白对着他，说："干吗非来惹我，是不是叫我说了不好听的，你高兴？都告诉你了，今天我输了钱，心里不痛快。"张二胡说："你既然不痛快，我拉两段给你解解闷？"见三姐眉头皱了，忙岔开说，"输了输了，能有几个钱，气坏了身体，也不值得。"

三姐冷笑道："话倒是人话，就是从你嘴里吐出来，全不像了。几个钱？也不是尽拣着现成好听的说，就算你像个大爷，是个有能耐的，怎不弄几个小钱来让我赌赌。亏你说得出，几个小钱，你喝茶也是几个小钱，就是老娘赢来的。怎么，你怕我输了你的茶钱？"

张二胡不乐意地说："我哪是这意思。让你不生气，你还是生气了。"

三姐说："我生气，原是你招的。"

张二胡想了想，不想说，还是说了："人家都说赶马车的，野得很，也不讲道理，你何苦和他们，和他们在一起。"

三姐又是冷笑："在一起怎么了，他们是野，是不讲道理，你若是怕他们吊我膀子，吃我豆腐，只管和我一起去，要不，就缩起你那乌龟头，我不要看。"

三姐因为常常在马车行里掷骰子，不仅和一班大大小小的马夫混熟，状元境的老少也都知道她的好赌名声。三姐只要衔着瓜子往西走，便吃准是上赌场。下了赌场回来，一望那脸上的表情，又知道了她的输赢。

状元境的马车行，是一个姓徐的盐贩子发了财开的。他自己花钱活动了个官衔，便把手下乱七八糟的铺子，交给喽啰去管。裘皮是车行的管账，当年马马虎虎也算条好汉，一条腿就是做好汉时被打瘸的。老三虽然是马车夫中的花花太岁，有时也向裘皮讨教，把他当作寻花问柳的前辈。"裘皮，你也算个过来人，你说，这女人到底是什么路数？"他因为刚被三姐碰了一鼻子灰。裘皮说："什么路数，我料定她好不了，要不，能在我们中间混。"老三说："也不知道她转什么念头，你热她就冷，你冷她就热。你没见着昨天她和我那副亲热相。"裘皮说："难道你还当真，这样女人的亲热算什么，她和我还有一手呢！"老三听了发笑，说："你他妈六十岁都往外数的人了。"裘皮也笑："六十岁怎么，你指望我们人老了，什么都不如你们？"老三还是笑，两眼瞟着裘皮跷在那里的瘸腿。

车行的生意忽然好起来。天天有人死，大大有人家娶亲。生意好，马夫们的赌劲小了，白天凑不出桌来。于是三姐晚上去赌。裘皮住车行，再有三五个没有老婆的，或者有了老婆不想在老婆身上下功夫的，围在一起便是一桌。三姐天天回去晚，关照张二胡等门。张二胡贪睡，等着等着，不巧便睡着了。三姐回去了，一片声地打门，打开门，口咬牙嘶一顿骂，发狠说，下次若再把她关在门外，当真找野汉子睡觉去。张二胡心里明白是老娘作对，把留着的门又偷偷地闩上，却不敢对三姐讲，讲了又是大吵。如此这般地连续了几次。既怕再听见三姐的叫骂，又怕她真的出去胡来，更知道他娘总是偷偷闩门，因此索性搬了张椅子，天天坐在门口等。这天晚上活该有事，三姐迟迟不回，张二胡坐在那里，迷迷糊糊已经了一觉，又迷迷糊糊地发现他娘不知怎么到了自己面前。他娘说："傻儿子，在这傻等干什么，把门留着不行？"张二胡说要再等一会。他娘又说："你去睡吧，我不闩门。"张二胡听了，睡意蒙蒙地回房间睡觉。睡了一会，不放心，又悄悄出来看，那门果然没闩，再悄悄地回房间，盖上被子呼呼大睡，不一会梦见三姐已经回来，正懒懒地脱衣服，雪白的手臂在不明不暗的空间挥着。

三姐从车行回来，也有些困了，到了大门口，正听见里面轻轻地闩门，连忙上去推。越推，里面闩门的声音越急，三姐说："我回来了，你闩什么门？"里面没有回声，三姐知道是婆婆，又说："深更半夜，你把我关在外面，什么居心。"婆婆在里面说："张家没有半夜三更不归的女人。"三姐火了，说："老婊子，开不开门？"婆婆说："开，你等着，小婊子！"一阵脚步声人走了。三姐恨得拿门出气，手掌敲痛了，张二胡也给咒死了，门还是不开。心一横，掉头又往车行走去。车行里还有三五个人，三姐进去，大声说："我没家可回，你们，谁有地方让我睡觉？"众人听了吓一跳，见三姐抱着手，用眼白对他们，有老婆的，赶忙不迭地想到自己老婆，没老婆的脑子里一下子闪过许多念头，不约而同地心跳有些失常。三姐看没人敢开口，冷笑说："怎么都他妈哑了？裘皮，今天我就睡你这。"说着，拔腿往裘皮房里走。众人的耳朵也到了裘皮房里，听着乱七八糟的声音乱响，然后一切归于安静，不由得重叹一口气，有羡慕，有后悔的，也有不知所以的。

裘皮这晚上又是赢家，起身说："时间不早了，明天再来。"其他人说："你急什么，难道怕三姐跑了。看你急得那样子？我们不睬他，他不来，我们来。"裘皮没办法，只好看他们掷骰子。好不容易那几个人说笑着走了，裘皮急巴巴地跟着去闩门，又急巴巴地往自己房里去。门已被三姐从里面闩住，裘皮只好敲门。三姐刚睡着，吓一跳，坐起来厉声问："裘皮，你想干什么？"裘皮涎着脸说："我不能不睡觉，你把门闩了，怎么进来？"三姐说："见你妈的鬼，老不死，你还想进来和我睡呀？"裘皮说："原是你送上门的。"三姐在里面骂道："你怎么不跟你妈睡觉去？我真不好骂你了。"

裘皮说："你既然来了，想清想白也没用，你说状元境明天哪个会不晓得？别看我老了，我懂得多，保证不让你吃亏。"

三姐说："妈的，你再啰唆，我明天非当众扇你耳光。我清也好，白也好，你他妈别操心。老娘清自然清，浊自然浊。癞蛤蟆一个，也想吃天鹅肉！"

裘皮笑着说："我当然是癞蛤蟆，你当然是天鹅，偏偏我这个癞蛤蟆想吃天鹅肉，你怎么办？"三姐冷笑一声："我不让你吃，你怎么办？"裘皮没办法，服软说："那也不能让我在外面站一夜，给条被子行不行？"三姐说："我早扔外头了，你拿就是了。"裘皮没想到临了是这个结局，又奈何三姐不得，抱了被子，独自找板凳去睡觉。睡睡，又睡不着，偷偷地爬起来，摸了把菜刀，去拨三姐的门闩。心慌意乱地刚有些眉目，三姐醒了，跳下床来说："裘皮，我和你挑明了，老娘身上带着刀子，你身上血多，想放掉一些，只管进来。"裘皮一听这话，不死的心全死了。

三姐在车行里住动了头，从家里取了大红缎面的被子，动不动便住在那。裘皮连碰了几回壁，好比黄鼠狼拖着鸡毛掸，小花狗咬到了猪尿泡，白白地欢喜一场。

众人只当他捡了便宜，当面都拿他取笑，有人逼着做东，有人乘机借钱不还。老三背着人骂他老狗日，恨他交桃花运。裘皮说，碰到这样的母夜叉，只能交梅花运，又诉了一通苦。老三不信三姐当真有刀，又笑裘皮到底老不中用。他看准了时机，灌了几碗酒，一脚踢开闩住的门，冲进去便找三姐的两只手。

张二胡不愁吃，不愁穿。他从来没有过钱，因此不知道钱的用处。自从有了三姐，老用她的钱，老挨她的骂，加上听书时，老听着大丈夫志在四方这句话，不免动了发财的念头。那时的茶馆常有人在里面接洽生意，谈各类行情，大把钱来去，流水一样。回去说给三姐听，也想去做生意，三姐听了，也不怂恿，也不阻拦，只是笑。张二胡不相信三姐和老三早已打得火热。他不愿相信真有这样的事。天下什么样的事都可能，因为什么样的事也都不可能。这天晚上三姐又不肯回来，张二胡想了想就去请。他是第一次去车行，远远地看见灯亮，心里体会不出的滋味。一帮人正围在灯下赌，三姐捋起袖子掷骰子。大家见有人来，有认识的笑着说："快喊老三，打架的来了。"老三不好赌，早早睡了，被窝里甜甜地等着三姐，听见了慌忙爬起来，拎着裤衩刚站在地上，听见外面三姐的声音："你来干什么？"张二胡的声音："接你回去。"接下来是起哄的声音，有人问他为什么单单今天来接三姐，有人问他是不是在家睡不着，想老婆了。又是三姐阻止的声音："你们不要见他老实就欺负他。"又是起哄的声音："我们欺负他？天地良心！状元境谁不知道二胡兄弟的厚道，欺负他，嘿嘿嘿。老三，你出来。"老三在里面应着："出来就出来，"衣服也没穿，裤带束束紧，踩着鞋后帮，懒懒地出来问道，"谁找我打架，谁？"两眼毫不在乎地看着张二胡，故作傲慢地说："你？"张二胡也不理他，执意要三姐回去，像是离不了娘的孩子。众人大笑。三姐说："你跑这来丢什么丑，偏不回去。"他听了，还是劝。众人还是笑。

老三把膀子一抱，有心鼓起一块块的肌肉，对三姐说："还守着这么个活王八干什么，倒不如跟了我，给我做老婆。"三姐在地上吐了口唾沫，一脸鄙视的样子："就你能，算是会说话是不是？"旁人打趣说："老三，难道你不怕做王八？"老三笑着说："我，我的女人谁敢碰根毛，妈的。"说着，用眼神提醒众人看张二胡。张二胡只当什么话都没听见，耷拉着脑袋，像一把生了锈的铁锁似的，死咬住一个理，就是要三姐回去。三姐看不惯他的窝囊，又不忍看他被人糟蹋，便陪着他默默地回去。众人追在后面又是一阵大笑。老三喊道："妈的，你去了，老子怎么办？"说着，就在街面上，冲着墙根带头撒尿，嘴里还在喊。

第三章

1

张二胡在状元境消失了很久，人们才发现少了这个人。没人知道他跑到哪里去了。有人说被三姐气得跳了河，有人说被马夫们吓得跑到了关外。甚至三姐自己也不清楚怎么一回事。公鸡下蛋，老鼠吃猫肉，三九天开桃花。时间一晃就是五年，到张二胡发了大财，从天上掉下来，她只当是撞上了鬼。

没人知道张二胡怎么就发了财。张二胡还是张二胡。脸上黑了些，黄了些，加上不少白的银圆，张二胡还是张二胡。

三姐也仍然是三姐。

五年里，三姐给张二胡又生了两个儿子。凡是女人有的坏名声，她都有了。状元境的男人为了她，打来吵去，状元境的女人为了她，吵来打去，三姐仍然是三姐。什么都和过去一样，和过去一样地标致，一样地泼辣，一样地不能没男人。哪怕说话的腔调也是过去的味，见了张二胡，眼白对着他，劈头便问他怎么没死。"可不没死，要不，死在外头快活，能想得到回来？"

张二胡直直地看着她，眼前一阵白雾。一肚子话，一肚子委屈，一肚子不高兴，都闷在没嘴的茶壶里，倒不出来。三姐说："这么看着干什么？是不是我老了，丑得不认识怎么的。准是在外头漂亮的女人见多了。要我想，这几年在外头，不知怎么玩女人呢。回来就好，别傻站着，天宝，你缩在那干什么，喏，这是你的那位爹！"

天宝已是个有棱有角的小男孩。瘦瘦的颈子正在往长里长，小脸上放着一双大眼睛，全是神，半信半疑地叫了声"爸爸"，走过去，把头偎在张二胡身上，先不动，然后轻轻地擦。张二胡摸了摸他的头，心头止不住地发麻，腿也在抖，掏出块银圆来，叫他买糖吃。三姐一边见了，骂道："多大的孩子，一给就是一块钱，刚回来，显着你钱多是不是？天宝，你拿，试试看？"

到晚上，三个小的都睡了。小天宝梦里甜甜地喊着爸爸。三姐脱得不能再脱，便往被子里钻。张二胡坐在床沿上发傻。三姐从被窝里爬出半截，说："这傻样子，怎么一点没变。见着了又好气又好笑。喂，你哑了？"

张二胡说："我带了钱回来，原想叫娘过几天好日子的。这下好了。"

三姐说："什么话，你娘死了，怨我？"张二胡说："我不在家，你们准保又是天天吵。"三姐冷笑说："真正废话，你在家，倒是天天不吵？她要吵，怨我？人老了，她要死，怨我？我又没有倒八辈子穷霉，什么都想怨，凭什么？秦淮河上没盖子，你娘不跳下去，家里有的是绳子，你娘也没有再往梁上挂，是好好地死在床上的，这个账你认不认？"张二胡红着眼睛，不想说，还是说了："那也是，人死了几天，才知道。"

三姐听了，红了一会脸，想明白似的说："噢，全知道了。和尚庙里秃子多，坟头地里鬼多，这状元境，就他妈的能嘴多。翻起一张臭嘴，真是的，什么屁话说不出。现在好了，总算是在外头混了两年，要起脸来了，因此这会挑眼来了。不错，是死了几天才知道。怎么样？我告诉你，人都臭了，你信不信？赶明天我死了，准保也这个样。自己也不知死到哪里去了，现在怎么了，该了几个钱，就想做孝子，真正不得了，"说着，眼睛一红，"就算我把你娘逼死了，怎么样？要想摆个孝子的模样，只管摆就是了。"

张二胡说："反正明天要看娘的坟的，怎么说，也要去。"

三姐说："乖乖，总算会说一句狠话了。到底是出门混了几年。去就是了，谁拦你？"张二胡又无话可说，仍然傻傻地坐着，眼睛不看三姐。三姐跳下床来，捞了件衣服披上，坐在马子上，似恨带怨地看着他。看了一会，冷笑道："有什么厉害的，使来叫我看看，别这么木桩似的竖在那。"她一边慢腾腾地往床上爬，一边说，"居然也学会生气了。那是的，现在有钱了，能不摆些人模样出来吗？怎么，不想睡觉。要是嫌家里

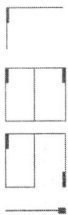

的床睡了腰疼屁股痛，想坐一夜，也好。"说了，裹紧被子，侧身向里，独自地睡觉。

第二天，天宝吵着要一起去上坟。两个更小的也哭着要去。三姐一腔火，满肚子不自在，照天宝就是一记耳光，又踢了老二一脚。第三个吓得先哭，掉头往门里跑，门槛上绊了一跤，哭得更凶。天宝捂着脸，也不哭，执意要和张二胡一起去。雇来领路的人打圆场说："既然少爷要去，一起去就是，反正老爷要叫车子的，道又不远。"三姐白了他一眼，说不要得了几个臭钱，就捧着个屁股当脸舔，什么老爷少爷的，这家里从八辈子起，就没有一个爷。张二胡一旁默默地听着，害怕她那张朴刀似的嘴，也不敢惹她，牵了天宝，跟着领路的，又叫了辆车，往聚宝门方向去。天宝头一次坐马车，快活得像开了锁的猴子，一会坐，一会钻，一会又跪着，又恨马车跑得慢，不能夺过鞭抽两记。张二胡见天宝脸上还有三姐的指印，又看他那样快活，车行半路，让领路的下车买了串糖葫芦。天宝舍不得吃，举在手上左看右转。张二胡想起自己小时候最爱吃驴肉，可惜那时没钱，车到聚宝门，再让领路的下车买了一大包驴肉，几个人一路吃着。

那领路的领着在坟山上转了半天，才在一堆大大小小的荒冢中，找到张二胡娘的坟头。张二胡给了些钱，领路的见赏钱不少，一谢再谢，高高兴兴地下山。张二胡待那人影子没了，回过头来仔细打量他娘的坟，说不出的一种陌生感。

重阳刚过，已经略略有些寒意。又是个没太阳的阴天，满山遍野的青草，都是无精打采的样子。孤零零的一株枫树，站在山坡上，微黄的叶片迎风招摇。小天宝见他爹傻傻地蹲在地上，也不敢走远，只拣近处最高的坟堆爬上去，居高临下地望下看，手里依然举着那串没吃完的冰糖葫芦。张二胡在地上蹲了一会，重新去看墓碑上的字。那墓碑竖在那里，又小又薄，字还算清楚，写着"先母张李氏之墓"，落款是"孝子张鹏举"。张二胡傻傻地想了好一会，又傻傻地想了一会，才记起他娘的娘家姓李，鹏举是他念书时，老师起的名字。

也不知从哪飞来了一只喜鹊，就栖在那株孤零零的枫树上，翘起尾巴叫着。天宝远远地向它挥舞手上的冰糖葫芦，它也不飞。张二胡抹了抹冰凉的泪水，泪眼婆娑地去看那喜鹊，又看天宝。天宝的憨态让他记起童年的事。他仿佛回到了和天宝一样的年纪，正和年岁相仿的孩子在秦淮河里洗澡，他娘举着小竹棍这边追到那边，威胁着要打他又打不着。他娘又气又恨又无可奈何的表情，给他一种说不出的满足。要是他娘能从那个世界回来，重新用竹棍抽他一顿多好。那喜鹊悄悄地飞了，飞得很远，才哑哑地叫了一声。风吹草低，四处没一点声音。

2

张二胡把他娘先前住过的房子，收拾干净，自己搬进去住。小天宝吵着要和他一起睡。睡了一夜，两个更小的跟着学，也吵着要一起睡。三姐亲爹亲娘地又是一顿海骂，逼着天宝回原来地方睡觉。天宝恨三姐，当面翻白眼，背地里咬牙，晚上睡觉时，做梦也是三姐生病吃药喊救命。

张二胡晚上总是睡不好。他不停地做梦。就算是做梦，也没有对三姐说过一句狠话。他有一肚子的委屈，这一肚子的委屈又都是因为他自己。

他知道自己不是个孝子。

不过老娘叫老婆逼死了，不吭一声，对不起生他养他的娘，对不起祖宗，更加对不起他张二胡自己。

他知道自己不是个好汉。

不过老婆像张客店里的床，你睡他睡，心里总不是滋味。

他知道自己也不是男人。

男人都不像他这个样子。男人不是好东西，他后悔自己为什么不生来是个女人。是女人多好。哪怕是张让人睡来睡去的床也好。世上有能耐的男人，都玩别人的老婆，没能耐的男人的老婆便被别人玩。他恨自己为什么不能和三姐换一个人，如果他是女的，如果她是男的。

夜里睡不着，止不住地要多想。想多了，又一定伤神。这么过了三夜，张二胡掉了一身肉。胃下面有团气，摸上去硬邦邦的，脸上仿佛生了层锈。因此不由得想到久已不拉的二胡，白天里除了去茶馆，闲在家里时，昏天黑地地只管拉。三姐遭了冷落，咬牙切齿骂东骂西，拉住了张二胡说道理。她的歪理一层一层，一套一套，张二胡只觉得脑袋发重，好像注了铅水，一双吃惊的眼睛看着三姐，看着她跳脚，看着她慢吞吞地掰手指数落。知道她在说，不知道她在说什么。

三姐说："我听说如今在茶馆，有头有脸的，都赶着你叫先生，没头没脸的都叫一声张老爷，你也别月亮下面看自家的影子，越看越大。

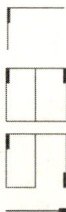

什么老爷先生的，你三姐见得多呢，并不稀罕。既然死在这个家里，就没有让女人守空房的道理。若嫌这家，你走，没人拦你。在家里成天装哑巴，给人脸看，那不行！"

张二胡找了一老一少两个女人回来。老的管家，烧烧洗洗，少的管孩子，干些粗活。三姐已过惯了没佣人的日子，挑东嫌西，不是看不入眼别人做事，就是担心多用了男人挣来的钱。张二胡嫌家里不太平，有时饭就在外头吃，三姐拿他也没办法。

这天，张二胡带着天宝去奎光阁吃早餐。临走又叫三姐追着骂了一顿不好听的。奎光阁的烫面饺最为有名，张二胡心里不痛快，吃在嘴里，也没什么味道。天宝吃得喉咙下面都是烫面饺，吵着要去看耍猴的。正看着，有个跑堂的寻来，只说六朝居有几位先生老爷等张老爷说话。张二胡想了想，记起今天有个约会，掏出几个铜子来，让跑堂的送天宝回去。

六朝居里人已聚齐，张二胡姗姗来迟，有的立起来打招呼，有的坐在那里笑着怪罪，也有的装没看见不理不睬。今天莅会的，都是夫子庙一带有头有脸的乡绅。坐上席的是商会会长，有一把年纪，老当益壮的样子。次席的是个穿洋装的年轻人，说着带无锡乡音的上海京话。他新近从美国留学回来，有个很吓唬人的经济学博士头衔，而且又新当选省宪会的议士，言谈极为自信。既然是学经济出身，因此极看不起弄政治的文人，看不起玩军事的武人。他看着张二胡在下首坐了，又接着发表他的宏论，一边用手不停地整理卡在脖子上的领带。

"武力统一，武力统一，民国都这么多年了，哪有过真正的统一呢？军事这玩意实在是个害人的东西。兄弟这次在会议上和人辩论，说除了实业之外，没有能救国的。如今又在喊什么教育救国，听着都好笑。兄弟在美国，曾和加州的议员麦大坤先生谈过一次话，人家美国，议员可是响的，抵得上我们前清的一个翰林，他怎么说，他说，你们的中国的问题的，实业实业的。兄弟提倡实业，实在也是救国根本。诸位都是实业界人士，所谓救国之栋梁。"说着，见有微笑的，有点头的，有捻胡子的，继续说，"兄弟在美国，就有三位一体的设想，这次承蒙督军的恩准，小弟的计划即将如愿。"

张二胡心不在焉地听着。邻座的一桌，几个苏北口音的正在吃花酒，其中一个精瘦萎靡的汉子大约是花钱的好佬，群花围绕之下，已经有了酒意，脸上的笑就跟哭似的。浪声高语不断地传过来，张二胡不住地偷眼看离他最近的一个妓女，那妓女看侧影，活脱是个三姐模样，搔首弄姿地不肯安歇，六朝居里就数她声音最尖最亮。经济博士的高谈阔论每每要被她的笑声打断。她转过脸，似笑非笑，飞眼一扫，满座的人都以为在看自己。经济博士深知女色的害处，僵着脖子，眼睛只敢看眼前的一小方地盘，一边口角生风地为他的三位一体做注脚。这三位一体说来也简单，就是钱庄、纱厂、面粉厂共同经营。吃穿是根本，钱又是吃穿的根本。有钱庄为后盾，可以低价收进小麦和棉花。小麦磨成粉，棉花纺成纱，一个进口，一个出口，循环一次，利润和钞票便成倍。"兄弟在美国，伊莱尔教授曾预言，欧战带来好处最多的是亚洲。因为实业乃实力，实力乃实业，依兄弟的判断，以后几年，中国的棉纱，定有大大出口之势，出口不成，固守国内市场，想来问题不大，退一万步说，就算国内市场被洋货垄断，我等还有最后一个退步，生产出来的纱织成布，全部做面粉厂的口袋。天下再变，人总得吃饭，因此兄弟说自己的计划万无一失，绝非戏言，要不督军大人对兄弟也不会如此器重。诸位说是不是？"众商绅点头称是。商会会长对经济博士颇有羡慕爱才之意，唯有张二胡不置可否，心里总在想，邻座的那个妓女干吗老是眉来眼去，又琢磨这样一位珠光宝气的女人，喝一次酒，得费多少钱。经济博士见他木头木脑，说不出的看不入眼。茶社堂倌执著把太平府大铜壶来冲茶，张二胡慌忙喝几口冷茶，举起茶盅让堂倌冲，那滚烫的开水自三尺多高冲下来，一滴不漏地全在茶盅，倒吓出他一身冷汗。

从六朝居出来，又由商会会长带头，去寻画舫游秦淮河。画舫又名花船，又名灯船，一群人中有精通此门道的，争着给经济博士介绍有名的姑娘。经济博士新派出身，总觉得中国老派人的狎妓，时间和花费并不经济，好在一来不要他会钞，二来也不便驳众商绅的面子，因此不由将就了两句老话，客就主便，入境随俗。张二胡糊里糊涂地跟到利涉桥下，插不上一句嘴。人多船小，他又不谙冶游，正巧有两人自称有事，不能奉陪，他乘机附和着一同拱手。那群人也不客气，上船便走。岸上的这两人，又不把张二胡看在眼里，也不招呼，掉头扬长而去。张二胡看着那画舫慢慢行远，正欲转身，一条唤作七板子的小船箭似的划过来。这小船也有一个

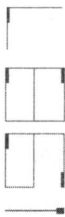

舱儿，破而简陋，船头上吊着两盏玻璃灯，一位姑娘从舱里伸出个脑袋来，用软绵绵的声音唤他上船。张二胡眼睛里只有一团粉脸，一头乌发，摆了摆手，甜滋滋地作别而去。那姑娘忙着拉别的客，竟没有骂他。

回家路上，街头卖唱的，正捧着个盘子要钱。张二胡就手从兜里掏出一把铜子，扔在盘子里，清脆的几声响。接钱的姑娘不出声地道谢。他却不回头，悠悠地往回走。进了状元境，周围邻居的孩子见了喊大爷，年长的知道他如今手头阔绰，小看不得，赔着笑脸和他打招呼。碰巧住在状元境西头的杨矮子，也逛了夫子庙回来，看着张二胡陡然像了尊人物，说不出地不痛快。这杨矮子是状元境有名的无赖。打瞎子，骂聋子，妒人有，笑人无，上馆子赖账，借人钱不还，什么下作做什么。他生来一个五短身材，拳头捏起来像干瘪的茄子，因为自小欺惯了张二胡，全不把他放在眼睛里，撕开一张小嘴，神气活现地说："二胡，你他妈现在不得了呢，有钱了，是不是？乖乖，看到了也不理不睬。唉，怎么样，借几个钱用用？"

张二胡依旧不理他，只差几步便可以进家。杨矮子却来了劲，大叫："站住，这什么理数，你若嫌我穷，怕不还，明说一声，这么只当作放屁，算什么？就算眼里没老子，也不能这样，不就是该了两个造孽钱吗。"说着，回过头来望望，见四处没人，掏出家伙冲着张二胡家沿街的窗子，哗哗地一泡骚尿。张二胡前脚已经进门，听见声音回过头来，忍不住说道："怎么在这撒尿？"杨矮子冷笑说："不在这，还在哪，难道你打算请我到你家去，老子的尿可值大价钱。"一边说，一边把最后的一点精华极轻薄地向张二胡洒过去。

张二胡浑身发抖，说："你也是吃粥饭的，干吗这么不讲道理？"

杨矮子笑着，嘴角略略地有些歪："谁不讲道理，不让老子撒尿，什么居心，想憋死老子？"

三姐在里头听了，奔出来，破口便骂。杨矮子见围的人多了，故作高声："小婊子，今天对我怎么这么凶，平时的情分哪里去了，是不是我跟你睡一觉，没你的男人给的票子多？当真就这么认钱？"张二胡再好的性子也熬不住，开口骂了句什么，杨矮子听了，奔过来，嘴里骂着："反了，你竟敢骂我，敢再骂一声？"张二胡愤愤地说："你难道没骂？"

"骂？什么叫骂？"杨矮子无赖一个，斗嘴最有本事，"譬如我叫你一声王八，也叫骂？不是有什么说什么吗？大家说，对不对？"

张二胡让一句话噎住，仿佛脑勺上棍子打了一记，一生所受的羞辱变戏法似的涌现在面前，杨矮子只当已把对方镇住，一旁的人都在劝他不要欺人太甚，他看三姐跳手跳脚还在骂，便趾高气扬地说："我们爷们在这交涉，你一个臭娘们，折腾个什么劲。你这男人，若是条汉子，敢碰我根毛，我算服他。"话音刚落，张二胡突然发力，猛一推，杨矮子退出了三四步，一个朝天跤仰在地上。他顿时威风扫地，脸被唬得发白，侧身爬起来，见有人来拉，做出要拼命的样子。张二胡也不理他，转身往家走，不防备杨矮子突然捡了地上半截砖头，朝他后脑劈过来。张二胡听见人喊"不得了"，脸一侧，半截砖头正好擦在半边右腮，立刻火辣辣地疼。那杨矮子占了便宜便想撒腿，张二胡也不知哪来的勇气，追过来，挥板斧一般舞着两个拳头，把个杨矮子砍得东倒西歪。他越打越勇，一辈子的不称心，一辈子的窝囊，全捏在两个拳头里。杨矮子紧抱脑袋，后颈后背后腰，不知叫张二胡打了多少下。腿一软，已经跪在地上，张二胡弯下腰，仍然是打，打。众人也不拉，三姐叉着腰站一边，大叫"打得好，好！"

3

这天晚上，三姐备了酒，又让小丫头去剁盐水鸭，买回族馆子的牛巴来下酒。让老妈子去买大螃蟹。自己下厨做了几样拿手菜。小天宝吃得最欢，大块搛菜，大口喝酒。两个更小的也闹着要有自己的酒盅。三姐害怕他们喝醉，笑着骂着，劝老少两个佣人一齐喝点酒。老妈子见女主人难得高兴，尽拣好话讲，尽拣好菜下筷子。那小丫头也不示弱，盐水鸭和牛巴都是她亲自买的，一路已偷偷地吃了不少，这刻倒是一心一意喝酒，脸红得像是涂了胭脂。

张二胡觉得出了口恶气。

张二胡头一次打了人。

虽然过了几个小时，他觉得自己的两个拳头仍然在挥舞。筷头上夹着盐水鸭，便想到剁鸭子的伙计，小鸡啄米一般的潇洒动作。又想到京戏班的司鼓，仿佛听到了急雨的锣鼓点子。他突然意识到，杨矮子原来是那么矮，脸只有个巴掌大，难怪要打他的脸那样难。

　　也不知喝了多少盅酒。吃了不少盐水鸭，吃了不少牛巴，炒菜当饭似的往嘴里塞，张二胡又吃了三只雌蟹，都是大的，一肚子黄。三姐满心喜欢，陪着一盅一盅喝酒。酒喝得差不多了，张二胡没有胃口再吃饭，三姐便让老妈子带三个小的先去睡觉，又吩咐小丫头烧水沏茶，让张二胡洗脸洗脚，她自己忙前忙后，一会帮着递手巾，一会爬上爬下地找万金油膏，替张二胡涂脸上的擦伤。张二胡酒酣耳热，洗了脸洗了脚，盘腿坐在床上，叽叽嘎嘎地拉了一阵二胡。他拉惯哀伤的曲子，这会心情不错，拉出来还是如泣如诉。三姐自己洗罢，过来给他铺被子，铺好了，脉脉有情地对视一会，掉头回自己房间。他看着她的背影，不说话，二胡声打了个嗝，继续拉，不一会听见清脆的脚步声，近了，又去了，又来了。三姐身穿绛色缎面紧身夹袄，胳肢窝边上别了条绸手绢，水红色的，门帘一闪，一阵风似的飘进来。张二胡没提防三姐换了身衣服，眼睛落在她着的绣花拖鞋上，拉不成调。只不过一眨眼工夫，那红的旧的绣着梅花的拖鞋，懒懒地散开，成了月夜雪地上两瓣零落的梅花。床板重重地震了一下。张二胡心跳着回头，三姐手上的衣服巨鸟一般向他飞过来。

　　半夜里，三姐醒时，逼着张二胡说这几年的遭遇。张二胡支支吾吾地说不清。他不知道小别胜新婚的说法，况且五年的数字究竟还算不算小别。反正又听到了三姐似曾相识的鼾声，又闻到了似曾相识的湿漉漉的汗味，恍恍惚惚如隔世，死去活来地激动了一夜，三姐的提问，回答起来，有一半前言不搭后语。三姐一会睡，一会醒，一会比他还激动。忽然对他这几天在外面的所作所为不放心，质疑问难地说："我要全信了你的鬼话才怪呢。你们整日里老爷先生在一道，吃花酒，玩婊子，你会不去？这种事骗得了别人，骗你三姐，想！我说骨头怎么会这么轻的，原来白天里花酒喝多了。"

　　第二天太阳上去好高，两人还挤在被窝里不肯起来。传来一串子的打门声，又重又急，张二胡只当是一帮新结识的朋友来约他，慌忙穿衣服。老妈子比他更慌忙地蹿进来，又更慌忙地退到门外，嘴里念经似的喊着"不得了，不得了"，说大门口来了一群人，有认识的，有不认识的，全是来打架的。张二胡一时紧张得不知如何是好，裤带束了几次都系不紧。还是三姐果断，三下两下穿好了，奔出去，看见状元境西头的老伍，领着几个泼皮无赖，寻事挑衅来了。老伍便是当年状元境三霸中的老二，现在改行做了菜贩子，比过去更穷，比过去更凶。他和三姐有过一段不太长的交情，虽然比老三的短暂还要短暂，总算没忘一夜夫妻百日恩的惯例，也不和三姐为难，只叫她把张二胡喊出来问话。三姐眼一翻，所有的人都看到了她的眼白，懒洋洋地说："问什么话？早上茶馆了，有人请他呢，你们到那去问他好了。"

老伍说："怎么讲？你们老妈子刚刚还说他在呢。"

三姐冷笑说："你们听她的，还是听我的。不听我的，我进去了，没话跟你说。"

老伍直性子，又知道三姐很少说谎，当了真，回头对跟来的人说："好的，没想到便宜了这小子，竟是白来了一趟。"三姐说："有话当面说说清，什么便宜不便宜的。吓死人，不抵命是不是？"老伍的脸一沉，说："我见着你个猖狂劲，就是一肚子气，找打啊？"跟来的一个人说："怎么样，老伍，跟你说二胡这狗日的，这年头抖了起来，搞得状元境里就数他似的。"老伍恶狠狠地骂了句脏话，大喊狗屁，说状元境再出能人，也轮不到他二胡。回过头来，食指笔直地点着三姐的鼻子，一板一眼："话说清楚了，状元境的人，原不是随便可以打的。回来和你男人说，他算什么东西。别当在外头混了几年，眼眨眨，老母鸡就能变成鸭。今天我老伍打抱不平来了，他不是有钱了吗，那好，昨天他打杨矮子一下，一块大洋，十下，十块。听见没有？"

"发霉，"三姐双手叉腰，"哪来的理，我男人脸倒是吃了他一砖头，这怎么说？"老伍将了将袖子，又褪下来，重新卷卷好，仰着脖子，只当没有听见三姐说什么。三姐又说："竹杠也不是这么敲的，真要是手头紧了，好好开口，看交情，弄几个活络钱用用，也是可以的，这么一大帮子的，打架不像打架，讨饭不像讨饭，算什么？"众人听了发窘，老伍两个大巴掌空中重重地拍了一记，"啪"的一声，走上前一步，胸挺得极高："我老伍，站出来，有模有样的一条汉子，能要你一个小钱。当着诸位说清楚了，老伍今天是替杨矮子讨钱来了，少一个子儿，不行。老伍拳头上能站人，胳膊上跑得了马，话要说清楚。"

张二胡躲在里面，有一句无一句地听着。倒是小天宝胆子大，立在大门槛上，若无其事的样子。听听声音逐渐小了，又听见仿佛全是三姐的声音，张二胡禁不住好奇心，悄悄移步到大门口，刚探出脑袋去，叫老伍的巴掌声吓了一跳，慌得赶紧往里缩，早让人看见，一片声地惊叫，哗然。三姐一时很尴尬，没想到张二胡会从天上掉下来。她已经忘了他的存在，气焰立刻减了三丈。老伍的气焰升了三丈，骂道："臭婊子，当你是个人，一条肚肠子直到底的，却来赚我。你，明摆的现成人不做，夹着条尾巴，缩着个脑袋，也不怕丢尽天下男人的丑，倒让女人挡在前面。你过来，老子问你话。"张二胡搭讪着往前走，不知道该不该请老伍到屋里坐，听见三姐在一旁嘀咕："来就来，你还能吃掉他，"不由得把胸脯挺了挺。

老伍看了看自己的拳头，问道："杨矮子是不是你打的？"张二胡想到了昨天的胜利，毫不含糊地点点头。老伍冷笑一声："果真成了人了，到底士别三日，不能不洗洗眼睛再看，我问你，你打他，凭什么？"张二胡想了想，不知道自己凭什么。跟来的人起哄说："二胡，你干的好事，杨矮子这刻已经瘫在家里，准备养他一辈子吧，反正你现在有钱。"张二胡脸有些失色，三姐说："人又不是豆腐做的，听他们胡诌。"又有人起哄，说人怎么不是豆腐做的，譬如你三姐，便是块大家都能吃到的豆腐。众人大笑，三姐跳脚骂道："你妈才是豆腐呢。操你家祖宗八代。有一代，操一代。"老伍说，好大的口气，幸亏她不是个爷，上前一把胸脯揪住了张二胡，要他当场回话："我老伍便是状元境的黄天霸，路见不平，要拔刀的，你既有能耐了，也照老样子碰碰我试试看。"一把把张二胡搡出去，又对众人说："都哑了，刚刚倒是一个人该了三张嘴，就指望老子出头，你们看？"

张二胡胸口略略有些痛，想这事大约是要结束了，也不吭声，哭丧着脸。三姐过来护着他，说什么黄天霸，什么打抱不平，该了身牛力气，只拣软的捏拉倒。夫子庙邪头多呢，有本事找他们去，别跟上次一样，屎差一点搡出来。老伍骂道："好男不和女斗，你若是个男的，不打出屎来，老伍没脸在状元境里混。二胡，你说今天这事怎么了结，不能光凭着个臭娘们挡在前面就算事。难道杨矮子就叫你白打了，我老伍就算白来了？倒是快开口，这王八脾气，真憋死人。"说着，见张二胡身后有人悄悄地伸出腿，作势要推他。张二胡一惊，仓皇后退，差点绊跌跤。众人笑得嘴歪，老伍喜气洋洋，亮出一口白牙，把拳头握起来，慢慢地往张二胡的脸上放，总以为他会躲让。没想到张二胡一双无神的大眼睛，木然地瞪他，反挡住他拳头的去路，只好把拳头抵在张二胡脸上。小天宝一直在旁边看，猛然冲过来，在老伍腰眼里实实在在地咬一口，痛得他大叫，抬腿把小天宝踢开。张二胡伸出双手同时去抓老伍，一把脸皮，一把头发，发疯似的硬揪。老伍晕了一会，才想起动拳头。偏偏三姐又蹿上来，用膝盖撞他屁股。老伍前后都要照应，急得大叫把三姐拉开，额头上，腮帮上，肩膀上，还有胸口，早不知让张二胡打了多少下。一帮跟来起哄的，目的都在看张二胡的好看。张二胡是状元境最差的男人，最蹩脚，最没用。因此一帮中，有拉偏架的，有乘机吃三姐豆腐的，也有的为了向老伍交账，死抱住小天宝的。

三姐胸前叫重重地抓了一把，痛得哇哇叫，跳手跳脚地海骂，往每一个男人身上吐唾沫，手抓，头撞，脚踢。张二胡被打倒在地上，老伍乘胜不肯歇，拼命地踹。三姐从一帮男人手里逃出来，和老伍厮杀拼命。老伍那地方叫三姐捏了一下，一时出不出气来，脸疼得发黄，两拳头朝三姐乱打。打倒在地上，抬脚又是乱踢，踢累了，还是不解气，又往她身上啐口水，再看张二胡，躺在地上不动弹，不止一个地方流血，哼不出声来，说不出的得意，懒洋洋骂了一声，领着一帮人慢吞吞地去了。走出一段，又回过头来叫道："这只是小小意思，日后见了，还要打的。见一次，打一次。见十次，打十次。"

4

张二胡怀疑自己的肋骨断了一根，尖尖地戳在肺叶上。一吸气，痛，憋住气，还是痛。两个眼圈都是青的，仿佛戴了副黑眼镜，鼻梁也歪了。总以为要在床上躺一辈子，痛了足足三天，第四天才意识到三姐比他伤得更重。三姐说："你才看见，这算什么。看，这颗牙都断了，你看这。这畜生，哪是个人。都几天了，我下头还流血呢，也不知叫他打在哪了，操他家八代祖宗。"

三姐咧开嘴来让他看，果然嘴角边少了颗牙，绛色的牙床肉张二胡看了心痛，便说："赶明儿，我给镶颗金牙。"三姐笑着说："光镶一颗，算什么，我听说如今女人都时兴满嘴的金牙，特地把好好的牙齿拔掉呢。光镶一颗，难看死了。要不这边也拔掉一颗，一边一个，对称着，你说呢！"张二胡说："你高兴，镶一嘴的金牙也行。"

"狗屁，"三姐故意把牙龇出来，无声地笑着，"满嘴的金牙，才难看呢，再说，要拔一嘴的牙子，你想痛死我？"张二胡听了，乐呵呵地笑，三姐又说："早两天听你老哼，吓死我了，只当什么内伤。你也是的，充什么好汉，他们那么多人，又是存心的，不该跟他们打。我当时也急了，他们那么多人打你。"张二胡还是傻笑，三姐说："笑什么？我们的天宝也是好样的，发起傻来，和你一样。你别说，真要是打，一对一，他老伍没准不是你的对手。杨矮子那天叫你打成什么样子，说你傻，当真有些傻劲。"

张二胡说："我若是没有打了杨矮子，这次非告他不可。"

"告他个屁。差不多都是叫花子一个，倒想和他去打官司。吃饱了撑着难受是不是？""要说，他来寻事，总算是有借口的，我想杨矮子说不定还躺在床上呢，你说会不会？""我真不好骂你。总是一味地老实，所以说马善好骑，人善好欺，状元境的这些畜生，欺的就是你老实。你当着没有杨矮子这桩事，就会放过你？这条街的脾气你不知道，谁老实，谁就惹人欺。还不懂他们为什么要打你？"

张二胡不知道自己为什么要挨打。老实人受欺，倒是听说过，也不新鲜。骑善马，欺好人，这话，他那个死了的妈，不死的时候老要说。一个人背后想想，当真悟出了些道道。一句话，既然大家说，没理自然有理。他不是个读书人，不知道那些之乎者也的书上，中国的老夫子怎么说的，似是而非地记住一句话，就是"人之初，性本善"。人之初者，不外乎是娘胎里出来的意思，性本善也，就是，就是本来就善。人之初，性本善，因此马之初，性也善。因此马善该被人骑，人善该被人欺。人既然能欺马，自然能欺人。因此，人该被人欺，又该欺负人。人不被欺负不是人，不欺负人也不是人。想了一阵，再想一阵，张二胡只觉着脑子里有些乱，好像有人在吵架。总以为想通了，原来还是不通。

又过了几天，三姐的伤也好了，不再流血，身上的肉一块块活出来。张二胡好了伤疤忘了痛，忙得像个新郎官。去茶馆的次数也少了，买了把考究的宜兴茶壶，屋前屋后捧在手上，说不出的神气。又新添了喝酒的嗜好，一日三餐两次花雕，把个小丫头支使得团团转。小丫头一身的肉，一脸的肉，屁股圆鼓溜秋，他醉眼蒙眬，越看越是觉得小丫头胖。三姐弄不清张二胡哪来这么好的精力，背了人悄悄问他，该不是吃了什么药。他想了想，说自己并没有吃药。三姐感叹一声，说自己老了，又问他有没有发现她在变。"变，什么变了？"他刚有些酒意，腿发软，眼发花，血往脸上涌。"难道我就没老？不觉得这肉都松了，你摸。喏，还有，是骨头，都摸到了，你摸呢。我告诉你，女人好的时候，身上没有骨头的。女人一有骨头就不行了。"

张二胡想，没有骨头的女人，到底该是什么样子，想不出来。眉头紧皱着，真正动了脑筋。想半天，想不通。三姐一双利眼，剪刀似的在他身上绞着，嘴角一抿，看透了心思说："你别急，就这腔调，给你养个儿子也行，信不信？"说着，见他脸色有些变，变灰，酒意仿佛都从脚底下淌掉了，又笑着说："你傻着脸干什么，若嫌这话不中听，耳朵塞起来。不要你这样子，我要你笑，笑，听见没有？"张二胡拗不过她，只好笑。笑着，又望着三姐笑得很勉强，薄嘴唇里露出两排白的牙齿，少了颗牙的黑洞洞，心里一阵酸。想当年初见三姐，一笑，一动，全不是今天的模样，心里又是一阵酸。三姐说："你这哪是笑？这是用笑在骂人，当我不知道，我不要你笑了，不要笑。"张二胡还是笑。三姐伸出手，在他脸上摸，说："你干吗还要笑，当真不听我话了，是不是？看我打你。"真的在他脸上轻拍了一记，关切地问："我给你揉揉腰，要不要？"张二胡说自家腰不酸，反过来要为三姐揉。三姐骂道："不识好歹的东西，怕你这几天辛苦了，给你揉揉，有福不享，活该，累死了你才好呢。"张二胡说："我是盘狗肉，上不了台盘的。"三姐笑得要弯腰，眉毛高高地扬起来："狗肉，狗肉怎么了，我喜欢吃！"说着，作势要打他，咯咯地笑。

第四章

1

张二胡出门闯荡，结识了个朋友。朋友姓顾，名天辉，是个世家子弟。天辉不高不矮的个子，一脸络腮胡子，因为家道早已中落，倒不嫌张二胡出身寒微，既和他交了朋友，就拿他当朋友看。天辉有个哥哥在军队上干事，不知怎么就到了南京，不知怎么就升了团长，他有心让朋友见见做团长的哥哥，又有心让做团长的哥哥看看阔朋友，一时找不到合适机会。张二胡被老伍打伤第三天，天辉专程来请他，见他鼻青脸肿地歪在

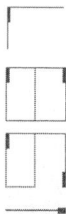

床上，不像能出门的样子，便约好十天半月后再来请。隔了一段日子，张二胡和三姐一同去见天辉哥哥，刚出状元境，迎面碰上老伍，极蛮横地又是一场挑衅。天辉一时性起，捋起袖子要打架。总算被人拉开，见了哥哥，愤愤不平地告状。做团长的哥哥，武人有点书呆子脾气，不相信天下真有这种不平事，吃惊地直摇头。又见张二胡夫妇送了一份厚礼，客气一番收下，吩咐手下人沏茶备饭。张二胡见团长面善心慈，客气话一套一套，又仿佛似曾相识，也不拘束，有茶喝茶，有酒喝酒。三姐奇怪团长家怎么没有女眷来陪，团长尽管客气，眼里并没有她，便眉来眼去和天辉说笑。天辉原是个会说话的，一会儿说哥哥打仗如何如何，一会儿说张二胡做生意怎么怎么，说的都是好话，却不让人觉着尽是恭维。团长说："天辉一张嘴，放出好话来是一等的。兄弟我既做了军人，也只能干这杀人的勾当，虽是小有功劳，无味得很，实在不值一提，不比张先生，运筹小楼之中，没有滥杀无辜的罪名，没有丢官弃职的风险，算盘珠子一响，黄的白的，哗哗地就有了。因此，张先生你看，兄弟我虽做了团长，却不让天辉吃军队这碗饭。要说，让天辉弄个连长团副干干，总不难，为什么，唉，也是留条后路的想法。当兵吃粮，到底是提着脑袋的交易。"

天辉望着张二胡，笑着说："你听他的，我哥哥才叫有主意的呢，我们这是一军一商，如今这年头，兵多，匪多，军队里没有些势力，能成大生意？老实说，他兵是当成了，没几年，就是团长，是我这做弟弟的不争气，做点生意，全是赔。要是有你张先生的本事，我哥哥准乐死了。哥，你说是不是？"团长笑而不答，喊大家喝酒，吃菜。席间一只大白猫忽然蹿上桌子，张二胡、三姐吓了一跳，三姐酒杯差点洒了，伸手便要打。天辉忙扯了两根鱼骨头喂它，一边喊底下人赶紧为猫咪准备吃的，一边笑着向三姐解释："这猫咪，它若不吃饱，我们谁也别想吃安生。"

三姐说："这么大的猫，一天得吃多少鱼呢？"天辉笑着，望望张二胡，还是对三姐说："多少鱼也得吃。你不知道，我这位哥哥，是怎么喜欢猫。这猫咪，哪里是猫，简直就是我哥的老婆。你问他，哪天不睡在他床上的。"张二胡、三姐听了，笑出声来，团长说："别听他瞎讲，不过我这猫——"天辉打断说："上回有个财主，土佬儿一个，看上我哥了，要把千金嫁给我哥，我对那小姐说，我哥这猫可是喝醋长大的，妒得厉害，你嫁给我哥，夜里睡了，真得当心，别让它咬了鼻子。那妞差点吓死。"团长笑着说："还说呢，这桩好事就是让你搅了。"天辉说："我搅的？"掉过脸来，笑嘻嘻地看着三姐，"土佬儿一个，能有什么像模像样的女儿，十来岁的大黄花闺女，不是我损了她，也不是我存心捧你张太太，远没你这个味呢！"三姐脸一红，骂他胡说。

天辉说："我哥若为几个臭钱，讨这么个姐，也太不值，响当当的团长，枪一响，黄金万两，愁没老婆？"团长正色说："越说越不成话。你们看，我这弟弟，也怪我，都是我宠坏的。"见张二胡面前的酒不动，便站起来劝酒，张二胡过意不去，一口把酒干了。三姐喝多了，头有些晕，雾里看花似的打量客厅里的古玩摆设，又对着墙上的一幅字出神。上面的小字都认识，当中一个大字龙飞凤舞，不认识，问天辉，天辉说是草书的"虎"字，乃是北洋极有名的一位大帅的墨宝。三姐久闻大帅英名，恭维团长的人缘和风雅。团长扫了那幅字一眼，说字写得并不怎样，挂在那儿，原是吓吓人的："我若写，也不比它差，起码根基比他老人家厚。"说了，又劝张二胡喝酒。张二胡还要喝，三姐出来阻止，不许再喝。团长大笑，说："太太的话不能不听，这酒，我自干了，请看。"仰头一举杯，再斟满，因为张二胡和三姐夸他的酒量，乘着豪兴，连饮两杯。天辉说："张先生，张太太，今天真是不容易，我哥难得这么高兴，实在是大面子。"三姐说："团长既然这么给面子，应当再喝一杯。"站起来，捋袖子要倒酒，天辉大喊不行，说要醉的，他哥懒懒地挥手，说不能抹了张太太的面子，当真把酒喝了，把个空杯子给三姐看。

天辉望着桌上的残杯剩羹，突然说："哥，你别尽喝酒，人家张先生还有事求你呢。"张二胡和三姐听了一惊，团长也是一怔，睁着红眼睛，极严肃地望着天辉。天辉说："张先生要和你合伙做生意。"张二胡听了摸不着头脑，正待要问，天辉止住他继续说："你答不答应，哥，要不我不往下说了。"团长说："你说了，才能回答。"天辉又对张二胡说："我哥有心做趟大生意，捞他一笔。你知道，如今上头发起饷来，天晓得拖到猴年马月，发下来了，又不知是猴年马月的，因此，我哥想凭手上一笔饷，做趟生意。你张先生不会不知道，做这种买卖，本越大，赚头越多。怎么样，你何不借此机会，拿点钱出来。我哥手上是有枪的，出不了差错，你只管放心，这是大家都有好处的事。哥，你就答应吧！"团

长听着，接口说，他倒无所谓，不知道张先生什么意思。张二胡一边点头，一边思考。天辉说："好，这事就这么敲定了，唉，哥，你别急，张先生还有事求你呢，你一起答应了吧。"团长问什么事，让他爽快些说。天辉把张二胡在状元境受欺负的事重述一遍，说："为兄弟两肋插刀子，哥，张先生的事，就是我天辉的事，也是你的事，能袖手不管？"团长想了想，叹口气，说："那好，你总喜欢多事，张先生既然已和兄弟同舟共济，这样，天辉，明天带几个弟兄，走一趟，可不许太乱来。"

2

三姐回家，心里有些不放心，害怕张二胡钱财上吃亏。张二胡说，他已盘算过，吃不了大亏，少赚些，大不了不赚。三姐放下心，又问他觉不觉得，天辉和做团长的哥哥并不像同一母所生，都不好看，却一黑一白，一胖一瘦，而且那团长面熟得很，总好像在哪见过一样。张二胡突然想到团长一脸的白麻子，活脱是当年的何副官，一样地人高马大，一样地会喝酒，会讨女人喜欢，心里不是滋味，不接三姐的话。到晚上，三姐见他没有往日的激情，问他是否担心生意。张二胡说不是，忽然问天辉第二天带人来怎么办。三姐说："怎么办？破费几个，摆一桌，打发他们吃饱喝足，不都完了？"第二天快吃中饭，天辉换了身戎装，腰眼里一只小手枪，果真领了八九个兄弟来。三姐让张二胡陪着，自己火急火燎地忙乱，派小丫头去老正兴叫了酒菜，摆开来。兵老爷们也不客气，狼吞虎咽地吃了一气，由天辉陪着，浩浩荡荡，到状元境西头找老伍。

老伍刚吃了饭，坐门口歇着，远远地看见一批兵来得奇怪，为首的天辉已经到了面前，扬手一记耳光。老伍揪住了天辉要评理。一班兵大爷多日不打仗，又刚刚喝足了酒，跟玩似的把老伍上上下下捶了一遍。老伍起先还硬气，嘴上不肯讨饶，心里想着日后如何和张二胡算账，打到临了，不仅折了锐气，输了勇气，连人气也不多。兵大爷让他叫什么，便叫什么，叫爷爷，不敢喊祖宗，叫祖宗，不敢喊爷爷。天辉一旁神气活现地指挥，又派两个插不上手的兵大爷，凡是多事上来劝的，一律打。状元境的人都怕打，本来劝的人不多，这一来更没人劝。天辉说："你大爷没旁的本事，就这一桩，懂得打人，专知道打哪儿疼，你服不服气？"

打了一阵，又想到换花样，逼老伍往张二胡家门口口爬。老伍略一迟疑，雨点般的拳头和靴子又落下来，只得慢慢爬。后面看热闹的追着，有笑着看的，有害怕着看的，也什么表情都没有的。一群孩子忽前忽后地乱跑。老伍出娘胎没领教过这种羞辱，暗想日后再没脸在状元境住，又第一次觉得状元境这么漫长。张二胡和三姐原是在家听的，听见外头人声响到了天上，就跟死了人一般，憋不住，也出来看。看了，张二胡便上前说情。天辉有心为张二胡撑撑场面，故意毕恭毕敬地向他鞠躬，一改凶神的面目，说只要张先生一句话，立刻就把这狗日的大腿卸下来，腌了吃。张二胡连忙说使不得，状元境的人也跟着求情。天辉说："别给我七嘴八舌的，啰唆什么，还不抵张先生放个屁呢！"众人被冲了一鼻子灰，纷纷要张二胡抬抬手，说说话。张二胡一片声地让天辉关照手下人别打，天辉清了清喉咙，大声说："妈的，都说马善好骑，人善好欺，张先生不过是为人老实厚道一些，你们这些大狗小王八的，便放出胆子来欺负他。今天不杀只鸡，给你们这些猴儿看看，不知道老子厉害。来，再给我来几下。"

老伍挨不住打，心里明白残废了是一辈子的事，依着众人的指点，向张二胡求饶，又求三姐。三姐两手合抱，啐了他一口，喊："你这会了，打死了才好，活该，我看你再神气。"

张二胡急了，提高了声音求天辉。天辉叹气说："张先生，你就是心软。怎么办呢，喂，别打了。张先生一句话，团长听了，都说一不二，还不赶快住手。"

看热闹的状元境人听了，更知道张二胡的来头大，想老伍活该挨打，居然会去得罪他，真是老虎头上捉虱子，老母猪往杀猪的家里跑，自家讨苦吃，找霉头倒。好多嘴的，便当众数落老伍的不是，当众夸张二胡的为人。天辉骂道："别他妈尽说人听的话，日后谁要再和张先生有麻烦，我这班弟兄来一趟也容易，都给我学乖点才是。"那班兵大爷也累了，一个个拍胸脯说："张先生的事，我们是随喊随到，这样的大好佬，你们竟不把他放在眼里。"看热闹的听了，齐声敷衍。

于是三姐又派小丫头去叫桌酒席，菜更丰盛，酒更多，兵大爷吃了，都说太客气，说怎么一说就是两席。张二胡不停地劝酒，致谢，又按着天辉的意思，每人临走，打发些盘缠带着。双方又是一大通客气。一来一

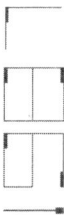

去，张二胡得了不少好话，着实花了些钱，免不了有些心痛，心痛之余，更害怕今天这一来，得罪人太深，太多。树大招风，只怕日后在状元境日子没办法过。

三姐笑他没用，说他是老母猪耳朵，骨头太软。人有钱图个什么，不就是图个痛快，一味老实有屁用。状元境里谁没有欺负过张二胡？善有所终，恶有恶报，今天有机会出口恶气，高兴都来不及，穷担心干什么，天上掉不下树叶来，打不破脑袋。

3

张二胡还是张二胡。

张二胡又不是张二胡。

状元境里没老爷，张二胡乘机做了状元境的老爷。桥归桥，路归路，都觉得张二胡是张二胡，张老爷是张老爷。都觉得喊起来不顺口，听着不入耳，都这么喊，都觉得他实际上有钱，无形中有势，都看不服他，都怕他。都说他不仅认识个把团长，而且和一个更大的官儿有来往。都说，今非昔比，他与谁谁谁换了帖子，与谁谁谁拜过把子。张二胡一顺百顺，张二胡一通百通。一年后，跟着老爷先生一道，张二胡该学的，都学了，能会的，也会了，只差不敢嫖。

嫖不是桩容易事。虽然口袋里有钱，又有一班高朋阔友的教唆、指点，张二胡免不了出洋相。吃花酒，总被那些风尘女子乡巴佬似的取笑。要不是精神一天比一天好，三姐身体一天比一天坏，他绝不会破了平生不二色的记录。平生不二色也不是桩容易事。张二胡本分人，破了二色以后，仿佛一块白布有了污点，很有些女子初次失节的苦恼，心里暗自后悔，横竖觉得对不起三姐。三姐不再怀孕，他总以为是自己宿娼的罪过，况且每嫖一次，三姐的病就加重一次。三姐的身体越不好，他对她的感情越深。感情越深，越要后悔。越后悔，越管不住自己。开弓没有回头箭，一发则不可收，他守不了贞又失了节，因此明知不对，明知不该，又只好勉强为之。嫖一回，懊恼一回。

当时秦淮河一带名妓如云。

在清朝末年，南京有三多，驴子多，婊子多，候补道多。到民国唯有婊子久盛不衰，什么九月红，樊宝玉，陈小红，红极一时。偏偏张二胡风流得稀奇古怪，别人猎艳都找身价高的姑娘，他却喜欢下等的野鸡。婊子的名声大了，反吊不起他的胃口，好像妓女的身份越低，越有玩的乐趣。又好像妓女的身份低了，才有些对得住三姐。三姐从不多疑，做梦也不信张二胡会失节，病歪歪的时候，也说让他出去松松。他支支吾吾，一副又紧张又害怕的样子。三姐索性放心地大方，大方地放心，有时也会起一点点疑心，故意想通地说："也没什么，你既是个爷，那地方本是爷们的去处，别当着我会吃醋。男人里没一个好东西，当我不知道，又不能找根绳子拴住，什么应酬不应酬的，既是吃了花酒，又和那妖精似的婊子坐在一起，你这家伙，你这家伙能老实？就不信当真只吃素！"又叹气说："我这人，最不知什么是吃醋，你若有心要去，只管去好了。我拦过你没有？没有吧？要拦也拦不住。不过话挑明了最好，我说过，兔子不吃窝边草，贼不偷邻居家，你别以为这家里放着花钱的老妈子，老的不老，小的不小，就是现成的两个数。我这性子你知道，掺不了沙子，揉不进灰，你试试看！"

老妈子背后听了，无端的一番羞辱，恨得冲镜子咬牙，和张二胡白眼来白眼去，眼里冒得出火来。小丫头少一窍，越吃越胖，越觉得老爷是天下最老实的人，不知道老妈子为什么不让她和老爷单独在一起，有心作对，得空便往老爷房里跑。张二胡恨自己不争气，不能整日守在三姐身边，又恰如喜欢逃学的小学生，有机会就往秦淮河奔。奔多了，沾上一身脏病。开始只是周身痒，手伸在棉袍里死命地挠，接下来皮肤上成片的红斑，小的像樱桃，大的像铜板。好歹瞒住了三姐，偷偷地找医生看，又按着报上的广告，胡乱地买药吃。药吃多了，一时好，一时坏，竟不知有效没效。请教有病同苦的，议论不一。有的说看西医最有效，既然病自西方来，吃洋药名正言顺，恰恰符合问病求源的义理。有的说西人之药不足为训，终究病毒藏在中国人身上，因此，对症下药，不仅得看病，更要看人。洋药都是有毒的，譬如鸦片。西洋人野蛮，强壮，服洋药所谓以毒攻毒，一来二去，药到病除。中国人平和，体弱，服洋药难免以毒攻心，三下五下，病入膏肓。张二胡听张三话，吃李四药。听李四话，吃张三药。折腾来，折腾去，总算遇到一位赛爷。

赛爷，上海人，真名真姓已不可考。都知道他是个大家子弟，祖父辈名望很响，改名变姓，是不愿辱没祖宗的意思。他的个子极高，精瘦，

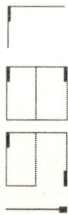

长手，长脚，长马脸，一头长发。又是个长舌头，特别地会说话，带着甜甜的上海口音，吹起上海三十年来艳迹，头头是道。张二胡最初和他见两次面，听他三次说胡宝玉。胡宝玉，北里烟花领袖。当年上海花丛，又有四大金刚之说。所谓四大金刚：林黛玉、陆兰芬、金小宝、张书玉。赛爷自称和林黛玉来往最密，张二胡既吃了他的药，便有义务陪他一起回顾历史："要说林黛玉，姿色不过中上。现在娼妓中，行浓脂浓眉，其实不晓得，都是学的林黛玉。为啥？这林黛玉刚做皮肉生意时，名声还不响，只要是嫖客，有求必应，因此得了病。我刚刚看见她，脸上全是疤，眉毛也脱了，虽然治了她的病，这疤痕是去不掉的，眉毛也安不上去的，因此，只好涂浓胭脂，画浓眉毛，懂不懂？"张二胡不知自己是否也会脸上有疤，掉眉毛，小心翼翼地听他的话。

听他大谈当年在上海怎样出风头，怎样妓女嫖客盈门，怎样被父亲害怕有辱门风撵出去，怎样游了半个中国，嫖了半个中国，又怎样终于看中了南京这块宝地，在秦淮河边找了个地方住下。谈到临了，才是张二胡的病，赛爷说："我不是卖狗皮膏药的，我的药，信不信由你，治不好病，不收钱，我的名声要紧。"张二胡服了赛爷的药，一天两天不见效，三天五天不见效，到了七八天，天天大便出血。他见了鲜红鲜红的血，心里慌，说给赛爷听。赛爷听了也怕，只说他治好的不是一个两个，大便要出血，没听说过。"你若是有别的毛病，治不了的，别好好地坏我名声。俗话说，治得了病，治不了命。我的药，只治一种病，吃死不管的。"张二胡问药是不是还要吃，赛爷说："药当然要吃。你若不相信我的名声，最好到上海访访。林黛玉就是吃的这药。大便出血，我不管。我的药从没吃死人，你吃死了，我不管的。说好治好了病拿钱，治不好，不要钱的。"张二胡不敢再吃药，药一停，病就厉害，汁水淌得到处都是。于是又拼着命吃，这一拼，大便竟不出血，渐渐浑身的疮也收了口。再渐渐病也好了。谁想到老天爷不作美，病在他这里好了，却跑到三姐身上。三姐因此知道张二胡的作为，气得跳上跳下。大闹了几次，又摔了几回碗。张二胡急成热锅上的蚂蚁，知道自己把三姐害苦了，坐也不是，站也不是，仍旧请赛爷为三姐治病。

赛爷因为治好了张二胡，神气了十倍，不冷的天，穿着皮袄，兴冲冲地喝酒，又是大谈林黛玉。然后才看病。三姐让他看了一会，突然执意不肯看。赛爷说："病不瞒医，我既做了医生，什么东西不让看？别说你，就是林黛玉，又怎样？老话说，隔层布，隔十里路，不让看，药是不能开的。"说了，极不高兴地离去，红着脸，一路唠叨。三姐背后大骂赛爷用心不好，又怪张二胡不该跟他来往："人脸上没肉，也有四两豆腐，他竟然这样，你再理他，也算不了人。"张二胡犟不过三姐，只好胡乱地给吃别人的药，吃了不少，总是不见效。没办法再去请赛爷，一请再请三请，那赛爷搭足架子来了，远远的不肯走近，长鼻子狗似的嗅了嗅，说："都烂成这样，哪是治病，分明想坏我的名声！"匆匆地开了张方子，匆匆走了。三姐叫病磨得失了威，忙不迭地让老妈子把药煨出来，不等凉便喝。一连喝了十几天药，不见效还是不见效。可怜身上广疮遍体，脓血淋漓，病得不成人样。到后来刚有些起色，又一味地发起高烧来。人只管瘦下去，皮粘在骨头上，推都推不动。三姐说："我怕是不行了，你看，你做的好事。"说了，凄惨着笑。张二胡恨没地方能买后悔药，又恨为什么自己的病会好，呆呆地坐着，呆呆地看着三姐，不吃，不喝，呆呆地流眼泪。三姐看了，心里过意不去，说："看，哭什么，又没怪你。"张二胡说："怎么不怪我，我把你害苦了。"用拳头擦眼睛，心里刀割似的。三姐病得只剩下温柔，裹着棉被坐起来，又让张二胡坐在她背后，让她歪着，两眼默默地注视着前方，注视了一会，把头靠在他胸前，轻轻地叹了口气，说："你别太难过，我这辈子，欠你的账太多，就这一桩，还抵不了你的债。"张二胡听了，心里又是一阵刀割，眼泪唰唰地落下来，滴在三姐的颈子上。三姐说："谁不做错一两桩事，况且爷们嫖嫖，也是在理上的，只是不该你那样，又不是没钱。我不要你太难过。"正说着，外面三个小的，为争什么东西打起来，最小的哭着进来告状，三姐一边有气无力地喊老妈子照应一下，一边喊天宝"你人大，要听话"，一边流泪说："这辈子，不为你生个儿子，死也不甘的。"张二胡止不住地哆嗦，像打摆子，又怕三姐冻着，弯过手来，连被子一起抱紧三姐，不说话，又仿佛什么话都说了。两人都是说不尽的感激，时间僵住了好一会，三姐回过头去，把眼泪擦在张二胡身上，笑了一会，才笑出来，说这样大家都累，要他抱床被子垫后面，又示意他紧贴着她身边坐："我冷，靠在我身上好了。"张二胡说："你想吃什么，我给你弄。"三姐说："我就要这么坐着。人一病，

便没了志气。我知道，天宝你是喜欢的，你人心好，不会亏待他们。你日后总要讨人的，总要有儿子，女人的心眼都小，听我一句，不要太怕女人，你吃了一辈子怕女人的亏。女人怕了男人，这才好。女人的凶都是假的。不，你别这样，你再讨一个，我不怨你。这比去那种脏地方好，找个干干净净的姑娘，听我一句。"张二胡只觉得死的威胁正向他逼过来，三姐的声音仿佛是另一个世界的声音，遥远得听不清楚，又好像凭空吹过的一阵清风，既感觉到了风的存在，又很难描述风的实在性。脑子里一片空白，无数个蜜蜂嗡嗡飞过，一颗心空落落地悬着，过去的事，眼前的事，将来的事，一古股地涌过来，急雨般地抽打着干枯的沙地，一滴一点，一点一滴，滴滴点点都在他悬着的心上。三姐坐着嫌累，迷迷糊糊地忽然想困，折腾了一会刚躺下，又没了一丝丝睡意，见张二胡垂着手傻站着，要他坐，又说："你拉会二胡我听听，这阵子总听，不听倒难受了。"

张二胡问她拉什么曲子，三姐想了一会，说随便。

4

三姐说死就死，她死得很突然。

大清早的，张二胡醒过来，外面唱着噪耳的喜鹊声，一缕太阳光从东窗的缝里挤进来，十二分地晃眼。正是阳春三月让人骨头发酥的日子，他懒懒地翻过身去还想睡，一摸三姐，人已经冰凉。坐起来怔了好一会，才想到叫人，叫了好几声，老妈子慢慢地来了，一摸，放出声来号，号了一阵，见张二胡失魂落魄地还坐那，拖着哭腔说不成声："老爷，老爷，太太，太太"地乱喊。张二胡陡然明白三姐真的去了，耳边响着三姐最后的几句闲话。

三姐说："人命里注定没有太平日子的，日子一太平，准有事。"他不懂为什么该是这几句话，成了三姐临别的箴言。张二胡一生里只求太平。一个求字，包含了多少恩恩怨怨，包含了多少痛苦烦恼和欢乐，求太平，太平求到了，终究还是不太平。太平和不太平一字之别，却如两股道上跑的车，风马牛不相及，又好比用竹竿去钩月亮，真不知要差多少。

张二胡有一种心碎了的感觉，说不清楚自己什么时候也会冰凉地躺在床上。三姐死了许久，他仍然觉得房间里到处都是她的声音，赶都赶不走。是三姐把张二胡注塑成今天的模样，只有他死了，三姐才叫真正的死。

天下万物都概括了阴阳，他不免痴痴地想，三姐或许没死，死的只是一半，另一半是他张二胡的。女人的一半是男人。男人的一半不一定是女人。一个人想着想着便入魔，于是拉二胡消遣，叽叽嘎嘎地拉着，说不尽的苍凉。拉过来拉过去，认定了三姐在听。从此天下万事都省了心，又由省心进而收心。家里前前后后都交给老妈子做主。这老妈子毫不含糊，太太死了，便做了不死的太太。小丫头渐渐长大，不懂的事全懂了，看不服老妈子的嚣张，吵着要嫁人。又隔了几年，老妈子的一个外甥女儿长成了人，水水的一双眼睛，白白的一身肉绷得紧紧的，由老妈子做主嫁给了张二胡。外甥女儿老实得像块木头，张二胡免不了把往日对三姐的情分，都移到她身上。然而仍旧要想到三姐。

三姐无时不在，无所不在。

忘不了三姐，又怕冷了新人的心，张二胡的二胡不停地拉，越拉，越乱，越苍凉。状元境的人越来越穷，唯有张二胡，在这让人受穷的日子里，慢吞吞地，一步一步地，叫人眼红地阔起来。小天宝已经成了地道的少爷，放学回来的路上，一般大的孩子，想打谁，便打谁，想怎么打，便怎么打。又喜欢躲在新盖的凉台上，用弹弓射状元境来往的行人。张二胡知道了，说他几句，总算还肯听。

新盖楼房的凉台，在破败的状元境里十分辉煌，坐在高高的凉台上，小小的一条街尽收眼底。张二胡常常坐在这，一杯清茶，满腹闲情，悠悠地拉二胡。这二胡声传出去很远，一直传到附近的秦淮河上，拉来拉去，说着不成故事的故事。

从秦淮河到状元境，从状元境回秦淮河，多少过客匆匆来去。有的就这么走了，悠悠的步伐，一声不响。有的走走停停，回过头来，去听那二胡的旋律，去寻找那拉二胡的人。

原载《钟山》1987年第2期

乱世出豪杰，也出"狗熊"，张二胡就是这样一个窝窝囊囊具有"狗熊"气质的男人，在状元境这个地方，他在无意中拉着一把破旧的二胡，不知不觉地将自己的命运与一个"英雄"和一位"佳人"扭结在了一起。英雄多为乱世而生，佳人则不是了，生逢乱世的佳人多半是下场凄惨的，小说中的三姐即是一例。

三姐与司令本是佳偶天成，英雄美人，天然绝配，可乱世情缘，总是难如人意。英雄失势，三姐也因把持不住自己被抛弃，其实即便没有外遇，她的下场也不见得好到哪里去。被发配给张二胡为妻，也许是一个并不算差的结局。从云端跌落凡间，三姐的命运起伏很大，她与张二胡娘的激烈争斗是这种内心怨气的一种发泄，在车行里的堕落也是她的一种自我放逐。张二胡多年忍气吞声之后的出走是一个转折，三姐虽然仍然离不开男人，与外人生下了两个孩子，但在张二胡归来之后，她身上的人性终于复归，往日那个狐媚放荡、贪图享乐的三姐慢慢消失，在老伍前来寻衅滋事的时候她与张二胡一起勇斗强敌，完成了这种转变的最后升华。三姐的一生内含了人性归来的一个过程，是女性在动荡历史中寻找自我的一种可能。张二胡的人生与司令形成极大反差，司令一生激昂澎湃，通畅淋漓，张二胡委曲求全，窝窝囊囊，二者命运不同，却都与一个女人联系在一起，三姐最后死得坦然，没有纠结和怨恨，这是一种自我反思后的救赎，也是对张二胡一生默默陪伴的感恩。

（崔庆蕾）

锦绣谷之恋／

／王安忆

最后一号的台风过去，最初的秋叶沙沙地落在阳台上。夜色封了门窗，猜想那是金黄金黄的一铺。后来，雨来了，大的雨点沉重地打在落叶上，噗噗地响。没见它停，却是渐渐听不出响了。早晨起来，如洗的阳光普照下来，落叶已经腐烂，黄不黄、褐不褐地粘了一地。

我想说一个故事，一个女人的故事。初秋的风很凉爽，太阳又清澄，心里且平静，可以平静地去想这一个故事。我想着，故事也是在一场秋雨之后开始的。

秋雨过去，如洗的阳光普照下来，落叶已经腐烂，红不红、黄不黄地粘了一地。她起床，先在床沿上坐着，睡思昏昏，口里发涩，呵欠涌上来，泪水糊住了眼睛。她一腿蜷在床边，一腿垂下脚尖点着了地，眼角里正觑着丈夫。丈夫躺在床上，朝天躺成一个"大"字，占据了她方才退让出来的一半。大约是风在吹动着竹帘，晃动了早晨的阳光，他身上忽暗忽明，她心里也是忽明忽暗，似乎一颗心拴上了秋千，时高时低，微微的恶心。而他终是不动。然后，他好像在睡梦中听见了什么的召唤，陡地一动，四肢划水似的向下一划，翻了个身，盘腿坐起了。先是呆呆地，凭空地睁着眼睛，像在坐禅。然后茫茫地伸出手去，摸向床头柜上，第一下就摸着了一个耳挖子，便挖耳朵。随着耳挖伸入耳朵，他的眼睛眯了起来，有了些微表情，这才有了活气。然而，随即便沉浸在另一种陶醉之中。她静静地坐着，余光里觑见了他，心里觉得旷远得很。他终于醒了，眼睛里有了感知的光芒，他看见了坐在床沿的她，就问道早上吃什么。她如实做了回答，然后站起来。他便将一条腿垂下了地，另一条则蜷在床边。

阳光隔了竹帘照耀着房间。她站到了亮处，头上卷了卷发筒，一共是六个，前边两个，后边两个，左右各一个，犹如一顶奇怪的帽盔。他坐在床沿上，默默地数着她头上的卷发筒。她把泡饭锅端上煤气灶，然后从容不迫地刷牙，洗脸。他站了起来，向外挪了脚步，她则进来，两人擦肩而过，他在水斗边刷牙，屋里则响起了电动吹风的声音。

当他们在方桌边上会合的时候，各自都收拾得十分焕发了。他雪白的衬衣硬领微微地蹭着刮得发青的腮帮，脸和手散发出温暖而清新的檀香皂气味，他用这手操着一双竹筷划碗里的泡饭。她乌黑的头发绾在耳后，鬈曲的发梢却又从耳垂下边绕到光洁的腮上，自然得犹如天生。而双方并不留意对方，彼此深知了底细似的，再难互相仰慕了。只是匆匆地寡味地吃着泡饭。烧滚的泡饭很烫地灼着嘴，很不容易吃下，很快，两人的额上便沁出了汗珠。她停下筷子，欠过身子开了电风扇，说道："很热。"他便也回声似的应道："很热。"泡饭吃完，正是七点半的时候，他出了门。七点四十的时候，她也出了门。

她穿了一身蓝裙白衣，未出阁的女儿家似的，翩翩地下了肮脏的楼梯。阳光透明似的，凉风便在透明的阳光里穿行。她仰起脸，让风把头发吹向后边，心情开朗起来。

这是和所有早晨一样的一个早晨，这是和所有早晨中比较好的那些一样的一个早晨，要说有什么不同，就是阳台上多了一些污浊的落叶，可她没有留心。这个家她是熟到熟透，再没什么能够激起好奇和兴趣的了，她用不着留心，也都明了。只有走出了家门，她的生活才开始，在家里，则只不过是生活的准备罢了，犹如演出的后台。

在锁上的两道门的后面，阳台上的落叶渐渐干了，卷了起来，脱离了涂了清漆的水泥地坪，轻轻地划拉着，从栏杆之间溜了出去。

她看见了路上的枯叶，在行道树间沙沙地溜着，阳光重新将它们照成金黄色。它们炫耀地翻卷着，亮闪闪了一路。

我只得随她而去，看着她调皮地用脚尖去追索那些金色的卷片，然后恶作剧地"咕吱吱"一脚踩下，像个无忧无虑的女大学生，犹如所有过路人那么认为的。因为她尚未生育的苗条的身材，因为她朴素整洁的衣着，因为她背着一个大大的、鼓鼓的牛津包，而不是女人通常惯用的那种钱包般大小的皮包。有人对她瞧着，止不住有点嫉妒，嫉妒她的看上去是这般年轻且没有忧虑。她竟也觉得心里一片明净。可是，她就要有那么一点儿事了，是的，就要有一点儿什么发生了。这一路上，大约只有我知道了。

这条路是这个城市里最难得的宁静的林荫道了，有着这城市里最优雅的风格的建筑，法国式的，古典式的。法国梧桐在街道上空牵起了绿叶葱茏的枝条，连成一条阳光斑斓的绿廊，无论它有多长，她都愿意走完它，她从不坐车。可惜它极短。走出它，失了绿荫的庇护，她的情绪便有些低落，觉出了累。可是，她工作的那幢楼，一艘轮船似的白色的四层的楼房，在不远的地方，闪着奇怪的，不是白色，而是蔚蓝色的光，她又振作了起来。心里甚至有一些小小的、平常的兴奋。她将走进这楼里，这楼里有她的许多新新老老的同事，她将走进他们中间去的时候，她就总有一些这样的兴奋，几乎没有一次例外。

她用手理了理自然如天生的鬈发，看着从马路对面，越过围墙直射过来的阳光，将她投在这面围墙上的影子，犹如一面镜子，她照见了自己美好的身影，不免有些感动。不知不觉，已经走上了台阶。上班铃声响起，人们匆匆地踏上楼梯，或者踏下楼梯，手里提了热水瓶，匆匆去茶炉房泡水，一时上都顾不得招呼。她搀着纷乱的脚步，踏上了二楼，进了自己的办公室。

昨日喝剩的茶脚还在，玻璃板上蒙着薄灰，和她坐对面的老王正扫地，扫到她脚下，免不了与他争夺一阵扫帚，自然没有夺过，她便端着茶杯进盥洗室洗杯子。盥洗室关着门，有人在里面方便，她等着，一边看别人桌上一张昨日的已经看过了的晚报，竟也看出了一些新鲜的内容。里面传出水声，然后，门开了，果然是老李走了出来，有些不自然似的，没有看她，她就擦肩走了进去。里面有一股烟味，白瓷马桶里有一颗烟蒂，在渐渐涨起的水面上漂浮。她将茶脚倒了，用手指蘸了去污粉，细心地洗她的茶杯。接着，也有人进来倒茶脚，与她站在一处洗茶杯。是小张，新烫了头发，一肩乌黑锃亮的波浪。她宽容而大度地称赞她烫得很好，小张则说，还是你的好啊！她谦让着，心里是明镜高照。小张向她诉说理发的过程以及理发店里的见闻，她耐心地听着，然后又有人进来洗手，她乘机让

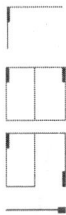

出地方退了出来。

收发刚走过,在她桌上丢了几封信,她用沾湿的手指略略检了一遍,大致猜出了来信人名以及所谈的事项,便去沏茶。茶叶是新买的新茶,装在小铁听里,铁听放在办公桌左边第一个抽屉里,和套了纱布袋的碗筷放在一处。泡好了茶,她就在扶手椅上坐下了。这扶手椅一共才十把,先来的,将它一把一把领完了,后来的便只能坐着小小窄窄的靠背椅。她是杂志刚复刊就进来的编辑,最年轻的"元老",后来的几年里,陆陆续续进来许多大学生,越来越比她年轻,她远远不是最年轻的了。可她牢牢记着她是复刊之际最年轻的编辑,有了时代作为前提,她便能永远不老了。她靠在圈椅里,望着窗外,窗外是一棵高大的泡桐,从很远的西北地方移植过来的。透过泡桐稠密的树叶,可看见隔壁院落里那一座红砖的小楼,有着童话里小屋那样的尖顶,半圆的阳台。

我随她一起张望,在她的背后,越过她的肩,透过泡桐的树叶,看见从那红砖的小楼里,跑出一个小小的姑娘,在门口的台阶上高高地站了一会儿,又沓沓地跑下,跑过院子,跑出了黑漆镂花的铁门。然后,又有一个小小的老人,迟迟地站在那铁门外,犹豫着。

无轨电车从马路上开过,售票员砰砰地拍着铁皮的车厢外板壁,表示着即将靠站。

她转回了目光,懒懒地捡起桌上的信,用一把不利也不钝的剪刀,一封一封剪开封口,再一封一封地拆开看了。心里隐隐地起了一股期待,却又无限渺茫,既不知道期待什么,也不知道有什么理由期待。她果然白白地期待了一场,信看完了。似乎是不愿消灭她的期待,电话铃响起了。电话离她很近,伸手便可拿过话筒,却不是找她,而是找对面的老王,是一个女人的声音,许是他的妻子,也许不是。他早已听见话筒里传出的声音,早早地停了手里的事,等着她将话筒移交于他。交出了话筒,她再没理由空坐着了,她必得干点儿事了。她从身后柜子上摞成小山样的稿子里,拿了那最顶上的一叠,放在了面前。稿子写得枯燥而平凡,字迹且又各异,奇形怪状,莫衷一是。她努力地埋下头去。

喧喧嚷嚷的办公室突然静了,就像放映电影时常出的差错——活动照旧,却失了声音。静得有些奇怪,似乎要有什么事情发生。可是谁都没觉出异样,埋头工作,忙忙碌碌,各自都以为手里的事是天大的事,再重要不过的事了。可是这静却很短暂，飞进一只蜜蜂，嗡嗡地舞着，打着旋，掀起一阵小小的骚动。几乎所有的人都站了起来，有的将稿子展成扇面扇动，有的将书本握成一卷挥舞，有人主张拍死它，有人却说不好招惹，只要不招惹保险没事，否则便要挨蜇。虽是有人不信，却也不敢太孟浪行动了。它只翩翩地舞了一圈，又飞出窗外，眼前尚留有一些辉煌的金圈，久久不散。喧腾的杂音复又起来，电影排除故障声形兼备了。

老王告诉她，下星期一，在庐山有一个笔会，规模虽不很大，到者却都是全国一、二流作者，再讨论许多文学的问题，大约是极热闹的，编辑部兴许也要去人。她听了难免有些玄想，假设着是自己与会，将是如何一番情景，不觉微微地心跳。老李与小张正谈一桩轶事，声音放得极低，低到只够全屋人听见，再也扩散不开，不由也吸引了她的注意。这时候，工间操的音乐响起来了，大家纷纷站起，椅子在打蜡地板上滑来滑去。阳光正正地照了她身边的一面窗，窗户发出炫目的白光，她离开这面耀眼的窗，走向房间的那一头，正对了一条阴暗的后弄，有潺潺的水声，经过了水管，向地下流去。后弄里照不进阳光，灰灰落落，既荒凉又有些温暖，可以藏匿什么似的，很安全。没有一个人走动。她背着屋子那头的金光灿烂的窗，凝视着狭狭暗暗的后弄，有些出神。隐隐听见有人叫她名字，却不作答，等着别人叫第二第三声或者不再叫了。不再叫了，于是，她接着独自个儿地出神。

于是，我便面对着狭弄，接着想我的故事。

狭弄里什么也没有，只有碎了的路面，一条潺潺的阴沟，有水汹涌地冲击而下，阴沟盈满了，湍急地钻入地下，刺耳地叽叽着，没有了。复又宁静了。

她面对着狭弄，背则向着那扇雪亮的窗。阳光偏移了一点儿，那光便也略微温和了一些，不再刺目了。这时候，工间操的音乐结束了，椅子又在地板上划来划去的，纷纷落座了。她等着有人叫她，终于没有，离了窗户，横穿过一整个办公室，向自己的那面光亮的窗下，走去。

她走到一半，比一半还略多一点儿的位置，正在这里，右边有一扇门，延出短短一段走廊，须踏上两级台阶，朝左拐，便是主编室了，她正

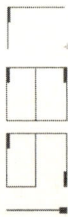

是走到这个临近主编室的位置上——

在她以后的日子里，在她将来的回忆里，这一段路程，这一个横渡，将会是非常非常漫长，漫长得犹如一个人的半生——

她走了一半，正要从主编室门口走过，这时，副主编——没有主编，主编虚设，只有副主编——从房里走出，站在她身边不远的那两级台阶上，说道：

"庐山笔会，你去一下吧！"

副主编站在幽暗的过道口上，从他身后，半掩着的门里，射过几线阳光，映着他的背影，他便这么逆光地站着，向她交代了几句，比如集合的时间、地点、主办笔会的出版社的接洽人，等等。然后，副主编下了台阶，匆匆走了，去宾馆看一个远道来的三流作者，他的手提包早已提在了手上，他是提着手提包与她说话的。然后，她接着完成下半段的横渡，回到了自己的办公桌前。太阳移过去了，照亮了另一面窗户，然后又照亮了另一面，然后，下班铃响了。回家吃饭的回家吃饭，不回家吃饭的不回家吃饭。她不回家吃饭，拿了套了纱布袋的搪瓷碗，下楼买饭去了。食堂在楼下，与礼堂连在一起，升腾着饭的蒸汽与菜的油烟。

已经排了二十个人的队，二十个排队的人一起在说话，她是第二十一个人，第二十一个说话的声音。她说着话，脑子里却浮现出庐山。她从未去过庐山，从未去过任何山，庐山在脑海里，唯有一个乱云飞渡的仙人洞。她站在洞口，穿了那一件她做了许久却许久没有机会穿的衣裙，那种上下两截的套裙，那对于确是夏天无疑然而凉快异常的庐山是再合适不过的了。不过，她看不清自己的模样，这衣裙很陌生，好像人家的衣服，她也是一样陌生。她却有些激动，更大声地说话，几乎压过了所有说话的人。人们都看她，她却害羞了。这时候，轮到她买饭了。

此后的半天里，她有了出神的内容，反倒不再宁静，常找些话与人闲聊。间或，她看稿，也颇有效率，但脑海里却隐隐地有着庐山。她须一面看稿一面想念庐山。有一时她感到累，感到一心很难二用，就抬起头对着窗外专一地想念，却不再知道该想什么，该如何去想，她又很难一心一用。只得低头看稿，云雾飘绕的峰峦，移到了格式不一的稿子上形状各异的字迹后面。

她不再去关心那头的狭弄，狭弄里却有了人。首先是一个放学回家的男孩，大擂着后门，直喊到声嘶力竭。接着走进一个要用搪瓷烧锅换取票证的浙江人，唱戏似的叫着进去，又叫着出来。也有了阳光，是西移的落日，将狭弄映得黄黄的，更令人想起了夜晚。

天才渐渐地暗了。

一个白昼即将过完，她有些倦，显出了憔悴，又蒙了一层看不见的灰尘，衣裙也揉搓得熟透了似的有点儿皱，整个人都黯淡了。这时候，她很想回家。她极想走了。她似乎有点自卑了似的，沮丧地想回家。

她想回家，想了大约有一个小时的时候，下班铃响了。

黄昏时分的林荫道，温和地安宁着，而她脚步却十分匆忙，如同这时分的每一个行人。谁也没有兴致注意谁或者被谁注意，匆匆地走着自己的路，这是归途了。幸好，风是柔和而沁凉地吹拂，安慰着疲乏而沮丧的身体。太阳早已落到身背后的街的尽头，好像那里有一个太阳的城池，供它栖身。她背着太阳，匆匆地越走越远，待她感到筋疲力尽的时候，便到了家。她先摸出钥匙去开信箱，除了一份晚报，什么也没有，细想一回，确也不会再有什么。她却更觉着了疲乏。疲乏，像一个庞大而又无形的活物，越来越快地向她倾下，压迫了她，要她以全身负着，抵着。她慢慢地攀上楼梯。扶手生满了铁锈，一点儿倚扶不得，另一边墙上画了肮脏的图画，靠墙堆了垃圾般的杂物，连走近去都不成，她只得自己慢慢地向上攀登。有的窗户，已亮起了灯光；有的，则昏暗着。她家的，面朝走廊的窗户，漆黑漆黑的。明知道他要比自己晚到一刻钟，却也压制不住一股无名的气恼与焦躁。她开了门，一团闷热扑面而来，裹住了她，一时间，汗如雨注。干爽了这一日的身体，这会儿汗水淋淋。她心里充满了怨艾，走进房间开了窗，又开阳台的门。阳台上布满了邋遢的落叶，她方才隐隐约约地记起，昨夜里那一场秋风和秋雨。

她心里怨怨的，身上汗淋淋的，开始淘米，心里开始激烈地诉说起来，呼吸都有些急促。她急不可待地等待着他，而他不回来。她明明知道他尚有十分钟才能到家，却要焦急地等他，心里升起许许多多不无恶意的猜想，想象激动了自己，不觉红了眼圈。还有五分钟，他便回来了。可是这时候，她忽然有些希望他迟到，迟到十分钟，二十分钟，甚至更多的分钟。如是这般，她的怨气与怒气便都有了理由，都可尽情地放纵了。可他偏偏到得准时，刚刚六点整，门上响起钥匙摸索锁孔的声音。她几乎感到

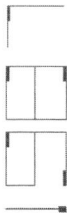

了失望，心中怒火却越烧越烈，她极力地，可说是痛苦地耐着。门推开了，为了不叫门边的煤气灶火熄灭，他将门开得极小，先探进头来，脸上挂着和善却木讷的笑容，然后慢慢地挤进身体，而她已怒不可遏地叫了起来："快啊！火要灭了！"他赶紧抢身而入，迅速关上门。不料门关得过速，反掀起风浪，火苗挣扎了一会儿，依次灭了。她忽感到一阵亢奋，于是一连串的指责与怨言便如涨满后又决堤的河水，一泻千里。

他赶快避进里屋，她则更来了气，锅铲在铁锅内发出不必要的巨响。她喋喋不休地诉说，与其说是向他发泄，不如说是向自己解释，她必得有充分的发难的理由，否则，便是她输了，她自己先就公正地判了她输。耐心的他终也止不住开口了，他说道："好了，好了。"以一种息事宁人的口气，却流露出一股厌烦与冷漠，她更加被激怒，且委屈。她心下常想，倘若他能大张旗鼓，摩拳擦掌与她大干一场，她兴许反会平和下来，而他却只一味地忍让。和平的时候，她也向他表达过这种愿望，可他从来没有足够的勇敢这样尝试，因而也无法证实她的假设，于是，她对他便一味地失望下去了。无人帮助她约束自己，控制自己，她的易怒与紧张的情绪，便不可收拾地生长起来，令人生厌，也令她自己生厌，她是又厌恶又疲倦，可她无法收拾了，她无法解决了。为了证明自己的令人生厌并不是无端的，责任并不在自己，她又是加倍加倍地絮烦地辩解。房间里充满了夹了油爆声的聒噪，幸而他有着极其坚韧，坚韧得近于麻木的神经。他默默地忍着，她看出了他的默默忍耐与小心翼翼，她为他难过，更为自己难过，为自己竟成了这副模样，又自卑又沮丧，甚至有一种改变自己形象的渴望。可是他对她是熟到底了，她还有什么瞒得过他的？！她已经是这样了，她已经是这样了啊！就这样了，就这样！她泪汪汪、气汹汹地在心里嚷。谁也听不见这声音，只听见她的聒噪，她的聒噪破坏了他的晚上，也破坏了她的晚上。她渐渐地疲倦了，渐渐地生出另一个指望，指望他来抚慰她，她需要温和的抚慰，然后她便可以休息并恢复了。可是没有。他已是身经百战、百折不挠了，他早已被她聒噪得麻木了，他不得不麻木，他必得封起自己的眼、耳，一切器官，将自己好好地保护起来，以迎接下一场突如其来的发难，坚忍不拔地慢慢地度着这平凡得伟大的岁月。于是，他们俩孤独地挣扎在一方屋顶之下，摩擦着，却又遥遥相隔着，互相不能给予一点儿援助。

然后，他们吃饭。经历了这一幕之后，他们居然都还有好胃口，尔后，还有看电视的兴致。她终于静了下来，一旦静下便是彻底寂寥的静，只有电视播音员清脆悦耳的声音在回荡。他们虽都觉着厌烦，却又不走出这狭小的蜗居，各自去寻一份快活。他们好像早已被挂在了一起，只能够在一起了，是好是坏就是在一起了。于是，他们就这样，在小小的又暗暗的只开了一盏台灯的屋里活动，一个靠在床上，一个坐在椅上，他看书，她看晚报；然后，再他看晚报，她看书。电视总是开着，上演着拙劣的悲欢离合，并不认真地瞧上一眼，只为取它一些热闹。否则，屋里是太冷寂了。

她已彻底地平静下来，开始想到了庐山，这时候，其至有些愉快起来。暴怒激荡过后的心境，是格外地明澈而又温和，有些可怜巴巴的。她这才告诉他她要出差的消息，他便问她几时走，她回答还有五天，他们就这样开始交谈，谈得很安宁也和平。他也靠到了床上，她这才得以向他偎依过去，吸取她久已渴望的温暖。这时分，她是无限无限的温暖与安慰。他将她像只无家可归的小猫似的抚慰着，她也以温柔的小小的动作回报他。他们觉得非常幸福与值得，一日的疲劳与方才的激动全得到了安抚。他们将前前后后的不快全放在了一边，他们只顾眼前的快乐，他们只有从眼前的短暂的快乐里吸取精力，以对付其余的冗长而乏味的时光。她有些困倦，他也有些困倦，沉沉地入了睡，睡梦中，两人不知不觉地分了手，各自躺在一边，直到天明。天光从竹帘的细缝里一丝一丝渗进，终于织成一张光明的网络，笼罩了房间。然后，太阳也来了。她起床，先在床沿上坐着，风吹动了竹帘，晃动了阳光，他身上忽明忽暗，然后，陡地一动，四肢一划，盘腿坐起了。他们木木地相望着，昨夜的激怒与缱绻消散得无影无踪，恍若梦里。

过了五天，她终于到了出发的时间。车是晚上八点的快车，票买的是硬卧。这一日，她没有去上班，早上便起得很晚。等他起床以后，她又迷迷糊糊地睡着了，还做了一个长梦，醒来时却什么也不记得了。

静开眼睛，太阳穿透竹帘，已上了床边。她远远看见床头柜上有他的一张便条，却懒得伸手。她很舒坦，动也不愿动。睡觉，多么好啊，她想。她慢慢地移动胳膊和腿，胳膊和腿感觉到篾席的清凉和光滑，便来回地动着。她很想再睡，无奈已经睡足，再也睡不着，连眼睛都合不严密了。透过半合的眼睑，她看见了自己睫毛的倒影，穿过睫毛的倒影，她慢慢地不知觉地移动眸子：书橱顶上堆满了报纸，报纸上落了灰尘；灰尘在阳光里飞扬，阳光将灰尘照得发亮。阳台门上挂了一盆了不起的吊兰，全部死去，尚留有几条葱似的叶子，影子正巧投在梳妆台上；梳妆台上有一把电动剃须刀，接了电源，也没拔下。她恍恍惚惚想起方才是有过一阵突起的噪音，自己似乎还嚷了声什么。门前东一只西一只地丢了他的拖鞋，煤气灶上坐了锅子……她的目光周游了一遭，回到床头柜上，那里有一张字条，压在她的手表下面。她鼓起劲，伸出手去抓到了字条，字条上写道他买来了包子，就在煤气灶上的锅子里，还说他下午请假回家陪她。她微笑了一下，懒洋洋地伸了伸胳膊，翻个身，趴成一个极舒服却极难看的姿势。她忽然有些不想去了，为什么要去呢？在家里不挺好的，为什么要去受那个累呢！挤一夜的火车，下了车要去找出版社，找到出版社要交涉，还有，要找旅馆。她忽然忧虑起来，她今晚将住在哪里呢？她一无所知。她将一个人在那陌生的地方奔走，得不到一点儿援助。她有些懊悔了，可是时间在逼近，她还有很多事没做呢，要收拾行李，等等，哦，她多么厌烦啊！这时候，她想到了丈夫的种种好处，想到要将他撇在家里十天了，可她也不痛快呀，她更累呀！她感到极累，并感到时间极紧，赶紧起床，忙完了一切，却连中午还没到，于是，她便又有些着急，心里急急地等着天黑，等着出发的时刻，等得有些焦灼。到了傍晚，那焦灼使她疲倦了，莫名地升起一股厌倦，于是，她又变得易怒了。心里涌起无名之火，为了极小的事情，数落了半天。即便是久经锻炼的他，也不由得有些气馁，低了头默默地喝酒。她如同下饭似的絮叨，戴了满头的卷发筒。卷发筒又不是一色，姹紫嫣红，显得十分地热闹和缭乱。

直到最后，他忍无可忍，才抬起头，欲语还休了几番，然后说道：

"算了，你要走了，我不和你吵。"

说完又低下头去，接着喝酒。这句话一出口，不知怎么，她竟住了声，其实，她原本是可以回说："如若我不走，你就要与我吵吗？你有什么道理可与我吵，我倒愿意听听！"由此下去，另一个新的题目便又开始，她尽可以无休无止了。可是她却住了口，竟没有说出一句有力的回答。她的静止于他也觉着有些异样，不觉又抬起了头，两人默默地对视了一眼。复又低头吃各自的饭，她的絮叨就此打住了。

很久以后，她时常，时常地想起这个傍晚，她临行前最后一餐晚饭上，他无意中，完全是为了退守而说出的这句话：

算了。

你要走了。

我不和你吵了。

以后的日子里，这每一个短句，都成了一个征兆。而这时候，他们谁也不明白，只是隐隐，隐隐地，觉着有点儿不安，不安什么呢！待要细想，那不安却没了，捉也捉不住了。随后她平静下来，一直到上车之前，两人相安无事。临开车了，铃声已经响起，她忽然想起有句话要告诉他，就赶紧推上窗户，伸出头去对他说道：冰箱里的排骨和肉，要提前两三个小时拿出来化冻，这样他中午必须回来一次，把肉从冰柜里取出来化冻，记住，要放在盘子里，否则，化了冻的水会淌得到处都是……铃声在响，他听不清，她不得不将每句话都重复两三遍。话没说完，铃声止了，车动了，他便跟着车走，走着走着跑了起来。她扒着窗框，努力探出身子，极力要把话说完，可是火车越开越快，与他的距离越拉越远，风在耳边呼啸，连她自己都听不见自己的声音了。他却还在拼命地跑着，她叫道："不要跑了！"他看见她嘴动，更以为她有什么话要说，愈加拼力地跑。无奈火车越来越加速，早已将他抛在了后面，成了一个越来越小的活动的黑点。她忽然有点儿心酸，眼泪涌上眼眶。火车离开了灯光通明的车站，开进了黑暗的夜色笼罩的田野。她依然探着身子，朝后看着。看见了列车的车尾，沿着铁轨在黑色的田野上飞快地爬行。水田闪着幽暗的光亮，极远极远的地平线上，有着忽隐忽现的灯光。月亮升起了，照亮了苍穹，她看见了月光下火车淡淡的影子，在辽阔的天地间爬行。

他跑什么呀！她想，忍着眼里的热泪，有什么了不得的事，到了那边也可以写信说的。她何苦非要这会儿说呢！可是，她恍恍惚惚地觉得，她想说的并不仅仅是这句话，也不是另一句，说哪一句都是次要的。当铃声响起的时候，她忽然莫名其妙地觉着一种紧迫感，她必须要和他说一句话，现在要不说，就晚了。怎么会晚呢？她又不明白。因为铃响了呀，铃声一停，车就要开了，车一开，她就要走了，而他则留下了，于是她就急切地要与他说些什么，她还费心想来着。是的，她想着，说什么呢？似乎心急慌忙得想不起来什么，猛地就想起了冰箱冻肉的化冻事情，她就讲了起来，与铃声争着高低。唉，那催人的铃声，这就像是一次真正的别离了。她心头萦绕着一种很古怪的疑惑。

这疑惑很缠了她一会儿，她甚至有些苦恼了，便从包里拿出一本小说看着。看了一会儿，就觉着了困，起身理了理床铺，睡了。她半醒地睡着了，做了一些梦，梦境随着车身晃荡着，布满了轰隆轰隆的鸣响。她睡得很乏。风夹着夜晚的雾气刮在身上，又凉又潮，身上黏黏的，沾了许多煤烟里的黑色微粒。她在梦里洗了澡，还洗头，洗得很痛快，却总有一股遗憾的心情，大约是因为很明白这只不过是梦吧。当她终于到了宾馆，在浴室里大洗特洗的时候，忽然想起了这个梦。她总是记不住梦的。

笔会先在省城集合，第二日就上庐山。作家们几乎都到齐了，还有两位乘坐晚上的航班到达。至于各路编辑记者，已陆续不断地赶来，笔会一律不负责安排他们的住宿，她很幸运。因为女同志的房间正多了一张铺位，给她挤进了。而别的编辑记者，都住在并不那么近的邻近的招待所，还有的，直接到庐山上等着了。再没比她更方便的了，可与作家们朝夕相处，虽不好光天化日地约稿，而使主办出版社不快，可是却有效地联络了感情，为日后的稿源奠下了基础。何况，她是那么仪态大方，谈吐极聪明，进退也有分寸，很博得好感。正是忙的时候，要接人，接来了要安排休息，还要闲话几句。虽只在此待一个晚上，可也不能让作家感到无聊，便去买了歌舞的票子，作家却想看有地方特色的赣剧，打听了半日，只有一个小县城的剧团在演，再去弄票，这里却又有作家因旅途疲劳而有些发热，其余的便也没了兴致。忙极了，乱极了，只好来抓她的差了，让她跟了出版社的领导去机场接人，她欣然答应。

由于一切都出乎意料地顺利，又尽情地大洗了一番，她的心境十分明朗，人也活泼了，有了好耐心，她心里直想：可真是来对了。如果没来的话，将是什么情景，她简直是想也不愿想了。她没有将洗过的头发卷上卷发筒，那样子是可笑而丑陋的，她只将头发用干毛巾擦干，梳平，用牛皮筋在脑后束起来，反倒显得清秀了。然后她换了条无袖的横条的连衣裙，穿一双绳编的凉鞋，年轻极了，新鲜极了。吃过晚饭不久，便有人叫她上机场。

她和出版社文艺室副主任老姚，坐一辆小车，往机场去，路上便与老姚闲话，谈到出版界的窘况，小说可喜的发展与变化，以及将乘坐1157航班到达的这两位作家的一些传闻中的人品与轶事，穿插了老姚对车所经过的地方与名胜的介绍，不知不觉，机场到了。离飞机到达还有近一个小时，便坐着等。等了一会儿，又觉得不放心，她便去问讯处询问，确信了这次航班没有误点，才放心地坐回沙发椅上，继续等待与闲话。司机是个路路通，找到个七兜八绕的熟人，将他们一直带到停机坪上去接客人了。

机场非常辽阔，辽阔得无边无际，与天空反倒接近了。是个多云的天，没有星星，也没有月亮，远处影影绰绰停了几架大鸟似的飞机，几辆甲壳虫般的汽车无声地移动。没有人，风贴着地吹过来，裹着他们的脚。他们有些茫然，站在那里，不知该向哪里迈腿。机场是那么空旷，天就在头顶，人站在辽阔的天与辽阔的地中间，宿命般地渺茫着。他们似乎都被这渺茫的感觉攫住了，都不说话。他们不说话地站着，似乎已经站了很久。天在很近又很远的地方笼罩住他们。这时，有人对他们说，前边那飞机就是他们要接的1157航班，他们便向它走去。

那是一架小小的飞机，几乎被夜色完全藏匿了，他们走通夜的隔膜，看清了那飞机，有人正从仅只五六步高的踏脚上的门里走出，走下矮矮的阶梯，到了地面，慢慢地走着，手里提了或大或小的提包。有一架行李车停在了旁边，静静地等待卸下行李。她向前慢慢地走去，忽然，老姚在身边站住了，随后便响起了热烈的寒暄，三两个声音在空旷的机场迅速地飘散了。她赶紧收住脚步，回过头去，面前站了两个几乎同样高大的中年男子，一个戴眼镜，另一个则不戴。老姚为她做了介绍，他们朝她微笑，笑得和蔼可亲。戴眼镜的伸出了手，一只很大很温暖的手握住了她略有些冰凉的手。然后，那一个不戴眼镜的也伸出了手。可是，她与他的手却没有顺利地握住，手指尖碰了一下，各自便都有些慌，慌忙地闪开，再去寻对方的手，又都落了空，然后才握到了一起，两人都有些窘了。她微微地有些不快，很顺利的一天在此时打了个小小的结，很久以后，她才明白，这个结是可纪念的。而此时，她只觉着是露了丑似的，有点儿懊丧。她转回身去与他们一起朝候机室走。当她转过身的时候，天上忽然有了星星，星星从云层里露了出来，俯视着大地。星星是那么贴近，可是一旦昂起头去迎接，却又远了。星光照耀，机场显得更旷远了，竟有了一股说不出的荒凉。他们一起朝着前边灯亮的地方走去，走进了候机室，又等行李，只是一只小小的黑色的人造革箱子，是那戴眼镜的。于是她问那不戴眼镜的："你的呢？"他拍了拍肩上背着的橘红色的旅行袋，底下有四个轮子的那种，便不再说什么。只是戴眼镜的说话，谈笑风生，还在老姚肩上拍着。瘦小的老姚在他身边，越发显得瘦小而平凡。他却只是一边听着，很宽容地笑着，肩上还背着那包。她便抓住他身后的那一根背带，让他放下地来等着，因为行李还需一会儿才到。他抓住胸前那一根背带，两人合力将包卸下来，放在了地上，就在直起身来的时候，他们两人相对着微笑了一下，很开心似的。她略有些害羞，转过脸去，专心地听那作家妙语连篇地说话，说他们登机前的一桩啼笑皆非的遭遇，听到好笑处，便尽情地大笑。她觉得他也在专心地听着，心里非常愉快，她甚至想不起来这世界上还有什么需要苦恼的事情了。多么好呀！她微微扭过脸去，对了候机室敞开的窗户，有风从那里吹来，还看见了星星，满天满天的星星。

行李来了，司机带那戴眼镜的去辨认行李，老姚和她，还有他留着，留在高大的、对着停机坪的窗户前边，风从身后缓缓地吹拂。老姚大约是应酬得疲劳了，一时找不出话来说。她却也不想说话，便沉默着，他原本就不多话，就冷了场。她感觉到老姚向她投来求援的目光，而她依然不想开口，因为她觉得这沉默十分自然，并不难堪，还有些会意似的。相反，老姚勉力说出的闲话倒显得多余而别扭了，惶惶地住了口。于是他们三人互相很友好地看着，心情愉快地微笑，仅此而已。她看见在他身后，有一面巨大的很高的钟，指针正指到九点一刻。她朝它看了很久，将这个九点一刻看了很久，直到长针几乎察觉不到地一动的时候，她才落下了目光。这时，他们取来了行李，互相招呼着："走吧！"她也招呼着："走吧。"说罢就弯腰去拉他放在地上的、橘红色的旅行包，他不让，也抓住了带子，她也不让，两人相持着。最后，他用另一只手抓住她拉着带子的手，将它从包上拿开了。他的手极大，完全地包住了她的手，她的手在他的手里陡地小了，很天真似的。她只得依从了，却有些害羞。就这样，他们一行人，浩浩荡荡地穿过了一整个空旷的候机室，从那面大钟底下走过。

他们上车，戴眼镜的作家坐了司机座的旁边，他，她，和老姚坐在后边，她坐在他们中间。他问她能不能吸烟，她并不回答，只是伸过手将边上的烟灰缸揭了开来，他便吸烟了。烟从她腮边掠过，微风似的，撩动了她的头发。她忽然有些感动，眼眶湿漉漉的。她忽然长长地吐了一口气。她感到非常幸福，仅仅是一夜之间，可是一切都突然地变了样，不仅是生活，还有她自己。往日里那股焦灼、紧张、烦躁，都到哪里去了呢？烟消云散，从不曾有过似的。她心里明净得犹如一池清潭。她突如其来地吐了一口气，老姚有些诧异地回过头看她，她忽有些惭愧，责备自己得意得竟失态了。而他并没有回头，一无诧异，似乎他是很明了的。她不由微微转过脸去看了看他，他正将烟蒂掐熄在小烟灰壳子里，她看见了他连接着腮骨的脖子。她想着她曾读过的他的小说，那小说陡地亲近起来，并且有些神秘似的。

汽车在幽暗的道路上疾驶，两边的树影迅速地掠过。她向后倚在椅背上，看着窗外幽暗的景物，隔了他的肩头，心里充满了梦幻的感觉。灯光渐渐稠密，车子驶进了市区，驶过宽阔如长安街的井冈山大道。八一起义纪念塔高高地默默地矗立，最高的顶上，停了一颗极亮的星星，并不照耀，只是亮着自己，通体透明似的。车子减速了，汇入河流一般的车队。

明天就要上庐山了，她告诉他。他很愉快地听着。庐山上很凉快，她又说，如主人一般，还说，虽已立过秋很久可仍然很热，他便说，火炉嘛！庐山上就好了，她说，早晚还要穿毛衣呢，要小心，她看了他一眼。他穿着短袖的运动衫和短裤，短短的裤腿里伸出的腿面上，有着蜷曲的黑色的汗毛，她有些嫌恶似的移开了眼睛。他说他带有一件风衣，并用手朝后指了指，指的是装在车后边的旅行包。这时候，老姚似乎恢复过来了，开始讲起庐山的传说，一口气讲了好几则，直到汽车在宾馆门前停下，依次跨出车门，他才说了一句，说他特地借了这本《庐山的传说》。老姚已经跑到车后面殷勤地为他们取行李了，没有听见，只有她听见了，便朝他笑笑，他也笑笑，都十分地会意了。

回到房里，已是十一点了，同屋的那个年轻的小女孩似的女作家已经睡熟了，她怕惊扰了她，没有开灯，月亮照透了薄薄的窗帘，她趁着月光悄悄地上了床。她朝天躺在床上，伸直了两条腿，将胳膊也伸得笔直。伸直了的身体非常舒服，并且极美，月光沐浴着她颀长的身体，她半垂着眼睑细细打量着自己，被自己柔美的身体感动了，竟有些哽咽。她松了下

来，将她心爱的身子蜷起，缩在干爽的被单里，开始回想这内容极其丰富的一天，同时就好像学生检查自己的操行似的开始检点这一日里自己的行为举止，结果还令她满意，只是在汽车上那一声莫名其妙的长吁有些失态了，心里暗暗懊丧，可是，不管怎么说，这一天很好，并且，还将很好地，也许比这更好地过好多天。这十天，她一定要好好、好好地度过，再不留下一点儿遗憾。她几乎以为这十天的笔会是开不完的，这十天的日子是过不完的了，这十天就如同永恒一般。她又激动又平静地睡着了。梦里又上了火车，哐唧哐唧，火车永远不停地开着，从一大片天和一大片地之间穿越过去，拖了很长的影子，有时还响起钟声。

第二天，下午五点钟的时分，他们到了庐山，住进一栋别墅式的疗养院，临着一潭碧清的湖水，背后则是苍茫的山峦。这时候，各路编辑记者蜂拥而至，到了这里，出版社再无法将作家封锁起来，只得随他们去了，心里不免恨恨的，时刻警惕，不得让稿子漏到别人手里，出钱却让人坐席，那才真正是为他人作嫁衣裳呢！唯独不防备的是她，她与他们在一起，就像自己人一样了。而她也十分知趣，再不向作家谈稿子的事情，何况，此时此刻，她也很难想起稿子的事情。组稿，看稿，发稿，一个一个校着错字，这就像极远极远的事，比上一辈子还远。甚至，连她也不再是原来的她了。她彻头彻尾地变了似的，她的心境全不一样了，她变得非常宁和，很自持，她无意中对自己有一种约束，这约束使她愉快，这约束在冥冥之中成了她每一日生活的目标。她极愿意做一个宁静的人，做一个宁静的人，于人于己都有无限的愉快。她觉出大家对她的好感，愿意和她在一起，干什么都不会忘了她，少了她便成了缺憾。她非常感激，觉着生活真是太美好了。

黄昏时分，雾气从山那边排山倒海般地漫了过来，仅仅几秒钟的时间，湖不见了，隐在了浩渺烟海之中，变成了一个谜，山峦被雾海淹没了，只留下尖尖的山顶，像一群海上的孤岛，日头像个魂似的，在雾气中蒙蒙地下沉。雾，还在哗哗地弥漫。大家都拥到了阳台上，倚着围栏，遥遥地看那白蒙蒙的雾，那白蒙蒙的雾，正哗哗地过来。雾像摆脱了地心吸力的水，向着四面八方流动，不时要露出一点儿山的真相，又及时地藏住了，那一点儿真相便成了幻觉。大家都披上了五颜六色的毛衣，或者风衣，只觉得潮潮的凉气，却不曾料到，雾已经漫了过来，在他们之间穿行、回流，隔离了他们，无论大家挤得多么近。如是手握着手，雾便从手指间的缝隙里穿行过去隔离了开来。渐渐地，说话的声音都朦胧了起来，明明就在身边，却像从远处传来。人的形状也各自模糊了。烟雾在你、我、他之间缭绕，好像海水在礁石之间穿行。有了雾的蒙蔽，人们便更加没有拘束，几乎同时在大声亢奋地说话，于是谁也听不见谁的，只听见自己的。雾将人们分别地，各自地封起了，人们大声地描述着各自看见的雾的形状，极力传递瞬间里山从雾中透露的消息，却怎么也传递不通了，各自陶醉在各自的风光之中。她没有说话，那无拘无束的感觉反倒抑制了她，使她格外平静。其实，那雾中的山水，是须平静与沉默来领略的，那山水蒙了烟雾正合了无言的境界。她恬静地凭栏而立，周围的絮聒打扰不了她，她再没比这会儿更宽大更慷慨的了。而且，她以她平静的心境，感觉到，他也正沉默着，她甚至感觉到他沉默中的体察，对山的体察，同时，她的体察也正渐渐地，一点一滴地被他接受了。

她与他相隔了两个人站着，互相竟没有看上一眼，在兴奋的喧嚷中静默，以他们彼此共同的静默而注意到了对方，以及对方无言中的体察。这时候，他们觉得他们开始对话了，不，他们原来就一直在对话。他们在不企图传递的时候，反倒传递了消息，传递了雾障后面山的消息，湖的消息，和同在雾障之后的他们自己的消息。在这一堆争相对话的人群中，恰恰只有这两个无语的人对上了话。他们才是真正地互相帮助着，互相补充着，了解了山和水，他们无为而治的体验与获得要超过任何一个激动不安的人。

她为自己的沉静深为骄傲，为她看懂了山色深为骄傲，也为恰恰是她和他都沉静着因而也都看懂了山而更深更深地骄傲，却又微微战栗着有些不安与困惑。连她都隐隐地觉着，要有什么事情发生了。她隐隐地惧怕，隐隐地激动，又隐隐地觉着，这一切都是几十年前就预定好了似的，是与生俱来的，是与这情这景同在的，是宿命，是自然，她反正是逃脱不了的，她便也不打算逃脱了。

可是，什么也没发生。

天，渐渐暗了，他们慢慢地、兴奋地步下楼去吃晚饭。晚饭有庐山三宝：类似田鸡比田鸡更肥更嫩的石鸡，类似木耳比木耳更富营养的石耳，

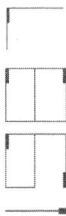

类似银鱼比银鱼更为名贵的石鱼。她与他坐在了两张桌上，她坐在东边的桌上面西而坐，他坐在西边的桌上面东而坐，隔了整整两个桌面的空地，远远地迎面而坐。她转过脸去看着窗外，窗外正对着一条上山的野径，没有石阶，是冒险的人们从杂树乱石中自己踩出的。暮色茫茫，有两个人踉跄着从上面下来，脖子上挂着水壶，手里拄着拐棍，裤腿卷到膝盖，小腿上有划破了的血痕。他们滚似的下了小径，走到院子前边去了，前边是公路，铺了柏油的，围绕着山谷，蜿蜒地盘旋。她听见从远远的地方传来钟声，当当地打着，不知打了几下。她没戴表，刚才洗脸时脱在洗脸池上忘戴了。忘就忘了吧，她并不感到不便。在这里，似乎不需要时间，时间失了意义，这里有白昼与黑夜，有日出和日落，有这些，就尽够了。

天渐渐地黑，然后，亮起了几星灯光，在雾里飘摇，捉摸不定。她久久地凝视那最亮的一盏，随着它飘摇而飘摇，用目光追逐它，于是，它渐渐地就到了她眼里，从她的眼里到了她的心里，然而，心却从她的躯体里跳了出去，到了远远的雾里，朦胧地照亮着。它照见了他的遥远的凝神的目光。她从她与灯交换了位置的心，照见了他走了神的目光。于是，她的心又与他的心交换了位置，她的心进了他的躯体，在他心的位置上勃勃地跳动，他的心则到了灯的位置上，照耀着，与她躯体里的灯对照着。她陡地明亮起来，胸中有一团光明在冲出躯壳。

忽然，她陡地一惊，转回了头，桌上又上了新菜，升腾着冉冉的热气。钟声在悠悠地响。她知道了，这一趟漫长的神游其实只发生在一瞬间，便有些神秘的感动。穿过两个桌面的空地，越过两排肩膀的障碍，他在吸烟，烟气袅袅的，穿过油腻的热气到了她面前，竟没有被污染，依旧是苦苦的清新。她用她的心感觉到另一颗心的没有言语也没有视线的照射，她在这照射里活动。因为有了这照射，她的每一个行为都有了意义，都须愉快地努力。在这一刹那，她的人生有了新的理想。

晚饭以后，是舞会，舞会是在晚饭结束一个小时以后，在饭厅里举行。退出餐桌，她回到房间，将自己在盥洗室里关了很长时间。她对着镜子站了良久，久久地察看自己在镜子里的模样，镜子里的自己，像是另一个自己，凝望着她，似乎有一肚子的话要说却终于没说出口，而全盘地心领神会了。她微微地转动着脸盘，不知不觉地细察着自己的各种角度，她忽又与那镜里的自己隔膜起来，她像不认识自己似的，而要重新地好好地认识一番，考究一番，与那自己接近。她依然是认不清。她变得很陌生，很遥远，可又是那么很奇怪地熟谙着。在镜子前长久的观照后，她才推门出来。她不知道自己已经待了多长时间，房里没有人，和她进去的时候一样，同屋的年轻女作家没有回来，或许是来过又走了。她躺下，闭起眼睛养神，这一日其实是很疲劳的，可是她竟毫不觉得疲劳。她闭着眼睛，感觉到瞳仁在眼皮下活泼地跳动，屋里静得有些不安，一点儿人声都没有，似乎一整座房子里的人都无影无踪了。她静静地躺着，耳畔留着神，窗外有哗哗的水声，会是下雨了？她欠起身子朝窗外张望，窗外一片漆黑，什么也看不见，只有水响，盖过了一切。她想了想，站起身，走到阳台。半轮月亮，照亮了雾气，朦朦胧胧地在湖一方，水声湍湍地响，是山上的泉水，在溪间流淌，丛林遮掩着它，任它在山谷里激起浩荡的回声。她倾听着泉声，总有些不安，她觉出自己在等待什么，是在等待舞会开始，她向自己解释。于是，她便一心一意地等待着舞会开始。她却有点儿等不下去似的焦灼起来，很不必要地焦灼起来。于是她便不许自己焦灼，再一次躺到了床上。眸子在眼皮下活跃地跳动，很不安宁，牵动了心也加速了。这时候，她隐隐约约地好像听见有圆舞曲在优美地荡漾，便再也躺不下去了。她抓了件夹克衫披在肩上，出了门。走廊里出奇地安静，所有的人似乎都约好了要躲避她似的，她有点儿委屈，有点儿生气，便更加矜持了。她慢慢地从走廊的尽头走出，走到楼梯口，缓缓地下楼。餐厅的门关着，里面大亮了灯，玻璃门上有绰绰的人影晃动，还有音乐，不过并不是圆舞曲，而是一支快四步。那舞曲像在催促她似的，她浑身的血液一下子欢快了起来，她有些急不可耐了。她收不住脚步了，三步并两步到了门前，推开了门。门里是一片寥廓的空地，寥寥几个陌生人在翩翩起舞，大约是疗养所的服务员。她惶惑了，进退两难。这时候，身后的门开了，他们的人几乎是呼啸地拥了进来，聒噪声顿时充满了大厅，她的一颗心终于落下了，却微微地害羞，为自己方才的性急害羞。她看见了他，他落在最后，照例地吸着烟。

男多女少，她几乎没有歇脚。他却不来邀她。她跟前的男伴几乎要排队，每个女伴都有几乎排成队的男伴，可他俩始终没有结成一对舞伴。各自与各自的舞伴跳，有时在大厅的两头，谁也看不见谁，有时则擦肩接踵地走过。她旋转的时候差点儿与他的旋转相撞，然后他们抬起头抱歉地一笑，笑得真正是会意了，真正是有了默契，有了共守的秘密似的。她觉着自己的心平静了，觉着十分愉快，她方才遗落了的什么这时又被她捕捉了，她这才恢复了自信。他的没有声音没有视线的照视从此时起又照耀着她了，她再也不转首回眸了，她安心了。她认真地跳着舞，微微仰起头，脚尖舞出许多微妙的花样。她看见大厅的朝北坐南的墙上，高高地悬了一面大钟，指针指着一个时辰，她竟念不出这个时辰，也不懂得这时辰的含义了，她只是望着大钟。她从大钟下旋过，余光里瞥见他从大钟下旋过，许多许多对舞伴都轮流从大钟下旋过。

到很晚很晚的时候，他们才结成了舞伴，这是一个快得叫人脚不沾地的快四步，他们来不及思索，只顾虑着脚步，飞快地紧张地和着节拍，他们甚至没有来得及想到，这也是可以放慢一倍跳的，犹如他们周围的许多对从容的舞伴。可是因为他们一上来就起步快了，便只能一直以这样的步伐跳下去了。而且这时候，他们似乎都有些害怕停下来，似乎一旦停了下来，就将要发生一些什么了。

舞曲飞快地结束了，他们立即松开了手，她的手心汗湿了，不知是她的汗，还是他的汗，或者是两个人汇合了的汗。他们匆匆忙忙地分了手，他本应该说声谢谢，可却什么也没说。她本应该微笑着，却一笑也没笑。这一切都不够自然，可是，一曲终了，这一日，无论它有多么热闹，多么激动不安，充满了多少神奇的暗示，也不得不拉上了帷幕。

第二天，是去仙人洞的日子。

早晨，太阳升起的时候，雾气陡地散了，青山断崖，奇松怪柏，从一片混沌之中凸现出来，抖搂了一身烟幕，冉冉地现出了。醒了似的，活了似的，雾气如尘埃在降落，轻轻地，缓缓地，一层一层从上往下降落，最后落到了脚底，伏在了蜿蜒的山道上。地湿了，草尖上挂了晶莹碧透的水珠。阳光一无遮蔽地照在身上，又暖和又干爽。他们沿着锦绣谷，向仙人洞出发。山谷犹如一个人工的环形舞台，云雾在其中表演着幻术，永不停息地聚散浓淡，谷里的山、石、树、木，便显出珍奇古怪的千姿百态。太阳热辣辣地照射，将山谷照耀得绚丽夺目，白云像个活物似的飘游，又洁白又温柔。白云永远遮掩着深深的山谷，叫人看不见真相。它将深不见底的山谷装饰得又美丽又纯洁，岂不知只要向里跨进半步便是毫无商榷的死地。偶然地，有意无意地，白云揭开一个角落，流露出一点深不可测的真情，然而却是一瞬，叫人不及瞩目，又掩上了，舒展着它白色的花瓣似的边缘，铺成一个令人心旷神怡的伪装，只留下几点疑惑。

她走在狭狭的山道上，沿着山谷一层一层盘旋而上，山谷越来越在她的脚底，她看见山谷的对岸，他们刚才走过的山道，狭窄而且倾斜，就像画在山崖上的一条白色的痕迹，绵延不断，行着长长的，没有头尾的蚂蚁般的队伍。虽是秋季了，已过了旅游盛季，可庐山上的游人依然很多。山谷是越来越深了，她一眼都不敢离开脚步，生怕自己会迷了心窍，一步踩上白云，白云是那么诱人，叫人想去摸一摸。她有点儿心颤，不由伸出手去扶身边的崖壁。崖壁很粗糙地擦破了她的手心，手心里的伤痕叫她感到安全和踏实，她微微地安定了。她站住脚，靠在崖下，让后来的性急的人们越过她先去，她摘下白色宽边的遮阳帽，将它挽成一个小小的圆盘，装进挎包。这时候，她又看见了山谷的彼岸，他们刚刚走过不久的那山道上，绵延不断地蠕动着蚂蚁般大小的队伍，傍着高高的山崖，临着深深的山谷，那队伍活像一队工蚁。她怔怔地站着，太阳照在她脸上，她流汗了。

忽然，一只手拉住了她肩上的挎包带子，她一惊，却见是他，心里微微地激动，却毫不奇怪，从这一早起，她好像就在等他。不，从昨天就开始了这等待，或者是更早，早在他那班1157次飞机降落之前。他确是在她的等待和预料中来的，所以她不意外。他将她的背包夺去了，背在他的肩头，他没有背包，口袋里装了烟，这就尽够了。挎包到了他肩上，她便不得不随着他一起走了，他们就不得不在一起活动了，因为包里总有着一些随时要用的东西，比如扇子、毛巾，还有钱包，等等。于是，他们便在一起走了。他很懂得她对山谷的心情，让她靠着崖壁走，自己则走在路边，将她与山谷隔离。就在他脚边，浮着一朵莲花般的白云，他的脚已经触到了它的花瓣，而他泰然自若地走了过去，她看见他鞋上的细小而晶莹的水珠。

太阳高高地照着山谷，白云透明了，好像是一个幻觉的世界，一个海市蜃楼，一层一层地显示出来。松柏伸展着手臂，岩石昂着头，自由自在，无拘无束，毫不受人干扰，它们是在自己的家里。她的目光，在他

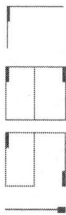

宽阔的肩膀的保护下，攀附着山谷边的奇石怪树，一点一点朝下去，去到很深的地方，有一丛血似的杜鹃花，不可思议的殷红殷红，盛开着，美得邪恶，她的目光被它灼了，可却离不开了，钻进了它的心里，被它攫住了，灼热灼热地攫住了，好不容易才挣脱出来，再拉扯着崖边的枯藤，一点一点艰难地往上攀缘，终于攀上了山谷。阳光稍一斜目，白云又遮蔽了。

他停住脚步，忽然要吸一支烟。她便也站住了脚等他。他从短袖汗衫上的口袋里掏出烟。很普通的烟，又从短裤口袋里摸出打火机，却不那么平凡了，是一个狭狭、扁扁、黑色的金色镀边的打火机。他开始点烟，从山谷里吹来了风，竟把他的火熄灭了。他努力地扣着打火机，火苗摇曳，挣扎了片刻，依然灭了。他用手挡着东面，风从西面来，挡着西面，风从东面来，他弯下腰，风从下边来，他挺起身子，风从顶上来，风从四面八方来，包围他，围剿他，这是锦绣谷里的风。他注定是点不着这支烟了，他注定是自己独个儿点不着这支烟了。她终于看不下去了，便走上一步，走近了他，站在了他的面前，然后伸过两只手，围住他的颤抖的火苗，火苗在她手心连成的围墙下颤抖，终于不灭了，他急急地用力吸了几口，烟头急骤地明暗明暗着，终于点着了。就在点着了的那一刹那，他抬起了眼睛，看着了她的眼睛。他们是近在咫尺了，他与她，近在咫尺。他的凌乱的额发几乎与她的额发相连，他们的眼睛在咫尺之内对视，目光好比是两截飘零的断丝，在空中互相触到了，碰着了，接上了，连接了，然后，就将开始慢慢地织成一张网了。她陡地垂下了双手，火苗灭了。

不知什么时候，不知怎么开始的，他们又在走路了，绕着锦绣谷。他们是不知不觉地走动起来的。锦绣谷像一个圈套，怎么走也走不出去似的，这条路是多么多么漫长啊！太阳已经将露水晒干，道路很干燥，且又柔软，山谷里的白云像流水似的回流。他们的脚步落在干燥了的青草里，窸窸窣窣地响。她微微侧过脸，望着峻峭的崖壁，他则望着身边的山谷，他们将眼睛挪远了，将那条连接起来的游丝延长了，但并未断。她知道了，那准备已久的事情，这会儿终于是发生了，多日来的不安的预感似乎都有了回答，都找到了出处与归宿。心里反倒平静。她终于平静了下来，从山崖这边转回了头，正视着前方，前方突然地喧腾起来，山回路转，仙人洞到了。

他们登上了台阶，平台上拥满了人，人声鼎沸，他们竟都有些糊涂，记不起这究竟是什么地方了。他们挤到石栏前石桌边上，坐下了，这时方才看见他们的人几乎都围在了几张石桌边上，喝着那种由香精与糖精调制成的苦股股甜腻腻的汽水，见他们来到，纷纷热情地招呼，要他们依次站在石栏外的一棵松树下拍照。霎时间，他们有了一种回到人间的感觉，虽是嘈杂纷乱，应付不及，心里却踏实了许多，有了许多可攀附的东西。他们心甘情愿地由着人们摆布，然后与大家一起聊天，嗑着多味瓜子，他则吸烟。烟依然是难点，可她却不再帮他。方才那用手握住火苗的一瞬，是如此宝贵而可珍惜，重复一遍都会将它亵渎了似的。那是于他于她都有着特定意义的一个动作，决不可滥用的，任何滥用都将把它歪曲，使它平凡，丧失它的意义和价值。这是仅只有她与他了解，懂得，仅仅属于她与他所有的一个动作，这是一个秘密。坐在众人之中，而有着一些绝对私有的东西，会使人那么快乐，比任何人都富有似的。于是她便又比往日更加慷慨大度，越来越博得了大家的好感，再没有比她在这个集体里相处得更好的了，也再没有比她在这个集体里更得到快乐的了。他们各自与各自的同伴很有兴味地谈话，很注意地听着对方的发言，再不互相看上一眼，然而他们的每一句话，每一个表情，又都是为着对方的。他们好像共同策划并保守着一个诡计，因为所有的人除了他俩，都无法参与，心里便得意万分。

太阳很晒人，她却不向他要回她的包，好从里面拿出遮阳帽戴上。她不愿与他多说话，多接触，似乎是担心不小心会碰碎了他们之间的一个还很不坚强，甚至相当脆弱的默契，她也是不敢滥用这默契的，她是极珍视它的。而他似乎也是这样，以后的一路，他再不与她同行，她的包却还挂在他的肩头，守着他似的，又被他守着。他们远远地分开，各自汇入了人群，那恍若隔世的锦绣谷，远成了一个梦，这梦存在他们心里，与他们时刻同在着，时时地温习着他们，又被他们所温习。远远地与一个人温习着同一个故事，这欢乐是莫大的。他们怀着莫大的欢乐，走着极狭的山路，与人群拥在一起，与人们七嘴八舌地说话。此时此刻，这人群，似乎全是为了陪衬他们的故事而存在的了。

下午的半天，就在疗养院的会议室里座谈，谈的总是文学，也就无所谓确定题目了。编辑与记者闻讯而来，早早地坐满了会议室的一周，三时左右，作家们才陆续来到，开始座谈。先是照例的静场，静了有不多不少半个小时，然后照例的彼此谦让，让了也有半个小时，便开始慢慢地发言了。起初都是矜持着，却越来越投入，激情洋溢起来，观点新颖，措辞激烈，话没落音，便有奋起的反驳者，加倍激昂地说了起来。然而，细听了几句，便可发现他并没针对前者的发言而发表自己的反对意见，只是从前者发言中劫取了一个契机，开始传播自己的宏论。十七八种并不相对也不相抵的论点在空中交错穿插，讨论没有中心，也无主题，你谈这，我谈那。编辑记者们则埋头疾书，生怕遗漏，每一个字都是那么落地有声，漏掉一点儿都会无限地遗憾。她也不例外，这些光彩四射的思想使她尤其地激动，因她是尤其地聪慧，极善领会又极富情感，不甘寂寞又不甘平凡。这一时刻，与她往日里平淡的生活与工作形成了极鲜明的对照。这里在座的有不少几位作家的稿子经过她的手，一行一行地纠正错字与别字，拼着版样，审着插图，然后送厂，再从厂里返送回来，已成了铅字，她再从铅字里捕捉着遗漏与错误……思想落成文章，文章拆成文句，文句再拆成一个一个的汉字，这是最后的解体和还原，每一个孤立的汉字都失了意义，她天长日久的工作是多么多么乏味，她乏味地工作了偌多年，竟不自觉。她觉着自己身体里和头脑里，有着什么东西被唤醒了，如一股活水，源源流淌，她真是换了一个人似的。

她真是来对了，如果她不来，那么，她将是多么不幸啊！这时候，她看见了他，坐在铺了白桌布的长桌的尽头，他开始发言。他才说了一句，便低下头点烟，他用嘴唇衔着烟，微微皱着眉，眯缝起眼，似乎被烟熏着了似的，那一苗火焰跳跃了一会儿，熄了。她心里就像也有什么亮着的东西熄灭了，忽感到一阵黯然。那神奇的锦绣谷里神奇的景色泯灭了，在这烟气弥漫，人声鼎沸的屋里，无影无踪。在切实可见的他面前，锦绣谷里那一丝迷梦般的联络，忽然碎了，碎成粉末，细细的、透明的，四下里飘散，什么也没有了。她心里空落落的，竟没有听见他在说什么，她的笔忙在本上，画着一个又一个的五角星，连成了串，一串又一串。她只知道他不像别人那么激昂，他总是异常含蓄，不露声色，言语不多而内涵丰富。她还知道大家都更静了，更集中注意地倾听他说话，说明他的观点更有价值。她知道他有不同于一般的价值，她深知他的价值。这时候她有点儿害怕，害怕早上锦绣谷的一幕仅仅是个幻觉，仅仅是个想象，她心里有些焦灼，她要抓住它，要用手触摸它，感觉它，无论它是多么飘忽不定，多么扑朔迷离，多么不可触觉。

这时她忽然哆嗦了一下，在她头顶正中，响起一个巨大的声音，"当"——一声，随即门外远处便有丁零零的回声，她正茫然，却见屋里的人们都活动了起来，他也正做了个结束了的手势。她这才想起来朝头顶上方看了一眼，在她背靠着的墙的上方，有一架大钟，而远处传来的则是开饭的铃声。她昂头看着大钟，有些惶惑，慢慢站起，随着人群走出了会议室。钟声还在响，当，当，当。他在人群里浮动，像海洋上的一个孤岛，他似乎没有意志似的，随着人群的推动，越来越向前。

晚饭以后，依然是舞会，在这山野地方，晚上是寂寞的。山是早早地隐进雾障后面，好像雾障后面便是它们的家。虽说有个牯岭镇就在不远处，可是从大城市来到这里，却是为了山水。牯岭镇是引不起他们兴趣的，何况到处是无处可宿的旅游者来回游荡，不如在此地跳舞既清静又热闹。她不大想去，却又暗暗地不舍，犹豫了很长时间，依然去了。到得很是时候，舞会已开始了五六支曲子，人们刚注意到了她的缺席，可她却到了。舞场上的人们翩然着，她悄悄地走到墙边，在一张方桌边坐下。乐曲稍一间断，屋外潺潺的水声便涌了进来，传递着山的消息。这时候，他向她走来了，是的，绝无疑问的，他向她走来了。可是，在他之前，已有人在向她走来，他分明是迟了半步，他发现自己迟了半步，便犹豫起来，想要退却似的。没有办法，她只得站起来了，她只有迎上去了，如再犹豫半秒钟，他就要退却了。她向前走了半步，将他留住了。等他们步入舞场，走过了数十步之后，她才意识到，她与他在跳舞了，她与他相离得那么近，那么亲昵。舞伴之间原本没有意义的距离与形式，这会儿突然升起了许多含义，使她激动了。她微微红了脸，她再想不起她是如何与他走到了这一步。她的脚随着舞曲自然地移动，他们从一开始起就取得了一个合适的节奏。可是他们毕竟不是舞场老手，不至于熟练到可以边走步边说话。他们放松不得，他们无法交谈，心里却也暗自庆幸不必交谈。她的手在他的手里感觉到他的手，她的呼吸在他的呼吸里感觉到他的呼吸，有时，她的腿碰到他的腿，于是便在这碰撞中感觉到了他的腿。她的心复又宁静下来，傍着他真实可感的身躯。她的眼睛看着他肩膀的后边，他们的眼睛再不曾交流。锦绣谷的交流是他们最后一次交流，也是他们最神圣的交流，

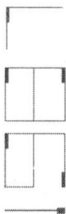

他们都不愿用平庸的对视来腐蚀那一次神圣的交流。他们在回避中相遇，他们在无视中对视了。她忽然感到了他心里的悸动，她的左手放在他的右肩上，她从她手心里感觉到了这悸动。她知道，他绝不会是无动于衷的，绝不会的。

舞曲马上要结束，乐句已有了终止的感觉，做梦似的。她听见他在说话，他在她的耳畔说，又像是在极远极远的地方，再清晰不过了，又再混沌不过了，再自然不过，又再别扭没有了。他说，屋里挺闷的，还不如出去走走再说呢。他说得很平常，又很不平常，他这么说道：

"屋里挺闷的，还不如出去走走再说呢！"

这句话，在相当一段日子以后，回想起来，便具有了一种强烈的象征的意义：

屋里挺闷的。

还不如出去走走。

再说呢。

似乎再不需要有什么犹豫，拒绝更是不近人情也不自然。她从椅背上拿了她的外衣，他则从桌上拿了他的香烟和打火机，走了出来。没有人注意他们，一直有人频繁地进出，进来出去从引不起人注意。他们走了出来，门在他们身后弹回了，关上了，陡地将音乐与人声隔远了。走廊上极静，他们的脚步在水磨石地上击出清脆的声音。他们互相都有些窘迫，互相不敢沉默了，连脚步也不敢滞怠。他们匆匆地走着，并且很快地说起话来，试图以平常的交谈来冲淡这一时窘迫的气氛。他们窘迫得都有些后悔了，并且是那么紧张，生怕弄坏了一些什么。可他们又不敢沉默。他们胆战心惊地，开始说些淡而无味的话，说屋里的空气是混浊的，而屋外则很清新；说夜里很凉，可也正好；说山泉很甜，喝多却怕伤身。他们免不了要重复，还会自相矛盾，可他们来不及想了，他们急急忙忙地说，生怕静默了下来。他们极怕静默。一整幢房子都寂静着，却又极其明亮，舞曲已被他们留在身后很远的远处，在这空寂而明亮得一无遮蔽的屋子里，他们必须制造点什么来遮蔽一下。他们的聒噪击破了屋里的空荡荡的寂静，这寂静似乎是一种奇怪的物质，他们感到了这物质的压力；这寂静又是一种低回的声波，就像透明的水上的水膜，他们的说话搅扰了平稳的水流，他们听见了水流被划动了的声音。他们聒噪着踏出了疗养所的台阶，他们突然看见了山，隐在雾障后面的山的影子。没有人的搅扰，山便活了，在说话似的。他们静了下来，再不叨叨了。这时候，他们竟不再觉得有什么不妥与难堪，黑暗包裹了他们，他们有了可以蔽体的，再不是裸着的了，再不必羞愧了。而且，山是那么解人心意地，而又洞察一切地俯视着他们，一切都不必伪装了。他们渐渐地卸去伪装，觉得轻松，自由，无拘无束，他们在台阶前站着，没有走出去，没有走进雾和黑暗里，他们还没到走进去的时候似的，自觉地，不约而同地停在了台阶下。雾里就像有另一个不为人知晓的世界，他们都不够勇敢，也不够冒昧，谁也没动这个念头。

星星照耀着最高最远的山峦，看不见的泉水湍湍地流，与风里的沙沙树叶作着对话。

今天的太阳和昨天的一样地升起。她和他却再不是昨天的她和他了。于是，太阳也变了，从一个不是东方也不是西方的地方升起了。从此，无论她与他离得多远，在漫漫的山路上相隔了多少级台阶的距离，她都安心了。他的目光与她同在，她时刻感觉到这目光的照耀，她便愉快地心甘情愿地努力着，努力使自己做得好一些。生命呈现出新的意义，她如再生了一般，感到世界很新鲜，充满了好奇和活力。她走着无尽的九百五十六级台阶，每一级台阶都是为他而走，为他这台阶才不使她疲劳与乏味，即使筋疲力尽她也是欢欣鼓舞。由于有一双目光的注视，她又是加倍地紧张，唯恐有一个闪失而露了丑，她自己也不曾意识地小心翼翼地保护着自己在他心目中的形象。那形象是很美好的，美好得竟使她自己都陌生了。她为自己也为他爱惜这新的自己，如若有了什么损害，便是伤她，也伤了他，伤了他的注视，也伤了他的感情。

呵，她竟想到了"感情"这两个字了。这是许久许久以前的事了，早已陌生了的面目，此时提起，她顿感到心潮激荡。九百五十六级台阶，级级朝下，已经听见三叠泉的瀑布声响，在陡峭的山壁碰出回应。她亦步亦趋地走下台阶，整齐的台阶由于长久的凝视，竟成了一条平铺的道路，枕木似的排了无尽的一条。她有些恍惚，住了脚，抬头望望蓝天，蓝天叫山像一口井似的圈起了。他们已经下了山谷，他们越来越走入山谷了。她望着蓝天下青苍的山峦，目光忽地回到了自己脚下，不由得一惊，险些儿跌下了她那一级台阶。那一条平铺的石枕，就在她走神的那一会儿，笔陡得垂直了，从她脚尖前边直垂下去，耳边充满了嗡嗡的水声，犹如山在轰鸣。石阶上，蜿蜒着人群，如蚁般地蠕动，她看见了他的背影，他用他的背影照耀着她。有了这背影的关注，她唯有镇静地稳当地一步一级地下去了。明明是九百五十六级台阶，却像是无限，明明是无限，却是可数的九百五十六级。她对三叠泉已不抱什么指望，她不以为三叠泉是可以到达的了，可她必得这么一步一级地下去，她不得不这么一步一级地下去，似乎是命运的驱使，几乎是一种宿命。她只看得见他的背影，在那一级级的台阶下面，什么都消失了，只有他的背影，飘飘忽忽地在前面指引。

正在她走得绝望的时候，却听见了人们的欢呼，为三叠泉欢呼，为九百五十六级台阶欢呼。她这才知道，三叠泉不远了，九百五十六级台阶屈指可数了。她透过茂密的树丛，看见了攒动的人头，泉水流淌着，然后她看见了白茫茫的一大片，那是山谷，山谷里的山谷，山谷是没有底的深渊。她终于看见了笔陡的峭壁，瀑布在耸入云天的峭壁上静静地流泻。在这一片喧嚣的水声之中，那高悬的瀑布却格外地宁静。而这一谷的轰响全是它掀起的，它安详宁静地掀起了满满一谷的嚣声。水声几乎是震耳欲聋的，狂欢的人们在呼喊，却只看见他们无声的开闭的嘴，水声吞没了一切琐细的声音，一切声音在水声之中都成为琐细的了。瀑布从湛蓝的天上泻下，翻过三叠九重的崖壁，温柔得像个处女。一整个山谷在呜呜呜呜地鸣着，像在永不绝望又永无希望地呼喊着什么。

她下了最后一级台阶，第九百五十六级台阶，颤巍巍地踏下那一片倾斜的岩石，她以为自己会滑下去，一径滑到悬崖边缘，再滑下悬崖，穿过那一片白茫茫，无底地坠入下去。可是，脚底却稳稳地巴住了岩石，粗糙的岩石滞住了她的鞋底，托着她一步一步走去，离开了悬崖的边缘。她弯腰摸着了一块石头，坐下了，这样，她看不见深谷了，却还看见深谷上方的白云，白云停着，一动不动，它怎么能够什么也不傍着地停在空中，魔术似的，它必定是傍着了什么，而不被我们看见，正像一个魔术。她喘息着，一边奇怪地想道。这时，她看见他们的人都在山壁下的溪水边嬉戏着，捉着一条溜到水里去的毛巾，那毛巾一溜到水里，便活了，如同一条鱼似的，飞快地流去，流过几十个石坎，几十个湾，几十只要捉它的手。他们的惊叫与欢呼全被水声盖没了，只见他们在手舞足蹈。在山壁底下，他们显得多么多小呀，孩子似的，她看着小小的他们，觉着他们是在很远的地方活动着。他没有参加这场追逐，只坐在溪水边的石头上吸烟，跳跃的溪水溅湿了他的鞋和衣服，他竟连头发都湿了，他背对着她，于是她也转过头去，背对着他的背。

他们以各自的背影相对，并且交谈。

"你很安宁。"他说。

"你也是。"她说。

"你与这山很合宜似的。"他说。

"这山与你很合宜似的。"她说。

"你就像是这山安排来的。"他说。

"这山就像是你安排在的。"她说。

"山却吵得很。"他说。

"我心里也吵闹的。"她说。

"我也是。"他说。

"吵闹过了，就清静了。"她说。

"谢谢。"他说。

溪水哗哗地流淌，碰在岩石上，迸出响亮的回声。在极高极高的峭壁上，一泓白色的水流悄无声息地流淌，蓝天罩住了山谷，她在那湛蓝的天空里，看出了一轮明月，皓皓地照耀着幽深的山谷。那是昨晚过去了的月亮，也是今晚没来到的月亮，它已走在途中，已经出发了。

他们在山的环抱下，竟都缩小了身躯，庞大的山挤压着身躯，身躯挤压着灵魂，灵魂陡地膨胀了，冲出了躯壳，无依无托地附在了粗糙的山壁上。她觉得心在体内悬起，悬起，她能感觉到心从头顶出去了，甚至能用手捉住似的，可她没动。她木木的，什么心情也没了，心，自由自在地去游逛了，撇下了她。

太阳和月亮在空谷上空交替地照耀，好像几万年的时间在这里过去了，她不知道自己经历了一些什么，她只觉出自己在这太阳和月亮的交换中幻化了，有一个自己在退出，另有一个自己在靠近了，她换了一个人了。她是她自己，又不是她自己了，天哪，这真是奇了！她疑疑惑惑的，她无法评判新旧两个她，不知道哪一个才更真实，可她喜欢这一个新的，为他所看见的自己。旧的自己是太旧了，叫她腻味了，叫她不愿珍惜了。她以她崭新的陌生的自己，竟能体验到许多崭新的陌生的情感，或是说以她崭新的陌生的情感，而发现创造了崭新的陌生的自己。她从她新的自己里发现了无穷的想象力与创造力，她能洞察到他的心底深处了，她能给他慰藉，给他影响。她运用着新的自己，新的自己指导着她，她像是脱胎换骨了，她多么幸福啊！呵，她多幸运，幸而她来了，幸而他也来了，幸而他们都来了。哦，哦，她多么感激他，多么爱他。

她竟想到了"爱"字，她禁不住像一个中学生似的战栗了。她从他的背影了解到他的战栗，他们的战栗穿透了他与她之间的空地，在空地中的一块岩石上方相遇了。这时，她方才感到她的心已回到了她的躯体里，她的心载得满满地回来了，她的心满载而归了。她的心周游了一遭，采集了满满一心的快乐回来了。

她却又觉着了苦恼，苦恼从快乐里冉冉地升起。她隐隐地有着一种不悦的预感，预感到这爱将要落空。这将要落空的爱蓬蓬勃勃地，一往无前地生长，这爱无时无刻不在抽枝，发芽，长叶，昨日还是青苗，如今已成了参天的大树。她新的生命附着这树破土而出，平地而起。她的脱身全是因为着与他的爱，她相信，他也因着与她的爱而脱身了。她再不能退却了。那边在招呼她拍照留影，别人都依次轮流照过了，只剩下她。她极不情愿地慢慢走了过去，脚底的岩石倾斜着，偏偏向着悬崖边而倾斜，她一步一步朝上迈去，心里紧迫着，似乎悬崖下的谷底在逼着她，她走了过去，到了溪边，抓住一块突出的石头，靠在了上边，石头将悬崖与她隔离了，她这才稍觉着安心。安心之后她便感到了窘迫。摄影是出版社的美编，怀着要将每张照片变成封面或封底的决心与信心，且又对她抱着极大的希望，苛刻地要求她做出种种的明星姿态，她暗暗地得意却无比地窘迫，因为他在，他的眼睛看着溪水，依然背对着她，可他的背影是深谙一切的。可她没有办法了，她已经坐上了一块岩石，她是再下不来了。她只有耐心地听凭摄影的摆布。窘迫使她像个中学生那么害羞而天真，吸引了无关的游人的注意，她却已顾不得享用这些欣赏与喜爱的目光了，她如同受刑一般，心心念念盼着赶快结束，再没有比她这模样更可爱的了，可她自己竟不知道，反还无比的沮丧。终于，她得以从那石头上脱身了，她这才自如，活过来了一般。她活泼泼地跳下岩石，竟朝着他那里走过去了，她想也没想，就朝着他走过去了。她问他是否也照过相了，他说受过罪了，他是说受过罪了，她立即懂了，笑了起来。他并不笑，只用眼睛看她。她被他看得发窘，那是与刚才完全不一样的发窘，有些愉快，有些心悸的发窘，想问他为什么这样看她，又觉得这话太轻佻也太愚蠢，便不再作声，弯下腰拾了一把小石子，一颗一颗地朝溪水里掷去。小石子无声地落在汹涌的水上，无声地卷走了。她感受到他目光的抚摸，她浑身都暖透了又凉透了。石头掷完了，他却还看着她，她鼓起勇气向他的目光迎战上去，他启开嘴唇，问道："好吗？"她回答道："好！"

水声是那么宏大，震耳欲聋，却忽地静了一下，他俩的声音清亮清亮地凸起在灌满山谷的水声上面，他们彼此都听得再清楚、再响亮不过了。

这才是世界上最最不通又最最会意不过的交谈，最最简短又最最尽情的交谈。他们好像在这几个字眼的交换里将自己的一切都交托了。当他们离开三叠泉，开始了向上的九百五十六级的长征时，他们的心情是无比地纯净，晶莹剔透。他们并排走在窄窄的山道上，不时被前来或后来的人冲散，便只能一前一后靠在路边，等人过去，渐渐地就落后了。九百五十六级台阶是笔陡地朝上，不一会儿，她便气喘了，他向她伸出手，她把她的手交出去了。她把她的手交出了就再没收回来，从此，他们便用手作谈了。

三叠泉渐渐在后面了，他们一步一阶地在山谷的壁上攀缘。石阶是再整齐也没有了，一级一级地向上，再没个歇脚的地方，几乎是不能松一口气的，必得一口气地登上九百五十六级台阶。他们渐渐调整了呼吸与脚步，有了节奏，便觉得轻松了，脚只需机械地抬步，手便可专心地对话了。轮到她发问了："累吗？"他的手回答："不累！""谢谢！"她的手感激地说。他的手便说道："不谢。"然后沉默了，再不作更进一步的探试与交流。他们毕竟人近中年，深知如何保存情感，使之细水长流，深知帷幕揭开之前的美妙境界理该尽情领略，而帷幕之后一目了然便不过如此了。他们都是有过一次以上情感经历的人了，情感已经塑造过了他们，他们便也能够塑造情感了。他们与情感之间早已有过交战，他们其实是知己知彼的了，尽管心里到死也不会承认。他们已经决心去爱了，真心真意地爱，全心全意地爱，专心专意地爱，爱得不顾一切。他们知道假如一个人丧失了爱心，便失了一半，于是他们宁可牺牲了这一半而去挽救那一半。他们是读过书的人，受过教育，见多识广，深知人应该是怎么样，

并朝着这目标努力。他们喜欢悲剧，为许多悲剧激动得彻夜不眠，那中间悲壮的细节缠绕着并袭击着被失眠折磨得虚弱不堪的他们，他们极轻易地就被俘虏，做了囚徒，从此，他们便觉得心里梗阻了一点儿什么，使得平静的生活有了些麻烦，亦有了些色彩。他们渴望过着色彩斑斓的生活，他们是不甘于平庸的人。平常的生活使他们厌倦，他们愿意生活很不平常。而他们恰都有着非凡的想象力，因他们的想象力得了他们的教育和职业，这教育和职业又磨炼了他们的想象力，使之非常发达，充满了动力，一旦发动，简直可以创造一个世界，更莫说是创造一个小小的情感的波折，那真才是游刃有余。他们极富牺牲精神，为他们所认为值得的，可以不计代价与后果，而他们又深知一切的底细，非常聪明。他们绝不会去糟蹋自己的希望，他们明白希望是比事实更美丽的，明白希望成了现实也会索然无味。于是，他们便将希望保存着，让它永远在实现之前保存着。久而久之，不知不觉，他们竟有了一种能力，便是将事实还原成希望，还原成理想，这样，他们便可以永远地惴惴不安着，永远地激动着，永远地像个孩子似的渴望着，不安着，胡思乱想着。因此，他们那份全心全意，真心真意，专心专意的爱，在冥冥中便有了安全与保护。

所以，他们的对话决不肯一往无前，必在每一个层面上享用尽了，才会慢慢地掘进，犹如发现了一个不甚丰富的矿藏，他们不能浪费一点儿，他们须用最细密的筛子筛淘尽了，再掘进一点儿，开拓一点儿。然而，这一切全在他们的下意识中，他们从不意识，更不会承认，如有一天，他们终于说明了这一切，那才是他们真正的末日。他们的末日不会来临，他们绝不会让他们的末日来临，他们聪明得几乎有了一种天然的，先知先觉的能力，他们绝不会让末日来临的。

现在，他们的手相握着，他们只需要一只手的相握，便可全身心地相依了。谁也不会懂得这时分，他们是在如何地温柔缠绵，相亲相爱。人们只看见一对从三叠泉归来的男女，勤勤恳恳地互助着登那九百五十六级台阶。时已经中午，太阳热辣辣地照在头顶，他们竟不觉得，他们所有的知觉全注到两只手上，他的右手与她的左手。

他们终于看到了九百五十六级台阶顶上的炊烟，那里有一户人家，开个茶棚，兼作饭铺，那灶间正对着最上的一级台阶，他们知道他们的人一定是在前面的茶棚里等着。走到第九百五十五级台阶上，他率先上了最后一级，然后将她拽了上去，拽得太过用力，她正正好好地被拽到了他的胸前，他便极尽温柔地在她额头上亲了一下。这一个吻，是自然得不能再自然了，其实他们在心里，早已吻过成千上万回了，可这真实的一吻，却正式地拉开了帷幕，帷幕拉开了，他们再也逃避不了，再也改变不了，再也退却不了，只有上场了。他们松开了手，手是汗水淋淋的，他们再不碰手地绕过了炊烟滚滚的灶间，走到了前边的茶棚。果然，那里全坐的是他们的人，刚喝了半杯凉茶，他们的茶也买好放在了桌上，似乎没有人注意他们的迟到，事实上他们也仅迟到了五六步，可那五六步的距离却足足地隔阂了两个世界，隔阂了两个时期。

他们坐下来喝茶，茶是清甜清甜的，五分一杯。一个七岁孩子收钱并且倒茶。她与那孩子说了许多话，问他几岁了，一问倒吓了一跳，他竟是十岁，又问他读书没有，在哪里读书，有无兄弟姐妹，等等。她和蔼地问话，然后专心地听他回答。他则在另外一张茶桌上与人讨论三叠泉，是否真如人们常说的"不到三叠泉便是不到庐山"，有人说不见得，他却说得很肯定，并列出理由，理由是庐山早已被人踩平，唯有这一处尚是庐山真面目。他们各自与各自的对象说着各自的话题，其实他们依然是在对话，以他们各自的话题，进行着既远又近的对话。有时候，对话是不需要相对的内容和相对的形式的。从此以后，他们将无时无刻不在对话，他们的对话使其他一切的对话都变得意义非凡了，有了新鲜的趣味。她的每一句话都是为他，无论他在场还是不在场；他的每一句话也都是为她，也无论她在场还是不在场。而他们并没意识到他们的对话似乎极相似于座谈会上的发言，都是急于说话与表达，都是不关心别人的发言与表达，他们只关注自己向对方说什么，而不关注对方向自己说什么，除非对方说的正是自己，如是这样，他们便加倍地关心，百听不厌，以至再听不见别的了。他们只关心着自己，只注意着自己，他们其实是在自我对话，对方于自己都是个虚拟的听众。因此，他们之间其实是比与别人之间更无法交流，比与别人之间更隔膜的，因为他们彼此都太急于向对方表达，而与别人一起，礼貌与教养便会来限制他们。他们时时刻刻地进行谈话，时时刻刻地落空这谈话。可是，不管这一切，他们心里是充实得多，也热闹得多了。

他们互相之间最最切实最最物质的交流，便是那个吻了。她时时觉着额上的灼热，如烙印一般烙在了正中，她不敢用手去摸它，似乎一摸

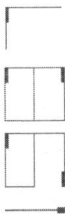

就会被人觉察了什么，而又会被摸坏了点儿什么。她无比地激动，同时不无做作地痛苦，她要将这烙痕变成一个红A字，如霍桑的小说那样。而那烙痕则顾自激动地灼热着。那烙痕于他是在唇上了。他用凉茶去冰那烙痕，那烙痕却把茶熨热了。他有些不安了，向来沉着的他竟有些不安了。他不敢用舌去舔它，生怕灼了舌头，又怕舔去了些什么。他吸烟，用唇衔着烟，却觉得烟卷与唇之间隔膜着。他们都有些僵了似的，以他们的额与唇负了什么东西，为它所累，其实是怕遗落了它，是要小心地保存着它。直到这一天即将过完的时候，他们终于找到了机会，溜出疗养所，走进浓雾之中，拥抱着，用成千上万个热吻溶化了，安抚平了，深深地铭刻进了心里。他们胆战心惊又不顾一切地抱吻着，其实浓雾将他们遮蔽得严严实实，不会有一只眼睛能穿透这蒙蔽。他们终于走进了雾障，雾障后面确有着另一个世界。

"上天保佑，你也来了庐山。"他喃喃地说。

"上天保佑，你也来了庐山。"她喃喃地说。

上天保佑，他们都来了庐山，庐山多么好啊！竟给了他们所期望又所不期望的那么多。雾缭绕着他们的胳膊与腿，从他们紧贴着的身躯之间穿透过去，他们紧贴着的身躯竟还留下了缝隙。雾贴着皮肤，反倒有了暖意。多亏有了雾，他们才能这样尽情尽欢。

"从此，我将每年一次去你那里。"他喃喃地说。

"从此，我将每年一次去你那里。"她喃喃地说。

从此，他们将每年一次去彼此居住的城市里去，他们将这样一年复一年地度过余生。他们竟想了"余生"这个词，想到的时候，很悲壮，也很苍凉，因为他们明知道，他们还有着比他们的有生或许还更长的"余生"，所以才能这么大胆而慷慨地去想。这时候，他们倒有些像孩子了，反正，有夜色与雾气的遮蔽，他们尽可以不害羞地，厚着脸皮说一些与他们年纪经历都不符的蠢话，人有时候是极想重温一下童贞的，尽管不合时宜。他们互相探询着对方究竟爱着自己的什么，然后又都说爱是不要理由的。爱不需要理由这句话被他们彼此重复了多遍，这样他们便都为自己找着了理由。

雾障是那么厚重，他们谁也看不清了，甚至连对象的面目都有些模糊，他们坐在公路边冰凉的石台上，长久地不安分地搂抱着，雾气充满在他们之间的每一点空隙里，弯弯曲曲地隔离着他们，后来，它竟穿透了他们的全身，他们觉得被溶化了，溶进了雾气，行动说话都有些飘忽，他们好像不再是自己了。

　　第二天的太阳没有升起，雾化成了细雨，窸窸窣窣地洒了一日。于是，大家便在会议室里讨论，讨论文学的事情。精彩的语言似乎已经说尽，不觉有些沉闷。即使有那么两三个好辩的人，终也掀不起高潮。冒雨赶到疗养所的编辑记者们，眼巴巴地望着作家们的嘴，企望着从那里猝然地吐出金玉良言。可是，时间一点一点地过去。雨在玻璃窗上蜿蜒，窗外的景色顺着雨水的蜿蜒而变得弯弯曲曲的。气温很低，穿了毛衣还有些凉凉的。她坐在窗下，膝上摊开了笔记本，眼睛盯着湿淋淋的窗外湿淋淋的景色。雨将山遮远了，山变得极淡，似有似无，远了的山却活了似的，通了灵性似的生气勃勃，它们不说话只是为了缄默一个秘密，它们不动只是在等人走开，走尽。人来玩山，其实是侵略了它们，它们决不向人们公开它们的隐私，便以沉默相待。事情就是这样。她转回了头，将山留在远远，远远的山那边，她觉得山在她背后活动起来了。他坐在长桌的一端，整个人几乎都被挡住，只露出一只手，手指夹着烟，却用拇指和无名指玩着一个烟盒，竖起来，横下去，又竖起来，又横下去，烟盒在桌面上翻着身。她看着他那双手，心里不由得战栗了一下，她想到是这双手拥抱了她的，正是这双手，这双手很陌生，正因为陌生，才使她更意识到这是双男性的手，她战栗了，是一种几乎是极乐的心荡神怡，就好像少女第一次接触异性似的。她是结了婚的人，正因为她是结了婚的人，她对男性熟稔到了已经觉不到性别的差异与相对性了。她与一个男性终日生活在一个狭窄的屋顶下，互相早已没了隐讳，彼此坦白了一切，再没有秘密可言。她与他，早已消失了性别的差异，随之便也消失了这差异都将带给双方的神奇的战栗。她对那神奇的战栗早已忘怀到了陌生，这战栗再次来临，她竟有了一种初恋的感觉。他就像是她的第一个异性。然而，他毕竟不是她的第一个异性，她曾经有过的那些战栗埋藏在她的记忆和身体的深处，记忆和身体深处的经验神鬼不知地复苏，与这一次的呼唤产生了共鸣，因此，这一次的震动是超过了她所有的过去的震动。几根弦一起拨动了，她感到这震动的强大，却不知其中的底细。她沉睡了很久的感觉因为休息足了，也

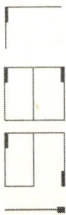

因为寂寞久了，便十分十分地敏锐，只需一点点动因便可促成她全身心的可感的快乐。她婚后是沉睡了太久，异性的所有秘密，就那么和盘托出，不需她花费一点想象与好奇去探询，去深究。夫妻间的一切是太裸露了，太不要费力了，也太不需害羞了，而有多多少少令人心旷神怡的感觉是与害羞同在，一旦没了害羞，便都变得平淡无奇了。有时，她也会运用懒惰了的头脑，回想起与那男人最初的接触，可她绞尽脑汁也想不起，也想象不出，这个男人有什么理由会使她害羞的，这个男人似乎是同她与生俱来，一胞所出。她不觉得他是个男人，同时也不觉得自己是个女人了。现在，她远远地，穿过了大半个屋子，望着他夹了香烟，拨弄着烟盒的手，她重新发现了男人，也重新意识到了，自己是个女人，她重新获得了性别。呵，他昨天是如何激情洋溢地抱吻她啊！一个女人被一个男人所爱，是极乐！

她内心涌起一股冲动，她简直有些坐不住，非要动弹一下不可。她克制着，因她知道他在看她，以他的手从人们肩膀的空隙里探出来与她对视。他们不仅可以用眼睛对视，正如他们不仅用语言交谈。可她依然忍耐不住长长地吁了一口气。她长长地吁了一口气。幸福将她的心撑满了，她必得有个出口。她立即自觉着失态了，掩饰地扭回头，山骤地不动了，远去了，原来它们是布满了一整个身后的。它们在她的视线里渐渐远去了。她的视线随着山远去，她的视线推着山远去，恍惚中似乎身体也跟随去了。一个新的自己，在山间冉冉地升起。在这个再一次更新了的生命里，她再清楚不过地意识到，自己是个女人，一个女人，她多么幸运地身为女人，可以爱一个男人，又为一个男人所爱。她以为她时至今日才有了性别的自我意识，岂不知这意识于她是再清楚不过了，万事都忘了也没忘记这个，她是一时一刻都记着了这一点，只不过因为没有一个机会，犹如舞台对于演员那样，让她施展，而感到深深，深深的落寞和灰心。她是太知道自己是女人了，没有一个女人比她更知道这一点，更要求知道这一点，更需要以不断的更新来证明这知觉，更深的恐惧丧失了这知觉。

而她现在明白，她是不会丧失这知觉了，这知觉似乎是死而脱身了。一个女人的知觉是由男人的注意来促进和加强的。她幸而遇上了他。她是一个幸运的女人，她知足地想道。竟不再对人生苛求什么，对所有的别人充满了怜悯与同情。这天夜里，兴许是着了凉，同屋的那位年轻的女作家病了，又吐又泻，折腾了一夜，整整一夜，她都守候着她，细心耐心地照料她，温柔备至，体贴备至。女孩子对她又感激又抱歉，不知该如何表达自己的心情。她却只说是自己应该做的。在她心底深处，竟还隐隐地感谢她，感谢她在这时候需要她的照料与温情。否则，她简直要喘不过气来了，她要憋坏了。她照料着她，眼睛看见的却是他，他是无处不在，无时不在，他好像隐身在了她所接触到了的一切里面，她时时都在与他温柔，与他亲昵。

每个人都轮流来探望病人，表示关心和慰问。他也来了，坐在女孩子床对面的沙发上，两只手垂在膝盖上，与女孩子聊着很平常的话。他平静的神态竟使她有些心慌，她竟有些怀疑昨晚上那一切会不会是个幻觉，是不是真的发生过了。假如那一切只不过是她虚拟的，那么，那么……就太可怕了。她几乎变了脸色，心里便有些不耐，有些来不及听完他们的闲话，她需有个机会验证一下昨晚发生的事情。可是，几乎没有机会。她耐着性子，坐在他旁边的另一只沙发上，与他隔了一只茶几，参加进他们的谈话，却总不自如，而她还是坚持着。说话的时候，他们时而相视一眼，友好而平静，就像什么也没有发生过，就像一切都过去了，那一切都是她的错觉与想念，她禁不住有些怨恨，可她又不敢怨恨，她生怕她的怨恨会骇退了他，她不愿骇退他。她要他前进。这时候，他站起了身，要走了。她站了起来，送他到门口。她的心跳了，她几乎在颤抖，她跟着他一步一步走向门口，她期待着，却又不知可以期待什么，小姑娘眼巴巴地望着他俩的背影，他们是怎么也走不出她的视线的。他开了门，跨出了门，然后转过半个身子带上了门，在门将要合闭的最后一道缝隙里，他的眼睛凝视着她了。这一瞬的凝视再不是平常的了，充满了唯有他们知晓的秘密，莫大的欢乐陡地在她心中升起，她快活得不知做什么才好，竟一下子把门关上了，将他隔在了门外。可是他的凝视留下了，她在他的凝视下慢慢地走回了女孩子的床边。

"他挺好的，是吗？"女孩子对她说。她看出她很高兴他的探访，比别人的探访更高兴些，于是心里油然而起一股骄傲，她为他骄傲，更为自己拥有了他而骄傲。

"他的小说写得好，人也和别人不一样。"女孩子又说。她只回答"是吗？"或"是的"。女孩子便说了他很多故事，家庭的，事业的，

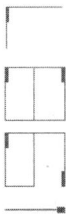

她似乎了解得很多。她静静地听着，从不插嘴，心里洋溢着不可告人的激情。直到那孩子说累了，躺下去看书了，她便也拿了本书，靠在床上看。书上的每一行字里都隐着他肯定的凝视，他的凝视肯定了那一切，证实了那一切，她再不必担心了。她看得有些累，便合起了书，可他的凝视却像失了依傍似的飘忽起来。他的凝视必定要附着一个什么实体上才能存在。于是，她只得打开了书。泉声和雨声聒噪得厉害，灌了满耳，她盼着夜晚快过去，盼着明天快点到来，夜将他隔离了，他们只能在白昼相会。

天亮的时候，正是上山的第五个早晨了，还有同样或不同样的五个早晨，便要下山了。正好到了中间的一天，就好像攀到了山顶，前边就是下山的路了。他们不约而同地想到了归期。以后的每一天都是向着归期进发了。在这之前，她竟忘了还会有下山的那一日，还会有回家的那一日，她原以为十天时间是过不完的，不料却只在弹指灰飞之间。他们原想要尽情地享用，却不料再没了时间，刚刚开始就要结束，他们进行得太沉着，太从容，太慢了。在这第五天上认识到了这一点。他们原可以加快速度，一切都还来得及的。可是他们却又并不急赶着，他们不约而同地都以为，应该留下一点儿遗憾。有一点儿遗憾反倒安全，他们牢记着一句古训，便是"月盈则亏"。他们深知爱情只有保留着距离，才不会消亡。所以，他们依然按着原有的、既定的节奏进行，虽然心里充满了别离的苦楚。这别离的苦楚充实了他们的爱情，使他们的爱情有了更多可咀嚼的。他们与珍惜这爱情一样地珍惜这苦楚。这以后的五天里，其实也正是正式揭开帷幕之后的五天，相逢的欢欣还没享够，又掺进了别离的殷苦，甜酸苦辣交集在一处，这五天里几乎是汇集了人生的一切滋味，浓缩了人生的一切体验。相逢与别离一起经历着，真是说不出的百感交集。这滋味是他们从未品尝过的，竟也蒙蔽了聪明绝顶的他们，使他们错以为这才真正是爱情，世界上唯一的真正的爱情叫他们碰上了。从这个意义上来说，他们又是什么遗憾也没了。他们心里充满了虚荣的骄傲，因为不管前景如何，他们是爱过了，他们是唯一真正爱过了的男女了。于是，这五天里的悲与喜上，又蒙上了一层理想的光辉。这光辉照亮了他们，尤其是她的平淡的生活，这是前所未有的照耀。过去的时光，全是为了等待这一照耀，全是为了接近这一照耀。

这五天里，每一秒钟的流逝，都为他们所感觉，时间似乎是贴着他们皮肤流过去，穿过他们的视线流过去，由他们的脚步踩过去，他们听得见它们流去的声音，如电波一般嗡嗡着，他们分明能看见它，听见它，摸着它，却无法抓住它，要它倒流，他们又焦急又无奈。在这五天里，他们竟在集体活动的时候寻到了单独相处的时光。午休的时候，他们来到湖畔，坐在湖边的石阶上，穿了凉鞋的脚浸在了水里，孩子们在水里嬉闹，溅了他们一头一身的水，也毫不觉得。他们慢慢地开始说话，说得越来越多。他说完了，她说，她说完，他说，说的都是与爱情无关的事情。听着对方说着这些，心里隐隐地不满足，很想纠正一下谈话的方向，说一些关于他们之间的感情，甚至可以是广义的感情的什么话，可是轮到自己开口时，却还是离那主题远远地巡回着。细得像针似的小鱼从他们的脚趾缝里穿游，又凉又滑，叫人禁不住地哆嗦。太阳照耀着湖心，有小舢板划进那一泓金水，溶化了似的不见了，过了一会儿，才见它披了一身灿烂的金光划了出来。他们甚至没有谈到即将到来的别离，尽管有关别离的念头时时萦绕着他们，他们其实就是因着别离才来到这湖边的。他们互相都希望对方先触及这个主题，由这个主题而进入那一个更为主题的情感的领域，这是绝对只属于他俩的领域，是他们之间唯一的联络。可他们总是进入不了，总是在门外游离得很远，他们索然无味地说着一些双方都觉无聊的话。满心里都是期待。而时间在过去，太阳朝西移去了，湖水暗了，舢板靠了岸，又重新离岸，换了一批游客，然后再靠岸。他们的时间不多了，可却还在说这些无聊的闲话，顿时，两人都有些生疑，那一些事情是否已经发生过了？假如没有发生，假如那只是他们的错觉，并没有那些，那些一点儿都没有，他们也是可以到这湖边来，也是可以坐在这台阶上，谈着文学，艺术，庐山，甚至数百里之外的黄山。他们所以只是谈着这一切，就是因为他们其实什么也没发生过呀！过去的事情，仅仅是在昨天的事情，都渺茫起来，好像是发生在别人身上的事情，他们不过是目睹而已，兴许只不过是他们恰巧从别人身边经过而目睹了。雾和夜色将那一切遮得扑朔迷离，他们竟不敢确认，失了主意。两人都有些失望，为了克服这失望，因为心里都惴惴地生怕对方识破了自己，便更加起劲地谈话。心里却感到疲倦，恨不能赶紧结束这谈话，回到疗养所。可是他们却不会结束谈话了，他们不知道该怎么自然而然地结束谈话。由于他们对之间那联系产生了疑虑，失了信

心，竟不知该如何相处了，他们连一般的相处都觉困难了。因为他们本来没有一般相处的经验，他们一开始便是由那样很不一般的联系而联系着。他们很不一般地走到这里，坐下来，耗了几乎一个下午，可是忽然却发现，原来事情很一般。他们就像是被耍弄了。他们暗暗地很气愤，也很沮丧，却又非常不甘心。于是，他们决心要做一次冲刺，来验证那过去的一切的真伪虚实。而且，时间不太多了，太阳在西沉，再这样或那样地日落三回，他们就要下山了，下山之后，就要别离。下山意味着别离。

他忽然将话打住，是一段关于小说形式的发言，转过脸，带了一股发狠的劲儿凝视着她，说道："嫁给我，嫁给我吧！"犹如被一个霹雳击中了，她感到一阵天摇地动，一阵晕眩，眼花了一下，随后她便镇定住了，也同样地用力地凝视着他，轻轻地说："娶我，娶我吧！"他们像读诗一样读出这两句话，其实他们压根儿都没想到过婚娶的事情，他们的爱情和婚娶无关。他们是先说出这两句话，然后才领会其中的意义，他们是矫枉而过正了，他们都觉得有些过分了，彼此在松了一口气之后又隐隐地发窘，便沉默了下来。可无论如何，他们都安心了，一切都得到了验证，证明他们没有错。发生过的一切依然存在，还将继续发展。他们不必再说那些风马牛不相及的话了，他们从此可以开始说他们自己的话了。可是，却又无从说起。太阳已经落到山后边去了，嬉水的孩子都回家了，雾喳喳地从山那边弥漫过来，鱼却还在脚趾间穿流。然后，她慢慢地说道："要走了。""要走了。"他回应道，又说了一句，"别忘了我。""你呢？"她俏皮又心酸地看了他一眼，自此，谈话才如活水，自然而然，源源流动起来。他问她，每天早上八点在干什么，中午十二点在干什么，晚上是怎么度过的，她一一回答了，然后问他问这个做什么，他回答说，可以想她啊！是为想念提供依据啊！她感动了，停了一会儿，又问他大约什么时候可以给她一篇稿子，他说怎么约起稿来了，她回答说，为了请他来改稿啊！为了他来创造一个理由啊！他们不断地生出灵感，谈话变得极富情感，极富机智。两人心里不止生出情感，还生出创造力。这创造力使他很愉快，状态极其良好，真正是左右逢源。他们越谈越投契，渐渐地生发出一些隐语，唯有他俩才理解的隐语。这本是些很平常的字眼，被他们注入了特殊的意义。这些字眼在他们今后的很长时间内，都将向他们显示出不一般的意义，因此，他们将有很长的一段时间，失去对这些字眼的正确把握，陷入迷惑，甚至再不敢在作品或日常生活中随意地使用。

　　太阳是真正地落到底了，雾早已将他们罩住了，彼此的形状都有些飘移，虽则他们紧紧相依，贴近地感受着对方的实体，却总是恍惚。这境界是无比地美妙，美妙到了他们不敢贪婪，生怕会破坏，会丧失，于是便不约而同地想到了回去。他们站了起来。迈上了台阶，他的裤子和她的裙子都坐湿了，她看着他裤子后面潮湿的沾了泥土的肮脏的印迹，觉得非常难堪。她极力不看，可那沾了泥土的肮脏的印迹却总在她眼前，四下里模糊了，可那印迹却无比地清晰。她联想到自己的裙子，便尽力与他并排走着，不叫他落在后面而被他看见自己裙子后面洇湿的地方，也不叫自己落后而瞥见他后边的印迹。这潮湿的印迹似乎在暗暗地咬噬着一个美好的东西。她微微觉着遗憾，心里有了一个什么缺陷似的。可是，他比以往任何时候都更亲密了，他的手亲爱地搭在她的背上。靠在他亲爱的肩膀下面，她觉着自己很弱小，很弱小地傍着一个高大的身躯，这感觉是多么多么亲爱。他们走过参天大树的幽暗的遮蔽，他时常侧过脸来吻她，吻她的额，颊，腮，脖子，肩膀，流露出火一般的激情，这时候，他们方才真正地深刻地感觉到了别离，呵，他们简直不敢多想。他们又感觉到时间的流逝了，从沙沙的树影中流去，从太阳已落下月亮将升起的黑暗中流去，从他的一个吻又一个吻中流去，她几乎幸福和悲恸得要啜泣起来了，她抓住他的衬衣袖子动了真情地说道："我不要你离去。"他握住她纤小的肩头说道："我不要你离去。"她悲哀而幸福地想道：在他面前多么好啊！和他在一起多么好啊！在他跟前，她的一切知觉都恢复了，活跃了，她的理性也上升了。她知觉又不知觉地将自己身上的东西进行着筛选，将好的那部分展示出来——她觉得是奉献出来，而将不那么美好的部分则压抑下去。她好像时时刻刻地在进行着自身的扬弃。她觉得自己变好了，她将自己身上好的那部分凝聚成了一个更典型更真实的自己。她以为这个自己是更真实的自己，她爱这个自己，很爱，她希望她永远是这个自己。在他跟前，与他相处，她能保持住这个自己，她自信能够保持。因此，可以说，她爱和他在一起的这个自己更超过了爱他。可她这时候并不明白，只是一味地爱他，一味地为要离开他而难过。后来经过了很多年的日子，她才渐渐地

悟到的。

他们真心地伤心着纠缠成一团，别离的一日是一步一趋地向他们逼近，这一日终于到了。

这是浓雾迷漫的一个早晨。

似乎所有所有的雾都从山里漫了出来，为他们送行。汽车开得极慢，五步以外就辨不清了。而道路依着山，曲曲折折，三步一拐，五步一弯。车从南山下去，将在秀峰午饭休息。于是，秀峰便成了他们最后一个停泊点了。车摸摸索索地爬行，人人头上吊了一把汗，只有他俩安然，他俩希望车慢些，更慢些，雾大些，再大些，这样，他们便可晚晚地才到秀峰，这样，他们又格外地多得了一个雾气障蔽的夜晚。夜晚将把他们与别人间隔，有了一个夜晚的间隔，别离远得多了。这时，他们想着前一个夜晚，充满了留恋与惋惜，那以前的日子，是多么宝贵，可他们没有珍惜，他们浪费得太多。汽车摇摇晃晃地向山下开，所有的路灯都开了，却仅只将白雾照射得愈加白茫茫的一片。雾是唿唿地鸣着织起了障蔽，将前边的道路藏匿得严严密密。他们心里忽地生起一种前途未卜的感觉，充斥了一种宿命的感觉。他们迷惘起来，不知车将带他们去哪里，而他们是早已失了意志，顺风而去。车呜呜地鸣着喇叭，喇叭被雾气阴滞了，既传不远去，也传不近来。像在另一个世界里呜咽。车窗外是一团迷茫，他们处在一世界的迷茫之中，心里反倒轻松了，微微有些困倦，有些走神，木讷着。他们的思想停滞了，连别离也不再去想，只是随着车身摇晃着身体和脑袋，听凭车子将他们带去任何未卜未测的地方。

车子慢慢、慢慢地盘旋而下，盘下一层又一层，雾终于浅淡了，他们看见了迎面而来的昏昏黄黄的车灯，两辆车呜呜着交臂而过，然后，看见了绰绰的人影，人影绰绰地在雾里走着，走过他们的车窗，将脸贴近了龇牙笑着，他们龇牙笑着的面目便从雾里陡地清晰起来，令人感到突兀而又奇异，微微地有些恐惧。他们还听见了隐隐的笑声，笑什么呢？他们慢慢地吃力地活动起思想。

雾散了，却原来是到了平地，周围是无边无际的农田，汽车如歌般地在土路上飞奔，山，朦朦胧胧地留在了背后。山朦朦胧胧地留在了背后，天亮了，太阳高照，耳膜突地鼓起，唰的一下，世界如苏醒了一般歌唱了起来，汽笛欢快地鸣叫，飞转的车轮擦着地面，唦啦啦地响，所有的人原来都在说话，声音清清亮亮。她有些茫然，她茫茫然地想道，这几日里的声音，却原来都罩蔽了一层薄膜啊！山在开什么玩笑呢！就这么任意而任性地嬉耍着人的知觉。一层薄膜突然地破裂，露出了真相，眼前耳畔都是清清亮亮的一片。原来世界是这样的，原来声音是这样的。她听见了自己的声音，原来她不知不觉地一直在和别人聊天，她的声音奇怪地变了，陌生了，又熟悉了，可她知道，这才是她的声音，她说了并听了几十年的声音。她如同睡醒了一般，睁开了眼睛，睡意还未全部消退，微微地有点儿难受，口里发涩，却是十分的清楚。车厢里无比嘈杂，司机播放的流行歌曲又几乎盖过了那一切："一加一加一加一等于四，心加心等于我爱你！"

她动了动身体，身体里流动着清新的活力。汽车超过了拖拉机、大卡车，甚至小卧车，径直向秀峰而去。正午时分，到了秀峰，而他们的在秀峰过夜的妄想，早已灭了，被他们自己遗忘了。他们回到这个一切都清清楚楚的世界，一时都有些困惑，有些穷于应付，他们需要适应的过程，他们好像从一个梦里陡地醒来，他们甚至暂时地彼此都忘记了对方。

秀峰是出奇地宁静，龙潭的水是出奇地清澈，一注活水源源地从极远的地方流来，又流去。潭底的石头被水洗去了棱角，光滑得可人，所有的人都脱了鞋袜，挽起裤脚，站在水潭里，他们亦没有例外。光滑的卵石舒服熨帖地摩挲着脚心，每一丝细沙都能隔着清水看清，甚至比露出在地面上的沙砾看得更清，这水是比空气更清澈，更透明，更无遮蔽，有了这水的对照，才发觉空气其实是混沌的，她怔怔地看着水里的双脚，双脚下的卵石，卵石间的沙粒。后来，人们说要去看李璟的读书台之类的古迹，她不想去，恋着这水，就留下了。他也不想去，也留下了。人们嘱他们别逗留得太久，看好了时间，过一个小时就去门口上车，然后便前呼后唤地走了。她这时候方才想起了他，他也想起了她。他们默默地相对了一会儿，然后才在水里相对走了几步，在了一处。他们彼此都有些不习惯似的，有些尴尬。她心里不无做作地想道："假如知道他也留下，我就去了。"他也不无做作地想："假如知道她也留下，我就去了。"他们的表情上也不加抑制地流露出不得已的意味，这样，才稍稍觉着了心安。然后他说："这里多好，就想多待一会儿。"她也说："这里多好，就想多待一会儿。"似乎是表明了心迹。

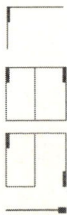

水是碧清碧清，没有一点污浊，没有一点杂质，他们互相看见了脚背上的皮肤的细纹，脚趾上的汗毛，趾甲上的裂纹。他们又停滞了，走不通那隔膜了，他们之间已经启开的那扇门又神鬼不觉地合上了，连一条细缝都没有留下，他们又丢失了钥匙，束手无策。他们甚至连别离的事都无暇想起了，他们灰心地怔怔地站在水里，浪费了足有二十分钟，然后，彼此都有些疲倦了，彼此都有些退缩，不得不想要放弃这累人而又没有结果的对峙。首先是他支持不住了，他退后了一步，在池边石头上坐下，开始掏烟。她便也松弛下来，退后到了池边，离开他有三五步的地方。然后，他摸出了烟和打火机，打火机打着了，接近了烟头。就在火苗与烟头相接触的那一瞬间，忽然有什么东西被照亮了，他们心里都不由得战栗了一下，他们不约而同地想起了锦绣谷，锦绣谷里的神奇的风。他微微颤抖着手点燃了香烟，她慢慢地在他身边三五步远的石头上坐了下来。两人默不作声地坐在自己的石头上，望着那一潭龙泉。崖壁深处的泉水幽深得要命。时间在一秒一秒地过去，她甚至听见了走秒的声音，咔嚓咔嚓，如钟锤一般敲响了，眼前的一切都在这钟声中隐退了。她焦虑万分，要知道，这是最后的时刻了，一切就将结束，他们总该再做些什么吧！其实，该说的都说过了，该做的也都做了，可她觉着已经说过，已经做过的都那么不可靠，不真实，她是信赖不得一点儿，依傍不得一点儿。她还须有个更切实具体的东西，可供她紧紧握住。可她又不知道这个切实具体的东西应该是什么，是一句话，是一个誓约，还是一件信物，这些似乎都太轻薄了。她为难得几乎要流泪了，强忍着，垂了头。他也是一样地垂头丧气。离开车时间只有十分钟了，可他们一筹莫展。她开始后悔是不是不该走开他这么三五步的，在这样的时刻，只需一个小小的动作即可铸成大错。她不知道自己是否已经铸成了，假如她方才不是走开去，而是走近去，就在他身边的那块小石头上……可是，现在还来得及吗？他已经在穿鞋了，清冷的水珠从他脚跟上滑了下来，滴在水潭里，竟没有一点声响。然后，他穿鞋了，鞋就是普通的皮凉鞋，浅褐色的，已经很旧了，牛皮面上有几条粗糙的裂纹。然后，他站了起来，他要开步了，他向哪里去呢？她浑身都紧张起来，血液凝固了，再也不流动了。几个裸着身子的男孩在龙潭里嬉水，只见他们张着大嘴，溅着几尺高的水花，却没有一点声响。他在原地移动着脚步，他要向哪里跨呢？他这一步是将铸成终身大错，还是相反？她几乎要窒息了。他却是向她走来了，他确是向她走来了。走到她的身边，说道：

"走吧，时间到了，要回去了。"

好多日子以后，她再回想这一刻，这几个字便成了一种咒语：

走吧。

时间到了。

要回去了！

可是这时候，她还没来得及失望，却已被快乐攫住了。她感觉到他的手按在了她的头上。她浑身的血液都冲到了头顶，她以她浑身的血液来体验，来回应这只手，她以她浑身的血液亲吻着他的手心。他的手心同时散发出沁凉与温暖，渗入她的头顶，渗进她的血液，血液这才忽冷忽热地回流。她浑身一阵冷，一阵热，禁不住地打着寒战。她开始穿鞋了，鞋总套不上脚去，直到他的手离去。她站起来，跟着他走上了石阶，走上了石阶高处的凉亭。他们在凉亭上不约而同地站住了脚，回身最后一眼望了望龙潭。这是他们的最后一个停泊地，他们今生里是不会再来了，不会再来，再来的话也不会是这个龙潭，这样的他们了。他们是许久以后才逐渐明白这个的，这时候，他们只是冥冥地有一点牵挂，牵肠挂肚的，却又不知牵挂个什么。其实，人生里的每一秒，每一地都不会重游，可是，并非每一时每一处都能提醒人们，唤醒这种牵挂，因此，人总是不珍惜，珍惜了此时，又不珍惜彼时了。而这一点，他们却是永远永远也不会明白的了，尽管他们聪明绝顶，却总难脱俗了。现在，他们站在凉亭，回望着那一潭龙泉，感慨万千，却抓不住一点名目。心里怅怅然的，最后一分钟也过去了。他只得走了，她也只得走了，走得很匆忙，赶路一般，再无法相对了，已经听见汽车在远远的门外鸣着喇叭了。

这是真的回去了。

回到省城，已是晚上六点，先后拿到了丈夫和单位的来信，还有第二天下午的车票。她这才承认，是回去的时候了。丈夫问她究竟出了什么事情，为什么竟一去而没有信来。编辑部的信里说的是公事，望她能带一篇某某作家的稿子回来，因即将发稿的这一期上至今没有可打头条的小说，而某某作家答应过就在近日要给一篇的。她微微地遗憾某某作家并不是他，否则他们便又可有个理由相对了。他们的相对从此将需要理由了，没有理由，是无法在一起了。山下不是山上。在山上的生活是没有目标的，也没中心，想怎么就怎么；而山下的世界里则人人都有责任，目的很明确，需有合理的动机和理由。这是一个因果严密的世界，一切行为都由因果关系而联成，一切都得循着规矩而来。在山上可以漫无目标地散步，而在山下，走，总是有着目的地，即使是目的地不明，也须有着一个不明的目的地。他们再不能随心所欲地在一起了，他们只能混杂在人群里，无望地遥遥相望，这相望不时被隔断，被搅扰，他们无法专心专意地相对了，连他们自己都参与了这搅扰。他们自身的责任重新回到了他们肩上，他们被许多杂事重新包围起来，他们再不可能以单纯的本身那么相对了，有了这些琐事层层叠叠地包围，他们的本身便也改了样子。才只三个小时的时光，与三百里的路途，他们却陡然地隔远了许多。可他们好不甘心，好不甘心，好不甘心，他们要极力抓住，以一切稀奇古怪的方式互相抓住那山上的十个昼夜，耗去了他们多少情感与精神，耗去了多少战栗和心跳的加速，而突然地宣布这一切无效，这一切不复存在，那太嘲弄，太开玩笑，也太屈辱了。他们决不愿承认这一点，寻找在一起的理由很困难，但不在一起的理由却要容易得多。他们以缺席、不到位来验证他们的相对了。

晚上，主办笔会的出版社开了一个告别茶话会，全体人员都参加了，凡他到场，她必退场，然后是她到场，他退场，他们很快就彼此领会了这种奇妙的对话，并且深深地动了感情，他们再不相对了，他们永远是分在了两地，而在这回避之中，灵魂却靠拢了，他们在这不相对的相对之中，领悟了一种辛酸的快乐。分手的那一刻终于到了，他是早上走的，仍然与来时的戴眼镜的伙伴同路，却不是她送行了。他们的汽车开动之前，每个人都与他俩握手告别，她与他的同伴握了手，却独独不与他相握，他们不相握地紧紧相握了，他们不对视地凝目对视了，他们不告别地深深告别了，然后，他坐进了车，关上了车门，车开了。

她第一个从送行的人群中转过身，走进了宾馆，进了电梯，电梯一级一级向上，到了。她出了电梯，走在深红色的地毯上，一步一步向深处里自己的房间走去。她以她一整个背影，注视着他的车的后影的远去，她要以他们的背道而驰而来迎面走上，他们离得越远，她便觉得走得越近。她要使尽一切，一切的手腕，来留住他，留住他曾与她在一起的日子和印象，她太不愿它远去了，她要抓住它。可她却觉得心里越来越空，越来越空，她听见身后电梯门响，大群的人拥了出来，走廊上充满了被地毯软化了的杂沓的脚步声，她推开了门，走了进来，将门关上了。她看见了自己已经收拾停当了的行李，她想道，下午，她也该走了。

车是下午四点离站的，那站台一步一步向后退去。她想要牢牢地记住这个站台，却又抓不住一点儿特征，它与一切的站台一模一样，连站台上庄严伫立的列车员也是面目划一。她只能眼巴巴地望着这站台退出了她的视线。车到了田野上，在西去的阳光里飞驰。

她要回家了，她要回家了。她茫茫然地想到了家，她竟不能懂得家对她的意味了。她怔怔地望着窗外飞驶而过的景物，心里反复嚼着一个"家"字，要将它嚼出意味来似的。车轮撞击着铁轨，时而发出清脆的当当声，犹如钟声。她满心里全叫这钟声灌满，腾不出一点空地去思想。天色刚一暗淡，她便昏昏地爬上中铺，倒头睡了，忘了晚饭，只听见肚里莫名地辘辘着，竟也思索不出含义。

火车轰隆隆地颠簸着她，她的梦境全叫颠散，散了个七零八落。她在梦中吃力得如同儿童游戏拼板似的拼着梦境，终也拼不完满。梦却一径地做了下去，忽而到了龙潭，忽而堕入了锦绣谷，忽而走在了九百五十六级台阶上，走得极累，而且紧张。台阶刚刚呈现便又散落，横七竖八地溅得到处都是。她紧张而吃力地拼凑着梦境，极力了解梦境，直到精疲力竭。而当她精疲力竭地累倒下来的时候，她忽然听见了自己的絮叨。原来她从头至尾一直在说话，诉说着什么，埋怨着什么，说得十分紧张，十分激动，说得极累。她还在絮絮叨叨地说着，停也停不下来。心里不知为什么气鼓鼓的，十分地不平，并且竭力地想要阐明这不平的道理。情绪十分激昂，又十分疲惫。她就这么聒噪了一夜，自己被自己的聒噪弄得心烦意乱，耳朵都快聋了，声音都要哑了，脑袋胀大了。她一早醒来就头疼。

火车停在一个小站上，她口里发涩地看着小站上人来人往，有人下去在站台上的水池子前洗脸刷牙；穿白大褂的站台服务员推着食品车漠然地走过；隔了一条铁轨，那检票口有一堆人无谓地笑闹着。铃响了。铃丁零零地、不间歇地响着。她荒漠的头脑里似乎唤起了什么，待她要去想明

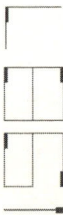

白，却又没了。铃声停了的那一刹那，车开动了。她眼前浮起了丈夫追着列车跑的情景。她望着站台越来越快速地退去，丈夫的身影却越来越近了似的。这时候，她有些明白什么了。她渐渐想起望着丈夫努力跑着的时候，心里涌起的不安，还有，在开车前她忽然想对丈夫说什么，于是便说起了冰箱冻肉的化冻问题，再有，临上车前，与丈夫的没有来由的吵嘴。广播里开始在报前方就是本次列车终点，要到家了，她是要到家了，家在心里如浮雕般渐渐凸现。她微微地有点儿兴奋，心跳加速了，还有些悬荡。她不知道自己是高兴回家，还是不高兴回家，也不知道自己在外这十二天是想家还是不想，她只是无名地兴奋着，随着列车越来越靠近终点而越来越兴奋着。逐渐逐渐便有些急不可待了。车走进了市区，路障后拥挤着车辆与上班路上的人们。车还没进站，昂扬的进行曲在列车间回荡，一派胜利回师的气象。她微微地有些焦躁。忽然有些后悔没给丈夫打个电报，让他来车站接她。是啊，应该打个电报的。宾馆总服务台便有邮政代理处，可是她却没打。这会儿想着这事，就好像是上一世，而不是昨天。再没有一个这样的夜晚，能将昨天和今天这样陡峭地划分开来了。

车终于停了，缓缓，缓缓地停下的。一旦停下，她却又懒怠动作了，可是她不得不动作起来了。她稍稍整理了一下睡皱了的衣裙和头发，口里发涩，没有刷牙，唾液是黏而腥的。她厌恶地用舌根顶住喉头，避免做一点儿回味。然后从铺底下拖出手提箱，走进挤挤的人群，不动似的移动着下车去了。

太阳升高了，风却颇有凉意，人们已于她走的时候换了一种秋深了的装束。她强打起精神，走过长长的站台，走向检票口，行李车突突地从身后开来，将人们挤在路边，过去几条路轨，又有一列火车要发行，铃声响了，还有"躕躕"的哨音。早晨的空气很新鲜，早晨的人们精神抖擞，脸色很清爽，她觉出了自己的邋遢和憔悴，却无心计较，只顾机械地朝前迈着步子，穿过偌大个广场。手提箱拽着手发沉，她懒得换手，只将手指钩起，钩住把手，走一步是一步，竟也一步一步地走过了广场。

太阳升起在广场前车水马龙的大街上方，犹如在大河上升起，这情景有些滑稽，却又有些壮观的意味。她站在车辆不断的熙熙攘攘的马路边上，不知如何穿越到对岸，那是连个渡口都没有的大河。或者，横道线便是渡口了，然而车流是那么湍急，连横道线都不那么安全。她试了几次，又失败了几次，才抓住几乎是一瞬间的车的减速，穿越了过去。穿越了这一条马路，她便渐渐恢复了自信，喧嚣的市音使她记忆起来因而迅速地习惯。她迈着坚定了许多的步子，继续向前走去，走到了回家的车站。现在，她恨不得一步抄到家门，这一身隔夜的衣裙和这一张隔夜的面孔，叫她又沮丧又难受。

到家的时候，已是上午九点半，丈夫早已上班走了，煤气灶上留了一张字条，写道或许她今天会回来，冰箱里冰了有绿豆汤，还有新买的面包，水瓶都灌满了热水，她尽可以洗头洗澡，字条下的日期写的是两天之前，看来他已等待了两天。她忽然一阵鼻酸，像是受了委屈的孩子回到了家。这一刹那，她心里几乎涌起了温柔的激情。可是她离开煤气灶和灶上的字条走进房间，却看见房间里十分凌乱，喝过的茶杯东一个西一个地放在五斗橱、床头柜、书桌、方桌上，有一个竟如鸟停在树枝上一样停在了窄窄的床架上。床底下随风翻卷出一团棉絮样的灰尘，在阳光里翩然起舞，方桌上残留着菜汤的余迹，揩布的腥臭散布了一整个屋子。她呼出一口长气，眼泪收了回去，怨气从心底冉冉升起，她一心想找个人吵架，可无奈房里除了她外没有别人，整幢房子里都没有一个人似的肃静着，她只好在心里嘀咕。她怒气冲冲地去收拾茶杯，收了一半却想去刷牙，就打开手提箱取梳洗用具，顺手将一些换洗衣服放进抽屉，抽屉里却不知发生了什么，怎么也拉不开了，努力拉了出来，只见里面乱乱纷纷，满满腾腾，都被抽斗轧住了，再不能多放一点儿什么了。她便动手整理，刚拾了几件，却看见了自己肮脏的一夜未沾水的手，赶紧拿梳洗用具去洗脸，脸盆却布满污垢，且又忙着找去污粉擦洗脸盆。一时上，她是越忙越乱，竟又一件事没有忙成。她又累又气，又饥又渴，直想躺下，床上堆满了东西，躺不下去。她气得眼泪都涌了上来，心怦怦地跳着，太阳穴里有一根筋扑扑地也在跳。她真正是怨死了，她真正是怨死了！她一边忙着，一边气着，自个儿在心里大叫大嚷着，肺都要气炸了。太阳就像有意恼她似的，越来越明媚，明媚得叫人不安，叫人觉着干什么都对不住它，都辜负了它，于是便什么都不想干了。

这时，有人在楼下叫着什么，原来是邮递员，叫四楼的谁敲图章，有挂号信。她心里忽然一动，她想道，他可能会来信的，是啊，他一定会

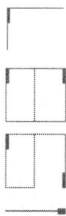

来信的。虽然，不是今天，也不是明天，可是，后天，大后天，他就有可能来信。她就可以等他的信，信是不会遗落的，信是可将一切记录在案的，由她握着，给她回忆和回味的凭据，那再不是夜里雾里，只有两个人在场而没有旁证的，转瞬即逝的一个吻或几句细语。想到他，想到他还有可能来信，她略略气平了一些，并为自己动了这么大的火而有点儿惭愧，也觉着自己这样邋遢着暴怒着很失态了。他的眼睛又出现在她的背后了，他的注视使她强迫自己平静下来，温和下来，她几乎不记得她曾经是怎么样的宁和了。她心里非常烦乱可她自觉得十分不妥，并且想道，如果再不能平静下来，自己那十天里便是蒙蔽了他，欺骗了他。她这样严严地责罚自己，心中的怒火才稍稍缓解下来。然后，她镇静了一下，继续收拾，手下的工作渐渐有了条理，也渐显成效。待到她洗过头发洗过了澡，心情便彻底平和了下来。她躺在床上，暗暗地揣摩着他什么时候信到，想象着信里会说什么。这时候，她可以心安理得地想他了，这样干干净净，整整齐齐，清清洁洁，安安宁宁地想他，不会亵渎他了，也不会亵渎他与她之间的关系了。否则，她会觉得难堪。他与她，必须在一个清洁得几乎到了圣洁的环境里相遇，决不能受一点杂碎琐细的干扰，唯有这样，他们才能对话。现在，他们可以对话了。她很甜蜜地微笑了一下，在床上躺躺舒服，闭上眼睛。可是，心里却一片虚空，她竟不知想些什么了。她闭着眼睛，集中起注意，努力着去想，却仍然想不起什么，只有一些模糊又零散的印象在飘忽，她捉不住这些印象，便只得从旁加以注解，她好像在向自己讲述故事，故事似与自己无关，她有些厌倦，这时，困意上来了，她能够想到的最后一句话是：也许能梦见他。然后便什么也不知道了。

待到她睁开眼睛，已是满屋阴霾，风凉飕飕地从竹帘的缝隙里钻进来。她扯过一床毛毯，将自己裹住，身上懒懒的酸痛，却十分熨帖。她听见有沙沙的雨声，知道是下雨了。可是下再大的雨她也不怕了，她到家了呀！她这时方觉得家挺好，确是个安全的宿地。远处有沉闷的雷声，屋里越来越暗，可她知道这不是夜晚，所以不必害怕。雨点沙沙地落在阳台上，竹帘里漏进一丝微弱的天光，落在梳妆桌的镜子上，发出幽光。她昏昏地半合着眼，觉着床像一只摇篮似的轻轻晃荡，催她入眠。她完全合上眼之前最后一个视觉是，一片黄色的树叶从竹帘外飘了过去，竹帘正在那一瞬亮了一下，也许是天上的乌云闪开了一瞬。

等到丈夫回到家，看见小别的妻子恬静地睡着，他满心地想唤醒她，将这十多天里积累了许多的事情与她交谈，可他又不忍。因他觉着睡着了的妻子是比任何时候都可爱的，再说他是长久长久地没有见过她这样恬静的睡容了。他便开始蹑着手脚烧饭。她是被一阵饭的焦香熏醒的。她睁开眼睛，看见丈夫在笨拙地剥一只洋葱，心里有些感动，暗暗发誓，再不发脾气，再不唠叨，一定要平心静气，一定要温存和平，犹如她在山上的时候。山是那么遥不可及，她在记忆里搜寻着山，却搜寻不到，只有湿漉漉的雾气。有一双眼睛穿过雾气注视着她，她决不能叫这双眼睛失望，觉得不认识她了，觉得认错她了，她要好好地保护着她留在这双眼睛里的影像。

这是一个温柔缱绻的夜晚，细雨没有间歇地在窗外沙沙着，收拾干净的房间被吸顶灯乳白色的光环照耀着，格外地宁静。没有人来敲门，只有风，有时吱吱地推着门。电视里正转播着女排的球赛，紧张地衬托着室内和缓轻松的气氛。她与他徐徐地讲着庐山的所见所闻，心里同步地放映着与他同在的情景，他是那么自然地浮现，不用费力，浮现得又是那么不多不少淡淡泊泊的一层，不致打扰了这时候的和谐的心情。丈夫不时插嘴告诉一些近日家内家外的琐闻琐事，五斗橱上的时钟嚓嚓地走着，煤气灶上的水嘶地吐了一口气，他便走出去灌水。水咕噜噜地灌进水瓶，然后他又从厕所拿出拖把拖去溢在地上的水迹。等他忙完这一切，再走回来，坐在床头的藤椅上，与躺在床上的她继续聊着闲话，全是闲得不能再闲的闲话了，没有一点儿有意义的、须铭记的，可却织成了一个和平而愉快的夜晚。丈夫心满意足地上了床，拉灭了灯，他做梦也不曾想到，这一夜晚，他们其实是有三个人相守着，是三个人，而不是两个人。在今后很长的一段日子里，他们都将三个人，而不是两个人地在一起和平相处着，不会有风波与纠纷，所有的风波与纠纷全因了那第三个人的隐身的在场而烟消云灭。丈夫只是隐隐地有些奇怪，妻子突然变得平和了，可是他愿意妻子有这样的好性子，怀着一种侥幸似的心理，享用着妻子的好性子，别的，他不愿去多想了。

第二天，她踩着一地的秋叶去上班了，他好像随着她也去上班了，他是目不转睛地看着了她，连一片落叶从她额前滑下也没有放过。她的手，她的脚，她的额，她的颊，时时处处地感受到他目光的照拂，他的目

光犹如和阳光同在，合成了一束，穿透了一切，即使被乌云遮住的时候，也化作了天光，漫了下来，披了她一身。到了夜晚，就如太阳将光芒寄托给月亮一样寄托了他的目光，无论阴晴圆缺，总不会伸手不见五指。只要世界尚有一丝光明，那便是他的目光的照拂。就这样，她欢欣鼓舞地踩着一地的秋叶去上班了。两边的梧桐树在她头顶牵起手来，枝叶有些凋零，袒露出俊秀而苍劲的骨节。蓝天在纵横交错的枝叶后面，斑斑驳驳地闪烁，她好比走在了一条彩穹画壁的长廊。她怀着新鲜好奇的目光左右顾盼，马路对面，有一个年轻的妈妈，抱了一个孩子，孩子唱歌似的啼哭道："我不要去托儿所，我不要去托儿所！"妈妈絮絮叨叨地劝说。哭声在母与子身后的阳光斑斓的道路上留了很久，嘤嘤地响着。她看见了前方，像一艘轮船一样的四层的楼房，奶黄色的墙壁上爬了一些水迹，暗影似的。秋天极清澄的阳光洗着它，它的污迹退去了，它竟那么新鲜明亮，舷窗般的圆形的窗户灼灼地反射着阳光，犹如一列雪亮的镜子。绿色的围栏里有一盆美人蕉，开了鲜红的花朵。她在楼前停了一下，眯起眼看着这幢她进出了有十个年头的楼房，好像是第一次看见它似的，然后她在心里说了声："我到了。"便走上台阶。

这一路上，她一直在心里自说自话着，悄声细语地，她不能让布满了她周围的他太冷落了，她要与他聊些什么，才不致辜负他对她的目光。大楼里很静，她晚到了半个小时，她是有心晚到半个小时的，她有心无心地希望能有个小小的欢迎的场面，至少，也应使大家注意到她的归来。她归来了，她从很远很远的地方，很久很久之后归来了，她终于回来了。她轻轻地走上楼梯，心跳了，手心微微地发凉，她觉得她是很远很远，很久很久地回来了。她扶着光滑的扶手，扶手上有一些水迹，她将水迹抹去了，扶手被她的手推后，她像是自己升上了楼梯。她听见门里有脚步声，却没有走出门外，只是在门里响着。她走完楼梯，走进了宽阔的办公室。

办公室里难得地宁静，全部的人都在，全部的人都在伏案工作，工作得这么专心，这么投入，鸟在窗外叫着。她不知该怎么宣布自己的到来，她却看见了正对着她所站立的门口，是几级台阶，台阶通向主编办公室。当时，副主编就是站在这级台阶上对她说，有一个笔会，在庐山召开，你去一趟吧！她的心悠了一下，好比小船在水里失了舵似的，然后又稳住了。她压着心跳，走进了两步，这时便有人抬起头，是小张，却是背对着她，抬头是与对面的老李说话，等老李抬起头来，才看见了迎面走进的她。老李站了起来，说道："你回来啦！"然后，小张回过头来了，阳光辉煌的南窗下的老王，也站了起来，大家都回过头来，纷纷朝她点头，微笑，说："你回来啦！"接着，小谢从北窗底下跑出来，向她问道："你到哪里去了呀？"她惊异地望了小谢一眼，不明白她的意思，这时，便有两三个人一起告诉她，她是去庐山参加个会议回来了，小谢恍然大悟，说以为她是病假了呢！她方才想起，她走时，小谢正做了人流手术，在家休养。她忽觉得扫兴起来，勉强应酬着走到那扇灿烂的窗下的自己的座位面前，桌子上很干净，老王每天都顺手给她擦上一把，走时没看完的一叠稿子放在中间，最上面的一篇揭开着，揭到第十二页，是用碳素墨水写得浓浓黑黑、方方正正的一种字体，摸上去，上面有一些粒粒屑屑极细极薄的灰尘。她听见大家在说："好快啊，真正是一眨眼的工夫。"一阵骚动之后又回复了平静，各自埋头工作。只有老王还在轻声对她说，这些日子里，有谁来找过，有谁来过电话，他又是如何一一地做了答复与问讯，并且都记录在当日的日历上了。她道着谢，便去翻台历，一边在圈椅上坐了下来，圈椅也被老王揩拭得干干净净，她没有顾虑地坐了下去。朝后翻着日历，老王将当日的来人来电都记录在上，清清楚楚，一丝不苟。她翻到了她走那日的那页日历上，上面有她用铅笔写的字：去庐山——不知道为什么要画一个破折号。她手里捏了薄薄的几页日历，心想，这便是全部了，还有那页稿面上的一点儿灰尘，这就是这十日的全部了。她满腹惆怅，慢慢地将日历一页一页翻回去了。老王早已埋下头看稿了，一手拿着一支圆珠笔，一手扶着一杯茶，茶装在一个套了玻璃丝套的玻璃瓶里，没盖，袅袅地升着热气。她翻完了日历，便去拉右边的抽屉，她知道她不在的日子里，收发总是将信放在右边第一个抽屉里的。抽屉里果然有一摞信。她慢慢地拆开，一封一封地看。有一只苍蝇在玻璃窗的外面爬，它的细细的茸茸的却有着亿万只肮脏的细菌的脚神奇地攀附着光滑的玻璃，发出吱吱的声响，好像有一把极细极细的锯子在划着玻璃。老王轻轻站了起来，走到墙角热水瓶跟前往玻璃瓶里添水。苍蝇后面，是从很远的西北地方移来的一棵高大的泡桐，透过泡桐已经稀疏了的叶子，隔壁院落里那幢红砖小洋房墙上的爬墙虎有点儿苍黄了，半圆形的阳台的铁栏杆上，晾了一床小花被，尖顶的顶楼开着窗户，窗户里露出半个身

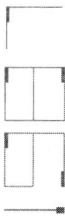

影，像是个女孩儿，似乎穿着蓝色的背带裙，低着头长久地不动一动，好像在看一本书。邮递员在院子的铁门外没有声音地叫着，然后有个女人匆匆穿过院子去开了门，邮递员便走进院子，站在院子中央，昂起头，依然没有声音地叫着。那顶楼上的身影依然不动一动。

她将所有的信都看完了，心里便像脱了底似的，一下子变得虚无起来。她知道自己在等他的信，虽然她很知道他绝不会这样快就有信来。她觉着很累，而且灰心，靠在椅背上，默默地计算着他回家的途中需多少时间，从他的地方到她的地方，一封信尚需多少时间，算过之后，心里稍稍宽解了一些，却再提不起精神来。她懒懒的，觉得有些黯淡。早上那股子新鲜劲儿，不知到哪里去了。他陡地远去了，他的注视模糊了，失了他的照拂与督促，她便有些消沉。工间操的音乐响了，人们从办公桌前站了起来，纷纷走动着，椅子在打蜡地板上滑来滑去，就有几个人走到她身边，向她问这问那。她压抑着不耐烦的情绪，努力使自己振作，描述着庐山的景色。她的心随着她的描述不断收紧着，她的每一点滴庐山印象都与他的记忆连接在一起，合为一体。因此，她每一点描述都需将他从景物里剥离出来，让他独自留在她心里，在她心间的山水处徘徊。她不断地被勾起对他的想念，可是，没了他目光的照射，她的想念便落了空，单相思似的，叫她又委屈又难过。副主编从办公室里出来了，看见了她，让她在工间操之后上他那里去汇报一下，随后便径直走到阳台，认真地随着音乐原地踏步起来。

这日里上下两班的邮差都过去了，没有她等待的那封信，她将希望寄托在了家里。他们临别时她给了他家的地址，他许会将信寄到家的。临下班时，她重又兴奋起来，希望惴惴地在心里骚动，使她坐立不安。幸而暮色降临，办公室里暗了下来，安抚着她的心情。下班的铃声响起，她却又磨蹭起来，她似乎已经确定他的信就在家里等她，就好比他在等她一般，她必须矜持才妥。他的温暖的凝视又在她身边闪烁了，他隐身在渐浓的暮色里，悄无声息地跟随着她。她感到了幸福。黄昏里那一股宁馨的气息包裹了她，她独自在这宁馨的黄昏里穿行，心里又开始了轻声细语，与他的凝视做着交流。他的凝视从她身体里穿透了过去，她感觉到了他的穿行，她希望他能留住在她心里，他却总是走了出去。

她走进了楼道，自行车横七竖八地挡在信箱前边，她一架一架拉了开来，终于开辟出一条曲折的小路。她跻身进去，终于走到了信箱跟前，她举起钥匙去开锁，钥匙激动地摸索着锁眼，她止不住地有点气急，好像行将去赴一个约会，一个她等待已久的约会。信箱开了，只有一份忠实的晚报。她几乎浑身瘫软下来，身后的道路忽然闭合了，又让自行车封锁了起来，她再也无法退出去了。她将晚报夹在胳膊底下，关上信箱，重新上锁。然后艰难地转过身子，撤了出来。自行车被她拉得乱七八糟，挡住了楼梯入口，她再记不起原先它们是如何排列的了。她尽着她最后的力气，推着自行车，留出一个狭窄的入口，便再也管不得许多，拖了沉重的步子迈上楼去。她不得不用手去扶那生了铁锈的扶手，扶手粗糙地剐着手心，她感觉到锈烂的铁屑被她抚落了。她上了一层，走进了黑漆漆的楼道，什么都看不见了，没有一点光明的照耀。她慢慢地挪着步子，凭着感觉与习惯，摸到了自家门口。

家里是黑沉沉的一团，她拉亮了电灯，房里的家具倚墙立着，流露出一种寂寂的情绪。她不知不觉湿润了眼眶，她再没有一点儿体力与精力，她只能躺倒在床上，她只有睡觉这一条路了。可是，多年来的生活早已形成了一种惯性，这惯性不露形迹地推动着她，她连坐都没有坐，放下挎包和晚报，就系上了围裙。这一套操作早已形成了机械的程序，不用动一点儿头脑，不用下一点儿决心。从她开信箱到进门，她几乎是没有浪费一分钟的时间，她几乎没有休止一个动作，她连贯地、不间歇地走了上来，而在她漠漠的心里，是早已倒下了数次，又挣扎了数次，是早已经过了长长的跌倒爬起的历程。她是很累很累了。她心里是又荒凉又骚乱，又虚空又紧张，这乱七八糟的心情最后便归宿于一团怨气。

她再不必矜持了，她再不必保护自己形象了，她已经失去了好性子，她是失了一切指望的。于是，她开始等丈夫回家。再过五分钟，如丈夫还不进门，便算是迟到了，便有了她抱怨与发怒的理由。她盼着丈夫给她一个发怒的理由，可是丈夫的钥匙总是准时摸索着锁眼，他是不让她挑出一点儿茬的，总是在水沸腾了饭，水又干了，阖上锅盖的那一秒钟推开了门，她是抓不住他一点儿把柄的。可是她多么难熬啊！他一到了面前，她便再不需要理由，她的坏性子，她的无由的怒火，全失了约束，全被怂恿起来，她简直是怒气冲天，她对着他，劈头盖脸地发作了。这一顿饭

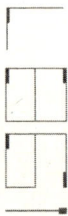

是在她的絮叨中烧熟，吃完，直到收拾完毕。她絮叨得累了，再说不出新的埋怨，便愤愤地住了口，紧接着，心里便涌起了一阵委屈与辛酸。她开始怜悯自己，她懊悔自己又失控了，她是再没指望重新做人了，她便流泪了。丈夫对她的眼泪和对她的絮烦一样地习惯了，早已不以为怪，便只默默地对着她看，问她是累了，还是怎么了。她则又开始絮叨，将所有的责任都推卸给他。他想上前安慰她，却被她怒冲冲地一把搡开，他只得走到一边去看晚报了，顺手拧开了电视。电视里正播放着新闻。她大嚷着要他将声音拧低一点儿，说头脑都要炸开，话没落音，丈夫已将声音拧得没有了，只有人形鬼影般地活动。她又觉着了无聊。她对这一切厌烦得透不过气来，熟惯到了极点的生活，犹如一片种老了的熟地，新鲜的养料与水分已被汲尽，再也生长不出茁壮的青苗，然后便撂荒了。撂荒了的土地，天长日久，又再产生着养分，可是再不会吸引人注意了。她又不是勇敢的拓荒者，她生性厌恶荒地，而喜爱青草葱茏的花园，她是再不会去留心一块荒地，再不会去开拓一块荒地。她将她的土地种熟了，以她充沛的精力和好奇心加紧地种熟了一块土地，加速汲尽了一份养料，她的土地不是一年四季地轮回，而是一年八季地轮回，然后便失望下来，将土地撂荒在那里了。她现在，守着这一块荒地，为着荒凉哭着，恼着，怨着。

荧屏上的形象在无声地行动，她的啜泣充满了小小的房间。她满可以走出房间，换一下空气，调节一下心情，可她不愿，她非得坐在这里，找茬似的守着她的丈夫，非要将她的心情，和他的心情，弄得糟透糟透，否则，这一个晚上她便过不去了。

这一个夜晚是糟透糟透了，然后她才觉着舒服了一些，静静地缩在床角里，等着丈夫来抚慰。丈夫是准时无误地来到她身边，抚慰她也抚慰自己，如不是这抚慰，他们一整个生活都将不堪忍受，或许双方都会考虑出一个决断的方法。可他们总是悬崖勒马，他们总不致真正地决裂。在这一瞬间，他们暂时忘却了方才的败兴和即将到来的明日的败兴。他们学会了忘记，学会了苟且偷生，学会了得过且过。他们便这样维系着，维系着度过了无数个昼昼夜夜。

她的希望与早晨的太阳一起升起。早晨新鲜的阳光带来了他的照应。他是与她一同醒来的，她觉得，这一日，是不会再让她落空了的，她伸着懒腰，懒懒地想道。每一日的早晨，她都有无穷的希望，希望与体力精神一起培养，一起回复到她的肌体里。早晨的一切于她都是吉兆，假如晴天，她便想，是很好的一天啊，假如阴天，她则想，是很不一样的一天啊！她都是兴致勃勃地赴约似的出门和回家。可是，她的希望却总是落空，她没有一天实现这希望的。他是在渐渐地，不可阻挡地远去，他变得形象模糊，行踪飘移，她再也感觉不到他目光的跟踪与照耀，她努力回想着与他的一切，一个细节都不曾遗漏，可是每一个细节都像是由她编造出来似的。似乎太过虚渺，没有一点实据；却又太过具体，与一整个虚渺的他不相符合。连她自己都不相信会有那样的事发生，连她自己都怀疑了。她甚至希望能有流言蜚语，她甚至后悔当时掩饰得过紧过严，如若泄漏了一星半点，这一切便有了旁证，她真想有一个旁证，可是没有。他好像一整个儿地消失了，没有了，不复存在了，他在哪里呀！呵，在哪里呀！她焦灼得犹如热锅上的蚂蚁，她怎么找不着他了，没了他，她便失了管束与督促，她简直有点自暴自弃了。

可是，日常生活已经形成了一套机械的系统，她犹如进入了轨道的一个小小的行星，只有随着轨道运行了，她是想停也停不了，想坠落也坠落不了，她只有这么身不由己地向前进了。早晨，她起床，先在床沿上坐着，睡思昏昏，口里发涩，呵欠涌上来，泪水糊住了眼睛，她一腿蜷在床边，一腿垂下脚尖点着了地，眼角觑着丈夫，丈夫在床上躺成一个"大"字，身上盖了一床薄被，阳光很难穿透平绒的窗帘，屋里很暗，钟的指针在嚓嚓地走着。然后，丈夫陡地一动。好像有人捅了他一下，他四肢缩紧，拥被而起，坐在床上，先是垂着眼皮，然后慢慢地抬起，茫然四顾，渐渐与她的眼睛相对。他们的眼睛茫茫地走过半个幽暗的房间，茫茫地相对着，什么也没看见地看着，犹如路两边的两座对峙了百年的老屋。他们过于性急的探究，早已将对方拆得瓦无全瓦，砖无整砖，他们互相拆除得太过彻底又太过迅速，早已成了两处废墟断垣，而他们既没有重建的勇气与精神，也没有弃下它走出去的决断，便只有空漠漠地相对着，或者就是更甚地相互糟践。

然后，他伸出手茫茫地摸去，正摸到一个耳扒，便将耳扒伸进耳朵，眼睛眯了起来，脸上渐渐有了表情。她心里旷远得很，眼光早已从他身体里穿透过去，他也穿透了她，他们互相穿透了。他们互相穿透地留在自己的位置上，做着自己的事情。她渐渐地平静下来，她早已灭了希望，心里只有一片咝咝的雾气，雾障遮断了一切。她似乎是在这一个早晨里想通了一切，这种漠漠的相对是她婚姻的宿命，是她的宿命。因此，她宁可将他埋葬在雾障后面，她宁可将他的她随他一同埋葬在雾障后面。她决不愿将他带入这漠漠的荒原上，与他一起消磨成残砖碎瓦，与他一同夷为平地。他们将互相怀着一个灿灿烂烂的印象，埋葬在雾障后面，埋葬在山的褶皱里，埋葬在锦绣谷的深谷里，让白云将它们美丽地覆盖。从哪里来的，还回到哪里去吧！她在同所有的普普通通的早晨一样的一个早晨里，想通了这桩事情。想通之后，她冷静了下来，方才发现自己也并没有给他去信，他同样也留给了她一个地址，她也是可以给他去信的，他们本应该同时去信的，那才是真正的两心相通啊！

她忽然想道，其实，什么事情也没有发生。只是，有一串闲话，如同谶语一般跳到她脑子里，放大在她眼前，那便是——

算了

你要走了

我不和你吵了

屋里挺闷的

还不如出去走走——

——再说

走吧

时间到了

要回去了！

她将它们横过来，连成一条，发现，这便是全过程了，这便是全过程了。

她觉得，其实，确实，千真万确，什么事也没有发生，什么事情也没有发生，只不过，窗外梧桐的叶子落尽了。

一个什么故事也没发生的故事，讲完了。

我的故事讲完了，我却不甘心，还想跟随着她，也许，事情不会那么简单。她穿了一身浅灰色的秋装，未出阁的女儿家似的，翩翩地下了肮脏的楼梯，阳光透明似的，她在透明似的阳光里穿行，她仰起脸，让风把头发吹向后面，心情开朗起来。在锁上的两道门——一道房门，一道阳台门——的后边，阳台上停了两只麻雀，并脚跳着，跳着，嘟一声，从栏杆中间飞了出去。

她看见了路上的枯叶，在行道树间沙沙地溜着，阳光重新将它们照成金黄色的，它们炫耀地翻卷着，亮闪闪了一路，树叶几乎落尽，树枝萧条了。这是最后的秋叶了。

我看着她调皮地用脚尖追索那些金黄的卷片，然后恶作剧地咕吱吱一脚踩下，我想起她从小就有一个癖性，那便是一件心爱的东西，如果坏了一点，她便将它完全地摧毁了，越是心爱的东西，她越是这样。除此以外，我再也想不起别的，我只得放开了她，随她一个人没有故事地远去了。

原载《钟山》1987年第1期

点评

　　小说细腻展现了中年女性复杂的情感世界，进而探讨两性的情感矛盾和困境。

　　小说的主人公是一名编辑，女性的情感本就细腻，再加上多年与文字为伍，情感的敏感性较常人更强，这首先从她面对庸常的婚姻生活和日常生活的态度能看出端倪，日常生活无论婚姻还是工作都是重复性极强的，而且有很多琐碎而无意义的碎片，这是日常生活的本质特征之一，多数人面对这种琐碎都是无奈的，但是人们都会试着去接受。而在这位女编辑这里，琐碎的生活细节让她变得怨气满腹，消沉低落，麻木迟钝。这种"低迷"的生活状态是"锦绣谷之恋"发生的必要前提，正是这样一种晦暗的心境，才会使她在与男作家相逢的一瞬间唤起枯木逢春般的喜悦，山中十日，现实的世界完全被她抛诸脑后，她尽情地享受着这样一份朦胧暧昧的情感，距离忽近忽远，心情也在甜蜜和痛苦中交织往复，在这份情感里，她似乎找到了曾经的自己，与眼前现实中截然不同的自己，这是一种爱情的力量，不管结局如何，女编辑通过这场爱恋实实在在地发现了一个被现实长期遮蔽的自我，她为此而欣喜，而激动。然而，爱情之花的生长需要现实土壤的滋养，笔会之后，一切归于沉寂，两人各自回到原有的生活轨道，那朵曾在山中怒放的爱情之花也变日渐凋零，最终被风干成一件回忆的标本。山谷之恋，表面平静，实则惊天动地，可惜它存活在道德框架之外，只能浮在心头，游在天际，而无法结出沉甸甸的花果。

（崔庆蕾）

图书在版编目（CIP）数据

中国当代文学经典必读. 1987中篇小说卷 / 吴义勤主编. -- 南昌：百花洲
文艺出版社，2016.11
ISBN 978-7-5500-2022-1

Ⅰ. ①中… Ⅱ. ①吴… Ⅲ. ①中国文学 – 当代文学 – 作品综合集
②中篇小说 – 小说集 – 中国 – 当代 Ⅳ. ①I217.1

中国版本图书馆CIP数据核字（2016）第293691号

中国当代文学经典必读·1987中篇小说卷

吴义勤　主编

出　版　人	姚雪雪
责任编辑	余　茳
书籍设计	方　方
制　　作	何　丹
出版发行	百花洲文艺出版社
社　　址	南昌市红谷滩世贸路898号博能中心一期A座20楼
邮　　编	330038
经　　销	全国新华书店
印　　刷	江西千叶彩印有限公司
开　　本	720mm×1000mm　1/16　　印张　23.75
版　　次	2017年7月第1版第1次印刷
字　　数	350千字
书　　号	ISBN 978-7-5500-2022-1
定　　价	42.00元

赣版权登字　05-2016-410

邮购联系　0791-86895108
网　　址　http://www.bhzwy.com
图书若有印装错误，影响阅读，可向承印厂联系调换。